中国特色社会主义科学发展论

——党的十六大以来马克思主义理论创新体系研究

夏东民　田芝健　陆树程　等著

人民出版社

责任编辑:陈寒节

责任校对:湖 催

图书在版编目(CIP)数据

中国特色社会主义科学发展论:党的十六大以来马克思主义
理论创新体系研究/夏东民　等著.
—北京:人民出版社,2010.11
ISBN 978 - 7 - 01 - 009335 - 2

Ⅰ.①中… Ⅱ.①夏… Ⅲ.①中国特色 - 社会主义建设模式
- 研究②马克思主义 - 发展 - 研究 - 中国 Ⅳ.①D61

中国版本图书馆 CIP 数据核字(2010)第 192206 号

中国特色社会主义科学发展论
——党的十六大以来马克思主义理论创新体系研究
ZHONGGUO TESE SHEHUI ZHUYI KEXUE FAZHANLUN

夏东民　田芝健　陆树程　等著

人民出版社 出版发行
(100706　北京朝阳门内大街 166 号)

北京龙之冉印务有限公司印刷　新华书店经销

2010 年 11 月第 1 版　2010 年 11 月北京第 1 次印刷
开本:710 毫米×1000 毫米　1/16　印张:22.75
字数:334 千字　印数:0,001 - 2,500 册

ISBN 978 - 7 - 01 - 009335 - 2　定价:45.00 元

邮购地址:100706　北京朝阳门内大街 166 号
人民东方图书销售中心　电话:(010)65250042　65289539

序

　　党的十六大以来，以胡锦涛为总书记的党中央领导集体团结和带领全国各族人民高举中国特色社会主义伟大旗帜，紧紧围绕建设和发展中国特色社会主义这个主题，积极推进马克思主义中国化理论创新实践，创造性地提出了科学发展观，以科学发展观为核心形成了"中国特色社会主义科学发展论"。这一理论是中国特色社会主义理论体系的重要组成部分，是马克思主义中国化理论创新成果中最鲜活的内容，它进一步丰富和发展了马克思主义，进一步深化和拓展了中国特色社会主义理论体系，进一步深化了对共产党执政规律、社会主义建设规律和人类社会发展规律的认识，为中国共产党领导全国各族人民坚定不移地走中国特色社会主义道路提供了科学的思想武器。

　　对马克思主义中国化理论创新成果中这一最鲜活的内容进行系统研究，十分必要，意义重大。实行改革开放以来，特别是自从邓小平同志在党的十二大提出"走自己的路，建设有中国特色社会主义"以来，中国共产党人高举中国特色社会主义伟大旗帜，带领我国人民坚持走中国特色社会主义道路，在实践上进行了创造性的探索，形成了中国特色社会主义理论体系。1998年，我主持完成了中国社会科学院重点课题"中国特色社会主义理论的形成及其科学体系研究"，其后，我又主持了当代资本主义与世界社会主义，以及马克思主义若干重大问题的研究，在这个过程中，我深感很有必要深化对中国特色社会主义科学发展论的研究。

　　发展是人类社会永恒的主题，是人类社会进步的标志。不同的时代，人们对发展的理解不尽相同。长期以来,特别是在以追求利润最大化的市场经济的推动下,被视为传统的发展观将发展狭义地理解为经济的发展,在这种观念的支配下,一方面人们全力发展经济,片面追求经济指标;另一方面,随意掠夺自然资源,造成了人与自然之间关系的失衡,人类陷入了发展困境。在严酷的事实面前,传统的发展模式受到了挑战,人类的生存受到了很大威胁,先前的发展难以为继,人类开始对传统的发展观进行反思,批判性思维升温。

众所周知,1972年,美国未来学家丹尼斯·米多斯等人出版了《增长的极限》一书。在书中,他们通过对人口、工业发展、资源耗费、粮食生产和污染五种因素的研究,提出了"零增长方案",建议各国停止人口增长和工业投资增长,以达到"零增长"的目的。这一方案一经提出就立即引起了西方各国的激烈讨论,在此基础上,逐渐形成了一种新的发展观点,与以往"经济增长无限论"和"资源无限论"的假定相反,这种新观点认为大自然能够向人类提供的资源数量是有限的,应正确地利用自然资源,以谋求人类的发展和进步。

上世纪70年代中期,"罗马俱乐部"通过专门研讨发展的会议,更是把发展问题以更为尖锐的形式提到世人面前,成为当今世界的主流话题。

历史进入21世纪,那种破坏性发展所造成的社会问题、全球性问题和生态灾难有增无减,资源的消耗,生态环境的污染和破坏,已经到了地球难以承受的程度。特别是由于温室气体排放和大气污染而造成的全球变暖,以及全球变暖而造成的灾难性后果,已经引起全世界人民的普遍关注和忧虑。在这种情况下,各种各样的绿色组织和绿色运动应运而生,生态马克思主义、全球化运动和各种讨论全球问题的国际会议,发出了世界的最强音:要么实行科学发展,维护全球人类的根本利益,要么维持现存的资本主义生产和消费方式,继续对自然的掠夺和破坏,对人们的生存造成更大的威胁。治理与发展并重,实行全面、协调、可持续发展,已经成为21世纪的主流声音。

人与社会、人与自然的关系,是人类实践活动的永恒主题,也是人们科学研究的永恒主题。历史和实践证明资本主义解决不了这两大问题，而社会主义就其本质而言，是能够而且必须解决这两大问题的，但是，由于社会主义的时间还短，由于缺乏经验或者实践上的失误，暂时还没有能解决好这两大问题，还需要在实践中继续探索。科学发展观的提出以及中国特色社会主义科学发展论体系的形成，就是在当今条件下，解决发展问题，解决人与社会、人与自然关系问题的极为重要的尝试。继续深入研究这个时代性课题，有着极为重要的理论价值和实践意义。

夏东民同志主持完成了国家社会科学基金项目"党的十六大以来马克思主义理论创新体系研究——从社会主义发展理论的观点看"（项目批准号：07BKS010），组织撰写了《中国特色社会主义科学发展论——党的十六大以来马克思主义理论创新体系研究》一书。该书提出，党的十六大以来的一系列马克思主义中国化理论创新，已构成中国特色社会主义科学发展论完整理论体系，这一理论体系是由科学发展观、马克思主义执政党建设论、社会主义和谐社会建设论、"五位一体"总体布局论、社会主义核心价值体系论、创新型国家建设论、社会主义新农村建设论、推动建设和谐世界论"一观七论"组成，其中科学发展观发挥着统领和引领功能，而"七论"是中国特色社会主义科学发展论的重要理论支撑。这种对党的十六大以来中国共产党马克思主义理论创新体系的研究及选题具有重要的学术价值和实际意义，其"一观七论"的体系构建自成一说而富有特色，抓住了党的十六大以来中国共产党马克思主义理论创新体系的主要内容，概括和揭示了该理论体系的整体框架及其各个部分的相互联系，研究并梳理了党的十六大以来以胡锦涛为总书记的党中央领导集体在新的实践基础上推进理论创新所取得的新进展和新成果。该书出版前，该课题研究还取得了一系列的中期成果。项目组成员围绕课题分别发表了《马克思主义中国化理论创新规律探析》（《马克思主义研究》2009 年第 2 期）、《科学发展观视域中的社会主义和谐社会》（《马克思主义研究》2008 年第 1 期）、《论"五位一体"发展中国特色社会主义总体布局的形成》（《毛泽东邓小平理论研究》2009 年第 4 期）等相关学术论文 20 余篇。这些成果深入探讨和阐明了该课题的诸多中心思想,大大提高了课题的质量和水平。

推进马克思主义中国化、时代化、大众化,需要对马克思主义理论教学研究的专业化,需要包括马克思主义基本原理等多种学科的教学研究工作者进行理论联系实际的创造性劳动。该书的出版,有利于促进中国特色社会主义理论教学和研究的深入。当然,书中有些问题还有待于进行更深入地研究和更充分地阐发。课题主持人夏东民同志,在履行大学领导岗位职责的同时,长期坚持学术研究,勤奋钻研,在马克思主义中国化研究领域形成了一批研究成果。课题组主要成员也都长期致力于中国特色社会主义理论与实践研究,通过课题研究,还锻炼和培养了年轻的学术骨干队伍。

我乐见马克思主义理论研究不断取得新的成果,以是为序。

中国社会科学院学部委员 靳辉明

2010 年 6 月

目　　录

导　论

　　党的十六大以来，以胡锦涛为总书记的党中央领导集体团结和带领全国各族人民高举中国特色社会主义伟大旗帜，紧紧围绕建设和发展中国特色社会主义这个主题，积极推进马克思主义中国化理论创新实践，创造性地形成了中国特色社会主义科学发展论理论体系。中国特色社会主义科学发展论理论体系，是以科学发展观为核心内容，由马克思主义执政党建设论、构建社会主义和谐社会论、发展中国特色社会主义总体布局论、社会主义核心价值体系论、创新型国家建设论、社会主义新农村建设论、推动建设和谐世界论等重大理论创新成果构成。这一理论体系是中国特色社会主义理论体系的重要组成部分，是马克思主义中国化理论创新成果中最鲜活的内容，极大地丰富和发展了马克思主义，进一步拓展了中国特色社会主义理论体系，深化了对共产党执政规律、社会主义建设规律和人类社会发展规律的认识，为我们全党全国人民坚定不移地走中国特色社会主义道路提供了科学的理论指导。

一、中国特色社会主义科学发展论理论体系的形成与发展

　　中国特色社会主义科学发展论理论体系是我们党在新世纪新阶段对改革开放和社会主义现代化建设实践经验的科学总结，是对当今时代特征和发展方位的科学判断，是马克思主义中国化理论创新的最新成果。这一理论体系的形成和发展具有其独特的条件和过程。

（一）中国特色社会主义科学发展论理论体系的形成和发展条件

　　任何一个重大理论的提出都有它赖以形成的经济社会根源。革命导师

曾深刻指出:"我们只能在我们时代的条件下去认识,而且这些条件达到什么程度,我们才能认识到什么程度。"①中国特色社会主义科学发展论的形成有其深厚的社会历史条件。正如胡锦涛所说:"科学发展观,是立足社会主义初级阶段基本国情,总结我国发展实践,借鉴国外发展经验,适应新的发展要求提出来的。"②以科学发展观为核心的中国特色社会主义科学发展论理论体系,是对马克思主义的继承和发展,是对中国特色社会主义理论的丰富和发展,也是对人类文明优秀成果的借鉴和发展。

1.理论源泉与理论基础

中国特色社会主义科学发展论理论体系继承和发展了马克思列宁主义、毛泽东思想、邓小平理论和"三个代表"重要思想,是同马克思主义一脉相承的科学理论体系。马克思主义辩证唯物主义和历史唯物主义的基本原理,包括生产关系与生产力、上层建筑与经济基础协调发展,社会生产和社会生活各个方面和环节相互联系、人与自然和谐相处可持续发展的重要观点,以及政党和国家理论、农村建设理论、历史主体理论及人的全面发展理论等,是中国特色社会主义科学发展论理论体系的根本理论依据和思想源泉。其中,马克思主义的社会有机体思想是奠定中国特色社会主义科学发展论的核心内容科学发展观的理论基础。

毛泽东领导建立了中华人民共和国,确立了社会主义基本制度,并从中国实际出发探索社会主义建设的道路,为古老的中国赶上时代发展潮流、阔步走向繁荣昌盛创造了根本前提,奠定了坚实的理论和实践基础。③ 由于创造性地完成了由新民主主义革命向社会主义革命的转变,中国这个占世界人口近四分之一的东方大国进入了社会主义社会,实现了中国历史上最深刻、最伟大的社会变革。社会主义改造基本完成以后,我们党带领人民转入全面的大规模的社会主义建设。毛泽东和党中央带领全党全国人民对适

---

① 《马克思恩格斯选集》第4卷,人民出版社1995年版,第337—338页。
② 《十七大以来重要文献选编》(上),中央文献出版社2009年版,第10页。
③ 《十六大以来重要文献选编》(上),中央文献出版社2005年版,第639页。

合中国国情的社会主义道路进行了艰苦探索,并取得了重要的理论成果。①邓小平领导我们党成功地走出了一条建设中国特色社会主义的新道路,领导我们党制定了党在社会主义初级阶段的基本路线,抓住"什么是社会主义、怎样建设社会主义"这个根本问题,深刻揭示了社会主义的本质,第一次比较系统地回答了在中国这样经济文化比较落后的国家如何建设社会主义、如何巩固和发展社会主义的一系列根本问题,实现了马克思主义与中国实际相结合的又一次历史性飞跃,提出了许多对党和人民事业发展具有开创意义的思想,创立了邓小平理论。②党的十三届四中全会以来,以江泽民为主要代表的当代中国共产党人高举邓小平理论伟大旗帜,"进一步回答了什么是社会主义,怎样建设社会主义的问题,创造性地回答了建设什么样的党,怎样建设党的问题,逐步形成了'三个代表'重要思想。"③毛泽东思想、邓小平理论、"三个代表"重要思想为中国特色社会主义科学发展论理论体系的形成奠定了坚实的理论基础。

2. 时代背景与国际借鉴

国际形势和发展趋势的深刻变化是中国特色社会主义科学发展论形成的时代背景。20世纪末特别是进入21世纪以来,国际形势和世界发展呈现出一系列新矛盾、新态势和新特征。和平、发展、合作越来越成为时代潮流,维护和平、促进发展,谋求合作越来越成为世界各国人民的共同愿望。世界多极化的趋势进一步发展,国际上各种力量的整合和分化进一步加剧。经济全球化趋势进一步深化,国际产业重组和生产要素转移进一步加快,世界各国的经济、政治、文化和社会联系更加紧密。科技进步日新月异,科技创新和技术扩散日益加快,成为推动经济增长的重要动力。党的十六大以来,中国共产党准确把握国际形势和世界发展趋势的新变化,以宽广的眼界观察世界,以发展的观点审视自己,以战略的思维谋划全局,及时提出关于建设中国特色社会主义的新思想、新观点和新论断。

① 《十六大以来重要文献选编》(上),中央文献出版社2005年版,第641页。
② 《十六大以来重要文献选编》(中),中央文献出版社2006年版,第150—151页。
③ 《十六大以来重要文献选编》(中),中央文献出版社2006年版,第157—158页。

　　中国特色社会主义科学发展论理论体系，是在科学分析世界各国发展成败得失经验教训的基础上形成的。20世纪50年代以后，各国对发展问题的认识不断深化，国外当代发展理论经历了从经济增长论、增长极限论、社会综合发展论、可持续发展论的演变，为我国发展提供了有益启示。世界各国的发展实践表明，社会发展不仅仅是经济增长，而应该是经济、政治、文化、社会、生态文明全面协调发展，社会公平与社会财富同步提高，人与自然和谐共进。中国特色社会主义科学发展论理论体系是对国外发展理论有益成果与合理内核的借鉴，是对西方发达国家和其他国家的发展模式和道路的理性反思。

　　3. 历史反思和现实依据

　　我国社会主义建设和改革开放的实践经验是中国特色社会主义科学发展论理论体系形成的实践依据。在我国几十年社会主义建设的进程中，我们党领导人民取得了建设社会主义的巨大成就，同时也积累了建设和发展社会主义的丰富经验。新中国建立后到党的十一届三中全会这个时期，社会主义改造和建设由开始正确到后来误入歧途，认识上出现很大误区。党的十一届三中全会以来，我们党深刻总结社会主义建设正反两方面的经验教训，正确判断国情，使党和国家的工作重心实现了从"以阶级斗争为纲"到"以经济建设为中心"的转变，确立了发展生产力的基础地位，制定了一系列推进改革发展的方针政策，形成了"一个中心、两个基本点"的基本路线，开辟了中国特色社会主义道路，激发了人们的生产积极性，社会生产力和综合国力得到迅速提高。但同时，环境污染、能源浪费、精神文明与物质文明不协调、贫富差距悬殊等问题还没有得到根本解决，如何解决这些问题是党在新世纪的重要历史任务。党的十六大以来，我们党更加注重在社会主义建设中调整上层建筑不适合经济基础的状况，更加注重发挥上层建筑对经济基础的反作用，使经济社会向更全面、更高层次、更符合人民根本利益的方向发展。从主观主义发展观，到教条主义发展观，再从片面发展观不断向科学发展观飞跃，直至形成中国特色社会主义科学发展论理论体系，这一理论体系的形成是我们党对历史经验的科学总结，是在推进马克思主义中国化理论创新实践中取得的重要理论成果。

全面建设小康社会是中国特色社会主义科学发展论理论体系形成的实践基础及其内在动力。目前我国总体上已达到小康水平，但现在达到的小康还是低水平的、不全面的、发展很不平衡的小康。全面建设更高水平的小康社会，使经济更加发展、民主更加健全、科教更加进步、文化更加繁荣、社会更加和谐、人民生活更加殷实，成为我党承担的历史使命。全面建设小康社会是实现社会主义现代化所必须经过的一个重要阶段和战略目标，对我国经济社会发展提出更高更全面的新要求。这个战略目标不仅包括经济科技的快速发展，还包括民主法制的进步、社会事业的发展、文化生活和道德水平的提高、自然生态和环境的改善，是一个经济、政治、文化、社会、生态和人的全面发展的目标体系。实现这一目标要求有新的发展理念、新的发展思路、新的发展战略和新的发展举措，新的实践呼唤我们进一步认识和解决"什么是发展、为什么要发展、为谁发展、怎样发展"等一系列重大问题。这就要求党中央及时提出适应这种战略要求的新理论和新思想，以此指导实现全面建设小康社会的目标。

我国经济社会发展的阶段性特征，是中国特色社会主义科学发展论理论体系形成的现实依据。进入新世纪，我国经济社会已经进入到一个新的发展时期，经济体制深刻变革、社会结构深刻变动、利益格局深刻调整、思想观念深刻变化，经济社会发展面临一系列突出矛盾和问题要求我们党加以应对。经济发展与人口、资源、环境的矛盾日益突出，建立节约型社会和环境友好型社会，转变经济发展方式要求更加迫切；城乡、区域、经济社会发展不平衡的矛盾明显，缩小贫富差距和促进经济社会协调发展的任务更加艰巨；社会保障、收入分配、教育、医疗、住房、安全生产、社会治安等问题比较突出；"人民生活总体上达到小康水平，同时收入分配差距拉大趋势还未根本扭转，城乡贫困人口和低收入人口还有相当数量，统筹兼顾各方面利益难度加大"；"农业基础薄弱、农村发展滞后的局面尚未改变，缩小城乡、区域发展差距和促进经济社会协调发展任务艰巨;"①解决好"三农"问题更加突出地提到全党面前;自主创新能力亟待提高,关键技术的自给率低,对外技术依存度高,走中国特色自主创新之路,努力建设创新型国家成为必由之路;在新的形势下在思想道德上要求构建什么样的核心价值体系,倡导和践行什么样的荣辱观,以推动良好社会风气的形成;党的建设方面,部分基层党组织缺乏凝聚力、号召力,执政能力不强,党员队伍中还存在着与保持先进性的要求不相适应和符合的问题,迫切要求把执政能力建设和先进性建设摆在更加突出的位置;国际环境和形势复杂多变,综合国力竞争日趋激烈,影响和平发展的不稳定不确定因素增多,如何为我国经济社会发展营造一个良好的国际环境,成为一个新的时代课题。我国目前正处在一个机遇与挑战并存、新旧矛盾相互交织的特殊时期,只有正确分析新世纪新阶段的阶段性特征,并给以科学回答,形成新的理论创新成果,才能更好地把中国特色社会主义事业进一步推向前进。

4.集体智慧与个人贡献

中国特色社会主义科学发展论理论体系是我党集体智慧的结晶,同时也离不开个人的重要贡献。新一代中央领导集体的所有成员、党的理论工作者、广大人民群众都在中国特色社会主义科学发展论的形成和发展过程中发挥了各自的作用。以胡锦涛为代表的中国共产党人,面对新世纪的重大的考验和抉择,坚持马克思列宁主义的基本原理,对中国特色社会主义实践中的一系列独创性的新鲜经验进行理论概括,形成了适合中国实际的、科学的指导思想,这就是中国特色社会主义科学发展论,它是被实践证明了的关于中国社会主义建设的正确的理论原则和经验总结,是中国共产党集体智慧的结晶。广大理论工作者肩负着理论创新的光荣的历史使命,他们响应民族振兴伟大事业的时代召唤,针对中国特色社会主义事业中的新情况、新问题、新矛盾,坚持和发展马克思主义,以中国特色社会主义理论体系为指导,以其优越的政治敏锐性和社会洞察力,深入群众,敢于探索,勇于创

---

① 《十七大以来重要文献选编》(上),中央文献出版社2009年版,第10—11页。

新,把自己的聪明才智全身心地投入到改革开放和现代化建设的伟大实践之中,孜孜不倦地为这一伟大实践提供理论支持,为中国特色社会主义科学发展论的形成发挥了自己独特的作用。人民群众的生动实践是一切理论的源头,中国特色社会主义科学发展论的主要使命是对新时期党和国家的发展方向、道路等作出理论阐释,这与人民群众的意愿紧密相连,是在与人民群众的实践互动中形成的,是立足于人民群众的实践之上的。人民群众的新期待,人民群众利益关系、价值观的变化,要求党的理论关注社会的发展进步,不断研究发展规律,不断进行理论创新,构筑新的理论框架,从而统一人们思想、推动社会前进。以胡锦涛为总书记的新一代中央领导集体审时度势、把握全局,紧紧抓住推动全局发展的重要环节,提高党的执政能力和理论品质,不断创新和发展马克思主义中国化的最新理论成果。胡锦涛作为个人来说,坚持情为民所系、利为民所谋、权为民所用的执政理念,善于联系群众、联系实践、联系社会生活,勇于推动理论创新,为中国特色社会主义科学发展论的创立和发展,为中国特色社会主义事业的顺利推进,为维护、实现、发展全国人民的根本利益作出了重大贡献。

特定的社会历史条件决定了中国共产党“必须把坚持马克思主义基本原理同推进马克思主义中国化结合起来,解放思想、实事求是、与时俱进,以实践基础上的理论创新为改革开放提供理论指导。”①党提出与新阶段相适应的社会发展理论,从而不断地把中国特色社会主义伟大事业继续推向前进,中国特色社会主义科学发展论理论体系正是在此背景下应运而生的。

(二)中国特色社会主义科学发展论理论体系的形成和发展过程

党的十六大以来,我们党不断总结实践经验,扩展理论视野,推进党的理论创新,提出以以人为本为核心的科学发展观;提出构建社会主义和谐社会,全面推进社会的文明与进步;提出构建社会主义核心价值体系,牢固树立社会主义荣辱观;提出以全面加强党的执政能力建设和先进性建设为主线的执政党建设,为发展中国特色社会主义提供强有力的政治保证;提出建

---

① 《十七大以来重要文献选编》(上),中央文献出版社 2009 年版,第 796 页。

设社会主义新农村,全面推进社会主义现代化;提出建设创新型国家,构建发展中国特色社会主义快捷路径;提出建设生态文明,实现发展中国特色社会主义的总体布局;提出走和平发展道路,推动建设和谐世界等重大战略思想和战略任务,形成了中国特色社会主义科学发展论理论体系。这一理论体系的形成经历了一个逐步深化的发展过程。

1. 萌芽阶段(从 1999 年 3 月到 2003 年 10 月)

中国特色社会主义科学发展论在此阶段有了初步论述。1999 年 3 月 10 日,胡锦涛要求必须牢固树立发展是硬道理的思想,树立科学的发展观,在我党历史上首次提出科学的发展观的新概念。2003 年 4 月,胡锦涛强调指出,要抓住新机遇,增创新优势,开拓新局面,努力实现加快发展、率先发展、协调发展,要求物质文明、政治文明、精神文明协调发展。由于受 2003 年 4 月爆发的非典疫情的警示,党中央明确提出要坚持全面的发展观。2003 年 10 月,党的十六届三中全会明确提出:"坚持以人为本,树立全面、协调、可持续发展观,促进经济社会和人的全面发展",强调要"按照统筹城乡发展、统筹区域发展、统筹经济社会发展、统筹人与自然和谐发展、统筹国内发展和对外开放的要求",①推进改革和发展。在党的文件中第一次提出科学发展观的概念,这为中国特色社会主义科学发展论理论体系的形成提供了基本的理论前提。

2. 形成阶段(2003 年 11 月到 2007 年 5 月)

中国特色社会主义科学发展论在此阶段逐渐展开,并初步形成理论体系。首先是科学发展观这一核心内容的确立。2003 年 11 月 29 日,胡锦涛在中央经济工作会议上提出:"重要的是牢固树立和认真落实全面、协调、可持续的发展观。这既是经济工作必须长期坚持的重要指导思想,也是解决当前经济社会发展中诸多矛盾必须遵循的基本原则。"②2004 年 3 月 10 日,胡锦涛从理论基础、实践来源、深刻内涵和基本要求等方面对科学发展

① 《十六大以来重要文献选编》(上),中央文献出版社 2005 年版,第 465 页。
② 《胡锦涛在中央经济工作会议上的讲话》,《人民日报》2003 年 11 月 30 日,第 1 版。

观作了系统深刻的论述,指出:"坚持以人为本,全面、协调、可持续的发展观,是我们以邓小平理论和'三个代表'重要思想为指导,从新世纪新阶段党和国家事业发展全局出发提出的重大战略思想。"①此后,胡锦涛多次强调,要深刻认识我国经济发展的特点和规律,解决中国的发展问题,必须牢固树立和认真落实科学发展观。

随后,以胡锦涛为总书记的党中央领导集体以科学发展观为统领,相继提出了加强执政党建设、社会主义和谐社会建设、创新型国家建设、社会主义新农村建设等一系列重大战略思想,中国特色社会主义科学发展论理论体系逐步形成并得到充实和完善。第一,提出了执政党建设论,全面论述了以加强党的执政能力建设和先进性建设为主线的执政党建设,是坚持和发展中国特色社会主义的可靠保障。2004 年 9 月,党的十六届四中全会明确提出加强党的执政能力建设的重要任务,把提高构建社会主义和谐社会的能力确定为加强党的执政能力建设的重要内容。2005 年 1 月,胡锦涛提出加强党的先进性建设的重大意义及基本要求,加强党的执政能力建设和先进性建设成为推进党的建设新的伟大工程的重要战略思想。第二,提出了社会主义和谐社会建设论,明确了构建社会主义和谐社会是社会主义的基本价值取向。2005 年 2 月 19 日,胡锦涛全面论述了构建社会主义和谐社会,他明确指出:"我们所要建设的社会主义和谐社会,应该是民主法治、公平正义、诚信友爱、充满活力、安定有序、人与自然和谐相处的社会。"②党的十六届五中全会要求用科学发展观统领经济社会全局,把构建社会主义和谐社会确定为一项重大任务。党的十六届六中全会进一步全面系统阐述了构建社会主义和谐社会的一系列重大问题,标志着党对社会主义发展规律认识的深化。第三,提出了推动建设和谐世界论,全面阐述了推动建设和谐世界是针对当今时代特征和国际形势的新变化提出的国际战略新理念。2005 年 4 月,胡锦涛首次提出"共同构建和谐世界"的倡议,并重申"努力建

---

① 《十六大以来重要文献选编》(上),中央文献出版社 2005 年版,第 849—850 页。
② 《十六大以来重要文献选编》(中),中央文献出版社 2006 年版,第 706 页。

设持久和平、共同繁荣的和谐世界"的思想。"建设和谐世界"新理念逐步得到世界大多数国家的认同。第四,提出了创新型国家建设论,强调建设创新型国家不仅是应对世界科技革命和提高我国国际竞争力的战略需要,也是加快我国科技发展步伐、实现全面建设小康社会发展目标的内在要求。2005年6月,我党首次提出提高自主创新能力、建设创新型国家的战略思路;2006年1月,胡锦涛第一次系统阐述了这一战略的意义及重要部署。第五,提出了构建社会主义核心价值体系论,深刻论述了建设社会主义核心价值体系是加强社会主义精神文明、推进和谐文化建设的重大战略举措。2006年10月,党的十六届六中全会明确提出构建社会主义核心价值体系这一重大命题和战略任务,明确了社会主义思想文化的精神实质,标志着党对社会主义文化发展规律认识的深化。2006年3月,胡锦涛提出以"八荣八耻"为主要内容的社会主义荣辱观,揭示出新的时代条件下社会主义的道德准则及价值取向。科学阐述了正确的荣辱观是社会文明程度的重要标志,也是经济社会顺利发展的必然要求。第六,提出了社会主义新农村建设论,全面论证了建设社会主义新农村是现代化建设的重要战略任务。党的十六届六中全会明确提出这一重大战略任务。2006年,颁发了《关于推进社会主义新农村建设的若干意见》,并系统论述加强社会主义新农村建设的重要意义、指导思想、建设目标和主要任务。第七,提出"四位一体"总体布局。2006年10月,胡锦涛在党的十六届六中全会第二次全体会议上提出我们要构建的社会主义和谐社会,是经济建设、政治建设、文化建设、社会建设协调发展的社会,从而确立起"四位一体"的社会主义发展的总体布局。

3.发展阶段(从2007年6月开始)

中国特色社会主义科学发展论理论体系在此阶段进一步得到深化和发展。2007年6月25日,胡锦涛在中央党校发表重要讲话,对科学发展观作了总体阐述:科学发展观,第一要义是发展,核心是以人为本,基本要求是全面协调可持续,根本方法是统筹兼顾。深入贯彻落实科学发展观,毫不动摇地坚持和发展中国特色社会主义,必须做到坚持解放思想、推进改革开放、促进科学发展和社会和谐以及全面建设小康社会"四个坚定不移"。① 党的十七大报告全方位地对中国特色社会主义科学发展论理论体系进行了丰富和深化，使这一理论体系更为完善。党的十七大对科学发展观的科学内涵、精神实质和根本要求作了全面、系统和精辟的阐述，是党对社会主义发展理论的系统总结和理论升华；对社会主义和谐社会建设作了新表述，对以改善民生为重点的社会建设进行全面部署，强调在经济发展的基础上，"更加注重社会建设，着力保障和改善民生，推进社会体制改革，扩大社会服务，完善社会管理，促进社会公平正义"②；对创新型国家建设的论述有新的拓宽，强调"坚持走中国特色社会主义创新道路，把增强自主创新能力贯彻到现代化建设的各个方面"③；对社会主义新农村建设提出新要求，注重新农村建设的全面协调性，明确新农村建设的重要战略要点；对社会主义发展总体布局有新突破，强调"建设生态文明，基本形成节约能源和保护生态环境的产业结构、增长方式、消费模式。"④使经济建设、政治建设、文化建设、社会建设、生态文明建设"五位一体"中国特色社会主义建设总体布局初见轮廓；对社会主义核心价值体系建设和树立社会主义荣辱观作了新拓展，旨在"增强社会主义意识形态的吸引力和凝聚力"⑤；对推动建设和谐世界作了新展望，强调在新时代背景下"共同分享发展机遇，共同应对各种挑战，推进人类和平与发展的崇高事业"⑥；对执政党建设进行了新部署，明确了马克思主义执政党建设的总体布局和战略重点。

中国特色社会主义科学发展论理论体系在其形成和发展过程中，对建设中国特色社会主义的发展道路、发展阶段、根本任务、发展动力、战略布局、外部条件、思想保证、领导力量等一系列重大时代命题进行了新总结、新提炼、新概括，形成了新的理论体系。这一理论体系进一步回答了在当今中

---

① 《胡锦涛在中央党校发表的重要讲话》，《人民日报》2007 年 6 月 26 日，第 1 版。
② 《十七大以来重要文献选编》（上），中央文献出版社 2009 年版，第 29 页。
③ 《十七大以来重要文献选编》（上），中央文献出版社 2009 年版，第 17 页。
④ 《十七大以来重要文献选编》（上），中央文献出版社 2009 年版，第 16 页。
⑤ 《十七大以来重要文献选编》（上），中央文献出版社 2009 年版，第 26 页。
⑥ 《十七大以来重要文献选编》（上），中央文献出版社 2009 年版，第 36 页。

国"什么是科学发展、为什么要科学发展、怎样科学发展",以及"如何建设社会主义、如何巩固和发展社会主义"等中国特色社会主义科学发展的基本问题,极大地丰富和发展了中国特色社会主义理论体系。

二、中国特色社会主义科学发展论理论体系的基本内容

从社会主义发展理论的观点看,党的十六大以来马克思主义中国化理论创新体系即中国特色社会主义科学发展论,围绕"是什么、为什么、怎么做"的逻辑范式展开,全面深入地回答了发展中国特色社会主义的指导思想、本质要求、精神支柱、必由之路、政治保证、战略任务、总体布局,全球视野等一系列当代中国发展的重大命题,构成了中国特色社会主义理论体系的重要组成部分。中国特色社会主义科学发展论是与马克思列宁主义、毛泽东思想、邓小平理论、"三个代表"重要思想既一脉相承又与时俱进的科学理论,是马克思主义中国化理论创新成果中最鲜活的部分,极大地丰富和发展了马克思列宁主义、毛泽东思想,进一步丰富和发展了中国特色社会主义理论体系,是发展中国特色社会主义的重要理论指导。

(一)科学发展观:发展中国特色社会主义的指导思想

科学发展观,是我们党自十六大以来坚持理论创新,立足社会主义初级阶段基本国情,总结我国发展实践的经验,并借鉴国外发展的经验,适应新的发展要求提出的重大发展战略思想。这是我党对社会主义现代化建设规律认识的进一步深化和党的执政理念的新飞跃。

2003 年 10 月,党的十六届三中全会通过了《中共中央关于完善社会主义市场经济体制若干问题的决定》。这是我们党第一次在中央文件中创造性地提出了"坚持以人为本,树立全面、协调、可持续的发展观"[①]的科学发展理念的完整概念,并科学地解读了科学发展观。坚持以人为本,就是要以实现人的全面发展为目标,从人民群众的根本利益出发谋发展、促发展,不断满足人民群众日益增长的物质文化需要,切实保障人民群众的经济、政治

---

① 《十六大以来重要文献选编》(上),中央文献出版社 2005 年版,第 465 页。

和文化权益,让发展的成果惠及全体人民。全面发展,就是要以经济建设为中心,全面推进经济、政治、文化建设,实现经济发展和社会全面进步。协调发展,就是要统筹城乡发展、统筹区域发展、统筹经济社会发展、统筹人与自然和谐发展、统筹国内发展和对外开放,推进生产力和生产关系、经济基础和上层建筑相协调,推进经济、政治、文化建设的各个环节、各个方面相协调。可持续发展,就是要促进人与自然的和谐,实现经济发展和人口、资源、环境相协调,坚持走生产发展、生活富裕、生态良好的文明发展道路,协调代际关系,保证人类社会永续发展。

2007 年 10 月,在党的十七大报告中,胡锦涛对科学发展观又进行更加深入和全面的解读。他说:"科学发展观,第一要义是发展,核心是以人为本,基本要求是全面协调可持续,根本方法是统筹兼顾。"①强调了发展是第一要义,是前提,而将以人为本作为科学发展观的核心,将全面协调可持续作为科学发展观的基本要求,把统筹兼顾作为科学发展观的根本方法。尤其是对统筹兼顾进行了进一步阐述和扩展,强调了统筹中央和地方关系,统筹个人利益和集体利益、局部利益和整体利益、当前利益和长远利益,充分调动各方面的积极性,统筹国内国际两个大局,树立世界眼光,加强战略思维,善于从国际形势发展变化中把握发展机遇,应对风险挑战,营造良好国际环境。党的十七大对科学发展观更加全面系统的阐述,表明我们党的理论创新又前进了一步,标志着科学发展观更加完善、更加成熟、更加全面。

科学发展观是我们党对我国改革开放实践经验的科学总结,是与时俱进的马克思主义发展观,既坚持了马克思主义基本原理,又在新的实践基础上不断创新,取得了重大发展,是中国特色社会主义理论体系的最新理论成果。胡锦涛指出:"树立和落实全面发展、协调发展和可持续发展的科学发展观,对于我们更好地坚持发展才是硬道理的战略思想具有重大意义。"②科学发展观,坚持发展为了人民,发展依靠人民,发展成果由人民共享,科学

---

① 《十七大以来重要文献选编》(上),中央文献出版社 2009 年版,第 11—12 页。
② 《十六大以来重要文献选编》(上),中央文献出版社 2005 年版,第 483 页。

系统地解答了"中国为什么发展、为谁发展、靠谁发展及怎样又好又快地发展"这一事关发展中国特色社会主义全局的重大命题。

(二)马克思主义执政党建设论:发展中国特色社会主义的政治保证

在新时期,加强马克思主义执政党建设,是一个关系到中国社会主义事业兴衰成败,关系到中华民族前途命运,关系到党的生死存亡的重大战略命题。党的十六大以来,以胡锦涛为总书记的党中央领导集体,面对新形势新任务,主动地迎接新考验新挑战,在深刻分析和全面把握国内外形势的基础上,作出了加强马克思主义执政党建设的重大战略部署,形成了以加强党的执政能力建设和先进性建设为主线的马克思主义执政党建设论。这既表明了我们党进一步为人民执好政、掌好权的坚强决心,也表明了我们党对执政规律的深刻把握、对新的历史方位和历史使命的清醒认识和科学判断,体现了中国共产党治国理政的理念和水平达到了新的高度。

党的十六届四中全会上作出了《中共中央关于加强党的执政能力建设的决定》,明确提出加强党的执政能力建设的主要任务是:"按照推动社会主义物质文明、政治文明、精神文明协调发展的要求,不断提高驾驭社会主义市场经济的能力、发展社会主义民主政治的能力、建设社会主义先进文化的能力、构建社会主义和谐社会的能力、应对国际局势和处理国际事务的能力。"①在党的十七大报告中,胡锦涛进一步强调指出:"党的执政能力建设关系党的建设和中国特色社会主义全局,必须把提高领导水平和执政能力作为各级领导班子建设的核心内容抓紧抓好。"②。

党的十六大后,我们党开展了以实践"三个代表"重要思想为主要内容的保持共产党员先进性教育活动。胡锦涛对此强调说:"加强党的先进性建设,始终是我们党生存、发展、壮大的根本性建设。……抓住了先进性建设,就抓住了党的建设的根本,就抓住了加强党的执政能力建设、巩固党的执政地位的关键。"③这是我们党第一次提出"党的先进性建设"这一科学概念,

---

① 《十六大以来重要文献选编》(中),中央文献出版社 2006 年版,第 276 页。
② 《十七大以来重要文献选编》(上),中央文献出版社 2009 年版,第 39 页。
③ 《十六大以来重要文献选编》(中),中央文献出版社 2006 年版,第 615 页。

也是马克思主义政党建设发展史上第一次把"党的先进性"作为一项建设任务纳入党的建设系统工程之中。以胡锦涛为总书记的党中央领导集体，明确提出"党的先进性建设"这一科学命题，深刻阐明了党的先进性建设在党的建设伟大工程、党和国家全局工作中的重要地位、价值和意义，实现了马克思主义党建学说的重大创新。

马克思主义执政党建设论丰富和发展了马克思主义执政党建设理论。这一重要理论科学地解答了"什么是马克思主义执政党、为什么要建设马克思主义执政党、怎样建设马克思主义执政党"这一当代马克思主义执政党建设的基本理论问题。

（三）构建社会主义和谐社会论：发展中国特色社会主义的本质要求

构建社会主义和谐社会，是我们党从全面建设小康社会、开创中国特色社会主义事业新局面的全局出发提出的一个重大发展理念和发展目标。这一理论的提出和发展，既是我们党对自身执政经验的科学总结，也借鉴了国外一些执政党的经验教训。从我国现实国情和发展趋势看，社会主义和谐社会的构建，直接关系到最广大人民的根本利益的实现和维护，直接关系到巩固党执政的社会基础、直接关系到实现党执政的历史任务，直接关系到全面建设小康社会的全局，直接关系到党的事业兴旺发达和国家的长治久安。社会和谐是中国特色社会主义的本质属性，科学发展和社会和谐是内在统一的。没有科学发展就没有社会和谐，没有社会和谐也难以实现科学发展。党的十六大以来，我们党通过不断理论创新，形成构建社会主义和谐社会理论，既是对我国社会主义建设规律认识的深化，也是对共产党执政规律、社会主义建设规律、人类社会发展规律认识的深化。构建社会主义和谐社会既符合马克思主义的基本原理，符合马克思主义关于科学社会主义的设想，又符合中国的具体国情，是对马克思主义科学社会主义理论的丰富和发展。

2005 年 2 月 19 日，胡锦涛在省部级主要领导干部提高构建社会主义和谐社会能力专题研讨班上对社会主义和谐社会的定义作了科学概括。胡锦涛说："根据马克思主义基本原理和我国社会主义建设的实践经验，根据新世纪新阶段我国经济社会发展的新要求和我国社会出现的新趋势新特点，我们所要建设的社会主义和谐社会,应该是民主法治、公平正义、诚信友爱、充满活力、安定有序、人与自然和谐相处的社会。"①2006 年 10 月,党的十六届六中全会作出了《关于构建社会主义和谐社会若干重大问题的决定》,对构建社会主义和谐社会的指导思想、历史价值、目标任务和原则、建设路径进行了系统而全面的阐述,进一步完善了关于构建社会主义和谐社会的理论。

2007 年 10 月,胡锦涛在党的十七大报告中又进一步强调指出:"要通过发展增加社会物质财富、不断改善人民生活,又要通过发展保障社会公平正义、不断促进社会和谐。实现社会公平正义是中国共产党人的一贯主张,是发展中国特色社会主义的重大任务。要按照民主法治、公平正义、诚信友爱、充满活力、安定有序、人与自然和谐相处的总要求和共同建设、共同享有的原则,着力解决人民最关心、最直接、最现实的利益问题,努力形成全体人民各尽其能、各得其所而又和谐相处的局面,为发展提供良好社会环境。"②这一新的论述,进一步丰富了社会主义和谐社会论,进一步明确了发展中国特色社会主义的长期历史任务,全面系统地解答了"什么是社会主义和谐社会、为什么要构建社会主义和谐社会、怎样构建社会主义和谐社会"这一当代中国实践科学社会主义的重大命题。

(四)"五位一体"论:发展中国特色社会主义的总体布局

党的十六大以来,我们党根据我国社会主义建设的发展任务和发展目标,不断完善发展战略,逐步形成了经济建设、政治建设、文化建设、社会建设和生态文明建设"五位一体"的我国社会主义发展总体布局,拓展了我国社会主义发展视域,继承和发展了马克思主义的社会有机体理论,推进了马克思主义中国化理论创新实践,丰富了马克思主义理论宝库,对中国特色社会主义现代化建设提供了重要的理论指导。

在党的十七大上,胡锦涛在党的十六大确立的全面建设小康社会目标

① 《十六大以来重要文献选编》(中),中央文献出版社 2005 年版,第 706 页。
② 《十七大以来重要文献选编》(上),中央文献出版社 2009 年版,第 13—14 页。

的基础上对我国发展提出了新的更高的要求,对"五位一体"论进行了全面而系统的解读,提出要增强发展协调性,努力实现经济又好又快发展;要扩大社会主义民主,更好地保障人民权益和社会公平正义;要加强文化建设,明显提高全民族文明素质;要加快发展社会事业,全面改善人民生活;要建设生态文明,基本形成节约能源资源和保护生态环境的产业结构、增长方式、消费模式。到 2020 年全面建设小康社会目标实现之时,把我国建成为"工业化基本实现、综合国力显著增强、国内市场总体规模位居世界前列的国家,成为人民富裕程度普遍提高、生活质量明显改善、生态环境良好的国家,成为人民享有更加充分民主权利、具有更高文明素质和精神追求的国家,成为各方面制度更加完善、社会更加充满活力而又安定团结的国家,成为对外更加开放、更加具有亲和力、为人类文明作出更大贡献的国家。"①

在我国社会主义经济建设、政治建设、文化建设、社会建设和生态文明建设的"五位一体"总体布局中,各要素之间互相影响、互相作用、互相促进、互相制约,构成了有机的辩证统一体。只有坚持"五位一体",协同并进,才能保证我国社会主义现代化建设全面、协调、可持续发展。"五位一体"论系统地解答了"什么是中国特色社会主义的总体布局、为什么要进行总体布局、如何科学地进行总体布局"这一整体推进中国特色社会主义建设的重大课题。

(五)社会主义核心价值体系论:发展中国特色社会主义的精神支柱

在党的十六届六中全会上,我们党明确提出了要"建设社会主义核心价值体系,形成全民族奋发向上的精神力量和团结和睦的精神纽带"②的理念,强调建设社会主义和谐文化是构建社会主义和谐社会的重要任务,而社会主义核心价值体系是建设和谐文化的根本,是社会主义意识形态的本质体现。要求全党必须坚持马克思主义在意识形态领域的指导地位,牢牢把握社会主义先进文化的前进方向,弘扬民族优秀文化传统,借鉴人类有益文

---

① 《十七大以来重要文献选编》(上),中央文献出版社 2009 年版,第 16 页。
② 《十六大以来重要文献选编》(下),中央文献出版社 2008 年版,第 661 页。

明成果,倡导和谐理念,培育和谐精神,进一步形成全社会共同的理想信念和道德规范,打牢全党全国各族人民团结奋斗的思想道德基础。党的十六届六中全会还对社会主义核心价值体系内容进行了科学界定,指出"马克思主义指导思想,中国特色社会主义共同理想,以爱国主义为核心的民族精神和以改革创新为核心的时代精神,社会主义荣辱观,构成社会主义核心价值体系的基本内容。"①强调要坚持把社会主义核心价值体系融入国民教育和精神文明建设全过程、贯穿现代化建设各方面。同时要求用马克思主义中国化的最新成果武装全党、教育人民,用民族精神和时代精神凝聚力量、激发活力,倡导爱国主义、集体主义、社会主义思想,加强理想信念教育,加强国情和形势政策教育,不断增强对中国共产党领导、社会主义道路、改革开放事业、全面建设小康社会目标的信念和信心。从而以社会主义核心价值体系引领社会思潮,尊重差异,包容多样,最大限度地形成社会思想共识。

胡锦涛在党的十七大报告中进一步指出:"社会主义核心价值体系是社会主义意识形态的本质体现,要巩固马克思主义指导地位,坚持不懈地用马克思主义中国化最新成果武装全党、教育人民,用中国特色社会主义共同理想凝聚力量,用以爱国主义为核心的民族精神和以改革创新为核心的时代精神鼓舞斗志,用社会主义荣辱观引领风尚,巩固全党全国各族人民团结奋斗的共同思想基础。"②从实践看,社会主义核心价值体系已成为我党我国人民的重要思想指导,是全面建设小康社会、努力构建和谐社会进程中的根本思想基础,是中华民族伟大复兴的共同精神力量。社会主义核心价值体系论科学地解答了"什么是社会主义核心价值体系、为什么要建立社会主义核心价值体系"这一社会主义意识形态领域的基本理论问题。

(六)创新型国家建设论:发展中国特色社会主义的战略任务

创新型国家建设论是我国应对国际竞争、提升综合国力的重要理论指导,是我国当下和未来发展的核心战略。这一发展思想的创立,标志着我们

---

① 《十六大以来重要文献选编》(下),中央文献出版社 2008 年版,第 661 页。
② 《十七大以来重要文献选编》(上),中央文献出版社 2009 年版,第 26 页。

党和国家的发展战略更加成熟,使具有中国特色的社会主义现代化建设理论得到进一步完善。

2005 年 10 月,胡锦涛在《在中共十六届五中全会上的工作报告》中指出:"加快科技改革和发展,加大对自主创新的投入,研究制定国家中长期科学和技术发展规划,突出强调自主创新,重点跨越、支撑发展、引领未来,把建设创新型国家作为面向未来的重大战略。"①2006 年元月,国务院发布并部署实施《国家中长期科学和技术发展规划纲要(2006 ~ 2020 年)》,明确提出要在 2020 年使我国进入创新型国家行列。

在党的十七大报告中,胡锦涛进一步强调要提高自主创新能力,建设创新型国家。"这是国家发展战略的核心,是提高综合国力的关键。要坚持走中国特色自主创新道路,把增强自主创新能力贯彻到现代化建设各个方面。"②坚持以高科技为龙头,以科技创新为重要路径的国家发展战略新思想,是我们党对世界发展潮流和我国基本国情进行科学分析和全面审视基础上形成的正确的发展理念,是对中国特色社会主义建设理论的丰富和发展。

创新型国家建设论强调走中国特色自主创新的道路,坚持理论创新、制度创新、技术创新,并将建设创新型国家的战略任务渗透到国家建设与发展的各个领域,推动着我国经济、社会、政治、科技、文化的全面发展。因而,创新型国家建设论是实现中国经济社会科学发展、跨越式发展的重要理论指导。这一理论创造性地解答了"什么是创新型国家、为什么要建设创新型国家、怎样建设创新型国家"这一国家建设理论的新课题。

(七)社会主义新农村建设论:发展中国特色社会主义的重要任务

我们党长期以来十分重视社会主义农村建设,形成了一系列社会主义农村建设理论。党的十六大以来,以胡锦涛为总书记的党中央领导集体继续推进马克思主义中国化理论创新实践,继续探索社会主义农村建设新路

① 《十六大以来重要文献选编》(中),中央文献出版社 2006 年版,第 1028 页。
② 《十七大以来重要文献选编》(上),中央文献出版社 2009 年版,第 17 页。

径,创立了建设社会主义新农村论。这一理论的确立,标志着我党对我国社会主义现代化建设进程中重大历史任务的认识更加深刻和全面,对我国社会发展目标的认识更加明晰和准确,对我国社会主义现代化建设事业的推进起着重要的理论指导作用。

2005 年 10 月,党的十六届五中全会通过《中共中央关于制定国民经济和社会发展第十一个五年规划的建议》,明确提出"建设社会主义新农村是我国现代化进程中的重大历史任务。要按照生产发展、生活宽裕、乡风文明、村容整洁、管理民主的要求,坚持从各地实际出发,尊重农民意愿,扎实稳步推进新农村建设。"①我们党新一届中央领导集体深刻认识到,农业、农村和农民问题,始终是关系我国经济和社会发展全局的重大问题,建设社会主义新农村具有重大的现实意义和历史意义。同时,充分认识到建设社会主义新农村,是提高农业综合生产能力、建设现代农业的重要保障,是增加农民收入、繁荣农村经济的根本途径,是发展农村社会事业、构建和谐社会的主要内容,是改善农村面貌、培育新型农民的重要渠道,是缩小城乡差距、全面建设小康社会的重大举措。而要建设社会主义新农村,必须树立和落实科学发展观,必须积极推进城乡统筹发展,必须努力推进现代农业建设,必须全面深化农村改革,必须大力发展农村公共事业,必须千方百计地增加农民的收入。为此,2005 年 12 月 31 日,中共中央、国务院发布了《关于推进社会主义新农村建设的若干意见》,对扎实推进社会主义新农村建设进行了重大部署。以胡锦涛为总书记的党中央领导集体提出的建设社会主义新农村论,是根据我国的现实国情,经过缜密的科学思维而形成的理论创新成果,是对我国社会主义现代化建设理论的进一步完善和发展,它科学地创造性解答了"什么是社会主义新农村、为什么要建设社会主义新农村、如何建设社会主义新农村"这一当代中国现代化发展进程中的重大命题。

(八)推动建设和谐世界论:发展中国特色社会主义的全球视野

在当今世界全球化大背景下,全球和区域间合作日益紧密,国与国之间

---

① 《十六大以来重要文献选编》(中),中央文献出版社 2006 年版,第 1066 页。

的联系日益加强,各国之间的相互依存度日益加深。尽管世界仍不安宁,霸权主义和强权政治依然存在,但国际形势总体稳定,和平与发展仍然是当今时代的主题,并日益彰显出强大的生命力。这为构建和谐世界创造了良好的国际环境,奠定了十分重要的发展基础。维护世界和平,促进共同发展成为时代发展趋势。以胡锦涛为总书记的中央领导集体把握时代脉搏,顺应时代潮流,从维护世界人民根本利益和推进人类和平与发展事业的战略高度,提出了构建和谐世界的国际发展新战略,推进了马克思主义中国化理论创新进程,丰富了马克思主义理论宝库。

　　2005年9月,在联合国成立60周年首脑会议上,胡锦涛主席发表了题为《努力建设持久和平、共同繁荣的和谐世界》的讲话,第一次系统阐述了建设和谐世界这一重大战略思想,强调在机遇和挑战并存的重要历史时期,"共同的目标把我们联结在一起,共同的挑战需要我们团结在一起。让我们携手合作,共同为建设一个持久和平、共同繁荣的和谐世界而努力。"[①]在党的十七大报告中,胡锦涛更加明确、更加深刻地指出:"共同分享发展机遇,共同应对各种挑战,推进人类和平与发展的崇高事业,事关各国人民的根本利益,也是各国人民的共同心愿。我们主张,各国人民携手努力,推动建设持久和平、共同繁荣的和谐世界。"[②]并强调建设和谐世界,各国应当遵循联合国宪章的宗旨和原则,恪守国际法和公认的国际关系准则,在国际关系中弘扬民主、和睦、协作、共赢精神。政治上相互尊重、平等协商,共同推进国际关系民主化;经济上相互合作、优势互补,共同推动经济全球化朝着均衡、普惠、共赢方向发展;文化上相互借鉴、求同存异,尊重世界多样性,共同促进人类文明繁荣进步;安全上相互信任、加强合作,坚持用和平方式而不是战争手段解决国际争端,共同维护世界和平稳定;环保上相互帮助、协力推进,共同呵护人类赖以生存的地球家园。构建和谐世界需要世界各国政府、各国人民的共同努力。中国作为世界上有影响的大国,在这一国际战略思

---

①　《十六大以来重要文献选编》(中),中央文献出版社2006年版,第998页。
②　《十七大以来重要文献选编》(上),中央文献出版社2009年版,第36页。

想的指导下,将为和谐世界的构建作出重要贡献。推动建设和谐世界论创造性地解答了"什么是和谐世界、为什么要建设和谐世界、如何推动建设和谐世界"这一当代中国面临的具有挑战性的时代命题。这一理论的创立是对传统国际关系理论的重大突破,有利于为发展中国特色社会主义创造良好的国际环境。

三、中国特色社会主义科学发展论理论体系的基本特征

党的十六大以来,我们党在领导中国特色社会主义伟大事业中,继续推进马克思主义中国化理论创新实践,取得了一系列重大理论创新成果,形成了中国特色社会主义科学发展论理论体系。这一理论体系是新时期新阶段我国社会主义事业发展的重要理论指导,具有显著的科学性、继承性、开拓性、前瞻性、务实性、本土性、系统性、开放性等基本特征。把握这些重要特征,有助于我们深刻认识党的十六大以来马克思主义中国化理论创新体系的形成规律,进一步自觉地推进马克思主义中国化理论创新进程,更好地以科学的理论指导社会实践,全面推进我国社会主义现代化建设事业。

(一)科学性

中国特色社会主义科学发展论理论体系,是以胡锦涛为总书记的党中央领导集体积极推进马克思主义中国化理论创新实践的最新理论成果,是科学的理论体系,具有显著的科学性。

首先,这一理论体系是我们党在坚持马克思主义基础上的理论新发展,是马克思主义同中国具体国情和具体实际相结合、同时代特征相结合的理论创新产物。马克思主义是科学的世界观和方法论,这已在社会历史发展的实践中得到充分的证明。党的十六大以来我党推进的马克思主义中国化理论创新实践是在坚持马克思主义基础上进行的,是马克思主义在当代中国的新发展。因此,这一理论创新实践成果即中国特色社会主义科学发展论同样具有科学性,是科学的世界观,是当代中国社会主义发展的重要理论指导。

其次,中国特色社会主义科学发展论理论体系的形成,是我们党对中国

社会主义建设规律、中国共产党执政规律和人类社会发展规律的科学探索与总结,是对中国社会发展这一客观事物的正确反映。这一理论创新体系全面系统地反映了中国特色社会主义发展过程中的本质联系和必然趋势,是对客观规律的科学把握,具有显著的科学性。

第三,中国特色社会主义科学发展论理论体系是一个结构完整、逻辑严密的理论体系。这一理论体系通过以科学发展观为主线,统领七个方面的理论内容,缜密系统,相互关联,具备了科学理论体系的基本特征,满足了科学理论构建的基本要求。

第四,中国特色社会主义科学发展论理论体系源于实践、指导实践、并为实践所检验。毛泽东指出:"真理的标准只能是社会的实践。"[1]实践是检验真理的唯一标准,也是检验创新理论的唯一标准。中国特色社会主义科学发展论理论体系源自于中国社会实践的推动,是实践经验的总结、归纳和升华。同时,也需要经过实践的检验,才能确定其真理性。党的十六大以来,我国社会主义发展实践在中国特色社会主义科学发展论的指导下取得了新的巨大的成就。正如党的十七大报告所指出的:"这五年,是改革开放和全面建设小康社会取得重大进展的五年,是我国综合国力大幅提升和人民得到更多实惠的五年,是我国国际地位和影响显著提高的五年,是党的创造力、凝聚力、战斗力明显增强和全党全国各族人民团结更加紧密的五年。"[2]我国社会主义发展的实践充分证明,坚持中国特色社会主义科学发展论为指导是完全正确的,充分验证了这一理论体系的真理性、科学性。

(二)继承性

中国特色社会主义科学发展论理论体系的形成,是我们党推进马克思主义中国化理论创新实践的最新理论成果,这一理论体系既是对马克思列宁主义、毛泽东思想、邓小平理论、"三个代表"重要思想的发展,也是对这些理论的科学继承。继承和发展是辩证统一的,没有继承就没有发展,没有

---

[1] 《毛泽东选集》第1卷,人民出版社1991年版,第284页。

[2] 《十七大以来重要文献选编》(上),中央文献出版社2009年版,第5页。

发展就难以更好地继承。党的十六大以来我们党推进的马克思主义中国化理论创新实践,始终坚持马克思主义,始终认为"老祖宗"不能丢,这是因为我们共产党的由来和目标。我们的世界观、历史观,我们最基本的立场、观点、方法,都是根植于马克思主义"老祖宗"的,丢了"老祖宗",就丢了根本。当然,马克思主义不是教条,不是框框,而是我们行动的指南,是我们理论创新的根基和渊源。因此,马克思主义既要发展,又要继承。既要继承,更要发展。

毛泽东思想、邓小平理论、"三个代表"重要思想是与马克思列宁主义一脉相承的,中国特色社会主义科学发展论亦是与马克思列宁主义一脉相承的。因此,这一理论体系不仅是对马克思列宁主义的继承与发展,而且也是对毛泽东思想、邓小平理论、"三个代表"重要思想的科学继承与发展。这一理论体系中的社会主义新农村建设论,既科学继承了毛泽东关于要"建设现代农业"、开展农村社会主义建设的思想,又根据我国社会发展的历史阶段、基本国情及时代要求,提出了建设社会主义新农村的重要理论和重要任务。既系统解读了在我国建设社会主义新农村理论的当代价值,又全面论析了建设社会主义新农村理论的科学内涵、基本要求及实现路径,从而在科学继承的基础上对毛泽东关于社会主义农村建设理论实现了重大的理论跨越。而这一理论体系中的核心理论科学发展观,即是对邓小平社会主义发展理论的继承和发展。邓小平坚持"发展才是硬道理",[1]强调发展才是检验我国社会主义事业成功与否的唯一标准,从而为中国社会主义建设和发展提供了强有力的理论指导,极大地推进了中国特色社会主义事业的进程。党的十六大以来,以胡锦涛为总书记的党中央继续推进马克思主义中国化理论创新实践,顺应当下社会发展的潮流与诉求,汲取当今世界各国发展经验与教训,根据中国的基本国情,在邓小平发展理论的基础上创立了科学发展观,强调第一要义是发展,核心是以人为本,基本要求是全面协调可持续发展,根本方法是统筹兼顾。从而进一步丰富和发展了邓小平的发展

---

① 《邓小平文选》第 3 卷,人民出版社 1993 年版,第 377 页。

理论,为中国的社会主义建设指出了更加明晰更为科学的发展方向。

中国特色社会主义科学发展论,是对马克思主义的科学继承与发展。这一理论体系的形成,彰显了我党在马克思主义中国化理论创新实践中既注重了发展性,又坚持了继承性,实现了继承性和发展性的有机统一。

(三)开拓性

马克思主义的发展史揭示了一个深刻的道理:人类社会是不断发展的,社会实践是不断发展的。因此,我们的思想认识也必须不断前进、不断发展,我们的理论也必须根据实践的要求不断开拓、不断创新。思想解放、理论创新,是引导社会前进的强大动力。马克思主义中国化过程正是一个解放思想、实事求是、与时俱进、不断开拓创新的过程。正是有了这种开拓创新的品质,才使马克思主义中国化理论创新成为可能,成为现实。中国特色社会主义科学发展论理论体系的形成,是我们党在新时期继续推进马克思主义中国化理论创新实践进程,不断开拓创新的必然结果。开拓性是这一理论体系的重要特征。

首先,这一理论体系具有强烈的开拓意识。整个理论体系始终围绕着"是什么、为什么、怎么做"的逻辑思维来思考、探索和解答中国特色社会主义科学发展中的重大命题。理论视角聚集在坚持马克思主义基本原理基础上的开拓创新,将根据中国的具体国情、推进马克思主义中国化理论创新实践、不断开拓进取,作为理论创新的意识源泉,将具体指导中国社会主义科学发展作为这一理论体系的根本任务。

其次,这一理论体系具有明显的开拓勇气和气魄。整个理论体系善于将马克思主义基本原理同中国的具体实际相结合,善于同中国的发展阶段相结合,善于同时代特征和世界发展潮流相结合。因而,这一理论体系具有时代的精神,站在时代的前沿,大胆探索,开拓进取,积极应对中国社会主义发展进程中面临的矛盾和问题,引领中国特色社会主义事业健康发展。其中,科学发展观明确提出发展必须以人为本,即以最广大人民的根本利益为本,以实现人的全面发展为目标,坚持发展为了人民、发展依靠人民、发展成果由人民共享,从而使社会主义建设的价值追求更加明确。同时,科学发展观强调全面协调可持续发展,实现了发展模式的创新。通过以科学发展观引领,坚持统筹发展、构建新的产业发展模式,改变经济生产方式,强化环境保护和环境支持,大力发展循环经济,建设环境友好型社会,从而实现经济、环境和社会效益的有机统一,使我国经济社会走上科学发展的轨道。

第三,这一理论体系具有广阔的发展前景。不仅面向中国,提出了构建社会主义和谐社会论,而且面向世界,提出了推动建设和谐世界论;不仅面向党的建设,提出执政党建设论,而且面向意识形态领域,提出社会主义核心价值体系建设论;不仅提出了社会主义科学发展的指导思想,即科学发展观,而且提出了发展中国特色社会主义的总体布局战略,即全面推进中国特色社会主义经济建设、政治建设、文化建设、社会建设和生态文明建设"五位一体"论。由此可见,中国特色社会主义科学发展论具有广阔的发展前景。这一理论体系拓展并丰富了中国特色社会主义建设理论,实现了社会主义发展理论的跨越。

(四)前瞻性

前瞻性就是对客观事物发展具有科学的预测性,这是科学理论的基本特征之一。中国特色社会主义科学发展论理论体系是面向未来的理论。由于这一理论体系是对社会发展规律的深刻认识和总结,科学地反映了客观事物发展的规律性,同时,又充分揭示和预测了客观事物发展的未来,将当前与未来、路径与目标、过程与结果汇集于辩证统一体中,从而使这一理论体系具有显著的前瞻性特征。

首先,中国特色社会主义科学发展论理论体系具有强烈的未来意识。这一理论体系着眼于发展中国特色社会主义的未来命运和发展前景。展望未来,把握未来,科学设计未来,主动适应时代发展潮流,为中国特色社会主义科学发展提供重要的理论指导和优化路径选择。如我党提出的创新型国家建设论,将我国未来的发展目标与当今时代特征、国家发展路径紧密地联系起来。根据当今时代,科技竞争成为国际综合国力竞争的焦点,谁在知识和科技创新方面占据优势,谁就能够在发展上掌握主动的现状,并得出国际竞争从根本上说是科技的竞争、是自主创新能力竞争的结论。因而,通过实施加强自主创新、建设创新型国家的发展战略,是应对日益激烈的国际竞争、提高我国国际竞争力的需要,是推进经济结构调整、实现经济增长方式根本转变的需要,是加快我国社会主义建设事业、实现中华民族腾飞的需要。

其次,中国特色社会主义科学发展论理论体系具有民众意识。即通过理论创新和政策设计,充分反映人民群众的新需要、新期待,满足人民群众经济、政治、文化等方面的各种利益诉求。如科学发展观坚持以人为本,以实现人的全面发展为目标,从人民群众的根本利益出发谋发展、促发展,不断满足人民群众日益增长的物质文化需要,通过坚持走生产发展、生活富裕、生态良好的文明发展道路,使发展的成果惠及全体人民。科学发展观将我党的方针政策与人民群众的未来美好生活紧密联系起来,充分展示了我国社会主义发展前景和人民群众的美好愿景,从而也充分体现了这一理论的前瞻性。

第三,中国特色社会主义科学发展论理论体系孕育着忧患意识和问题意识中。以胡锦涛为总书记的党中央领导集体具有强烈的忧患意识,并善于在化解危机中把握先机。尽管这届中央领导班子的任期中遇到的特大事件较多,如2003年的抗击"非典",2008年的抗击特大雪灾和抗震救灾,2008年成功举办奥运会,2008年以来的国际金融危机冲击、2009年新疆"7·5"事件等,但都能领导全党全国人民积极应对,妥善处置。中国特色社会主义科学发展论理论体系正是由于在忧患意识、问题意识中形成的。因此,具有化解危机,把握先机的功能,且这一功能已在社会实践中得到检验,经受了检验。这也验证了这一理论体系具有前瞻性特征。

第四,中国特色社会主义科学发展论理论体系具有超前意识。这一理论体系不仅注重解答当前中国特色社会主义的发展问题,而且还善于将当前的发展问题与未来发展有机统一。如科学发展观坚持全面协调可持续的发展理念,强调人与自然的和谐,重视经济发展和人口、资源、环境相协调,关注人类代际关系的公平与协调,从而将发展提升到追求永续性的高度与境界。科学发展观不仅强调当今的发展,而且顾及未来的可持续发展,不仅维护当代人的利益,而且维护后代人的利益,从而赋予了这一发展理念极强的前瞻性。

(五) 务实性

务实性,是指中国特色社会主义科学发展论理论体系对中国特色社会主义现代化建设具有十分重要的现实指导意义,是根据中国的具体实际、解决当下中国经济社会发展中重大现实问题的重要理论指导。

首先,中国特色社会主义科学发展论理论体系立足在解决当代中国现实问题,具有针对性。在新全球化大背景下,中国特色社会主义事业发展呼唤着马克思主义中国化理论创新,而创新的理论指导着中国特色社会主义实践,正确解决中国特色社会主义事业发展的现实问题。中国特色社会主义科学发展论理论体系正是源于中国特色社会主义发展实践,并对中国特色社会主义的发展实践发挥着理论引领作用,即务中国特色社会主义发展这个实,是在中国特色社会主义发展进程中对发展问题和难点进行针对性解答和科学解答的理论指导。

其次,中国特色社会主义科学发展论理论体系提出了解决中国发展中现实问题的思路和方法,具有可操作性。中国特色社会主义科学发展论理论体系是对中国特色社会主义发展规律进行理论归纳和科学总结。因此,对发展中国特色社会主义具有科学的指导意义。这种指导不仅是科学原理的指导,而且是科学方法论的指导。这种科学原理和方法论的指导不是游离于发展中国特色社会主义社会实践之外,而是贯穿其中,是解决中国特色社会主义发展中现实问题的重要思路和科学方法,因此,具有可操作性。也正是通过可操作性,反映出了这一理论体系在中国特色社会主义发展中的务实性。

第三,中国特色社会主义科学发展论理论体系的指导作用已为实践所证明,具有实效性。任何科学的理论都不是束之高阁的理论,都必然会对社会实践产生有效的指导作用。中国特色社会主义科学发展论理论体系同样如此。党的十六大以来的事实充分证明:这一理论体系对中国特色社会主义的科学发展起到了重要的指导作用,在中国特色社会主义的发展实践中取得了显著成果。中国特色社会主义科学发展论体系对指导和引领中国特色社会主义实践的实效性体现了这一理论体系的务实性。

需要强调的是,务实性的核心体现是以人为本。通过以中国特色社会主义科学发展论理论体系指导中国特色社会主义实践,让人民生活得到实惠,权利得到保障,利益得到维护,是这一理论体系务实性的最集中体现。

(六)本土性

本土性是指我们党在马克思主义中国化理论创新实践中,注重把马克思主义同中国具体实际相结合、与中国国情相结合。中国特色社会主义科学发展论理论体系切合中国当代实际,符合当代中国国情,贴近中国人民的感情,满足中国人民的需要,形成了中国特色的话语体系,反映了中国发展的美好愿景。

首先,中国特色社会主义科学发展论理论体系根植于中国国情、面向中国需要、关注中国实践。因此,具有中国风格、中国气魄、中国特色,由此彰显出显著的本土性特征。中国特色社会主义科学发展论是胡锦涛为总书记的党中央领导集体将马克思主义基本原理同当代中国具体国情、具体实践相结合的产物,是对中国国情、中国需要、中国实践的科学总结。因此,这一理论体系涉及的是中国内容,反映的是中国特色,彰显的是中国风格,是密切关联中国特色社会主义科学发展的理论体系。从而,这一理论体系具有显著的中国本土性特征。

其次,中国特色社会主义科学发展论理论体系回应中国需要,推动中国实践,进一步强化了本土性特征。中国特色社会主义科学发展论不仅是对中国国情、中国需要和中国实践的高度关注,而更是对这些中国问题的积极应对。即不仅解决"是什么、为什么"的时代命题,而且要解决"怎么办"的时代命题。如社会主义新农村建设论提出"生产发展、生活宽裕、乡风文明、村容整洁、管理民主"的当代中国社会主义新农村建设理念。同时,强调要统筹城乡经济社会发展,扎实推进社会主义新农村建设;推进农业建设,强化社会主义新农村建设的产业支撑;促进农民持续增收,夯实社会主义新农村建设的经济基础;加强农村基础设施建设,改善社会主义新农村建设的物质条件;加快发展农村社会事业,培养推进社会主义新农村建设的新型农民;全面深化农村改革,健全社会主义新农村建设的体制保障;加强农村民主政治建设,完善建设社会主义新农村的乡村治理机制;切实加强领导,动员全党全社会关心、支持和参与社会主义新农村建设。这些当代中国社会主义新农村建设的理念,不仅充分反映了中国的具体国情和客观实际,而且为我国社会主义新农村建设指明了前进方向和实现路径。从而,充分彰显了中国风格,具有中国气魄,体现中国特色,使得这一理论创新成果具有显著的本土性特征。

（七）系统性

中国特色社会主义科学发展论理论体系既是中国特色社会主义理论体系的重要组成部分,又是一个完整的、系统的理论体系。同时,这一理论体系的各组成部分既自成系统,又互相关联,发挥着整体而系统的理论指导功能。因此,系统性是这一理论体系的重要特征。

首先,中国特色社会主义科学发展论理论体系贯通了马克思主义发展理论,是马克思主义发展理论在当代中国的科学而系统的表达,这一理论体系涵盖了政治、经济、社会、文化及党建等各个领域,从内容表达上彰显了这一理论体系的全面性与系统性。

其次,这一理论体系是一个较为完整的逻辑体系。各理论构成相互联系、相互影响、相互作用,形成了内在的必然的逻辑关系,并在此基础上形成强大的协同的理论指导功能。如科学发展观在中国特色社会主义科学发展论理论体系中发挥着重要统领作用,是这一理论体系的重要指导思想;构建社会主义和谐论阐述了发展中国特色社会主义的本质要求;社会主义核心价值体系论明晰了发展中国特色社会主义的精神支柱;创新型国家建设论揭示了发展中国特色社会主义的动力源泉;执政党建设论论述了发展中国特色社会主义的政治保证;社会主义新农村建设论阐明了发展中国特色社会主义的必然选择;"五位一体"论展示了发展中国特色社会主义的总体布局;推动建设和谐世界论则展现了我们党发展中国特色社会主义的全球视野。这些理论成果相辅相成,构成了完整的中国特色社会主义科学发展论理论体系。

第三,在中国特色社会主义科学发展论理论体系中,各理论组成部分又自成系统,发挥着特定的理论指导作用。如科学发展观是由"第一要义是发展、核心是以人为本、基本要求是全面协调可持续发展、根本方法是统筹兼顾"四个方面要素组成。这四个要素互相联系、互相影响、互相作用,构成了科学发展观的内在理论体系,在引领中国特色社会主义科学发展实践中发挥着强大的理论指导作用。又如"五位一体"论,通过系统论述经济、政治、文化、社会和生态文明建设五个方面及其内在关系,展示了发展中国特色社会主义的总体布局,而这"五位"的辩证统一、有机一体化,充分彰显出"五位一体"论的系统性。执政党建设论则由党的执政能力建设和先进性建设两大部分构成,两者相辅相成、相互影响、相互作用,支撑着执政党建设论的理论体系。由此可见,中国特色社会主义科学发展论具有显著的系统性特征。

(八)开放性

中国特色社会主义科学发展论理论体系是一个面向现代化、面向世界、面向未来、不断发展的理论体系,具有显著的开放性。正如胡锦涛在党的十七大报告中所指出的:"中国特色社会主义理论体系是不断发展的开放的理论体系。"[①]

首先,中国特色社会主义科学发展论理论体系是面向现代化的理论。这一理论体系是在总结中国社会主义现代化建设的实践基础上形成和发展起来的,是面向中国现代化、服务中国现代化的理论体系,对中国当代社会主义现代化建设具有强大的理论指导作用。

其次,中国特色社会主义科学发展论理论体系是面向世界的理论。任何科学理论都是人类文明的共同财富,为人类所共享,其指导意义具有世界性。中国特色社会主义科学发展论理论体系是对共产党执政规律、社会主义建设规律和人类社会发展规律的科学总结,是人类文明的宝贵财富。这

---

① 《十七大以来重要文献选编》(上),中央文献出版社 2009 年版,第 9 页。

一理论体系不仅对世界社会主义运动的历史命运产生重要影响,而且将影响资本主义的历史命运;不仅影响社会主义社会的发展,也将影响资本主义社会的发展。

第三,中国特色社会主义科学发展论理论体系的开放性还体现在这一理论体系的发展性上。任何一个科学的理论体系只有不断发展,才能永葆生机与活力。马克思主义是发展的理论,因而也是开放的理论,不断发展、与时俱进正是马克思主义具有强大生命力之根本原因所在。中国特色社会主义科学发展论理论体系是当代中国发展的马克思主义,因而同样是一个不断发展的理论体系。发展的理论必然是开放的理论。只有坚持开放性,面向实践、面向时代的诉求、面向未来,尊重事物发展规律、尊重人民群众的首创精神,坚持改革开放不动摇、开拓中国特色社会主义新局面不懈怠,推进科学发展不折腾,中国特色社会主义科学发展论理论体系才能不断丰富和发展,中国特色社会主义道路才能越走越科学,越走越宽广。

第一章 科学发展观

　　科学发展观是中国特色社会主义科学发展论理论体系的核心内容,处于统领的地位,是发展中国特色社会主义最鲜活的指导思想。科学发展观是以胡锦涛为总书记的党中央领导集体围绕发展中国特色社会主义这一主题,对"为谁发展、发展什么、怎样发展"这一发展理论与实践的重大命题做出的创造性应答。

第一节 科学发展观的形成和发展

　　发展观是关于发展的本质、目的、内涵和要求的总体看法和根本观点。有什么样的发展观,就会有什么样的发展道路、发展模式和发展战略,就会对发展的实践产生根本性和全局性的重大影响。党的十六大以来,以胡锦涛为总书记的党中央,着眼于党和人民事业发展的全局,坚持以马克思列宁主义、毛泽东思想、邓小平理论和"三个代表"重要思想为指导,紧紧围绕建设和发展中国特色社会主义,准确把握时代特征和中国国情,认真研究和解答我国社会主义经济建设、政治建设、文化建设、社会建设、生态文明建设及党的建设面临的一系列重大问题,不断总结实践经验,扩展理论视野,逐步提出并系统阐述了科学发展观。

一、科学发展观形成和发展的条件

　　科学发展观是我们党从新世纪新阶段党和国家事业发展全局出发提出的重大战略思想,是马克思主义发展理论的重大创新,是指导发展的世界观和方法轮的集中体现,对发展中国特色社会主义具有全局性的指导意义。科学发展观的形成和发展有着深厚的理论渊源和实践基础。

(一)科学发展观的理论渊源

科学发展观不是无本之木、无源之水,它的提出有着深厚的理论渊源。它是对马克思列宁主义发展理论以及毛泽东思想、邓小平理论和"三个代表"重要思想关于发展思想的继承和发展,是对当代西方发展理论有益成果的借鉴和吸收。

1.科学发展观的理论基础是马克思主义和毛泽东思想

马克思主义蕴含着丰富的社会发展思想。唯物史观认为,生产力和生产关系的矛盾、经济基础和上层建筑的矛盾是社会发展的基本矛盾,而生产力是社会进步的决定因素。马克思主义发展观认为,社会是一个处于不断发展中的有机整体和复杂系统,不是单个人的简单相加,认为"社会不是由个人构成,而是表示这些个人彼此发生的那些联系和关系的总和。"①科学社会主义所展望的未来理想社会是一个生产力发达、生活富裕、全社会公有制、没有剥削压迫、高度民主和文明的全面发展的社会。关于人与自然的关系,马克思主义主张人应与自然和谐相处,一个原因是"我们连同我们的肉、血和头脑都是属于自然界和存在于自然之中的",②离开自然界这个母亲,人类便无法生存;另一个原因是自然界会对人类破坏自然生态的无知行为进行报复。对于这一点,恩格斯曾告诫人们:"不要过分陶醉于我们人类对自然界的胜利。对于每一次这样的胜利,自然界都对我们进行报复。每一次胜利,起初确实取得了我们预期的结果,但是往后和再往后却发生完全不同的、出乎预料的影响,常常把最初的结果又消除了。"③因此,在社会发展过程中,人们必须提高保护大自然生态平衡的自觉性和社会历史责任感,学会正确处理人与自然的关系。对于人的发展问题,马克思主义特别强调人的全面发展,并把人的全面发展作为社会发展的核心和最高目标,认为

---

① 《马克思恩格斯全集》第46卷,人民出版社1979年版,第220页。
② 《马克思恩格斯选集》第4卷,人民出版社1995年版,第384页。
③ 《马克思恩格斯选集》第4卷,人民出版社1995年版,第383页。

"历史不过是追求着自己目的的人的活动而已"，①人既是社会存在和发展的前提，也是社会发展的目的；既是社会历史活动的主体，也是社会历史活动的客体，是主客体的统一。因此，马克思认为共产主义革命的意义在于消灭一切剥削人、摧残人的社会制度，建立一个自由人联合体的人的全面发展的社会。未来的社会是"以每个人的全面而自由的发展为基本原则的社会形式"，②是"在保证社会劳动生产力极高度发展的同时又保证人类最全面的发展的这样一种经济形态"。③

马克思主义的社会发展理论以唯物史观为根基，科学分析和研究了资本主义社会的特殊运行规律和有史以来人类社会的普遍发展规律，本质上是科学的发展理论。尽管马克思主义并没有提出科学发展观这一概念，但马克思主义发展观关于经济发展、全面发展、人的发展的思想对我们党的发展观的形成特别是科学发展观的提出，具有重要的理论指导意义。

但是，具体国家如何建设和发展社会主义，马克思、恩格斯并没有提供现成的答案。列宁、斯大林领导苏联开展社会主义建设取得了理论与实践的重大成就，但由于国情的不同，苏联的社会主义模式并不能照搬到中国。中国革命胜利后，中国共产党领导中国人民选择了社会主义制度，探索适合中国国情的社会主义发展道路成为中国共产党人的不懈追求。

以毛泽东为主要代表的中国共产党人将马克思主义发展观与中国国情相结合，对其进行了创造性发展。新中国诞生之前，毛泽东就已开始思考在我国建设一个什么样的社会主义国家，怎样建设社会主义国家的问题。新中国成立后，以毛泽东为核心的中央领导集体便开始了中国现代化发展道路的艰辛探索。在探索过程中，党中央逐渐对此有了比较正确的认识，先后提出了"社会主义现代化"、"社会主义工业化"和"中国工业化道路"等概念。1956年4月，毛泽东在总结建国后经济建设经验教训并借鉴苏联建设经验教训的基础上，写成了著名的《论十大关系》。这是我们党关于我国社

---

① 《马克思恩格斯全集》第 2 卷，人民出版社 1957 年版，第 118—119 页。
② 《马克思恩格斯选集》第 2 卷，人民出版社 1995 年版，第 239 页。
③ 《马克思恩格斯全集》第 19 卷，人民出版社 1963 年版，第 130 页。

会主义现代化建设具有标志性的理论成果,初步总结了我国社会主义建设的经验,提出了探索符合我国国情的社会主义建设道路的任务。1957年2月,毛泽东发表了著名的《关于正确处理人民内部的矛盾》一文。在这篇重要著作中,毛泽东创造性地提出了"将我国建设成为一个具有现代化工业、现代化农业和现代科学文化的社会主义国家"①、用民主方法解决人民内部矛盾的问题以及社会主义基本矛盾等一系列重要思想,明确了"统筹兼顾、统筹安排"的经济发展的基本方针。通过不断探索,第一代中央领导集体初步构建了社会全面发展进步和全民发展的蓝图。在经济发展方面,强调要把经济发展作为社会发展的首要任务。1954年,周恩来在第一届全国人民代表大会第一次会议上指出:由于第一个五年计划已经开始执行,"经济建设工作在整个国家生活中已经居于首要的地位"。②"由于在中国建设社会主义是一项崭新的实践,人们对如何走出适合中国国情的社会主义道路还缺少规律性认识,加上当时严峻复杂的国际环境的影响,我们党在社会主义建设道路的探索中发生过曲折,毛泽东晚年特别是在'文化大革命'中犯了严重错误。"③这给我们留下了深刻的教训。

2. 科学发展观的直接思想基础是邓小平理论和"三个代表"重要思想

在深刻反思历史经验教训的基础上,邓小平领导我们党开创了中国特色社会主义发展道路,开辟了马克思主义中国化的新境界,引领中国人民走进了改革开放的新时代。邓小平提出,我国还处在社会主义初级阶段,巩固和发展社会主义制度需要我们几代人、十几代人,甚至几十代人坚持不懈地努力奋斗;社会主义的本质是解放生产力,发展生产力,消灭剥削,消除两极分化,最终达到共同富裕;发展才是硬道理,必须抓住时机,发展自己;科学技术是第一生产力,必须尊重知识、尊重人才;在农村实行家庭联产承包责任制;允许一部分地区、一部分人先富起来,先发展起来的地区带动和帮助后发展的地区;计划和市场都是经济发展手段,计划多一点还是市场多一

① 《毛泽东文集》第7卷,人民出版社1999年版,第207页。
② 《周恩来选集》(下),人民出版社1984年版,第133页。
③ 《十六大以来重要文献选编》(上),中央文献出版社2005年版,第641页。

点,不是社会主义与资本主义的本质区别;没有民主就没有社会主义,就没有社会主义现代化,必须使民主制度化、法律化;必须推进党和国家领导制度的改革,废除干部领导职务终身制;统一战线是一个重要法宝,要团结一切可以团结的力量,为把我国建设成为现代化的社会主义强国、为完成祖国统一大业而共同奋斗;用"一国两制"的科学构想解决台湾问题、香港问题、澳门问题,等等。① "邓小平提出的这些创造性的思想观点和方针政策,为我们不断开创党和人民事业发展的新局面提供了有力的理论指导。"②

党的十三届四中全会以来,以江泽民为核心的党的第三代中央领导集体带领全党全国各族人民将中国特色社会主义事业成功推向二十一世纪,并且"紧紧围绕建设中国特色社会主义这个主题,集中全党智慧,总结实践经验,以马克思主义的巨大理论勇气进行理论创新,逐步形成'三个代表'重要思想这一科学理论。"③这一科学理论在建设中国特色社会主义的思想路线、发展道路、发展阶段和发展战略、根本任务、发展动力、依靠力量、国际战略、领导力量和根本目的等重大问题上取得了丰硕成果,用一系列紧密联系、相互贯通的新思想、新观点、新论断,进一步回答了"什么是社会主义、怎样建设社会主义"的问题,创造性地回答了"建设什么样的党、怎样建设党"的问题。④ 这一科学理论提出了关于建立社会主义市场经济体制的思想,关于公有制为主体、多种所有制经济共同发展是我国社会主义初级阶段的基本经济制度的思想,关于按劳分配为主体、多种分配方式并存的思想,关于实行全方位对外开放战略的思想,关于社会主义物质文明、政治文明和精神文明协调发展的思想,关于走中国特色的精兵之路的思想,关于巩固党的阶级基础和扩大党的群众基础的思想,等等。⑤ "三个代表"重要思想的形成是对马克思主义理论的重大贡献,为科学发展观的形成提供了思想指

① 《十六大以来重要文献选编》(中),中央文献出版社2006年版,第151—152页。
② 《十六大以来重要文献选编》(中),中央文献出版社2006年版,第152页。
③ 《十六大以来重要文献选编》(下),中央文献出版社2008年版,第590—591页。
④ 《十六大以来重要文献选编》(上),中央文献出版社2005年版,第361页。
⑤ 《十六大以来重要文献选编》(上),中央文献出版社2005年版,第365页。

导。

3. 科学发展观的思想资源包含国外有益的发展理论

科学发展观是在借鉴、吸收国外发展理论的有益成果基础上提出来的，具有宽广的世界眼光和理论视野。处于不同时代的人们对发展的理解是不同的。从全球范围看，自第二次世界大战以来，国外关于发展观的理论与实践出现了"经济增长论"、"增长极限论"、"综合发展观"、"可持续发展观"等理论流派。

"经济增长论"经历了从古典增长理论到新古典增长理论，再到内生增长理论的发展历程。尽管这些增长理论体现了对经济增长与安全的不同理解。但它们无一例外地强调 GDP 这一核心指标，把发展等同于经济增长，认为只要经济得到较大的增长，其他一切社会问题如就业、分配、社会福利等就会获得解决；在人与自然的关系上，他们认为人是自然界的主人，人对自然界具有支配地位，可以对大自然进行无偿占有、掠夺和随意宰割。到了上世纪 60 年代，许多国家都相继出现了有增长无发展的状况，经济的增长并没有带来民众生活的改善，相反，却引发了严重的社会问题：失业人口众多，社会分配不公，两极分化严重，社会下层极度贫困，而腐败却日益严重。另一方面，由于人与自然关系的失衡，工业化在带来财富的同时，也造成了严重的生态环境问题，资源枯竭、环境污染、生态失衡。

20 世纪 70 年代以后，人们在反思"经济增长论"的基础上，对发展有了新的认识。罗马俱乐部的"增长极限论"者认识到了生态环境的恶化与破坏对人类生存与发展的危害，但由于忽视人类把握自己命运的能动作用以及科学技术进步所能发生的积极影响，其观点却是极其悲观的。尽管如此，它却唤醒了人们对生态问题的重视。

对此进一步反思的结果是"综合发展观"的出现。联合国第二个发展十年（1971～1980 年）报告指出：发展已不再是单纯的经济增长，社会制度和社会结构的变迁以及社会福利设施的改善具有同等重要的地位。1983年联合国推出《新发展观》一书，提出了整体的、综合的、内生的新发展理论，在此基础上逐步形成了社会综合发展观。这种发展观十分注重人与人、人与环境、人与组织的关系,强调发展是包括经济增长、政治民主、社会转型、文化变迁、自然协调、生态平衡等方面的综合。"综合发展观"的最大缺陷是它在强调当代发展的综合协调的同时,却没有考虑人的代际关系问题。

针对"综合发展观"的不足,"可持续发展观"应运而生,1980 年,联合国大会第一次使用了可持续发展的概念。1987 年联合国世界环境与发展委员会在《我们共同的未来》研究报告中首次清晰的表达了可持续发展观。"可持续发展"的提出是发展观念的一个重要进展,也是人类文明进入新历史时期的重要标志之一。这种发展观的一个重要特点,是研究了人们的代际关系问题,强调发展的可持续性、全面性、协调性和平等性。

1990 年联合国开发计划署为了寻找一个能够全面表示百姓福利的可测量的指标,提出了人类发展指数,英文缩写为 HDI。自 1990 年 UNDP 出版了以人类发展为主题的第一本年度《人类发展报告》至今,HDI 指数已经成为研究人类发展不可或缺的依据。HDI 指数包括三个方面的评分,一是按照购买力评价的人均 GDP;二是人均教育水平,用成人识字率以及小学、中学和大学综合毛入学率表示;三是健康长寿的生活,用出生时预期寿命表示。将这三个方面的评分加权平均后得出 HDI 指数。该指数介于 0 到 1 之间,分数越高表明发展程度越高。世界各国既能够看出本国与他国的比较,在综合发展水平上处于何等位置,又能够与本国以往的 HDI 指数相比较,确定本国的发展程度。HDI 指数克服了人均 GDP 的缺陷,是一个更能表示全民普遍状态的指标。

国外的发展实践经验和一系列发展理论成果,为发展中国特色社会主义、为科学发展观的形成提供了有益的借鉴。

(二)科学发展观形成的实践基础

党的十六大以来,以胡锦涛为总书记的党中央坚持改革开放,吸收借鉴其他国家现代化建设的经验教训,锐意进取,与时俱进,带领全国人民不断开创中国特色社会主义现代化建设的新局面,为科学发展观的形成准备了必要的实践基础。

1. 中国改革开放的实践

改革开放以来,我国经济社会发展取得了历史性成就,顺利实现了现代化建设"三步走"战略的第一步、第二步目标,人民生活总体上达到小康水平,正在向全面小康迈进。我国的社会主义现代化建设进入了一个新的发展阶段,呈现出一系列新的阶段性特征,主要表现在经济实力显著增强,同时生产力水平总体上还不高,自主创新能力还不强,长期形成的结构性矛盾和粗放型增长方式尚未根本改变;社会主义市场经济体制初步建立,同时影响发展的体制机制障碍依然存在,改革攻坚面临深层次矛盾和问题;人民生活总体上达到小康水平,同时收入分配差距拉大趋势还未根本扭转,城乡贫困人口和低收入人口还有相当数量,统筹兼顾各方面利益难度加大;协调发展取得显著成绩,同时农业基础薄弱、农村发展滞后的局面尚未改变,缩小城乡、区域发展差距和促进经济社会协调发展任务艰巨;社会主义民主政治不断发展、依法治国基本方略扎实贯彻,同时民主法制建设与扩大人民民主和经济社会发展的要求还不完全适应,政治体制改革需要继续深化;社会主义文化更加繁荣,同时人民精神文化需求日趋旺盛,人们思想活动的独立性、选择性、多变性、差异性明显增强,对发展社会主义先进文化提出了更高要求;社会活力显著增强,同时社会结构、社会组织形式、社会利益格局发生深刻变化,社会建设和管理面临诸多新课题;对外开放日益扩大,同时面临的国际竞争日趋激烈,发达国家在经济科技上占优势的压力长期存在,可以预见和难以预见的风险增多,统筹国内发展和对外开放要求更高。实践的挑战呼唤理论的创新,胡锦涛指出:"当前我国发展的阶段性特征,是社会主义初级阶段基本国情在新世纪新阶段的具体表现。强调认清社会主义初级阶段基本国情,不是要妄自菲薄、自甘落后,也不是要脱离实际、急于求成,而是要坚持把它作为推进改革、谋划发展的根本依据。"① 科学发展观,是我们党深入总结改革开放以来的基本经验、正确认识和把握面临的新的阶段性特征和谋划现代化建设新的发展所得出的科学结论,是妥善应对各

---

① 《十七大以来重要文献选编》(上),中央文献出版社 2009 年版,第 11 页。

种风险和挑战的行动指南。

2. 其他社会主义国家发展的经验与教训

其他社会主义国家的发展,尤其是苏联社会主义发展的兴衰成败为科学发展观的提出与发展提供了丰富的经验与沉痛的教训。

苏联在社会主义建设实践中曾取得辉煌的成就。苏联按斯大林模式在人类历史上建成了第一个社会主义国家,使社会主义由理想变成了现实。在资本主义世界重重包围、战争危险日益迫近的形势下,苏联仅用了两个五年计划就实现了工业化和集体化,使自己由一个经济文化贫穷落后的国家一跃成为欧洲第一、世界第二的工业强国。

然而,作为世界上第一个社会主义国家只存在了七十多年,同时,套用苏联模式的东欧各社会主义国家的社会主义建设也最终失败。究其主要原因,一方面,苏联模式自身存在着严重的弊端,国家整体经济发展的失调,片面强调工业化,不重视农业,在工业体系中片面强调重工业,忽视其他工业;分配上采用平均主义、大锅饭制度,片面强调积累,忽视民生。另一方面,执政党的自身建设存在严重问题,在改革中偏离了马克思主义原则和社会主义方向,削弱乃至取消共产党的领导,从而诱发了政治、经济、社会、民族和国家的全面危机。虽然西方国家的"和平演变"战略,也加速了东欧剧变和苏联社会主义国家的解体,但这仅是外因,问题主要出自内因。

越南"革新社会主义"、朝鲜"主体社会主义"、古巴"具有古巴特色的社会主义"等主张的提出,以及其他一些国家对社会主义建设所进行的探索,既有成功的经验,也遇到一些挫折。这些都为我们党高度关注,对我们党提出科学发展观具有重要的参考价值。

3. 对世界资本主义国家发展实践的反思

西方资本主义发达国家完成工业化和现代化的成功做法,为我国现代化提供了有益的参照。但是,它们所走过的一些弯路也值得我们引以为戒。某些发达国家在工业化过程中先污染后治理,给全球生态带来严峻挑战,为我们提供了重要的警示。2008 年以来,由美国次贷危机引发的国际金融危机,促使我们党对维护金融安全和保证经济平稳较快增长进行深刻反思。

中国有效应对金融危机的冲击的一系列重大举措和理论思考,推动了科学发展观的进一步丰富和发展。

一些发展中国家急于向现代化转型,把发展问题仅理解为经济增长问题,强调追求单纯片面的经济增长,不重视社会发展和社会公平,忽视环境保护和能源、资源节约,导致经济结构失衡,社会发展滞后,生态环境急剧恶化,以及高增长下的两极分化、失业增加等问题出现,从而,严重影响了经济的持续增长和社会的健康发展。墨西哥、巴西、阿根廷等拉美国家都曾为此付出了沉重的代价。究其原因,就在于这些国家发展实践的片面性,没有看到人与自然、人与环境的交互作用,没有看到人的社会性和精神力量,没有看到社会和文化因素在发展中的作用,在发展实践中过于急功近利。

"科学发展观是我们党对社会主义现代化建设规律认识的进一步深化。"①实践是认识的基础,认识来源于实践又指导实践,同时接受实践的检验。正是世界各国的发展实践,尤其是我们国家的发展实践,使我们党深刻认识到,推进社会主义现代化,必须始终坚持以经济建设为中心,紧紧抓住发展这个党执政兴国的第一要务,坚持用发展和改革的办法解决前进中的问题;必须以满足人民日益增长的物质文化需要为目的,重视改善人民生活,把实现好、维护好、发展好最广大人民的根本利益落实到经济社会发展的各个方面,让广大人民共享改革发展的成果;必须坚持物质文明和精神文明两手抓、两手都要硬,高度重视政治建设和社会建设,促进经济社会全面进步和人的全面发展;必须坚定不移地推进各方面改革,全面提高对外开放水平,促进各方面体制机制不断完善,为经济社会发展注入强大动力;必须保持国民经济持续快速协调健康发展,在优化结构、提高效益的基础上实现平稳较快增长;必须正确处理改革、发展、稳定的关系,正确处理经济发展和社会发展的关系,妥善处理好城乡、地区发展差距和居民收入差距等问题;必须注重节约能源、资源,保护生态环境,避免以牺牲环境为代价换取经济

① 《十六大以来重要文献选编》(上),中央文献出版社2005年版,第756页。

的一时增长,实现经济社会可持续发展。① 这"七个必须"是我们党对长期
以来人类发展实践的经验总结。科学发展观就是在总结这些发展实践经验
的基础上提出来的。

二、科学发展观形成和发展的历程

科学发展观的提出和形成并非一蹴而就,而是经历了一个逐步深化的
发展过程。从其形成和发展的轨迹来看,大体可以分为三个阶段:

第一阶段:从 1999 年 3 月至 2003 年 9 月,是科学发展观的萌芽阶段。

这一阶段,胡锦涛从实践和理论两个方面强调,发展就是在经济增长的
基础上,坚持以人为本,坚持社会全面、协调、可持续的发展。

1999 年 3 月 10 日,胡锦涛参加九届人大二次会议福建代表团审议时
说:"我们必须牢固树立发展是硬道理的思想,树立科学的发展观。我们搞
的是社会主义市场经济,必须按照市场要求配置资源、组织生产和流通。
……只有这样,才能真正实现没有水分的、实实在在的、有良好效益的、能给
人民带来实惠的发展"。② 这是我们党的历史上首次提出"科学的发展观"
概念。

2003 年 4 月,在"非典"疫情蔓延期间,胡锦涛到广东视察工作时,提出
了要坚持全面的发展观的思想。他强调指出:"抓住新机遇,增创新优势,
开拓新局面,努力实现加快发展、率先发展、协调发展。"③要求广东交出物
质文明、政治文明、精神文明协调发展的优异答卷,进一步发挥排头兵作用。

第二阶段:从 2003 年 10 月到 2007 年 5 月,是科学发展观的形成和发
展阶段。

这一阶段,胡锦涛系统地阐述了科学发展观的理论基础、实践来源、科

---

① 中共中央宣传部理论局组织编写:《科学发展观学习读本》,学习出版社 2006 年版,第 11—
12 页。

② 《胡锦涛参加福建代表团审议时强调:树立科学的发展观 保持良好精神状态》,《人民日
报》1999 年 3 月 10 日,第 4 版。

③ 胡锦涛:《抓住机遇 增创新优势 开拓新局面 努力实现加快发展率先发展协调发展》,《人民
日报》2003 年 4 月 16 日,第 1 版。

学内涵和基本要求,形成了比较完整的科学发展观理论体系。

2003 年 10 月,党的十六届三中全会通过了《中共中央关于完善社会主义市场经济体制若干问题的决定》,明确提出了"坚持以人为本,树立全面、协调、可持续发展观,促进经济社会和人的全面发展",强调要"按照统筹城乡发展、统筹区域发展、统筹经济社会发展、统筹人与自然和谐发展、统筹国内发展和对外开放的要求",①推进改革和发展。这是在我们党的文件中第一次提出科学发展观的概念。

同年 11 月,在中央经济工作会议上,胡锦涛提出:"重要的是牢固树立和认真落实全面、协调、可持续的发展观。这既是经济工作必须长期坚持的重要指导思想,也是解决当前经济社会发展中诸多矛盾必须遵循的基本原则。"②

2004 年 1 月,胡锦涛《在中央纪委第三次会议上的讲话》中指出,要落实全面、协调、可持续的发展观,实现经济持续快速协调健康发展和社会全面进步,必须弘扬求真务实精神,大兴求真务实之风。同时,他还阐述了树立科学的发展观和树立正确的政绩观的辩证关系。

同年 3 月,在中央人口资源环境工作座谈会上,胡锦涛进一步全面阐述了科学发展观的理论基础、实践来源、深刻内涵和基本要求。他指出:"以人为本,就是要以实现人的全面发展为目标,从人民群众的根本利益出发谋发展、促发展,不断满足人民群众日益增长的物质文化需要,切实保障人民群众的经济、政治和文化权益,让发展的成果惠及全体人民。""全面发展,就是要以经济建设为中心。全面推进经济、政治、文化建设,实现经济发展和社会全面进步。""协调发展,就是要统筹城乡发展、统筹区域发展、统筹经济社会发展、统筹人与自然和谐发展、统筹国内发展和对外开放,推进生产力和生产关系、经济基础和上层建筑相协调,推进经济、政治、文化建设的各个环节、各个方面相协调。""可持续发展,就是要促进人与自然的和谐,

---

实现经济发展和人口、资源、环境相协调,坚持走生产发展、生活富裕、生态良好的文明发展道路,保证一代接一代地永续发展。"①

2004 年 9 月,党的十六届四中全会强调:"要坚持以经济建设为中心,树立和落实科学发展观,正确处理改革、发展、稳定的关系,不断开拓发展思路、丰富发展内涵,推动社会主义物质文明、政治文明、精神文明协调发展。""坚持以人为本、全面协调可持续的科学发展观,更好地推动经济社会发展。"②同年底召开的中央经济工作会议指出,实现经济社会全面协调可持续发展,最根本的是要以科学发展观统领经济社会发展全局,并把科学发展观贯穿于经济社会发展的各个方面。第一次明确提出以科学发展观统领经济社会发展全局。③

2005 年 10 月,在党的十六届五中全会上,胡锦涛在讲话中强调:"要坚持以科学发展观统领经济社会发展全局,加强和改善宏观调控,着力推进改革开放,加快调整经济结构、转变经济增长方式,促进社会和谐,实现经济社会全面协调可持续发展。"④全会通过的《中共中央关于制定国民经济和社会发展第十一个五年规划的建议》,强调把经济社会发展切实转入全面协调可持续发展的轨迹。这标志着中国共产党全面确立了科学发展观这一战略性发展理念。在科学发展观的形成和发展过程中具有里程碑式的意义。

2006 年 10 月,党的十六届六中全会通过的《中共中央关于构建社会主义和谐社会若干重大问题的决定》指出,以科学发展观统领经济社会发展全局。科学发展观是推进社会主义现代化建设必须长期坚持的重要指导思想。

第三阶段:从 2007 年 6 月到 10 月党的十七大召开,是科学发展观的丰富和逐步完善阶段。

这一阶段,胡锦涛进一步阐发了科学发展观的科学内涵、历史地位及其

---

① 《十六大以来重要文献选编》(上),中央文献出版社 2006 年版,第 850 页。
② 《十六大以来重要文献选编》(中),中央文献出版社 2006 年版,第 274、277 页。
③ 《十六大以来重要文献选编》(中),中央文献出版社 2006 年版,第 451—456 页。
④ 《十六大以来重要文献选编》(中),中央文献出版社 2006 年版,第 1026 页。

科学意义,进一步丰富和逐步完善了科学发展观。

2007年6月25日,胡锦涛在中央党校省部级干部进修班发表重要讲话,指出:"党的十六大以来,党中央继承和发展党的三代中央领导集体关于发展的重要思想,提出了科学发展观。科学发展观,第一要义是发展,核心是以人为本,基本要求是全面协调可持续,根本方法是统筹兼顾。"[①]

同年10月,在党的十七大报告中,胡锦涛进一步重申和阐发了科学发展观的科学内涵、历史地位和科学意义,并将统筹兼顾从五个方面扩展到了八个方面。此外,还提出了深入贯彻科学发展观的四个方面要求,要求我们始终坚持"一个中心、两个基本点"的基本路线,积极构建社会主义和谐社会,深化改革开放,切实加强和改进党的建设。

从这个阶段来看,虽然所经历的时间不长,但是,对科学发展观的论述,涉及到经济、政治、文化、社会、生态文明等各个领域,既注重当前又着眼长远;既有马克思主义中国化理论创新的重大意义,又有中国特色社会主义道路实践的经验提炼。科学发展观是中国特色社会主义科学发展理论体系的核心,是发展中国特色社会主义的指导思想。同时,还与邓小平理论、"三个代表"重要思想一道,成为中国特色社会主义理论体系的重要组成部分。

第二节　科学发展观的理论结构和科学内涵

中国共产党是一个与时俱进的马克思主义政党。继毛泽东思想、邓小平理论和"三个代表"重要思想之后,以胡锦涛为总书记的党中央将马克思主义与我国社会发展实际相结合,准确把握世界经济发展趋势,科学总结我国改革开放以来经济发展的经验教训,深入分析我国发展的阶段性特征,创造性地提出了科学发展观。科学发展观是我们必须长期坚持的科学指导思想。

---

① 《胡锦涛在中央党校发表重要讲话》,《人民日报》2007年6月26日,第1版。

一、科学发展观的理论结构

科学发展观具有完整的理论结构,它作为马克思主义中国化理论创新的重要成果,科学解答了我国进入发展新阶段在发展目的、发展主体、发展方法等方面遇到的难题。为我国经济社会的持续健康发展提供了强有力的理论指导。

1. 发展目的论

科学发展观坚持以人为本,把实现好、维护好、发展好最广大人民的根本利益作为一切工作的出发点,强调发展为了人民、发展成果由人民共享。这一重要思想,把发展目的定位于造福全体人民,充分体现了社会主义发展的本质要求,充分体现了我们党的根本宗旨,从根本上坚持了马克思主义的人民性本质,规定了社会发展向度。同时,又着眼于人的本身,把代表人民利益、服务人民群众归结为对人的基本权利的尊重,体现了发展是为了具体的人、现实的人,即发展是为了广大人民群众,代表了广大人民群众的根本利益。

2. 发展主体论

马克思主义认为,发展要靠广大的人民群众。人民群众是历史的创造者,是推动社会发展的决定性力量,是生产力中最活跃、最革命的因素,创造了社会的物质财富和精神财富。中国的历史和现实还证明,科学发展必须依靠党的正确领导。坚持发展依靠人民,要求党必须努力营造充分发挥人民群众聪明才智的社会环境,尊重人民群众的主体地位和首创精神,密切联系群众,始终相信群众,紧紧依靠群众,最充分地调动人民群众的积极性、主动性、创造性,最大限度地集中全社会全民族的智慧和力量,最广泛地动员和组织亿万群众投身中国特色社会主义伟大事业。

3. 发展方法论

在实现发展的方法问题上,科学发展观强调统筹兼顾。这一方法是我们党在领导社会主义建设的长期实践中形成的重要历史经验,是处理各方面矛盾和问题必须坚持的科学有效的工作方法。统筹兼顾方法深刻体现了全面协调可持续发展的内在要求,是贯彻落实科学发展观的切入点和现实途径。这种方法要求我们必须正确认识和妥善处理中国特色社会主义事业中的重大关系,统筹城乡发展、区域发展、经济社会发展、人与自然和谐发展、国内发展和对外开放,统筹中央和地方关系,统筹个人利益和集体利益、局部利益和整体利益、当前利益和长远利益,充分调动各方面积极性;统筹国内国际两个大局,善于从国际形势发展变化中把握发展机遇、应对风险挑战。从而实现经济社会各构成要素的良性互动,在统筹兼顾中求发展,在发展中促进更好的统筹兼顾,推进经济发展和社会全面进步。

二、科学发展观的科学内涵

"科学发展观的内涵极其丰富,涉及经济、政治、文化、社会发展各个领域,既有生产力和经济基础问题,又有生产关系和上层建筑问题;既管当前,又管长远;既是重大的理论问题,又是重大的实践问题。"①只有全面理解和正确把握科学发展观的科学内涵和基本要求,才能真正在实践中认真加以贯彻落实。

(一)科学发展观的第一要义是发展

科学发展观的第一要义是发展,就是要坚持发展是硬道理,抓好发展这个党执政兴国的第一要务,牢牢抓住经济建设这个中心,集中力量把经济搞上去,紧紧抓住重要战略机遇,保持经济平稳较快发展,大力提高经济增长的质量和效益,实现国民经济又好又快发展。

坚持科学发展观的实质是要实现经济社会又好又快的发展。无论是全面、协调,还是可持续,最后都要落到"发展"两个字上。发展是硬道理,是解决中国所有问题的关键。这是以邓小平为核心的第二代中央领导集体总结我们党和国家长期历史经验教训得出的重要结论,也是改革开放以来我们党始终坚持的一个极其重要的战略思想。树立和落实科学发展观,必须始终把经济建设放在中心位置,聚精会神搞建设,一心一意谋发展。胡锦涛

---

① 《十六大以来重要文献选编》(上),中央文献出版社2005年版,第760页。

指出:"生产力的发展是人类社会发展的最终决定力量。只有坚持以经济建设为中心,不断解放和发展生产力,才能为社会全面进步和人的全面发展奠定坚实的物质基础。"①科学发展观,是用来指导发展的,不能离开发展这个主题,离开了发展这个主题就没有意义了。发展首先要抓好经济发展。我国正处于并将长期处于社会主义初级阶段,在国际综合国力竞争日益激烈的新形势下,坚持以经济建设为中心,紧紧抓住和切实利用好重要战略机遇期,大力解放和发展社会生产力,对我们这样一个发展中大国加快实现现代化具有重要战略意义。这是因为,只有坚持以经济建设为中心,不断增强综合国力,才能为抓好发展这个党执政兴国的第一要务、为全面协调发展打下坚实的物质基础;只有坚持以经济建设为中心,不断增强综合国力,才能最好地解决前进道路上的矛盾和问题,胜利实现全面建设小康社会和社会主义现代化的宏伟目标。胡锦涛强调指出:"全党全国都要增强促进发展的紧迫感,在任何时候任何情况下都紧紧抓住经济建设这个中心不放松,充分调动和切实保护广大干部群众加快发展的积极性,坚定不移地推动经济持续快速协调健康发展。"②

坚持以经济建设为中心,必须以高度的责任感和紧迫感,抓住发展机遇,加快经济发展,保持平稳较快的经济发展势头。改革开放以来,我国国内生产总值年均增长9.8%,2009年达33.5万亿元,跃居世界第三位。党的十六届五中全会按照十六大对全面建设小康社会的总体部署,提出到2010年人均国内生产总值要比2000年翻一番,这比中央以前提出的十年国内生产总值翻一番的要求更高了一些。温家宝对此作了阐释,指出"这是综合考虑'十五'期间经济发展状况和未来五年发展的各方面条件提出的,这个目标是积极稳妥的。"③实现这一目标意义深远,但任务艰巨。

需要明确的是,党中央强调加快经济发展,不是单纯追求国内生产总值(GDP)的增长。温家宝指出:"我们讲的经济较快发展,是建立在优化结

① 《十六大以来重要文献选编》(上),中央文献出版社2005年版,第483页。
② 《十六大以来重要文献选编》(上),中央文献出版社2005年版,第851页。
③ 《十六大以来重要文献选编》(中),中央文献出版社2006年版,第1049页。

构、提高质量和效益的基础上的发展,实现速度、结构、质量、效益相统一。经济发展需要一定的速度,特别是作为一个发展中的大国更需要长期保持较快的发展速度,但不能片面追求经济发展速度。"①国内生产总值是目前世界通用的重要的宏观经济指标,具有综合性强和简便易行的优点。但是,国内生产总值不能全面反映经济增长的质量和结构,不能全面反映人民实际享有的社会福利水平。所以,一定要以科学精神、科学态度和科学思想方法看待国内生产总值,防止任何片面性和绝对化。胡锦涛强调指出:"树立和落实科学发展观,十分重要的一环就是要正确处理增长的数量和质量、速度和效益的关系。增长是发展的基础,没有经济的数量增长,没有物质财富的积累,就谈不上发展。但增长并不简单地等同于发展,如果单纯扩大数量,单纯追求速度,而不重视质量和效益,不重视经济、政治和文化的协调发展,不重视人和自然的和谐,就会出现增长失调,从而最终制约发展的局面。"②这就是说,一定要把加快经济发展,建立在优化结构、提高质量和效益的基础上。忽视增长的质量和效益,不惜浪费资源和破坏环境,片面追求一时的高速度,势必会造成大的起落,就不能实现真正的发展。实践一再证明,有质量、有效益的发展,才是真正的发展,才真正体现了发展是硬道理。

(二)科学发展观的核心是以人为本

马克思主义发展观是以人的解放和全面、自由地发展为最高理想的。"代替那存在着阶级和阶级对立的资产阶级旧社会的,将是这样一个联合体,在那里,每个人的自由发展是一切人的自由发展的条件。"③人的全面发展,就是从人的本质和需要的发展出发,从而使每个人的创造能力和价值都能得到充分的发挥和展现。以人的全面发展为其根本价值取向,马克思主义发展观建构了一个内涵丰富的思想体系。其一,人民群众才是真正的历史创造者。人民群众不仅是物质财富的创造者,而且还是精神财富的创造者,是历史车轮的真正推动着。没有人民群众创造的物质和精神财富,便不

---

① 《十六大以来重要文献选编》(上),中央文献出版社 2005 年版,第 761 页。
② 《十六大以来重要文献选编》(上),中央文献出版社 2005 年版,第 484 页。
③ 《马克思恩格斯选集》第 1 卷,人民出版社 1995 年版,第 294 页。

可能有人类历史的发展。马克思说:"批判的批判什么都没有创造,工人才创造一切,甚至就以他们的精神创造来说,也会使得整个批判感到羞愧。"①马克思和恩格斯认为,创造历史的人理应成为享受历史果实的人,只有这样才是符合自然法则的。其二,发展的目的是不断满足人的多样化需求。马克思、恩格斯认为,人的需求是多样的,既有物质方面的需求,也有精神方面的需求。物质需求是人的最基本的、最低级需求,而精神需求则是更能体现人的本质的需求。但人类精神需求的满足,必须建立在物质需求的满足之上。这是因为"人们为了能够'创造历史',必须能够生活。但是为了生活,首先就需要吃喝住穿以及其他一些东西。因此第一个历史活动就是生产满足这些需要的资料,即生产物质生活本身"。② 其三,人的全面发展是未来社会主义和共产主义社会的第一原则。马克思、恩格斯认为实现个人自由全面的发展是未来社会的最终目标,未来社会的根本任务是不断创造物质财富和精神财富,以满足最广大人民的物质和精神的需要。马克思指出:"随着社会生产的无政府状态的消失,国家的政治权威也将消失。人终于成为自己的社会结合的主人,从而也就成为自然界的主人,成为自身的主人——自由的人。"③而社会成为一个"自由人的联合体",在这个"联合体"中,"每一个成员都能完全自由地发展和发挥他们全部才能和力量"。④

"以人为本"成为科学发展观的核心内容,是对发展本质和发展核心的新揭示、新概括。因此,我们只有深刻理解以人为本,才能全面把握科学发展观的精神实质和科学内涵,切实做到以科学发展观统领经济社会发展全局,把科学发展观真正落到实处。

中国共产党自诞生之日起,便把实现人的全面发展作为其奋斗的终极目标。为实现人民当家作主的梦想,以毛泽东为代表的中国共产党人确立了党的"全心全意为人民服务"的宗旨和"从群众中来,到群众中去"的革命

① 《马克思恩格斯全集》第 2 卷,人民出版社 1957 年版,第 22 页。
② 《马克思恩格斯选集》第 1 卷,人民出版社 1995 年版,第 79 页。
③ 《马克思恩格斯选集》第 3 卷,人民出版社 1995 年版,第 760 页。
④ 《马克思恩格斯全集》第 42 卷,人民出版社 1979 年版,第 373 页。

路线,体现了事事以民为本、处处为民着想的以人为本思想。为了使我国人民尽快摆脱贫穷落后的面貌,把我国建设成为一个富强、民主、文明的社会主义现代化强国,邓小平深刻认识到,社会主义的本质是"解放生产力,发展生产力,消灭剥削,消除两极分化,最终达到共同富裕。"①将共同富裕作为社会主义的本质内容,推动了马克思主义人本思想从革命性到建设性的转变。邓小平把广大人民群众看成是建设社会主义现代化的主体,指出"中国的事情能不能办好,社会主义和改革开放能不能坚持,经济能不能快一点发展起来,国家能不能长治久安,从一定意义上说,关键在人。"②邓小平认为:"在我们的社会里,广大劳动者有高度的政治觉悟,他们自觉地刻苦钻研,提高科学文化水平,从而必将在生产中创造出比资本主义更高的劳动生产率。"③在毛泽东思想、邓小平理论指导下,江泽民提出了人的全面发展的思想,揭示了人的全面发展与经济社会发展的辩证统一关系。江泽民指出:"推进人的全面发展,同推进经济、文化的发展和改善人民物质文化生活,是互为前提和基础的。人越全面发展,社会的物质文化财富就会创造得越多,人民的生活就越能得到改善,而物质文化条件越充分,又越能推进人的全面发展。"④在党的十六大报告中,江泽民提出了全面建设小康社会的宏伟目标,其核心就是人的全面发展。

　　21世纪之初,中国共产党人提出科学发展观,并将"以人为本"作为其中的核心内容,有着特定的内涵,需要在马克思人本思想指导下做具体的历史的分析。2004年,胡锦涛明确指出:"坚持以人为本,就是要以实现人的全面发展为目标,从人民群众的根本利益出发谋发展、促发展,不断满足人民群众日益增长的物质文化需要,切实保障人民群众的经济、政治和文化权益,让发展的成果惠及全体人民。"⑤

---

① 《邓小平文选》第3卷,人民出版社1993年版,第373页。
② 《邓小平文选》第3卷,人民出版社1993年版,第380页。
③ 《邓小平文选》第2卷,人民出版社1994年版,第88页。
④ 《江泽民文选》第3卷,人民出版社2006年版,第295页。
⑤ 《十六大以来重要文献选编》(上),中央文献出版社2005年版,第850页。

以人为本就是以最广大人民的根本利益为本。在当代中国,就是以工人、农民、知识分子等劳动者为主体,包括社会各阶层在内的最广大人民群众。而以人为本的本,就是根本,就是出发点、落脚点,就是指最广大人民的根本利益。坚持以人为本,就要坚持人民在建设中国特色社会主义事业中的主体地位,坚持发展为了人民、发展依靠人民、发展成果由人民共享。

以人为本充分体现了立党为公、执政为民的本质要求。"我们党领导人民进行改革开放和社会主义现代化建设的根本目的,就是要通过发展社会生产力,不断提高人民的物质文化生活水平,促进人的全面发展。"[①]以人为本,是我们党的根本宗旨和执政理念的集中体现,是社会主义制度的本质特征,是全面建设小康社会、实现社会主义现代化的根本要求。胡锦涛强调指出:"推动我国经济社会又快又好发展,必须坚持以人为本,坚持发展为了人民、发展依靠人民、发展成果由人民共享,不断实现好、维护好、发展好最广大人民的根本利益。这是坚持立党为公、执政为民的本质要求,也是党和人民事业兴旺发达的根本保证。"[②]

(三)科学发展观的基本要求是全面协调可持续

科学发展观的基本要求是全面协调可持续,就是要在发展中正确处理好经济增长速度与结构、质量、效益的关系,正确处理好经济社会发展与人口、资源、环境的关系,正确处理好经济社会发展和人的全面发展的关系,正确处理好社会主义物质文明、政治文明和精神文明的关系,努力实现我国经济社会全面协调可持续发展。

1. 正确处理好经济发展速度与结构、质量、效益的关系

经济发展速度与结构、质量、效益之间的关系是辩证统一的。这是我国社会主义建设的一条宝贵经验,也是全面建设小康社会、加快推进社会主义现代化的内在要求。首先,经济发展速度与结构是统一的。经济发展是质与量的辩证统一体。经济发展速度是经济量的规定性,结构则是经济质的

---

① 《十六大以来重要文献选编》(中),中央文献出版社2006年版,第1091页。
② 《十六大以来重要文献选编》(中),中央文献出版社2006年版,第1091页。

规定性的主要方面。我国社会主义经济的发展既要求高速度,又要求结构优化升级。不以优化结构和提高效益为基础和前提的高速度,不仅不能够长久保持,而且还会给经济发展带来危害。我国经济结构不合理的重要原因之一,就是长期存在重速度、轻结构的倾向。因此,必须按照党的十六大、十七大精神,狠抓产业结构的优化升级。其次,经济发展速度与质量是统一的。实现全面建设小康社会的目标,既需要一定的经济发展速度,更需要提高经济发展质量。提高经济发展质量,不但不会妨碍高速度,而且有利于赢得更高的速度。再次,经济发展速度与效益是统一的。速度与效益不是彼此割裂、相互排斥的,而是对立统一的。保持较快的经济发展速度是我国赶上并超过发达国家的重要条件。但发展速度的提高是以增强经济效益为出发点和归宿的,经济效益的好坏,是检验一切经济工作的最终尺度。

2. 正确处理好经济社会发展与人口、资源、环境的关系

自然资源、环境是人类赖以生存和发展的物质基础,是国家综合国力的重要体现和国家安全的战略保障,是人类可持续发展的基础。因此,在社会主义现代化建设中必须把控制人口、节约资源、保护环境放到重要位置,使人口增长与社会生产力的发展相适应,使经济建设与资源、环境相协调,实现良性循环。

经济社会发展与控制人口、节约资源、保护环境是辩证统一的。发展是人类社会最基本的要求。发展贯彻于人类文明史的全过程,一旦发展停滞了,人类社会便失去了生机而走向衰亡。因此,在经济社会发展与人口、资源、环境的关系中,发展是第一位的,是矛盾的主要方面。控制人口、节约资源、保护环境的目的是为了促进经济社会的可持续发展。经济社会发展是控制人口、节约资源、保护环境的首要前提。只有经济社会发展了,人类才有能力去控制人口、节约资源、保护环境。

3. 正确处理好经济社会发展和人的全面发展的关系

努力促进人的全面发展是马克思主义关于建设社会主义新社会的基本要求,也是经济社会发展的终极目标。它和经济社会的全面发展是统一的发展过程。

　　高度发展的社会生产力和它所创造的物质、文化、生活环境,是人的全面发展的现实基础;而人的全面发展又是经济社会全面发展的重要条件、必然要求和终极目标。我们要积极推进经济建设、政治建设、文化建设、社会建设以及生态文明建设,并在推进经济社会全面进步中,促进人的全面发展。

　　经济建设为人类生存和发展提供必要的基础和条件,也是促进人的全面发展的源泉和动力。我们要集中精力发展社会生产力,不断提高经济文化发展水平,逐步提升社会富裕程度,提高人们的生活水平和生活质量,尽快使全国人民都过上更加殷实的小康生活,并不断向更高的水平前进,在物质文明建设中不断推进人的全面发展。

　　政治建设是推进人的全面发展的题中应有之义。要实现人的全面发展,物质追求是基础,政治追求是保证。只有物质的追求,没有政治的追求,根本谈不上人的全面发展。我们应该而且必须加大政治体制改革的力度,不断完善我国的民主政治制度,让人民群众广泛参与国家和社会的管理工作,让人们充分享受和行使其政治权利,在政治建设中不断推进人的全面发展。

　　文化建设是一种主体性建设,它的根本任务就是提高人的素质。人的综合素质主要由思想道德素质和科学文化素质构成,当然还有人的身体素质。思想道德素质的核心是加强理想建设。理想是人们对美好未来的向往和追求,不断地提出理想、不断地追求理想、不断地实现理想,这是人追求全面发展的基本规律。个人理想必须同建设富强民主文明和谐的社会主义现代化国家的共同理想有机结合起来,才能在建设中国特色社会主义的伟大实践中得以体现。我们要大力加强社会主义文化建设,努力提高全民族思想道德素质、科学文化素质和健康素质,形成比较完善的国民教育体系、科学和文化创新体系、全民健身和医疗卫生体系,形成全民学习、终身学习的学习型社会,在文化建设中不断推进人的全面发展。

　　马克思认为"人的本质不是单个人所固有的抽象物,在其现实性上,它是一切社会关系的总和。"①也就是说,人的全面发展是与社会的不断进步息息相关的。社会建设为人的全面发展提供了良好的现实的环境,只有在和谐的社会环境中,人的全面发展才会成为可能。

人的所有发展都要利用自然资源并在一定的自然环境中进行,人的全面发展的整个过程都与自然环境密不可分。这就要求我们一定要坚持可持续发展战略,努力做到可持续发展能力不断增强,生态环境得到改善,资源利用效率显著提高,促进人与自然的和谐,推动整个社会走上生产发展、生活富裕、生态良好的文明发展道路。只有这样,才能促进人与自然的协调和谐,使人们在优美的生态环境中工作、学习、生活,在生态文明建设中不断推进人的全面发展。

4. 正确处理好社会主义经济、政治、文化、社会和生态文明建设的关系

社会主义社会是一个经济建设、政治建设、文化建设、社会建设和生态文明建设全面发展的社会。在社会主义现代化建设过程中必须坚持全面的发展观,坚持五个方面建设一起抓,其中,最根本的是坚持以经济建设为中心,不断解放和发展生产力。政治建设、文化建设、社会建设和生态文明建设的发展,归根到底要受到经济发展水平的制约。离开了经济建设这个中心,政治建设、文化建设、社会建设和生态文明建设就有失去基础的危险。社会主义政治建设的核心是人民当家作主,包括人民当家作主的政治制度、政治体制、政治思想文化等内容。政治建设受一定的经济文化发展水平的制约和影响,同时又反作用于一定的经济和文化建设。它不仅是促进先进生产力发展的有力杠杆,而且决定着先进文化的前进方向。文化建设为经济建设和政治建设提供思想保证和智力支持。社会主义文化建设不仅是满足和提高小康社会人民群众精神文化生活水平的客观要求,而且构成一个国家综合国力的重要组成部分。在推进经济、政治建设的同时,能否促进文化建设,促进人的全面发展,不仅直接关系到社会的协调、和谐与稳定,而且关系到能否为现代化建设提供持久的精神动力和智力支持,关系到经济、政

①　《马克思恩格斯选集》第 1 卷,人民出版社 1995 年版,第 60 页。

治发展能否获得持续的后劲和扩张力。正如党的十六大报告所指出的,当今世界,文化与经济和政治相互交融,在综合国力竞争中的地位和作用越来越突出。文化的力量,深深熔铸在民族的生命力、创造力和凝聚力之中。社会建设可以体现一个社会的开化程度和进步状态,它为经济建设、政治建设、文化建设、和生态文明建设提供良好的社会环境。生态文明建设是经济建设、政治建设、文化建设、和社会建设的基础和根本,没有良好的生态条件,人不可能有高度的物质享受、精神享受、政治享受和社会享受,没有生态安全,人类自身就会陷入不可逆转的生存危机。

（四）科学发展观的根本方法是统筹兼顾

上世纪 50 年代,毛泽东在总结苏联经济社会发展的教训和论述我国建设和发展的道路时指出,应把统筹兼顾作为处理社会主义建设的基本方法。毛泽东认为,统筹兼顾首先必须从全国人民的利益出发,调动一切积极因素。他说:"我们作计划、办事、想问题,都要从我国有六亿人口这一点出发,千万不要忘记这一点。""调动一切积极因素,团结一切可能团结的人,并且尽可能地将消极因素转变为积极因素,为建设社会主义社会这个伟大的事业服务。"[①]对于统筹兼顾的内涵,毛泽东认为,就是用辩证法来处理我国社会主义建设和发展问题。所谓辩证法,就是要正确处理好"重点"与"两点"的辩证关系。"两点"是有重点的"两点","重点"也是"两点"中的"重点"。离开"两点"谈"重点"或离开"重点"谈"两点"都是错误的。我们在研究复杂问题时,只有坚持唯物辩证法的"两点论"和"重点论"的统一,才是符合唯物辩证的科学思维方式。这一思维方式在处理社会主义建设和发展的重大关系和矛盾时,主要表现为,既要抓住矛盾的主要方面和重点,又要学会"两条腿走路"、"综合平衡"。毛泽东关于统筹兼顾的思想,为我国统筹经济社会全面协调发展提供了科学方法。当然,毛泽东提出"统筹兼顾"思想,是针对计划经济体制条件下对发展中各种关系和矛盾的协调平衡。

---

① 《毛泽东文集》第 7 卷,人民出版社 1999 年版,第 227—228 页。

改革开放后,面对国民经济比例的严重失调,邓小平领导制定和实施了"调整、改革、整顿、提高"的八字方针,指出在调整国民经济比例关系的同时,党和国家首要任务是要尽快发展国民经济,改善人民生活。为把我国建设成为富强民主文明的社会主义现代化强国,邓小平提出了"发展才是硬道理"的著名论断,主张在发展的过程中要处理好"先富"与"共富"的辩证关系,一定要按照统筹兼顾的原则调解各种利益关系,既要兼顾沿海与内地的发展,兼顾城市发展与农村面貌的改变,又要注重现代化建设的多方面综合平衡,不搞单打一。

20世纪90年代以来,以江泽民为核心的中央领导集体针对社会主义市场经济条件下经济社会发展中出现的新矛盾和新问题,从"十二大关系"上阐述经济社会发展应当坚持的方法原则,成为《论十大关系》继往开来的新篇章。这一届中央领导集体阐明了"改革、发展、稳定"的关系,强调必须统观全局,精心谋划,从整体上把握改革、发展、稳定之间的内在关系,做到相互协调,相互促进。此外,这一届中央领导集体还进一步阐述了"三个文明",即物质文明、政治文明和精神文明协调发展的思想;阐述了公有制经济和非公有经济的关系,强调坚持公有制经济为主体、多种经济成分共同发展的思想;阐述了市场机制和宏观调控的关系,强调既要充分发挥市场机制的作用,又要发挥好宏观调控的作用的思想;阐述了经济和人口、资源、环境的关系,强调实施"可持续发展",把控制人口、节约资源、保护环境放到重要位置,实现经济社会发展的良性循环的思想,等等。

在新的历史条件下,党的十六届三中全会根据完善社会主义市场经济体制的要求和全面建设小康社会的需要,进一步丰富和深化了"统筹兼顾"的思想,要求在社会主义市场经济条件下的各项工作中总揽全局、协调各方、统筹谋划、兼顾全面,特别是要搞好"五个统筹",即"统筹城乡发展、统筹区域发展、统筹经济社会发展、统筹人与自然和谐发展、统筹国内发展和对外开放"①。党的十七大在"五个统筹"的基础上又增加了"统筹中央和地

---

① 《十六大以来重要文献选编》(上),中央文献出版社2005年版,第850页。

方关系,统筹个人利益和集体利益、局部利益和整体利益、当前利益和整体利益",①进一步丰富和发展了党的统筹兼顾思想。

党的统筹兼顾思想以经济、政治、文化全面发展为内容,以经济、社会、自然协调发展为途径,着眼于全面、协调、可持续发展,囊括了当前改革、发展、稳定所要解决的一系列战略性、全局性的重大问题,反映了社会主义现代化建设的客观规律,体现了全面建设小康社会的战略构想。这是我国经济体制改革和社会主义现代化建设指导思想的丰富和发展,也是发展观念的丰富和创新,是科学发展观的根本要求和具体体现。

统筹城乡发展,就是要更加注重农村的发展,解决好"三农"问题。胡锦涛指出:"农业、农村、农民问题,始终是一个关系党和国家工作全局的根本性问题。特别是在我国进入新的发展阶段的情况下,切实解决好'三农'问题具有更加重要的意义。"②因此,要坚决贯彻工业反哺农业、城市支持农村的方针,逐步改变城乡二元经济结构,逐步缩小城乡发展差距,实现农村经济社会全面发展,通过实行以城带乡、以工促农、城乡互动、协调发展,实现农业和农村经济的可持续发展。统筹城乡经济社会发展,逐步改变城乡二元经济结构,是我们党从全面建设小康社会全局出发做出的重大决策。

统筹区域发展,就是要继续发挥各个地区的优势和积极性,逐步扭转地区差距扩大的趋势,实现共同发展。根据我国当前区域发展的实际情况和全面推进现代化建设的要求,中央明确提出了促进地区协调发展的战略布局:"坚持推进西部大开发,振兴东北地区等老工业基地,促进中部地区崛起,鼓励东部地区加快发展,形成东中西互动、优势互补、相互促进、共同发展的新格局。这是一个把握规律、统揽全局的重大决策。"③

经济发展和社会发展是紧密相连的。经济发展是社会发展的前提和基础,也是社会发展的根本保证;社会发展是经济发展的目的,也为经济发展提供精神动力、智力支持和必要条件。如果社会事业发展滞后,经济也难以

① 《十七大以来重要文献选编》(上),中央文献出版社2009年版,第13页。
② 《十六大以来重要文献选编》(中),中央文献出版社2006年版,第62页。
③ 《十六大以来重要文献选编》(上),中央文献出版社2005年版,第765页。

实现持续较快发展。我国改革开放以来,各项社会事业虽然取得明显进步,但总体上看,经济发展和社会发展存在着"一条腿长、一条腿短"的问题。所以,统筹经济社会发展,就要在大力推进经济发展的同时,更加注重社会发展,加快科技、教育、文化、卫生、体育等社会事业的发展,不断满足人民群众在精神文化、健康安全等方面的要求,把加快经济发展与促进社会进步结合起来。

统筹人与自然和谐发展,就是要高度重视资源和生态环境问题,处理好经济建设、人口增长与资源利用、生态保护的关系,增强可持续发展的能力,"推动整个社会走上生产发展、生活富裕、生态良好的文明发展道路。"①我国人口众多,总体上资源紧缺,生态环境承载能力较弱,这是我国的一个基本国情。我国人均水资源占有量仅为世界平均水平的1/4,我国人均耕地不到世界平均水平的1/2,矿产资源人均占有量只有世界平均水平的1/2。所以,胡锦涛强调指出:"可持续发展战略事关中华民族的长远发展,事关子孙后代的福祉,具有全局性、根本性、长期性。实施可持续发展战略,促进人与自然的和谐,实现经济发展和人口、资源、环境相协调,⋯⋯这既是全面建设小康社会的必然要求,也是贯彻落实科学发展观的重要实践。"②

统筹国内发展和对外开放,就是要处理好国内发展和国际环境的关系,既利用好外部的有利条件,又发挥好我们自身的优势。温家宝指出:"要坚持'引进来'和'走出去'相结合,统筹利用国际国内两个市场、两种资源,更好地促进我国现代化建设。⋯⋯要注重引进先进技术、管理经验和高素质人才,提高自主创新能力。要扬长避短,趋利避害,既要敢于扩大开放,又要善于保护自己,在扩大开放中注意维护我国企业利益和国家经济安全。"③

统筹中央和地方关系,就是要尊重基层和广大群众的首创精神,正确处理中央和地方的关系,合理划分经济社会事务管理的权限和职责,做到事权与财权相匹配、权力与责任相一致,既维护中央的统一领导,又更好地发挥

---

① 《十六大以来重要文献选编》(上),中央文献出版社 2005 年版,第 766 页。
② 《十六大以来重要文献选编》(中),中央文献出版社 2006 年版,第 69—70 页。
③ 《十六大以来重要文献选编》(上),中央文献出版社 2005 年版,第 767—768 页。

地方积极性。

统筹个人利益和集体利益、局部利益和整体利益、当前利益和长远利益，就是要坚持从全体人民的整体利益、长远利益和根本利益出发，做到个人利益服从集体利益、局部利益服从整体利益、当前利益服从长远利益，既切实维护好最广大人民的根本利益，又着力解决好人民最关心、最直接、最现实的利益问题。

统筹国内国际两个大局，就是要把国内和国际形势联系起来全面分析、通盘考虑。统筹国内国际两个大局，要求我们必须从维护和发展国家根本利益的战略高度出发，高举和平、发展、合作旗帜，始终不渝走和平发展道路，始终不渝奉行互利共赢的开放战略，推动建设和谐世界，更好地处理我国与外部世界的关系，积极营造和平稳定的国际环境、睦邻友好的周边环境、平等互利的合作环境、互信合作的安全环境和客观友善的舆论环境，以代价较小、阻力较少、更能为国际社会接受的方式实现持久发展。

党的统筹兼顾思想深刻体现了全面协调可持续发展的内在要求，是贯彻落实科学发展观的切入点和现实途径。坚持党的统筹兼顾思想，必须在大力推进经济发展的同时，兼顾经济社会各个方面的发展要求，实现经济社会各构成要素的良性互动，在统筹协调中求发展、以发展促进更好地统筹协调，推进经济发展和社会全面进步。

党的统筹兼顾思想的新要求，是总结我国改革开放20多年的经验，适应新形势、新阶段的任务提出来的，也是针对我国经济社会发展中存在的突出问题提出来的。它是深化改革，完善社会主义市场经济体制，促进发展，推进全面小康社会建设的重要指导思想，也是对发展内涵、发展要义、发展本质的深化和创新，它是全面、协调、可持续发展观的具体体现。可以说，全面发展是党的统筹兼顾思想的核心内容，协调发展是党的统筹兼顾思想的关键环节，可持续发展是党的统筹兼顾思想的重要保证，促进经济社会和人的全面发展是党的统筹兼顾思想的本质要求。深刻理解和认真贯彻党的统筹兼顾思想的新要求，就是牢固树立和认真落实"科学发展观"的具体行动。

　　科学发展观突出发展主题,把发展作为第一要义,回答了"为什么要发展"的问题。发展是硬道理,发展是党执政兴国的第一要务,我国解决一切问题的关键在于发展。在前进的道路上,我们要不断提高人民生活水平,要增强国防实力、维护国家安全,要能在风云变幻的国际局势中立于不败之地,这一切都要靠发展。离开发展,就无所谓发展观。我们必须抓住本世纪头 20 年的重要战略机遇期,聚精会神搞建设,一心一意谋发展,用新的发展思路实现更好更快地发展。科学发展观把以人为本作为核心和本质,把中国特色社会主义发展的依靠力量和目的统一起来了,深刻回答了"为谁发展"和"靠谁发展"的问题。唯物史观认为,人是社会历史的主体和创造者,人的活动尤其是物质生产活动是社会发展的历史和逻辑起点,是社会前进的不竭动力。因此,在发展目的上,科学发展观强调发展要为了人民,发展要着眼于实现好、维护好、发展好最广大人民的根本利益;在发展依靠力量上,科学发展观强调要把人民群众作为推动发展的主体和基本力量,努力营造全体人民充分发挥聪明才智的社会环境;在发展成果上,科学发展观强调要从解决人民群众最关心、最直接、最现实的利益问题入手,千方百计为困难群众多办实事、好事,使广大人民群众共享经济社会发展的成果。科学发展观把全面协调可持续发展作为基本要求,系统回答了"怎样发展"的问题。全面发展,就是要以经济建设为中心,全面推进经济、政治、文化、社会建设,实现经济发展和社会全面进步;协调发展,就是要落实党的统筹兼顾思想,推进生产力和生产关系、经济基础和上层建筑相协调,推进经济、政治、文化、社会建设各个环节、各个方面相协调;可持续发展,就是要促进人与自然的和谐,实现经济发展和人口、资源、环境相协调,坚持走生产发展、生活富裕、生态良好的文明发展道路。

三、深入贯彻落实科学发展观的基本要求

　　在党的十七大报告中,胡锦涛指出:"在新的发展阶段继续全面建设小康社会、发展中国特色社会主义,必须坚持以邓小平理论和'三个代表'重

要思想为指导,深入贯彻落实科学发展观"。① 如何深入贯彻落实科学发展观? 对此,胡锦涛在报告中提出了明确要求。

(一)坚持党的基本路线

"深入贯彻落实科学发展观,要求我们始终坚持'一个中心、两个基本点'的基本路线。"②这是实现科学发展的政治保证。坚持党的基本路线不动摇,是改革开放以来我们总结出的宝贵经验。自改革开放以来,我国社会主义建设取得了举世瞩目的成就,从生产力到生产关系、从经济基础到上层建筑都发生了意义深远的重大变化。但我国仍处于并将长期处于社会主义初级阶段,人民日益增长的物质文化需要同落后的社会生产之间的矛盾仍是我国社会的主要矛盾。对此,邓小平曾指出:"基本路线要管一百年,动摇不得。"江泽民也强调,在社会主义初级阶段,最重要的是要全党保持清醒头脑,排除各种干扰,毫不动摇地坚持党在社会主义初级阶段的基本路线。在新世纪新阶段,要把我国建设成为富强民主文明和谐的社会主义现代化国家,就必须坚持科学发展观。而科学发展观只有在坚持党的基本路线的基础上,才能够得以确保。因此,要进一步提高坚持党的基本路线的自觉性和坚定性,充分认识"以经济建设为中心是兴国之要,是我们党、我们国家兴旺发达和长治久安的根本要求;四项基本原则是立国之本,是党、我们国家生存发展的政治基石;改革开放是强国之路,是家发展进步的活力源泉。"③要坚持把经济建设为则、坚持改革开放这两个基本点统一坚持以科学发展的实际行进科学发展。

(二)积极推进社会建设

"深入贯彻落实科学发展

---

① 《十七大以来重要文献选编》(上),
② 《十七大以来重要文献选编》(上),
③ 《十七大以来重要文献选编》(上),中
④ 《十七大以来重要文献选编》(上),中央

这是贯彻落实科学发展观的目标保证和社会环境保证。社会和谐是中国特色社会主义的本质属性。科学发展和社会和谐是内在统一的。没有科学发展就没有社会和谐，没有社会和谐也难以实现科学发展。所以，一定要把贯彻落实科学发展观和构建社会主义和谐社会有机结合起来，既要通过发展增加社会物质财富、不断改善人民生活，又要通过发展保障社会公平正义、不断促进社会和谐。实现社会公平正义是中国共产党人的一贯主张，是发展中国特色社会主义的重大任务。要按照民主法治、公平正义、诚信友爱、充满活力、安定有序、人与自然和谐相处的总要求和共同建设、共同享有的原则，着力解决人民群众最关心、最直接、最现实的利益问题，努力形成全体人民各尽其能、各得其所而又和谐相处的局面，为发展提供良好社会环境。

我们党提出构建社会主义和谐社会，确立了社会主义建设目标，拓展了中国特色社会主义事业总体布局，使之由经济建设、政治建设、文化建设三位一体扩展为包括社会建设、生态文明建设在内的五位一体，进一步回答了怎样建设社会主义的重大课题。因此，"构建社会主义和谐社会是贯穿中国特色社会主义事业全过程的长期历史任务，是在发展的基础上正确处理各种社会矛盾的历史过程和社会结果。"①当前我国正处在经济社会发展的重要战略机遇期和矛盾凸现期，只有按照构建社会主义和谐社会的要求，积极主动地正视矛盾、化解矛盾，最大限度地增强和谐因素，发挥创新、创业、创优的积极性，最大限度地保持社会的平衡、和谐和稳定，坚持在科学发展的基础上促进社会和谐，在促进社会和谐中推动科学发展。

(三)坚持改革开放

"深入贯彻落实科学发展观，要求我们继续深化改革开放。"②这为坚持科学发展观提供了动力保证和体制机制保证。改革开放是实现中华民族伟大复兴的必由之路。只有社会主义才能救中国，只有改革开放才能发展中国、发展社会主义、发展马克思主义。改革是社会主义的自我完善和发展，

①《重要文献选编》(上)，中央文献出版社2009年版，第13页。
②《重要文献选编》(上)，中央文献出版社2009年版，第14页。

是经济社会发展的强大动力。改革就是立足本国国情,总结实践经验,根据社会生产力的现实水平和进一步发展的客观要求,自觉调整生产关系与生产力不相适应的部分,调整上层建筑与经济基础不相适应的部分。对外开放,就是要引进国外的先进科学技术、管理经验和优秀文化成果,引进外资,以增强我国经济社会发展的自力更生能力和国际竞争力。改革开放是建设中国特色社会主义的必由之路。改革的力度、开放的程度,决定着发展的进程和质量。因此,我们要继续深化改革开放,把改革创新精神贯彻到治国理政的各个环节,毫不动摇地坚持改革方向,提高改革决策的科学性,增强改革措施的协调性。要完善社会主义市场经济体制,推进各方面体制改革创新,加快重要领域和关键环节改革步伐,全面提高开放水平,着力构建充满活力、富有效率、更加开放、有利于科学发展的体制机制,为发展中国特色社会主义提供强大动力和体制保障。要坚持把改善人民生活作为正确处理改革发展稳定关系的结合点,使改革始终得到广大人民群众拥护和支持。

(四)坚持党的领导

"深入贯彻落实科学发展观,要求我们切实加强和改进党的建设。"①这为坚持科学发展观提供了组织保证。办好中国的事情,关键取决于我们中国共产党。党是中国特色社会主义事业的领导核心。坚持党的领导,必须加强和改进党的建设。深入贯彻落实科学发展观,开创中国特色社会主义事业新局面,关键是要以改革创新精神抓好党的自身建设;加强党员干部理想信念教育和思想道德建设,使广大党员干部成为科学发展的忠实执行者;加强党的执政能力建设,提高党领导和驾驭发展全局的水平和能力;加强党的先进性建设,增强贯彻落实科学发展观的自觉性和坚定性;加强党的各级领导班子建设,党的各级领导班子在贯彻落实科学发展观中肩负着重大责任,发挥着领导作用,要按照科学发展的要求,让各级领导班子,着力把握发展的规律、创新发展理念、转变发展方式、破解发展难题,在提高发展质量和效益,实现又好又快发展上取得显著成绩。我们要站在完成党执政兴国使

---

① 《十七大以来重要文献选编》(上),中央文献出版社2009年版,第14页。

命的高度,把提高党的执政能力、保持和发展党的先进性,体现到领导科学发展、促进社会和谐上来,落实到引领中国发展进步、更好地代表和实现最广大人民群众的根本利益上来,使党的工作和党的建设更加符合科学发展观的要求,为科学发展提供可靠的政治和组织保障。

第三节　科学发展观的历史地位与当代价值

党的十七大报告把科学发展观与邓小平理论、"三个代表"重要思想一起作为中国特色社会主义理论体系的三大成果加以强调,突出了科学发展观的重要历史地位和当代价值。胡锦涛在党的十七大报告中指出:"中国特色社会主义理论体系,就是包括邓小平理论、'三个代表'重要思想以及科学发展观等重大战略思想在内的科学理论体系。"并强调科学发展观是"同马克思列宁主义、毛泽东思想、邓小平理论和'三个代表'重要思想既一脉相承又与时俱进的科学理论","是发展中国特色社会主义必须坚持和贯彻的重大战略思想。"①科学发展观是马克思主义关于发展的世界观和方法论的集中体现。它反映了时代进步的要求,体现了实践发展的需要,是指导全面建设小康社会、加快推进社会主义现代化的强大思想武器。

一、科学发展观是马克思主义中国化的最新成果

"科学发展观是与马克思列宁主义、毛泽东思想、邓小平理论和'三个代表'重要思想关于发展的思想一脉相承而又与时俱进的科学理论,是马克思主义与当代中国实际和时代特征相结合的产物,是马克思主义中国化的最新成果。"②

首先,科学发展观进一步丰富了中国特色社会主义发展理论,是与时俱进的马克思主义发展观。人类社会的发展特别是社会主义社会的发展问

---

① 《十七大以来重要文献选编》(上),中央文献出版社 2009 年版,第 9—10 页。
② 中共中央宣传部理论局组织编写:《科学发展观学习读本》,学习出版社 2006 年版,第 8 页。

题,是马克思主义理论的重要组成部分。马克思、恩格斯、列宁关于发展的丰富思想,以毛泽东、邓小平、江泽民为核心的党的三代中央领导集体关于我国社会主义建设的一系列重要思想,是科学发展观形成的理论基础。党的十六大以来,以胡锦涛为总书记的党中央,坚持以马克思主义为指导,紧紧围绕建设中国特色社会主义这个主题,不断总结改革开放和现代化建设的实践经验,不断做出理论概括,形成了以人为本、全面协调可持续发展的科学发展观这一重大战略思想。科学发展观进一步回答了什么是发展、为什么发展、怎样发展的重大问题,赋予了马克思主义关于发展的理论以新的时代内涵和实践要求,进一步丰富了中国特色社会主义理论。所以,温家宝指出:"科学发展观同毛泽东、邓小平、江泽民关于发展的重要思想是一脉相承的,是与时俱进的马克思主义发展观。"①

第二,科学发展观强调又好又快发展,实现了质量与效益的统一。科学发展观继承前人又超越前人的地方就在于,它突出了又好又快地发展,丰富了对发展的认识,创新了发展的理念。具体说来,它强调了发展的全面性,将发展从经济领域扩展到社会的各个领域,从量的扩展发展到质与量的统一,克服了以往某些方面存在的重经济指标、轻社会进步,重物质财富、轻精神财富,重当前利益、轻长远利益的偏差。它明确指出了发展的协调性,强调经济、政治、文化、社会建设的各个环节、各个方面要统筹兼顾,相互促进,要求统筹城乡发展,统筹区域发展,统筹经济社会发展,统筹人与自然和谐发展,统筹国内发展和对外开放,统筹中央和地方关系,统筹个人利益和集体利益、局部利益和整体利益、当前利益和长远利益。它注重发展的可持续性,重视经济发展过程中的节约生产、清洁生产、绿色生产,注重经济、政治、文化、社会发展的连续性、持久性,将当前与长远、当代与子孙后代的永续发展辩证地统一起来了。可见,科学发展观的"科学"就在于,它强调要"按照科学规律来谋划发展大计";它突出了又好又快的发展内涵;它明确将人、地和谐发展、区域和谐发展、人际和谐发展、代际和谐发展切实地提上了发

---

① 《十六大以来重要文献选编》(上),中央文献出版社2005年版,第757页。

展日程。因此,科学发展观在发展的大思路与发展规划的科学性方面都跃上了一个新台阶。

第三,科学发展观坚持"以人为本"的发展理念,是马克思主义人学思想的逻辑展开。人文关怀是马克思主义人学的出发点和归宿。一方面,马克思主义认为,唯物史观区别于其他历史观的根本就在于其对现实的人的关注,强调人是历史的主体,是社会发展的主体,是社会变革的主要力量。另一方面,马克思主义又认为,社会发展的目的是为了促进人的自由而全面的发展,离开人的自由而全面的发展,发展便失去了意义。马克思主义的这些人学思想在毛泽东思想、邓小平理论和"三个代表"重要思想中都有很好的体现。科学发展观是马克思主义人学思想的逻辑展开,它在继承马克思主义人学思想的基础上,将"以人为本"提到战略指导思想的高度,把"以人为本"作为发展观的本质和核心。这表明我们党把发展的理念由过去注重"物"的增长转向注重人的全面发展,把人的全面发展作为整个社会发展的最高价值取向。这一思想创造性地发展了马克思主义人学思想,标志着我们党执政治国理念的新突破。

第四,科学发展观初步形成了马克思主义关于社会主义发展的系统理论。"科学发展观着眼于丰富发展内涵、创新发展观念、开拓发展思路、破解发展难题,在发展道路、发展模式、发展战略、发展动力、发展目的和发展要求等方面提出了一系列新的思想观点,初步形成了马克思主义关于社会主义发展的系统理论,也是需要在实践中不断丰富、发展和完善的理论。"①科学发展观涉及生产力和生产关系、经济基础和上层建筑的各个环节,贯通中国特色社会主义伟大事业和党的建设新的伟大工程的各个方面,坚持和丰富了党的基本理论、基本路线、基本纲领、基本经验,进一步深化了对共产党执政规律、社会主义建设规律和人类社会发展规律的认识,是我们党执政理念的丰富和发展。

---

① 中共中央宣传部理论局组织编写:《科学发展观学习读本》,学习出版社 2006 年版,第 17 页。

二、科学发展观是我国经济社会发展的重要指导方针

党的十七大报告指出,科学发展观是马克思主义关于发展的世界观和方法论的集中体现,是我国经济社会发展的重要指导方针,是发展中国特色社会主义必须坚持和贯彻的重大战略思想。这一论述,深刻阐明了科学发展观具有重大的理论价值和现实指导意义。

首先,科学发展观是对经济社会一般规律认识的深化,是马克思主义发展理论的集中体现。善于运用马克思主义的世界观和方法论解决党和国家发展面临的各种困难,制定科学的奋斗目标、制定正确的路线方针政策和选择正确的发展道路,并带领人民群众不断为之奋斗,这是我们党始终走在时代前列、永葆蓬勃生机的根本保证。世界观是人们对世界的总体看法和根本观点,方法论是人们认识和改造世界所遵循的根本方法。世界观和方法论体现到发展问题上就是发展观。发展观是关于发展的本质、目的、内涵和要求的总体看法和根本观点,决定了经济社会发展的总体战略和基本模式,对经济社会发展实践具有根本性、全局性的重大影响。科学发展观坚持辩证唯物主义和历史唯物主义的基本原理,用一系列新思想、新观点、新论断分析经济社会的发展问题,深化了对社会主义发展规律的认识,指明了实现经济社会又好又快发展的科学道路,是马克思主义关于发展的世界观和方法论的集中体现。

科学发展观揭示了发展的本质和内涵,是指导我们认识发展的根本观点。科学发展观强调坚持发展是硬道理的战略思想,坚持以经济建设为中心,把发展生产力作为首要任务,把发展作为解决中国一切问题的关键。这充分体现了历史唯物主义关于生产力是人类社会发展的基础的观点。科学发展观坚持以人为本,坚持发展为了人民、发展依靠人民、发展成果由人民共享,把人民群众作为推动发展的主体和基本力量,以满足人民群众不断增长的物质文化需要为发展的根本出发点和落脚点,从最广大人民的根本利益出发谋发展、促发展,体现了历史唯物主义关于人民是历史发展主体和人的全面发展的观点。科学发展观坚持全面发展和协调发展,强调全面推进

经济建设、政治建设、文化建设、社会建设和生态文明建设,实现经济发展和社会全面进步,注重统筹城乡发展、区域发展、人与自然和谐发展、国内发展和对外开放,体现了唯物辩证法关于事物之间普遍联系、辩证统一的基本原理。

其次,科学发展观揭示了我国经济社会发展的正确道路,是指导我们推进发展的根本方法。科学发展观要求正确处理经济发展与社会发展、发展速度与效益、市场机制与宏观调控、改革发展稳定等社会主义现代化建设中的一系列重大关系,在大力推进经济建设的同时促进政治、文化、社会共同发展,解决好与经济增长相关的各种社会问题。科学发展观提出统筹兼顾的根本要求,把发展看作是相互推进、系统协调的过程,强调总揽全局,科学筹划,协调发展,兼顾各方,使各个方面、各个环节协调一致、互相促进。科学发展观着眼于中华民族的长远利益,以前瞻的眼光创新发展模式、健全发展机制、提高发展质量,努力实现经济与社会、人与自然的良性互动。科学发展观坚持正确处理中心与全面、重点与非重点、平衡与不平衡的关系,注重加强经济社会发展的薄弱环节,实现发展的均衡和协调,充分体现了唯物辩证法在发展问题上的科学运用。

科学发展观贯通中国特色社会主义伟大事业和党的建设新的伟大工程的各个方面,坚持和丰富了党的基本理论、基本路线、基本纲领、基本经验,进一步深化了对共产党执政规律、社会主义建设规律和人类社会发展规律的认识,是我们党执政理念的丰富和发展,是全面建设小康社会、加快推进社会主义现代化的根本指针。

第二章 马克思主义执政党建设论

中国共产党是在中国长期执政的马克思主义政党。马克思主义执政党建设是发展中国特色社会主义的政治保证。马克思主义执政党建设论是中国特色社会主义科学发展论理论体系的重要内容，它科学地解答了"什么是马克思主义执政党、为什么要建设马克思主义执政党、怎样建设马克思主义执政党"这一当代中国马克思主义执政党建设的基本理论问题。

第一节 马克思主义执政党建设论的形成与发展

中国共产党已成立近90年，在全国执政60多年，拥有七千多万党员，是世界上规模最大的执政党，是中国特色社会主义事业的坚强领导核心。党的十六大以来，以胡锦涛为总书记的党中央，以改革创新精神全面推进党的建设新的伟大工程，在吸收马克思主义关于执政党建设的理论成果的基础上，形成了具有中国特色的马克思主义执政党建设理论。

一、马克思主义执政党建设论形成和发展的条件

马克思主义执政党建设论，是在中国特色社会主义的实践进程中逐步形成并不断丰富和发展的。它的形成具有其深刻的理论渊源和实践基础，是对马克思主义党建理论的继承和发展，是适应中国共产党党建发展趋势和中国社会发展阶段性特征的必然产物。

（一）马克思主义执政党建设论形成的理论渊源

由于历史条件的限制，马克思、恩格斯虽然创立了建党理论但在许多方

面需要加以丰富和发展。列宁对执政党建设理论进行了大量的探索,创立了新型无产阶级政党学说。中国共产党执政以来,对执政党建设理论进行了不懈努力和长期探索,逐渐形成了一系列理论观点,为新世纪新阶段创立新的执政党建设理论提供了理论基础。党的十六大以来新的执政党建设论的形成是对马克思主义政党理论的继承和发展,这一理论以马克思、恩格斯、列宁的政党理论为基础,以毛泽东思想、邓小平理论、"三个代表"重要思想中的党建思想为直接渊源,形成了既一脉相承又与时俱进的马克思主义执政党建设论。

1. 马克思、恩格斯的无产阶级政党建设理论

加强无产阶级政党建设是马克思主义理论的一个重要内容。19 世纪40 年代,为了适应无产阶级革命斗争的需要,马克思、恩格斯提出了建立无产阶级政党的思想。在建党实践中,他们阐明了无产阶级政党的性质、特点、世界观、纲领和组织原则等基本原理,奠定了无产阶级政党建设的理论基础。

第一,在是否需要建立自己的政党问题上,提出无产阶级必须建立自己的独立政党。马克思指出,工人阶级只有组成同资产阶级一切旧政党对立的独立政党,才能作为一个阶级来行动,才能保证社会革命获得胜利和实现这一革命的最终目标——消灭阶级。无产阶级政党在同资产阶级和小资产阶级结成同盟时,"应该使自己的每一个支部都变成工人协会的中心和核心"。①

第二,在建立什么样的政党问题上,提出无产阶级政党必须保持党的先进性。马克思、恩格斯指出:"在实践方面,共产党人是各国工人政党中最坚决的、始终起推动作用的部分;在理论方面,他们胜过其余无产阶级群众的地方在于他们了解无产阶级运动的条件、进程和一般结果。"②为了保持党的先进性,马克思、恩格斯强调党"没有任何同整个无产阶级的利益不同

① 《马克思恩格斯选集》第 1 卷,人民出版社 1995 年版,第 369 页。
② 《马克思恩格斯选集》第 1 卷,人民出版社 1995 年版,第 285 页。

的利益。……共产党人同其他无产阶级政党不同的地方只是：一方面，在无产者不同的民族的斗争中，共产党人强调和坚持整个无产阶级共同的不分民族的利益；另一方面，在无产阶级和资产阶级的斗争所经历的各个发展阶段上，共产党人始终代表整个运动的利益。"①

　　第三，在政党建设是否需要理论引领的问题上，提出无产阶级政党必须以科学的世界观作为指导思想。指出"我们党有个很大的优点，就是有一个新的科学的观点作为理论的基础"。② 这就是马克思主义的辩证唯物主义和历史唯物主义，它使无产阶级懂得"每一历史时代的经济生产以及必然由此产生的社会结构，是该时代政治的和精神的历史的基础"。③

　　第四，在政党按照何种原则运行的问题上，提出无产阶级政党必须实行民主集中制。共产党作为无产阶级有组织的部队，既反对无政府主义的绝对"自治"原则，又反对密谋组织和活动的"独裁"原则，强调党组织本身是完全民主的，但也需要集中和权威。没有权威就没有统一的和指导性的意志，把权威说成是绝对坏的东西是荒谬的。"工人运动的基础是最尖锐地批评现存社会，批评是工人运动生命的要素"。④ 认为为了党的利益，批评应当是坦率的、慎重和谨慎的。党内批评应当是十分明确的原则性问题，而决不应当成为私人争吵，这样才能避免由于党内斗争的冒失而导致蠢举，并实现无产阶级的团结一致。

　　第五，在政党的历史使命问题上，提出共产党的最近目标是夺取政权，最终目标是实现共产主义，无产阶级在实践中应把最近目标与实现共产主义的社会制度有机地结合起来。

　　马克思、恩格斯在资本主义上升时期、无产阶级革命准备时期，针对当时无产阶级面对的主要任务而提出的这些基本原理，回答了当时历史条件下建党所面临的重大问题，成为马克思主义建党学说中最根本的原则，也是

---

① 《马克思恩格斯选集》第 1 卷，人民出版社 1995 年版，第 285 页。
② 《马克思恩格斯选集》第 2 卷，人民出版社 1995 年版，第 39—40 页。
③ 《马克思恩格斯选集》第 1 卷，人民出版社 1995 年版，第 252 页。
④ 《马克思恩格斯选集》第 4 卷，人民出版社 1995 年版，第 687 页。

今天我们党进行执政党建设仍然必须坚持的基本原则。

2. 列宁的执政党建设理论

在领导布尔什维克党进行社会主义革命和建设的过程中,列宁将马克思主义政党学说与俄国实际结合起来,对无产阶级执政党建设理论进行探索。列宁坚持马克思主义建党理论,批判第二国际修正主义对马克思主义建党学说的修正和歪曲,成功地把俄国布尔什维克党建设成为新型无产阶级政党,领导俄国人民夺取了十月社会主义革命的胜利。列宁的建党理论和实践,解决了在俄国的具体历史条件下建设新型无产阶级政党的一系列问题,使社会主义理论变为现实,使无产阶级政党在人类历史上第一次成为执政党。

列宁关于执政党建设理论的内容主要包括:

第一,执政党的领导是"总的领导",首要任务是发展经济。列宁指出:"必须十分明确地划分党(及其中央)和苏维埃政权的职责;提高苏维埃工作人员和苏维埃机关的责任心和独立负责精神,党的任务则是对所有国家机关的工作进行总的领导,不是像目前那样进行过分频繁的、不正常的、往往是琐碎的干预。"①党要对国家政权的全部政治经济工作实行领导,党要起制定战略和策略的作用,执政党必须坚持对国家政权实行领导,执政党的首要任务是进行国家的经济建设。

第二,执政党要注重党员质量的提高,纯洁党的队伍。俄国共产党是俄国工人阶级的先锋队,其成员的质量如何,直接关系到这个党的性质、地位和作用。列宁认为执政党建设头等重要的任务就是提高党员质量,首先是党员的政治素质。列宁亲自参加了对党员的马克思主义教育工作。其次是提高党员的文化素质。列宁为教育党员自觉提高自身文化和素质,不怕公开承认自己的素质不够、本领不大。提出共产党员在经济建设工作中必须具备的基本条件,即"要管理就要懂行,就要精通生产的全部情况,就要懂

---

① 《列宁全集》第 43 卷,人民出版社 1987 年版,第 64 页。

得现代水平的生产技术,就要受过一定的科学教育"①。再次,开展清党工作。针对十月革命胜利后俄国共产党内存在党的组织不纯、党的思想和作风不纯等问题,列宁指出"必须把欺骗分子、官僚化分子、不忠诚分子和不坚定的共产党员,以及虽然'改头换面'但心里依然故我的孟什维克从党内清除出去。"②从1919年到列宁逝世的1924年,一共进行了三次大清党,通过清党纯洁了党的队伍,加强了群众对党的信任,提高了党的威信,增加了党的团结和纪律性。

第三,执政党最严重最可怕的危险是脱离群众,要坚决反对官僚主义。列宁指出:"对于一个人数不多的共产党来说,对于一个作为工人阶级的先锋队来领导一个大国在暂时没有得到较先进国家的直接援助的情况下向社会主义过渡的共产党来说,最严重最可怕的危险之一,就是脱离群众。"③"先锋队只有当它不脱离自己领导的群众并引导全体群众前进时,才能完成其先锋队的任务。"④为坚持党密切联系群众的作风,列宁将共产党人的骄傲自大作为党的"三大敌人"之一,将反对官僚主义作为执政党建设的重要内容。为有效地同官僚主义作斗争,列宁提出建立一个监察和监督机构,选拔工人和农民的优秀分子任委员,以加强中央监察委员会的力量。

3.毛泽东的执政党建设思想

以毛泽东为代表的中国共产党人把马克思列宁主义建党学说与中国的实际相结合,创造性地解决了在半殖民地半封建社会环境中建设无产阶级政党的一系列问题,形成了具有中国特色的建党思想。在民主革命时期,毛泽东提出坚持党对中国革命事业的领导权,密切联系党的政治路线加强党的建设,着重从思想上建设党,用整风形式在全党进行马克思列宁主义思想教育,倡导理论联系实际、密切联系群众和批评与自我批评的党的优良作风等思想。新中国建立前后,随着共产党执政地位的确立和巩固,经过探索,

① 《列宁全集》第38卷,人民出版社1986年版,第240页。
② 《列宁选集》第42卷,人民出版社1987年版,第147页。
③ 《列宁全集》第42卷,人民出版社1987年版,第372页。
④ 《列宁全集》第43卷,人民出版社1987年版,第23页。

我们党明确地回答了以下系列问题:一是在为什么人执政及权力的来源问题上,指出党要全心全意为人民服务,一刻也不脱离人民群众;一切从人民的利益出发,而不是从个人或小集团的利益出发;党的一切干部不论职位高低,都是人民的勤务员,所做的一切都要保持向人民负责和向党的领导机关负责的一致性。二是在新中国建国前夕和新中国成立以后,鉴于共产党已成为在全国执政的执政党,毛泽东提出执政条件下全党要继续保持谦虚谨慎、戒骄戒躁和艰苦奋斗的作风,警惕资产阶级思想的侵蚀,反对脱离群众的官僚主义等观点,并多次成功地开展了反官僚主义、反主观主义、反腐败的斗争。三是在权力监督和制约问题上,强调党必须要受监督,各级党组织必须要受监督,党员特别是党的干部要受监督,提出了加强党内民主建设,坚持民主集中制和集体领导原则,探索和初步形成了党内监督、群众监督、民主党派和无党派民主人士舆论监督等多个监督渠道。毛泽东关于执政党建设的思想,丰富和发展了马克思列宁主义的建党学说,为中国共产党率领中国人民在改造旧中国、建设新中国的伟大斗争中取得巨大成就提供了可靠的保证,至今仍具有重要的指导意义。

4. 邓小平的执政党建设思想

邓小平作为党的第二代中央领导集体的核心,成功地领导了我国改革开放和社会主义现代化建设的伟大实践,在坚持马列主义、毛泽东建党思想的基础上,总结以往正反两方面经验教训,集中全党的集体智慧,着眼时代要求,立足新的实际,进行新的理论概括和理论创新,进一步发展了执政党建设思想。第一,解放思想、实事求是,坚持正确的思想路线,提出新时期党的建设的前进目标和指导方针。党的十一届三中全会以后,邓小平根据党的中心任务是经济建设的历史任务,为党确定了新的建设目标。第二,制定了新时期执政党建设的建党路线。党的十三大确立"一个中心、两个基本点"的基本路线,这就是新时期党的政治路线。邓小平阐明了围绕党的基本路线加强党的建设的意义,即只有围绕经济建设这个中心来加强党的建设,我们才有强大的物质基础,更好地巩固党的执政地位。同时指出,要按照党的政治路线的要求来建设党,在执行党的政治路线的实践中加强党的自身建设,用贯彻执行党的政治路线的成效、以三个"是否有利于"的判断标准来考察党建工作。第三,提出坚持党的领导必须改善党的领导的思想,使党成为领导社会主义现代化建设的坚强核心。他指出改善是为了加强,使党的建设在改善中加强,在转变中适应,在发展中提高。邓小平还具体提出了改善的内容,即除了改善党的组织状况以外,还要改善党的领导工作状况,改善党的领导制度,包括领导干部的素质、领导作用、党的政治工作、党的领导方式方法。第四,特别注重制度建设,实行党的领导制度改革,完善党规党法,推进党内生活的民主化、制度化。邓小平提出领导制度、组织制度问题是更带有根本性、全局性、稳定性和长期性的思想。强调制度建设不搞好,党可以变质,国家可以变质、社会主义可以变质,人也可以变质。第五,从严治党,反对腐败,把党风廉政建设和反腐败斗争作为大事来抓。邓小平特别重视加强党内廉政建设和反腐败斗争,这在他的执政党建设理论中占有重要的位置。他指出:"要整好我们的党,实现我们的战略目标,不惩治腐败,特别是党内的高层的腐败现象,确实有失败的危险。"[①]邓小平围绕改革开放和社会主义现代化建设条件下"建设什么样的党、怎样建设党"的问题,提出了一系列新思想、新观点、新论断,揭示了新时期执政党建设的特点和规律。

5. 江泽民的执政党建设思想

党的十三届四中全会以来,以江泽民为核心的党中央领导集体围绕"建设什么样的党、怎样建设党"这个根本问题,运用马克思主义的立场、观点和方法,准确把握党的历史方位,科学分析国际环境和时代特征,认真总结历史经验,集中全党的智慧,提出了一系列新的思想观点。第一,高度重视新的历史条件下党的先进性问题,对党如何适应新形势新任务的要求,在路线纲领、奋斗目标、领导体制、工作机制、干部队伍等方面始终保持和发展先进性,提出了一系列重要思想。创立"三个代表"重要思想,赋予党的先进性鲜明的时代内涵,高度概括了执政党保持先进性最根本的问题。第二,强

---

① 《邓小平文选》第 3 卷,人民出版社 1993 年版,第 313—314 页。

调党 80 多年来历史经验最根本的是党的建设必须按照党的政治路线来进行,围绕党的中心任务来展开,朝着党的建设总目标来加强,不断提高党的创造力、凝聚力、战斗力,从根本上为执政党建设指明了方向。第三,强调人民群众与党的关系问题是一个政治问题,指出:"我们党的最大政治优势是密切联系群众,党执政后的最大危险是脱离群众。"①深刻地揭示了我们党的立党之本、执政之基、力量之源归根到底在于人民群众的支持和拥护,明确提出了立党为公、执政为民和以人民群众为本的重要思想。第四,提出在新的历史条件下加强和改进党的建设,一定要把思想建设、组织建设、作风建设有机结合起来,把制度建设贯穿其中,构成执政党建设的主要内容,使各方面建设相互配套、相互促进,从整体上提高党的建设工作水平。在党的根本性质上提出"两个先锋队"的思想,在党的依靠力量上提出不断增强党的阶级基础和扩大党的群众基础的思想等,体现了我们党对执政党建设问题进行的探索和创新。

总之,中国共产党对执政党建设理论进行了长期的艰辛探索,形成了丰富的关于执政党建设的思想,这些党建思想强调必须紧密联系党的政治路线,把党建设成为始终走在时代前列的马克思主义执政党,强调必须坚持用发展着的马克思主义指导新的实践,不断推进理论创新。这些重要的理论成果极大地丰富了马克思主义执政党建设的理论宝库,是今后我们加强执政党建设必须遵循的重要指导原则。

(二)马克思主义执政党建设论形成的实践基础

党的十六大以来,以胡锦涛为总书记的党中央根据世情、国情和党情的深刻变化,准确把握时代脉搏,不断创新执政党建设理论,在新时期、新阶段形成了马克思主义执政党建设论,顺应了时代和社会发展的必然要求。

1. 这一理论顺应了国际发展趋势的必然要求

进入新世纪新阶段,国际局势发生新的深刻变化,当今世界正处在大发展、大变革、大调整时期。世界多极化、经济全球化深入发展,科技进步日新

---

① 《江泽民文选》第 3 卷,人民出版社 2006 年版,第 572 页。

月异,国际金融危机影响深远,世界经济格局发生新变化,国际力量对比出现新态势,全球思想文化交流交融交锋呈现新特点,发达国家在经济、科技等方面仍占优势,综合国力竞争和各种力量较量更趋激烈,不稳定不确定因素增多,给我国发展带来新的机遇和挑战。① 世界政治经济形势的深刻变化,对社会主义国家执政党的生存环境产生了重大影响。我国仍然面临着西方敌对势力"西化"及支持境内"台独"、"藏独"、"疆独"等分裂分子"分化"的严峻挑战,要求在新时期加强党的执政能力建设。在政治多极化格局发展过程中,经济全球化的加速发展,国际经济合作与竞争以前所未有的广度和深度发展,形成了"你中有我,我中有你"的局面。改革开放以来,特别是加入世界贸易组织形成全方位对外开放格局以来,与世界经济的相互联系和相互依存越来越紧密,世界经济对我国经济发展的影响也越来越大,这对我们党的判断国际局势的能力、同国际社会交往的能力、抵御风险的能力,提出了新的更高要求,也使如何创新和完善执政党建设理论全面推进党的先进性建设和能力建设,成为时代向我们提出的重要课题。

2. 这一理论顺应了我国经济社会发展的必然要求

实现党的十七大描绘的宏伟蓝图,需要进一步加强和改进党的建设。新中国成立以来特别是改革开放以来,我们党根据自身历史方位和中心任务的变化,不断提高领导水平和执政水平、提高拒腐防变和抵御风险能力,并取得巨大成就。我国经济建设、政治建设、文化建设、社会建设以及生态文明建设全面推进,工业化、信息化、城镇化、市场化、国际化深入发展,我国正处在进一步发展的重要战略机遇期,在新的历史起点上向前迈进。总的来看,我国仍处于并将长期处于社会主义初级阶段的基本国情没有变,人民日益增长的物质文化需要同落后的社会生产之间的矛盾这一社会主要矛盾没有变,同时我国发展呈现一系列新的阶段性特征,出现一系列新情况新问题。在我们这样一个十几亿人口的发展中大国,党在推进改革开放和社会

① 《中共中央关于加强和改进新形势下党的建设若干重大问题的决定》,人民出版社 2009 年版,第 3 页。

主义现代化建设中肩负任务的艰巨性、复杂性、繁重性世所罕见。① 党面对这样的新形势、新要求,更好地带领全国各族人民聚精会神搞建设、一心一意谋发展,推进中国特色社会主义事业进程,必须进一步加强和改进自身建设。理论是实践的先导,中国共产党在长期执政和发展社会主义市场经济条件下,党的建设遇到了许多新情况新问题,迫切需要以改革创新精神构建新的执政党建设理论,才能更好地全面推进党的建设新的伟大工程,进一步增强党的创造力、凝聚力、战斗力,确保我们党始终走在时代前列,始终成为中国特色社会主义事业的坚强领导核心。

3. 这一理论顺应了党的队伍发展的必然要求

新中国成立以来,党员队伍不断发展壮大,结构不断优化,素质逐步提高,党组织的覆盖面不断扩大,中国共产党展现出蓬勃的生机和活力。中央组织部发布的最新党内统计数据显示,截至 2008 年底,中国共产党党员总数为 7 593.1 万名,比新中国成立时增加了 16 倍;党的基层组织 371.8 万个,是新中国成立时的 19 倍。各项数据表明,新中国成立以来党员队伍不断发展壮大,结构不断优化,素质逐步提高,党组织的覆盖面不断扩大,中国共产党展现出蓬勃的生机和活力。从党员的性别、民族和学历来看,全国现有女党员 1 596.9 万名,占党员总数的 21%;少数民族党员 494.4 万名,占党员总数的 6.5%;大专以上学历的党员 2 583.3 万名,占党员总数的 34.0%。这些数据充分说明,60 年来,在团结带领全国人民战胜各种困难和风险、取得社会主义建设和改革开放巨大成就的同时,中国共产党队伍自身的结构在不断优化,素质不断提高。从基层党组织的数据看,全国现有基层党委 17.9 万个,总支部 22.9 万个,支部 331 万个。从申请入党人的数据看,新中国成立以来,申请入党人数不断增长,2008 年达到 1 944.9 万人。这些数据表明,近年来党的基层组织的覆盖面不断扩大,党的影响力不断提

---

① 《中共中央关于加强和改进新形势下党的建设若干重大问题的决定》,人民出版社 2009 年版,第 3—4 页。

高,吸引力不断增强。① 这为党加强执政能力建设提供了坚实的组织基础,同时也对我们党的执政能力提出更高的要求。特别是中青年干部中的一些人,对新世纪新阶段我们党为谁执政、靠谁执政、怎样执政等问题的认识还不够深刻、不够重视,对强化执政意识、提高执政本领、巩固执政地位的重要性和紧迫性认识不足,迫切需要通过理论创新,进一步回答"建设什么样的党、怎样建设党"这一重大课题,以马克思主义执政党建设理论指导全体党员干部统一思想,沿着正确的思想轨道,积极推进社会主义现代化事业的伟大实践。

4. 这一理论顺应了党的先进性建设的必然要求

进入新世纪,我们党领导的中国特色社会主义事业也进入了全面建设小康社会的新时期。党的建设新的伟大工程扎实推进,党执政的阶级基础、群众基础和组织基础进一步巩固,党的领导核心作用、基层组织的战斗堡垒作用、党员的先锋模范作用充分发挥。从总体上看,我们党的干部和党员队伍是有战斗力的,党的先进性和执政能力总体上是适应改革开放、现代化建设要求的。但是,"面对新形势新任务,党的领导方式和执政方式、领导体制和工作机制还不完善;一些领导干部和领导班子思想理论水平不高、依法执政能力不强、解决复杂矛盾本领不大,素质和能力同贯彻落实'三个代表'重要思想、全面建设小康社会的要求不相适应;一些党员干部事业心和责任感不强、思想作风不端正、工作作风不扎实、脱离群众等问题比较突出;一些党的基层组织软弱涣散,一些党员不能发挥先锋模范作用;腐败现象在一些地方、部门和单位还比较严重。这些问题影响党的执政成效,必须引起全党高度重视,切实加以解决。"②此外,"党员队伍中也存在着与保持先进性的要求不相适应的问题。一些党员理想信念动摇,党员意识和执政意识淡薄,带领群众前进的能力不强,难以发挥先锋模范作用。一些党员干部事业心和责任感不强,思想作风不端正,工作作风不扎实,脱离群众的问题比

---

① 《新中国成立以来党员人数增加16倍,党员队伍素质逐步提高,党组织覆盖面不断扩大》,人民日报200年7月1日,第1版。

② 《十六大以来重要文献选编》(中),中央文献出版社2006年版,第273页。

较突出。一些党员领导干部思想理论水平不高,解决复杂矛盾的能力不强,有的甚至以权谋私、腐化堕落。一些党的基层组织凝聚力、战斗力不强,有的甚至软弱涣散、不起作用。这些问题的存在,严重影响党的先进性,影响党的工作,损害党和人民的事业。"①这些新情况新问题的存在,严重影响了党的形象与威信,严重妨碍了党的领导作用的发挥。党要站在时代前列带领人民不断开创事业发展新局面,必须以改革创新精神加强自身建设,始终成为中国特色社会主义事业的坚强领导核心。构建执政党建设论理论体系,能够从根本上为党的建设提供科学指南,推进党的先进性建设,具有很强的现实针对性。

5.这一理论顺应了提高党的执政能力的必然要求

我们党的历史方位已发生了巨大转变。党的十六大报告指出:"我们党历经革命、建设和改革,已经从领导人民为夺取全国政权而奋斗的党,成为领导人民掌握全国政权并长期执政的党;已经从受到外部封锁和实行计划经济条件下领导国家建设的党,成为对外开放和发展社会主义市场经济条件下领导国家建设的党。"②面对执政环境、执政条件、历史任务的巨大变化,如何不断地提高领导水平和执政水平,增强拒腐防变和抵御风险的能力,是我们党当前和今后必须回答和解决的重大课题。面对新形势新任务,我们党在执政能力建设方面存在的突出问题,主要是不适应新形势新任务的需要,不符合"三个代表"重要思想和全面建设小康社会的要求。"不适应"就是面对新形势新任务,党既有思想观念和执政理念的不适应,也有领导方式和执政方式、领导体制和工作机制的不适应,还有党员干部队伍素质能力等方面的不适应。如一些领导干部和领导班子思想理论水平不高、依法执政能力不强、解决复杂矛盾本领不大,以及一些党的基层组织软弱涣散,一些党员不能发挥先锋模范作用,等等。"不符合"就是一些党员干部事业心和责任感不强,思想作风不端正、工作作风不扎实、脱离群众等问题

---

① 《十六大以来重要文献选编》(中),中央文献出版社 2006 年版,第 414 页。
② 《十六大以来重要文献选编》(上),中央文献出版社 2005 年版,第 9 页。

比较突出,腐败现象在一些地方、部门和单位还比较严重,等等。这两方面的问题都直接影响党的执政成效,"不适应"从本领方面影响执政成效,"不符合"从作风方面影响执政成效。我们党强调要解决"不适应"、"不符合"的问题,就是以科学的执政党建设理论进行长时期的教育引导,增强全体党员干部对新的历史方位和执政使命的适应力,帮助全体党员干部增强对长期执政条件下各种消极腐败因素的免疫力。

此外,20世纪末期,世界政坛上出现一股"政党危机"潮,一些长期执政的老党大党尤其是苏联、东欧社会主义国家执政的共产党相继丧失执政地位,使中国共产党遇到了前所未有的挑战。这些政党的失败,"很重要的一条是在长期执政条件下,执政体制僵化,执政能力衰退,执政成绩不能令人民满意,严重脱离了人民群众。"①认真分析总结这些政党执政史的兴衰成败,对我们完善和发展执政党建设理论,加强执政党建设具有十分重要的借鉴意义。

二、马克思主义执政党建设论的形成和发展过程

党的十六大以来,随着中国特色社会主义事业的逐步推进,中国共产党对理论建设日益加强,马克思主义执政党建设论的形成和发展经历了一个从起步到逐步成熟的过程。

(一)马克思主义执政党建设论的萌发

党的十六大以来,以胡锦涛为总书记的党中央积极开展以学习"三个代表"重要思想为主要内容的保持共产党员先进性教育活动,坚持用马克思列宁主义、毛泽东思想和邓小平理论武装全体党员,认真学习贯彻"三个代表"重要思想,确保我们党始终代表中国先进生产力的发展要求,代表中国先进文化的前进方向,代表中国最广大人民的根本利益。在党的十六届二中全会、三中全会上,胡锦涛反复强调,我们党是执政党,党的各方面建设的成效最终都应该体现到提高党的执政能力上来、体现到巩固党的执政地位

---

① 《十六大以来重要文献选编》(中),中央文献出版社2006年版,第379页。

上来；要持之以恒地加强和改进党的思想、组织、作风和制度建设，持之以恒地加强和改善党的领导。

执政能力建设是我们党执政后的一项根本建设，事关社会主义事业的兴衰成败。党的十六届四中全会通过了《中共中央关于加强党的执政能力建设的决定》，着重研究了加强党的执政能力建设的若干重大问题。通过全面分析我们党面临的国际国内挑战和考验，在总结党执政五十五年主要经验的基础上，确定了当前一段时期内加强我们党的执政能力建设的指导思想、总体目标和主要任务。全会要求全面加强和改进党的思想、组织、作风和制度建设，不断增强党的创造力、凝聚力、战斗力，不断提高党驾驭社会主义市场经济、发展社会主义民主政治、建设社会主义先进文化、构建社会主义和谐社会、应对国际局势和处理国际事务等方面的能力，努力把全党建设成为立党为公、执政为民，科学执政、民主执政、依法执政，求真务实、开拓创新、勤政高效、清正廉洁的执政党。

（二）马克思主义执政党建设论的形成

2007年10月召开的党的十七大，根据世情、国情、党情的发展变化，强调要高举中国特色社会主义伟大旗帜，以改革创新精神全面推进党的建设新的伟大工程。党的十七大报告明确提出："必须把党的执政能力建设和先进性建设作为主线，坚持党要管党、从严治党，贯彻为民、务实、清廉的要求，以坚定理想信念为重点加强思想建设，以造就高素质党员、干部队伍为重点加强组织建设，以保持党同人民群众的血肉联系为重点加强作风建设，以健全民主集中制为重点加强制度建设，以完善惩治和预防腐败体系为重点加强反腐倡廉建设，使党始终成为立党为公、执政为民，求真务实、改革创新，艰苦奋斗、清正廉洁，富有活力、团结和谐的马克思主义执政党"①。从而形成了"一条主线、五个重点"的执政党建设论理论体系，表明我们党对历史方位转变和执政党建设理论的认识，已经达到了一个新的高度。

---

① 《十七大以来重要文献选编》（上），中央文献出版社2009年版，第38页。

（三）马克思主义执政党建设论的完善和发展

党的十七大后，中国共产党对执政党建设理论的各个方面进行了进一步的丰富和发展，着重对学习型政党、党内民主、干部人事制度、党风廉政建设等方面加以深化和完善。党的十七届四中全会通过了《中共中央关于加强和改进新形势下党的建设若干重大问题的决定》，这是当前和今后一个时期指导我们党加强自身建设的纲领性文件，对加强和改进新形势下党的建设作出了的重要战略部署。全会系统总结了执政党执政建设的基本经验，就建设马克思主义学习型政党，发展党内民主，深化干部人事制度改革，加强党的基层组织建设，弘扬党的优良作风，推进惩治和预防腐败体系建设等方面提出了明确要求和部署。全会通过的决定阐述了建设马克思主义学习型政党的必要性，明确强调党员的各方面需要重点建设的权力，在选人用人上突出以德为先这个标准和强调推动科学发展促进社会和谐能力，基层组织建设中强调实现党组织和党的工作全覆盖，党风建设突出坚强党性、保证党的作风建设，反腐倡廉工作强调建立、健全权力的运行、制约和监督机制，以及制度创新。这些反映了我们党在把握和运用马克思主义执政党建设规律认识上的升华，为推进党的建设科学化、制度化、规范化，推动党的建设创新提供指导。党的执政实践是不断丰富和发展的，马克思主义执政党建设理论体系必将随着实践的发展得到进一步深化和发展。

第二节 马克思主义执政党建设论的理论结构及科学内涵

党的十六大以来，以胡锦涛为总书记的党中央紧紧围绕新时期新阶段的社会发展进程，科学而深刻地阐述了一系列执政党建设的新思想、新观点、新论断，开辟了马克思主义政党建设理论的新境界，形成了马克思主义执政党建设论，这一理论具有其自身的结构体系和科学内涵。

一、马克思主义执政党建设论的理论结构

马克思主义执政党建设论是一个包含多层次的理论结构，其中性质论、

主线论、重点论、目标论等都是其有机组成部分。这几个部分相互依存、相互促进,共同推进执政党建设理论体系的不断深化和发展。其中,性质论决定了执政党建设论的方向,对主线论、重点论、目标论起着基础作用;主线论标明了执政党建设论的主要脉络,使性质论、重点论、目标论明确了建设思路,党的其他方面建设都要体现和围绕先进性建设和执政能力建设;重点论表明了执政党建设论的主要内容,使性质论、主线论、目标论拥有了实在的内容;目标论指明了执政党建设论的基本价值导向,成为性质论、主线论、重点论的价值追求。

(一)性质论

先进性建设是党的建设的根本出发点,也是党的建设的根本落脚点,直接决定和影响着党的建设的各个方面。中国共产党从诞生之日起,就是按照马克思列宁主义建党原则建立的完全新型的工人阶级政党。中国共产党是中国工人阶级的先锋队,同时是中国人民和中华民族的先锋队,是中国特色社会主义事业的领导核心,代表中国先进生产力的发展要求,代表中国先进文化的前进方向,代表中国最广大人民的根本利益。中国共产党的先进性是其根本性质的集中体现,是区别于其他政党所具有的根本属性和根本特征。马克思主义政党的先进性首先来自党组织自身具有的先进性,从根本上说,"看一个政党是否先进,是不是工人阶级的先锋队,主要应看它的理论和纲领是不是马克思主义的,是不是代表社会发展的正确方向,是不是代表最广大人民的根本利益。"①保持党的先进性是我们党的生命所系、力量所在。党的先进性既不是与生俱来的,也不是一劳永逸的,必须通过坚持不懈的先进性建设才能得以保持和发展。党的先进性反映在党内,就是有很强的创造力、凝聚力和战斗力;反映在社会上,就是有很强的社会感召力和社会影响力。保持党的先进性是执政党建设论理论的永恒主题。执政党建设只有抓住这一主线,才能纲举目张,把党的各方面的建设整合统领起来,围绕这个根本性建设展开。

---

① 江泽民:《论"三个代表"》,中央文献出版社2001年版,第168页。

（二）主线论

把党的执政能力建设和先进性建设作为主线,为进一步加强和改进党的建设指明了方向。一方面,党的执政能力建设是党执政后的一项根本建设,我们党作为马克思主义政党,始终高度重视执政能力建设。执政能力建设既是党的自身建设的一个重要组成部分,又对党的各方面建设起统领作用,党的其他各方面建设搞得好不好,是不是保持了党的先进性,最终要从党的执政能力上体现出来。党的十六大明确把加强党的执政能力建设、提高党的执政能力和执政水平作为新时期党的建设的重要任务。党的十六届四中全会全面部署了加强党的执政能力建设的各方面工作。党执政后的全部实践活动都是围绕着提高执政水平、完成执政使命来进行的。执政能力建设是党自身建设的一个重要组成部分,贯穿于党的建设各个方面。另一方面,党的先进性建设是加强和改进党的建设的根本任务,是党存在和发展的根本依据,也是党赢得人民信赖和拥护的根本条件。实践证明,任何一个政党的兴衰存亡,归根结底取决于它在推动社会生产发展和历史前进中的作用,取决于人民群众对这种作用的认可和拥护程度。中国共产党之所以能够执政并且执好政,最根本的原因就在于党能够始终保持各方面的先进性,对广大人民群众具有极大的感召力、凝聚力。党的执政能力建设和先进性建设紧密联系、相互促进,内在地统一于党的建设新的伟大工程和中国特色社会主义伟大事业之中。先进性建设是执政能力建设的基础和前提,离开了党的先进性,执政能力不可能提高。党的执政能力是执政条件下党的先进性的现实体现,一个执政党如果不能通过提高执政能力完成执政使命,就不可能促进经济社会的发展与进步,也就谈不上保持和发展先进性。

（三）重点论

党的思想建设、组织建设、作风建设、制度建设和反腐倡廉建设是中国共产党执政党建设论理论的基本内容。在党的建设理论和实践中,我们党历来非常重视党的思想理论建设,强调始终要把思想理论建设放在首位。党的思想理论建设是保持党的先进性的灵魂,有没有科学的立党思想,有没有先进的治国理念,是这个政党有没有先进性的重要标志。党的组织建设是党能够执政、保持党的先进性的坚实基础,坚持以工人阶级为阶级基础,扩大党的群众基础,这是保持党的先进性的首要条件。组织建设以民主集中制为核心,以任人唯贤为内容的干部队伍建设。党的作风建设是党的执政能力的重要体现,是保持党的先进性的关键,好的作风能使党获得广大人民群众的拥护和支持,党的方针政策得以贯彻实施,从根本上巩固党执政的群众基础。党的作风建设包括学风、思想作风、工作作风以及生活作风建设等,包含理论联系实际、密切联系群众、批评与自我批评以及艰苦奋斗的作风等。思想建设是根本,组织建设是基础,作风建设是我党区别于其他任何政党的显著标志。党的制度建设是加强党的执政能力、保持党的先进性的保证,就是把长期以来党的领导工作中和党内生活中的经验教训加以总结和概括,形成党的成员必须共同遵守的党内法规、条例、规则等党的制度,并贯彻落实。其作用在于调节党内关系,指导党内生活,规范领导行为,保证党的事业顺利发展。

(四)目标论

中国共产党其所以能够战胜各种艰难险阻,不断取得各项建设和改革的伟大胜利,离不开其马克思主义执政党的目标定位。在目标定位上,中国共产党始终强调把我们党建设成马克思主义执政党,强调立党为公、执政为民的执政理念,求真务实、改革创新的执政精神,艰苦奋斗、清正廉洁的执政作风和富有活力、团结和谐的执政特征。党的十七届四中全会在新的社会历史条件下,把党的建设目标概括为要进一步把党建设成为立党为公、执政为民,求真务实、改革创新,艰苦奋斗、清正廉洁,富有活力、团结和谐的马克思主义执政党,确保党始终是中国工人阶级的先锋队、同时是中国人民和中华民族的先锋队。这一目标表现在执政理念上,就是把我们党建设成立党为公、执政为民的党,恪守"权为民所用、情为民所系、利为民所谋"的执政观;表现在执政精神上,就是把我们党建成求真务实、改革创新的党,不断为党的肌体注入新的生机活力;在执政作风上,就是建成一个艰苦奋斗、清正廉洁的党,发扬艰苦奋斗的优良作风,倡导勤俭节约,坚持党要管党、从严治党,推进惩治和预防腐败体系建设和制度创新;在执政特征上,就是建设成富有活力、团结和谐的党,包括"党在思想理论、党内制度、组织管理、人际关系、党际关系等方面的和谐及其相互关系的和谐"①。按照民主集中制原则,健全党内各项制度,理顺党内组织关系和人际关系,积极发展党内民主。加强干部队伍建设,形成充满活力的选人用人机制,提高干部素质。积极开展反腐倡廉建设和反腐败斗争,弘扬党的优良作风,保持党同人民群众的血肉联系。

二、马克思主义执政党建设论的科学内涵

以胡锦涛为总书记的党中央科学应对新形势下我国各项事业发展面临的新课题新矛盾,准确把握时代发展对党的建设的新要求,全面推进党建的理论创新,形成了马克思主义执政党建设论。这一理论以党的执政能力建设和先进性建设为主线,以坚定理想信念为重点加强思想建设,以造就高素质党员、干部队伍为重点加强组织建设,以保持党同人民群众的血肉联系为重点加强作风建设,以健全民主集中制为重点加强制度建设,以完善惩治和预防腐败体系为重点加强反腐倡廉建设,使党始终成为立党为公、执政为民,求真务实、改革创新,艰苦奋斗、清正廉洁,富有活力、团结和谐的马克思主义执政党②。马克思主义执政党建设论是对马克思主义执政党建设的理论创新和实践经验的新探索,有着丰富而深刻的科学内涵。

(一)马克思主义执政党建设的主线

党的执政能力建设和先进性建设是执政党建设的主线。执政能力建设和党的先进性建设紧密相关,先进性建设是执政能力建设的前提和基础,只有始终保持党的先进性,党的执政能力才能不断提高,执政地位才能不断巩固。胡锦涛指出:"抓住先进性建设,就抓住了党的建设的根本,就抓住了加强党的执政能力建设、巩固党的执政地位的关键。"③加强执政能力建设

① 田芝健、杨建春:《新的执政条件下党建目标的科学定位——改革开放30年来党的建设的新鲜经验和未来展望》,《中共福建省委党校学报》2008年第7期,第21页。

② 《十七大以来重要文献选编》(上),中央文献出版社2009年版,第38页。

③ 《十六大以来重要文献选编》(中),中央文献出版社2006年版,第615页。

是党的先进性建设的必然要求和具体体现,一个马克思主义执政党是否具有先进性,要通过它的执政能力和执政成效来检验和衡量。党的十七大报告强调"必须把党的执政能力建设和先进性建设作为主线"。①

1. 党的执政能力建设

党的执政能力建设具有全面性、综合性、系统性,是党执政后的一项根本建设。加强党的执政能力建设,促使党在思想建设、组织建设、作风建设、制度建设和反腐倡廉建设等方面更有成效,更符合新的时代、新的实践的要求,使我们党始终成为社会主义事业的坚强领导核心。党的十六届四中全会提出了加强党的执政能力建设的五项任务,即要提高驾驭社会主义市场经济的能力,提高发展社会主义民主政治的能力,提高建设社会主义先进文化的能力,提高构建社会主义和谐社会的能力,以及提高应对国际局势和处理国际事务的能力。② 这五个方面的执政能力建设,涉及经济、政治、文化、社会、外交以及国家主权、安全和领土完整,关系改革发展稳定、内政外交国防、治党治国治军各个方面,是对党的总体执政能力建设的系统阐发。

第一,坚持把发展作为党执政兴国的第一要务,不断提高驾驭社会主义市场经济的能力。我们党始终对发展问题高度重视,早在抗日战争时期,毛泽东就指出:"中国一切政党的政策及其实践在中国人民中所表现的作用的好坏、大小,归根到底,看它对于中国人民的生产力的发展是否有帮助及帮助之大小,看它是束缚生产力的,还是解放生产力的。"③在发展社会主义市场经济的历史条件下,提高党领导发展的能力,就是要不断提高党驾驭社会主义市场经济的能力。搞社会主义市场经济是中国共产党的独创,没有任何的经验教训可以借鉴学习,一切都要靠自己探索。要在短时间内把市场经济几百年发展过程中形成的体制、机制、规则、特点都认识清楚是很困难的,需要我们在实践发展中不断深化对社会主义市场经济内在要求和运行特点的认识,不断提高驾驭社会主义市场经济的能力。

① 《十七大以来重要文献选编》(上),中央文献出版社2009年版,第38页。
② 《十六大以来重要文献选编》(中),中央文献出版社2006年版,第384页。
③ 《毛泽东选集》第3卷,人民出版社1991年版,第1079页。

第二，坚持党的领导、人民当家作主和依法治国的有机统一，不断提高发展社会主义民主政治的能力。坚持和发展人民民主是我们党执政为民的本质要求和根本途径，是我们党一以贯之的奋斗目标。改革开放以来，我们党一直致力于推进社会主义民主政治建设。随着社会主义市场经济的发展，公众对国家政治和社会生活的参与意识、对权利和利益的保护要求、对自身能力的发挥和自身价值的追求呈现出越来越积极的趋势，人们思想活动的独立性、选择性、多变性、差异性明显增强，对民主政治建设提出更高的要求。党要提高发展社会主义民主政治的能力，就要领导建立和完善各种民主制度，进一步拓宽渠道，形成多元畅通的利益表达机制，维护人民群众自身的合法权益。要积极推进政治体制改革，引导群众以理性合法的形式表达利益要求，解决利益矛盾。建立以利益调节为核心的社会整合机制，建立规范的对话和协调机制，形成有利于发挥人民群众积极性、维护自身合法权益的民主参与机制。要扩大基层民主，保证人民直接行使民主权利，依法管理自己的事务。

第三，坚持马克思主义在意识形态领域的指导地位，不断提高建设社会主义先进文化的能力。文化作为民族的灵魂和血脉，是民族生存和发展的根本，是维系国家统一和民族团结的精神纽带。一个执政党如果对社会思想文化领域的复杂变化不保持敏感，不深入研究，拿不出有效的应对措施，是无法掌好权、执好政的，甚至有丧失执政地位的危险。随着我国社会主义市场经济的发展和对外开放的扩大，思想文化领域发生了深刻的变化，以马克思主义为指导的先进文化在创新中不断发展，同时应该清醒地看到，世界范围内各种思想文化的相互碰撞十分剧烈。

第四，坚持最广泛最充分地调动一切积极因素，不断提高构建社会主义和谐社会的能力。党的十六届四中全会把不断提高构建社会主义和谐社会的能力确定为加强党的执政能力建的重大任务，指出："形成全体人民各尽其能、各得其所而又和谐相处的社会，是巩固党执政的社会基础、实现党执政的历史任务的必然要求。要适应我国社会的深刻变化，把和谐社会建设摆在重要位置，注重激发社会活力，促进社会公平和正义，增强全社会的法律意识和诚信意识,维护社会安定团结。"①党的十六届六中全会专门就构建社会主义和谐社会作出决定。党的十七大报告强调指出:"科学发展和社会和谐是内在统一的。没有科学发展就没有社会和谐,没有社会和谐也难以实现科学发展。构建社会主义和谐社会是贯穿中国特色社会主义事业全过程的长期历史任务,是在发展的基础上正确处理社会矛盾的历史过程和社会结果。"②不断提高党领导构建社会主义和谐社会能力,必须不断增强全社会的创造活力,正确处理人民内部矛盾,加强社会建设和管理,健全工作机制以维护社会稳定,加强和改进新形势下的群众工作。

第五,坚持独立自主的和平外交政策,不断提高应对国际局势和处理国际事务的能力。中国的发展离不开世界,世界的发展也离不开中国。要实现党的执政任务,我们党必须处理好国际国内两个大局,不断提高应对国际局势和处理国际事务的能力。改革开放以来,我国对国际形势和世界事务的影响不断上升,国际社会对我国的关注也在不断加强,必须不断提高全党特别是各级领导干部观察、分析国际形势发展变化的能力,应对复杂国际局势的能力。在2006年8月召开的中央外事工作会议上,胡锦涛强调指出:"要从加强党的执政能力建设和先进性建设的战略高度,着眼于提高在国际形势深刻复杂变化和全方位对外开放条件下维护国家主权、安全、发展利益的能力,切实加强和改进党对外事工作的领导。"③要始终坚持独立自主的和平外交政策,坚持用宽广的眼界观察世界以提高科学判断国际形势和进行战略思维的水平,坚定不移地贯彻执行对外方针政策以掌握处理国际事务的主动权,使我们党在复杂多变的国际形势下,领导人民抓住机遇、应对挑战,实现全面建设小康社会的宏伟目标。

2. 党的先进性建设

党的先进性建设的内涵,体现在党的阶级基础、思想理论、根本宗旨、政治纲领、政治纲领等方面的先进性。

---

① 《十六大以来重要文献选编》(中),中央文献出版社2006年版,第286页。
② 《十七大以来重要文献选编》(上),中央文献出版社2009年版,第13页。
③ 《中央外事工作会议在京举行》,《人民日报》2006年8月24日,第1版。

第一，阶级基础的先进性。马克思主义政党的先进性首先来源于阶级基础的先进性。早在1848年，马克思、恩格斯就在《共产党宣言》中指出："共产党人是各国工人政党中最坚决的、始终起推动作用的部分"。① 工人阶级始终是先进生产力的代表，他们与最先进的经济形式即现代化的社会化大生产和现代化科学技术相联系，这是工人阶级先进性最重要的因素。同时，工人阶级具有远大的政治眼光、崇高的理想信念和勇于变革的精神，是社会财富的主要创造者，是最有远见、最有前途的阶级。中国共产党从成立之日起就把自己确定为中国工人阶级的政党，从而保证我们党成为工人阶级先锋队，为保持党自身的先进性奠定了坚实的阶级基础。

第二，思想理论的先进性。任何政党都是在一定的思想理论指导下进行活动的。马克思主义政党之所以能够引导工人阶级和广大人民群众进行革命和实践，就因为有先进的思想理论作指导。马克思主义是迄今为止最科学的理论体系，是工人阶级和广大人民群众认识世界和改造世界的强大思想理论武器。中国共产党自从成立以来，就是以马克思列宁主义的理论为指南的，并且把马克思列宁主义的普遍真理同中国革命的具体实际相结合，一方面在实践中学习和运用理论，用理论指导实践；另一方面又在总结实践经验的基础上，深化对理论的认识，丰富和发展理论，不断产生马克思主义中国化的创新理论成果，为革命、改革和建设提供理论指导。

第三，根本宗旨的先进性。全心全意为人民服务是马克思主义政党的根本宗旨，是马克思主义政党先进性的根本体现，也是区别于其他政党的根本标志。人民群众是历史的创造者，是社会变革的决定力量。党是人民创造历史的产物，也是人民创造历史的需要。毛泽东指出："全心全意地为人民服务，一刻也不脱离群众；一切从人民的利益出发，而不是从个人或小集团的利益出发；向人民负责和向党的领导机关负责的一致性；这些就是我们的出发点。"② 全心全意为人民服务最根本的体现就是立党为公、执政为民，

---

① 《马克思恩格斯选集》第1卷，人民出版社1995年版，第285页。
② 《毛泽东选集》第3卷，人民出版社1991年版，第1094—1095页。

这是党的生命力和战斗力的不竭源泉,也是区别于任何其他政党的试金石。

第四,政治纲领的先进性。纲领是政党的行动准则和方向,马克思、恩格斯认为党的纲领是党成熟的标志,是一面公开树立起来的旗帜,对内可以巩固全党的思想一致,把全党团结在共同的理想和目标上,对外可以号召群众,集合队伍,组成千百万群众的革命大军。江泽民指出:"一个政党的纲领就是一面旗帜。在革命、建设和改革的各个历史阶段中,我们党既有每个阶段的基本纲领即最低纲领,也有确定长远奋斗目标的最高纲领。我们是最低纲领与最高纲领的统一论者。"[①]这是历史的总结和宝贵的经验。

第五,组织制度的先进性。任何一个政党,都要有一定的组织形式和一定的组织原则。民主集中制是马克思主义政党的根本组织原则和根本组织制度,是马克思主义政党区别于其他政党的根本标志之一,也是党的先进性的根本体现和根本保证。马克思主义政党是按照民主集中制原则建立起来的,并以此加强自身建设,实施领导活动。中国共产党正是因为制定与执行了民主集中制的组织制度,所以提高了党的战斗力、凝聚力,保持了党的先进性,保证了党的决策的科学性和执行的坚定性。同时规范和约束党的生活,保证了党在思想上、政治上、组织上的团结和统一,从而体现了党的先进性。

(二)马克思主义执政党建设的重点

党的思想建设、组织建设、作风建设、制度建设和反腐倡廉建设是执政党建设论理论的重要内容。它们之间相辅相成,互相依赖,互相促进。

1.党的思想建设

党的思想建设就是要用马克思主义教育全党,特别要用马克思主义中国化最新成果武装全党,开展深入学习实践科学发展观活动,深化对共产党执政规律、社会主义建设规律和人类社会发展规律的认识。党的思想建设贯穿于党的建设的各个方面,是党的政治建设、组织建设、作风建设、制度建设和反腐倡廉建设的基础和保证。加强党的思想建设,就要开拓马克思主

---

① 江泽民:《论"三个代表"》,中央文献出版社 2001 年版,第 177 页。

义发展的新境界,用马克思主义理论武装全党。坚持与时俱进,理论创新,把马克思主义中国化,一切从实际出发,"自觉把思想认识从那些不合时宜的观念、做法和体制束缚中解放出来,从对马克思主义的错误的和教条式的理解中解放出来,从主观主义和形而上学的桎梏中解放出来",①从而不断丰富和发展马克思主义。胡锦涛强调指出:要"加强党员、干部理想信念教育和思想道德建设,使广大党员成为实践社会主义核心价值体系的模范,做共产主义理想和中国特色社会主义共同理想的坚定信仰者、科学发展观的忠实执行者、社会主义荣辱观的自觉实践者、社会和谐的积极促进者。"②还要把党的思想建设同党的政治路线结合起来。党的先进性必须体现在党的路线、纲领、方针、政策和各项工作适应时代进步的潮流上,只有把思想建设同党的政治路线结合起来,思想建设才能有针对性和方向性。

2. 党的组织建设

党的组织建设即按照党的组织路线、组织原则、组织制度建设各级党的组织和培训、发展党员的工作。中国共产党组织建设的内容主要包括党内民主建设、民主集中制建设、干部队伍建设、党员队伍建设、正确处理党内斗争、坚持党的团结统一等。组织建设为政治建设服务,是政治建设的重要保证。首先,加强党的组织建设,必须坚持全心全意依靠工人阶级的根本方针,发挥工人阶级先进社会生产力的代表作用,用马克思列宁主义、毛泽东思想和"三个代表"重要思想教育广大工人,提高思想理论水平和政治觉悟;提高工人阶级科学技术等业务素质,培养一支能够担当重任,走在科技前沿的高级科技技术人员、高素质的党政人才和现代企业高级管理人员队伍。同时要确保工人阶级的地位和作用。工人阶级是我国的领导阶级,要保证工人阶级的领导地位和国家主人翁的地位在政治生活中得到充分体现和强化。加强在国有企业、非公有制企业、新经济组织、新社会组织、基层组织的党建工作,重视在生产、管理和科研第一线的工人中发展党员;保障工

---

① 《江泽民文选》第3卷,人民出版社2006年版,第538页。
② 《十七大以来重要文献选编》(上),中央文献出版社2009年版,第39页。

人的各种权益,建立和完善工人参与企业管理、生产、监督的渠道,发挥职工代表大会和企业党组织的政治核心作用,保证工人阶级实行民主选举、民主决策、民主管理和民主监督,体现工人阶级地位,保障广大工人的权益。其次,加强党的组织建设,要扩大党的群众基础。新时期出现的大量新兴阶层,他们在获得经济利益的同时自然要提出政治上的要求,希望通过参与政治,表达和实现自己的利益。要不断满足各阶层先进人士入党的要求和参政议政的要求,"不能简单地把有没有财产、有多少财产当作判断人们的政治上先进和落后的标准,而主要应该看他们的思想政治状况和现实表现,看他们的财产是怎么得来的以及对财产怎么支配和使用,看他们以自己的劳动对中国特色社会主义事业所作的贡献。"①应该把承认党的纲领和章程、自觉为党的路线和纲领而奋斗、经过长期考验、符合党员条件的社会其他方面的优秀分子吸收到党内来,并通过党这个大熔炉不断提高广大党员的思想政治觉悟,从而不断增强我们党在全社会的影响力和凝聚力。同时,要加强党的组织建设,健全各种基层组织,发挥党的战斗堡垒作用。党的基层组织是教育、管理和组织广大党员的基本单位。加强基层组织建设,要调整组织设置,改进工作方式,创新活动内容,扩大覆盖面,增强凝聚力,使基层党组织都紧密联系群众,充分发挥战斗堡垒作用。

3. 党的作风建设

党的作风关系党的形象,关系人心向背,关系党的生命和国家的前途命运。我们党是以全心全意为人民服务为宗旨的马克思主义执政党,党的作风建设的内容十分丰富,主要包括思想作风、学习作风、工作作风、领导作风和生活作风。科学把握党的作风建设的内涵,是推进党的作风建设的前提和保证。首先,当前加强党的作风建设,核心是保持党同人民群众的血肉联系。能不能把党的群众路线执行好、坚持好和发展好,是事关党的执政地位的一个重大课题。要按照"八个坚持,八个反对"原则的要求,展现良好作风:坚持解放思想、实事求是、与时俱进,不断开拓马克思主义新境界,反对

---

① 《江泽民文选》第 3 卷,人民出版社 2006 年版,第 540 页。

不思进取;坚持理论联系实际,反对形式主义、官僚主义;坚持民主集中制,反对独断专行、软弱涣散、自由主义;坚持清正廉洁,反对以权谋私;坚持艰苦奋斗,反对享乐主义;坚持任人唯贤,反对用人上的不正之风。其次,坚持对党员的思想教育,继承和发扬党的优良传统,注重从思想上和世界观上解决问题。党风问题是世界观的问题,不正之风多数是属于思想认识问题,要使党员牢固树立科学的世界观、人生观和价值观,从根本上解决思想深处的问题。再次,加大对权力的制约和监督。没有监督和制约的权力必然产生腐败。从广度上,完善监督机制,健全对行使权力的制约机制,把党内监督、法律监督、群众监督结合起来,发挥舆论监督的作用;从深度上,当前反腐败斗争中必须发展民主,采用以权利制约权力的方法。加强党的作风建设还要坚持党要管党、从严治党的方针,加大对腐败的惩处力度。

4. 党的制度建设

当前加强党的制度建设,必须发展和完善民主集中制这一党的组织原则和工作原则。胡锦涛强调指出要"严格实行民主集中制,健全集体领导与个人分工负责相结合的制度,反对和防止个人或少数人专断。"①首先,保障党员民主权利。保障党员有选举权、被选举权、表决权,凡是重大问题的决策都要全体党员实行表决。保障党员的批评建议权、检举揭发权和罢免权,以利于加强党内监督。保障党员的申诉权、辩护权和控告权,以利于公正、合理的维护党员权利。其次,完善党的代表大会制度。党代会制度是党员行使自己权利管理党内事务的制度,是发展党内民主的重要形式和渠道。在做好党代表的选举工作的基础上,建立党代表大会常任制,发挥代表大会对党委的监督,树立代表大会在全党的权威,加强党内民主。再次,完善党的委员会制度。按照"集体领导、民主集中、个别酝酿、会议决定"的原则,改进党委内的议事和决策机制,完善集体领导下的个人分工负责制,进一步发挥党的委员会全体会议作用。最后,健全党内监督制度。主要是改革和完善纪律检查机关,提高纪律检查机关的规格,并改变其归属方式,实行垂

---

① 《十七大以来重要文献选编》(上),中央文献出版社 2009 年版,第 39—40 页。

直领导,以保证其能够独立发挥职能。

5.党的廉政建设

党风廉政建设和反腐败工作是执政党建设总体布局中的重要组成部分。中国共产党执政60多年来特别是改革开放以来,始终高度重视和大力加强党风廉政建设和反腐败工作,逐步形成了符合我国国情和党的建设实际的反腐倡廉指导思想、基本原则、工作方针、工作格局、领导体制、工作机制以及法规制度体系基本框架。近年来,党中央在作风建设和反腐倡廉建设方面采取了一系列特色鲜明、影响深远的重大举措,党风廉政建设和反腐败斗争方向更加明确、思路更加清晰、措施更加有力,总体呈现出良好发展态势。但是,我们必须清醒地认识到,当前党风廉政建设和反腐败斗争正处于有利条件与不利因素并存、成效明显与问题突出并存的局面,形势依然严峻、任务依然艰巨。必须充分认识反腐败斗争的长期性、复杂性、艰巨性,坚定不移地推进党风廉政建设和反腐败工作,把党风廉政建设和反腐败工作放在更加突出的位置来抓,以整体性、建设性的思路来部署和开展工作,着眼于解决当前存在的突出问题和群众关注的热点问题,以改革创新精神推进工作,开创党风廉政建设和反腐败工作新局面。

(三)马克思主义执政党建设的目标

党的十七届四中全会在新的社会历史条件下把党的建设目标概括为:进一步把党建设成为立党为公、执政为民,求真务实、改革创新,艰苦奋斗、清正廉洁,富有活力、团结和谐的马克思主义执政党,确保党始终是中国工人阶级的先锋队、同时是中国人民和中华民族的先锋队。① 这一论述完整、科学而又准确地概括了执政党建设的目标,突出了执政党建设的本质内涵和时代特色,回答了执政党"为谁执政、怎样执政、以什么样的形象和精神风貌执政"的问题,指明了加强党的建设的目标方向。

"立党为公、执政为民"是中国共产党为人民服务宗旨的新发展,反映

---

① 《中共中央关于加强和改进新形势下党的建设若干重大问题的决定》,人民出版社2009年版,第10页。

出党对执政规律的深刻认识。不管是在革命战争年代,还是在和平建设时期,"为什么人"的问题一直考验着中国共产党。坚持立党为公、执政为民的宗旨,就是要把大多数人的利益放在首位,注意兼顾不同阶层、不同方面的利益需要,绝不能形成所谓既得利益集团;就是要关注中国发展过程中出现的一系列的社会问题,如贫困问题、失业问题、城乡问题、老年人问题等等,建立有效的利益关系协调机制,减少社会矛盾和冲突,促进社会公平和正义,形成全体人民各尽其能、各得其所而又和谐相处的社会;就是要坚持为人民执政、靠人民执政,支持和保证人民当家作主,要善于发挥社会整合功能,尊重大多数人的利益和意志,以民主的方式,协调社会各方面的利益,构建社会均衡发展的格局。

"求真务实、改革创新"就是党的全部理论和工作要体现时代性、把握规律性、富于创造性,其精髓是要具有永不停滞的创新精神。只有创新,才能推动我们的事业和马克思主义不断向前发展。创新是一个民族进步的灵魂,是一个国家兴旺发达的不竭动力,也是一个政党永葆生机的源泉。坚持求真务实、改革创新,做到重实际、说实话、办实事、求实效,发扬认真学习的风气、民主讨论的风气、积极探索的风气和求真务实的风气。求真务实、改革创新,我们党就能始终保持先进性,就能为人民执好政、掌好权,永葆强大的生命力。

"艰苦奋斗、清正廉洁"是由党的性质、宗旨和肩负的历史使命决定的。过去干革命需要艰苦奋斗,今天发展中国特色社会主义,同样需要艰苦奋斗。必须把反腐倡廉贯穿于改革开放和现代化建设的全过程,坚持标本兼治、综合治理、惩防并举、注重预防的方针,加强以保持党同人民群众血肉联系为重点的作风建设,加强以完善惩治和预防腐败体系为重点的反腐倡廉建设,在坚决惩治腐败的同时,更加注重治本,更加注重预防,更加注重制度建设,为贯彻落实党的路线方针政策提供有力保证。

"富有活力、团结和谐"是执政党凝聚党心民心、激励全党全国人民为实现国家富强、民族振兴、社会和谐、人民幸福而共同奋斗的必备的精神风貌。发展党内民主是建设一个富有活力的政党的关键。党内民主是党的生命,是增强党的创新活力、巩固党的团结统一、实现党内关系和谐的重要保证。执政党党内的和谐,是促进社会和谐的前提。实现党内和谐,关键是要不断推进理论武装工作,实现全党思想认识上的和谐一致。因为理论是党的行动指南,是凝聚党心、赢得民心的旗帜。

第三节 马克思主义执政党建设论的当代价值

以胡锦涛为总书记的党中央,提出并规划了全面推进党的建设新的伟大工程的总体布局,围绕着在新的历史条件下"建设一个什么样的党、怎样建设这样的党"这一根本性问题,构筑了全面推进党的建设新的伟大工程的理论创新点,丰富和发展了党的执政党建设理论,在新的历史条件下,党中央把党的执政能力建设和党的先进性建设提到了前所未有的战略高度,是对党的建设新的伟大工程理论的深化和发展,是对马克思主义理论宝库的丰富和发展,对于我们党领导建设中国特色社会主义伟大事业和党的建设新的伟大工程,具有重大的现实意义和深远的历史意义。

一、马克思主义执政党建设论是对马克思主义政党建设理论的丰富和发展

以胡锦涛为总书记的党中央,在继承前人的基础上,丰富和创新执政党建设理论,系统地论述了加强党的执政能力建设、党的先进性建设的这个重大命题,科学回答了新的历史条件下加强党的建设的一系列基本问题,这是马克思主义政党建设理论的重大创新,实现了马克思主义党建学说的重大创新。

(一)丰富和发展了马克思主义政党建设理论

党的先进性建设,是马克思主义党建理论中具有创新意义的命题,是加强党的执政能力建设、巩固党的执政地位的关键。马克思、恩格斯在《共产党宣言》等著作中,阐明了共产党是先进生产方式的代表,是工人阶级的先进队伍。中国共产党人始终把党的先进性建设摆在突出位置,并在发展过

程中形成了一系列重要思想。以胡锦涛为总书记的党中央根据新世纪新阶段的新要求,第一次明确提出党的先进性建设重大命题,突出地把党的先进性建设、执政能力建设作为党建主线,形成了相对完整的党的先进性建设思想体系,把党的先进性建设推向新的更高阶段。同时,第一次明确提出党的先进性建设是马克思主义政党自身建设的根本任务。胡锦涛指出:"先进性是马克思主义政党的根本特征,也是马克思主义政党的生命所系、力量所在。"①这一论断抓住了执政党建设的根本,深刻地揭示了关系党生存发展的根本性建设规律。

党的十六大以来,以胡锦涛为总书记的党中央全面加强执政党建设,提出了一系列重要思想。诸如以科学发展观指导党的建设,切实抓好发展这个党执政兴国的第一要务;强调必须坚持科学执政、民主执政、依法执政,对加强党的执政能力建设作出全面部署;深入开展党风廉政建设和反腐败斗争,强调对权力的监督、运行、制约和监督机制建设,通过制度创新提升工作成效;继续推进党内民主,丰富和完善党内民主理论。这些重要思想,明确回答了新形势下的执政党建设问题,从根本上丰富和发展了马克思主义关于执政党建设的理论。

(二)全面总结了马克思主义执政党建设的基本经验

党的十七届四中全会结合我们党 60 多年来的执政实践,以宽广的马克思主义眼界观察世界,围绕"建设什么样的党、怎样建设党"这个重大命题,认真吸取世界上一些执政党兴衰成败的经验教训,不断总结和运用自身建设正反两方面经验,探索形成了我们党作为马克思主义执政党加强自身建设的基本经验:即坚持把思想理论建设放在首位,提高全党马克思主义水平;坚持把推进党的建设伟大工程同推进党领导的伟大事业紧密结合起来,保证党始终成为社会主义事业的坚强领导核心;坚持以执政能力建设和先进性建设为主线,保证党始终走在时代前列;坚持立党为公、执政为民,保持党同人民群众的血肉联系;坚持改革创新,增强党的生机活力;坚持党要管

---

① 《十六大以来重要文献选编》(中),中央文献出版社 2006 年版,第 610 页。

党、从严治党,提高管党治党水平。①

(三)进一步深化了对共产党执政规律的认识

新执政党建设理论丰富和发展了共产党执政规律。从马克思主义党建理论发展史来看,对于执政党建设特别是党的执政能力建设,由于历史原因,马克思、恩格斯在这方面讲的并不多。列宁虽然在领导十月革命过程中建立了一个坚强的无产阶级政党,创立了新型无产阶级政党学说,强调作为工人阶级先锋队的共产党要坚持对国家政权和社会生活的领导,但对执政党建设的探索还是初步的、很不成熟的。中国共产党执政以来,对执政党建设问题进行了不懈努力和长期探索,逐渐形成了执政党建设思想,包括毛泽东、邓小平和江泽民的执政党建设理论,极大地丰富和发展了马克思主义执政党建设理论。党的十六大以来,以胡锦涛为总书记的党中央,全面加强执政党建设,提出了一系列重要思想,强调党的先进性建设和执政能力建设,提高党的领导水平和执政水平,体现了我们党对所处的新的历史方位和历史使命的清醒认识和科学判断,极大地推动解决了"建设一个什么样的执政党、怎样建设执政党"这一根本性课题。马克思主义执政党建设论的形成,反映了我们党对执政党建设规律认识的深化,为新世纪新阶段全面推进党的建设新的伟大工程提供了思想基础和行动指南。

我们党根据新的历史方位条件下所肩负的使命和面临的新情况新问题,阐明了我们党为谁执政,应该怎样执政,靠什么执政,以及通过加强党的执政能力建设要把我们党最终建设成为一个什么样的执政党等一系列重大问题。它深化了对党的执政规律和执政党建设规律的认识,极大地丰富和发展了马克思主义执政党建设的理论,开创了马克思主义执政党建设的新境界。

二、马克思主义执政党建设论是对我们党执政理论的拓展和深化

党的十六大以来,在全面建设小康社会、构建和谐社会的过程中,我们

①　《中共中央关于加强和改进新形势下党的建设若干重大问题的决定》,人民出版社2009年版,第6—9页。

党全面推进党的建设新的伟大工程,继续加强和改善党的领导,在实践的基础上,党的执政理念、执政方略得到升华,党的执政环境得到优化,党的执政基础、执政资源得到巩固和发展。马克思主义执政党建设论对中国共产党的执政理论进行了多方面的拓展和深化。

(一)拓展和深化了中国共产党的执政理念

在中国特色社会主义理论体系的语境中,强调执政党建设必须围绕党执政条件的新变化,以改革创新的精神加以贯彻和推进。邓小平强调党建的全部任务就是全心全意为人民服务,把人民拥护不拥护、赞成不赞成、高兴不高兴、答应不答应作为党制定和实施各项方针政策的出发点和归宿。党的十三届四中全会以后,江泽民根据国内外形势发展要求,指出:"坚持用时代发展的要求审视自己,以改革的精神加强和完善自己,这是我们党始终保持马克思主义政党本色、永不脱离群众和具有蓬勃活力的根本保证。"①在党的十七大报告中,胡锦涛面对时代和社会发展的强烈要求,更明确地提出了"以改革创新精神全面推进党的建设新的伟大工程"②的号召。中国共产党逐步确立起了科学执政、民主执政、依法执政的新理念,树立和落实以人为本、全面协调可持续的科学发展观,着力推进党的执政能力建设和先进性建设这一执政党建设的关键和核心,不断丰富和发展了立党为公、执政为民作为马克思主义执政党的核心理念。

(二)拓展和深化了中国共产党的执政党建设目标

毛泽东在民主革命时期就把党的建设称为"伟大的工程"。在革命战争年代我们党的建设的根本目标是成功领导中国的民主革命,武装夺取政权,建立党所领导的人民政权。全国解放后,党的建设的根本目标和一切工作转向巩固党的执政地位,实现党的执政使命,发展和巩固社会主义制度,坚持马克思列宁主义党的建设理论,继承和发扬我党的优良传统和作风,把我们党建设成为领导社会主义事业的核心力量,这就是毛泽东提出的执政

① 《江泽民文选》第3卷,人民出版社2006年版,第541页。
② 《十七大以来重要文献选编》(上),中央文献出版社2009年版,第38页。

党建设的根本任务。党的十一届三中全会之后,邓小平领导全党重新审视并推动党的建设新的伟大工程,在执政的视野中首次将党的建设的总体目标确定为"把我们党建设成为有战斗力的马克思主义政党,成为领导全国人民进行社会主义物质文明和精神文明建设的坚强核心。"①江泽民从党的建设新的伟大工程的高度,对党的建设的总体目标作了发展性规定,指出:"面向新世纪,党中央领导全党正在继续推进这个新的伟大工程,就是要把党建设成为用邓小平理论武装起来、全心全意为人民服务、思想上政治上组织上完全巩固、能够经受住各种风险、始终走在时代前列、领导全国人民建设有中国特色社会主义的马克思主义政党。"②党的十七届四中全会把党的建设目标发展为:进一步把党建设成为立党为公、执政为民,求真务实、改革创新,艰苦奋斗、清正廉洁,富有活力、团结和谐的马克思主义执政党,确保党始终是中国工人阶级的先锋队、同时是中国人民和中华民族的先锋队。③执政党建设目标不断地得到丰富和发展。

(三)拓展和深化了中国共产党关于执政党建设的基本内容

毛泽东执政党建设理论,围绕思想理论建设、组织建设、作风建设等方面,构建了党的建设的系统理论。在思想建设上,明确指出指导我们思想的理论基础是马克思列宁主义,把马克思列宁主义的理论和中国革命的实践紧密结合起来;组织建设要坚持和健全党的民主集中制原则;在党风建设上,强调坚决反对和防止官僚主义,始终保持党同人民群众的密切联系。邓小平的执政党建设理论,在思想建设上,强调必须坚持解放思想、实事求是的思想路线,在建设有中国特色社会主义的实践中认识、继承和发展马克思主义;在组织建设上,强调正确的政治路线要靠正确的组织路线来保证,干部队伍要实现革命化、年轻化、知识化、专业化;作风建设上,强调执政党党风是关系党的生死存亡的问题,保持"三大"优良作风;在制度建设上,强调

---

① 《邓小平文选》第 3 卷,人民出版社 1993 年版,第 39 页。
② 《江泽民文选》第 2 卷,人民出版社 2006 年版,第 42—43 页。
③ 《中共中央关于加强和改进新形势下党的建设若干重大问题的决定》,人民出版社 2009 年版,第 10 页。

领导制度、组织制度问题更带有根本性、全局性、稳定性和长期性。江泽民的执政党建设理论,认为执政党建设是一个由思想、组织、作风和制度建设等构成的系统工程,要把它们有机结合起来。加强思想建设,不断推进马克思主义基本原理同当代中国实践和时代特征相结合,大力推进理论创新,充分发挥党的思想政治优势;加强组织建设,建设一支能够担当重任、经得起风浪考验的高素质干部队伍,努力把基层党组织建设成为贯彻"三个代表"重要思想的组织者、推动者和实践者;加强作风建设,坚持全心全意为人民服务的宗旨,深入开展党风廉政建设和反腐败斗争。以胡锦涛为总书记的党中央新的执政党建设理论继承和发展了党建理论,在思想建设上,创造性提出加强理论武装的工作,提出中国特色社会主义理论体系、社会主义核心价值体系、社会主义荣辱观等新命题,通过学习,大力弘扬求真务实、开拓进取的精神,不断丰富和发展马克思主义;在组织建设上,提出不断深化干部人事制度改革,以提高素质、优化结构、改进作风和增强团结为重点,创造性地推进党内民主建设,以保障党员民主权利为基础;在作风建设上,创造性地抓党风廉政建设,党风建设在标本兼治中取得进展,强调"两个务必",进行社会主义荣辱观教育,进一步密切党同人民群众的联系,保持党的先进性、纯洁性和增强党的创造力、凝聚力、战斗力为目标;在制度建设上,提出以健全民主集中制为重点加强制度建设;在反腐倡廉建设上,强调以完善惩治和预防腐败体系为重点加强反腐倡廉建设。总之,马克思主义执政党建设论从多方面、多层次深化和发展了执政党建设理论的基本内容。

三、马克思主义执政党建设论是党实现执政兴国使命的重要保证

马克思主义执政党建设论是国家兴盛的重要保证。执政与兴国紧密相连,执政的目的归根到底是为了兴国。发展是我们党执政兴国的第一要务,党的执政能力建设和先进性建设都必须体现在党执政兴国的各项实践中,特别是发展这个第一要务中。只有加强党的执政能力建设,使国家不断走向富强、民族不断走向振兴、社会不断走向和谐进步、人民不断走向幸福,我们党的先进性才能真正得到体现。这就决定了加强党的执政能力建设、党

的先进性建设,必须紧密联系中国特色社会主义伟大事业的实际,切实解决在新的时代条件下如何执政、怎样兴国,以及在执政兴国的实践中如何保持党的先进性等历史性、时代性课题。

马克思主义执政党建设论是实现新世纪新阶段党的历史任务的重要保证。党的执政能力与党要实现的历史任务是手段和目的关系。能力不强目的就难以实现。党的执政能力建设是中国特色社会主义伟大事业和党的建设新的伟大工程的结合点。党在新时期的伟大事业就是领导人民建设中国特色社会主义,这是一项前无古人的开创性事业,既没有成功先例可循,也没有现成模式可鉴,能不能成功,关键在我们党。这就决定了我们党必须始终保持先进性,自觉地站在时代前列,把握正确方向,谋划强国大计,开辟发展道路,带领人民不断前进。

马克思主义执政党建设论是新世纪新阶段全面建设小康社会、构建社会主义和谐社会的重要保证。全面建设小康社会是经济、政治、文化和社会全面发展的过程,是以人为本、全面协调可持续的发展过程。全面推进社会主义经济、政治、文化、社会和生态文明建设,切实构建社会主义和谐社会,是我们党致力于国家兴盛、民族振兴的重大战略选择,是加强党的执政能力建设和先进性建设的最现实任务。我们党肩负的使命更加繁重,承担的责任更加重大,面临的情况更加复杂。能否处理好各方面的关系,顺利完成我们的奋斗目标,关键取决于我们党的执政能力,取决于我们党驾驭社会主义市场经济的能力、发展社会主义民主政治的能力、建设社会主义先进文化的能力、构建社会主义和谐社会的能力以及应对国际局势和处理国际事务的能力。只有在党的执政党建设的理论指导下,使党不断提高执政能力、始终保持先进性,才能更加科学地判断国际国内形势,更加正确地反映和兼顾不同方面群众的利益,更加自觉地按照科学发展观和科学人才观的要求促进人的全面发展,更加坚定地推动社会主义经济、政治、文化、社会和生态文明建设,才能保证党执政兴国历史重任的实现。同时,马克思主义执政党建设论是维护和发展广大人民群众根本利益的重要保障。该理论将民生理念融入其中,整个执政党建设理论都蕴含着和闪耀着民生思想的光辉,提出立党为公、执政为民的执政理念,在执政的过程中着重考虑如何代表最广大人民群众的根本利益,满足人民群众日益增长的物质文化生活需要。强调领导干部要树立正确的政绩观、权力观,党的领导干部在执政过程中要自觉做到为人民掌好权、用好权、管好权。马克思主义执政党建设论是促进社会和谐、保护人民利益的有力思想武器。

马克思主义执政党建设论,科学地解答了"什么是马克思主义执政党、为什么要建设马克思主义执政党、怎样建设马克思主义执政党"等一系列问题,丰富和发展了马克思主义党建学说,是对中国共产党的执政党建设理论的重大发展,是马克思主义中国化的最新理论成果,对于贯彻和落实科学发展观、构建社会主义和谐社会、推进中国特色社会主义事业进程、维护和发展人民群众的根本利益,都起着重要的保障作用。马克思主义执政党建设论必将在新的实践中进一步得到深化和发展。

第三章 构建社会主义和谐社会论

构建社会主义和谐社会是发展中国特色社会主义的本质要求。党的十六大以来,以胡锦涛为总书记的党中央注重社会建设,围绕构建社会主义和谐社会作出了一系列新的理论论断和重大战略部署,形成了构建社会主义和谐社会论,这一理论全面系统地解答了"什么是社会主义和谐社会、为什么要构建社会主义和谐社会、怎样构建社会主义和谐社会"等一系列社会建设基本理论问题。

第一节 构建社会主义和谐社会论的形成和发展

构建社会主义和谐社会论的形成和发展有其深刻的理论渊源和实践基础,是中国共产党人在马克思主义经典论著、毛泽东思想、邓小平理论以及"三个代表"重要思想的启迪下,积极进行理论探索,不断推进马克思主义中国化理论创新实践取得的重要理论成果。构建社会主义和谐社会论是对中国特色社会主义本质认识的深化,是适应中国特色社会主义事业的总体布局和全面建设小康社会目标的重大理论创新。

一、构建社会主义和谐社会论形成和发展的条件

实现社会和谐,建设美好社会,始终是人类孜孜以求的一个社会理想,也是包括中国共产党在内的马克思主义政党的不懈追求。构建社会主义和谐社会论既发展了马克思主义的和谐社会思想,又充分继承和发展了中国共产党人在革命、建设和改革进程中不断生长的和谐社会思想,是马克思主

义与中国实践有机结合基础上形成和发展起来的理论创新成果。

(一)构建社会主义和谐社会论形成和发展的主要理论渊源

构建社会主义和谐社会论是与马克思列宁主义、毛泽东思想、邓小平理论和"三个代表"重要思想一脉相承的,它们在哲学基础、价值取向、理论内涵和理论要求等方面是一致的。构建社会主义和谐社会论是对马克思主义的继承和发展,是马克思主义在当代中国的新发展。

1. 马克思、恩格斯的和谐社会思想

马克思、恩格斯对和谐社会进行了艰辛的理论探索,指出和谐社会是历史发展的必然趋势,未来理想社会是社会生产力高度发达和人的精神生活高度发展的社会,是每个人自由而全面发展的社会,是人与人和谐相处、人与自然和谐共生的社会。和谐社会理论是马克思主义学说的重要组成部分。

马克思、恩格斯关于社会主义必然代替资本主义的理论,是构建和谐社会的重要前提。在马克思、恩格斯看来,只有到了社会主义社会才能真正实现社会和谐。他们在对空想社会主义进行批判的过程中,对其提倡的"社会和谐"给予了充分肯定,认为这是"关于未来社会的积极的主张"。[①] 他们一方面高度评价资本主义文明的历史性进步,另一方面深刻揭露资本主义带来的社会不和谐。始终把社会是否和谐发展作为资本主义和社会主义两个社会形态之间的根本区别之一,认为资本主义私有制的本质决定了在资本主义制度下,社会矛盾虽能在特定条件下一时有所缓和,但不可能从根本上消除。资本主义社会是片面发展和严重失调的社会,其中充斥着分配的不平等,存在着尖锐的阶级对抗。进入社会主义社会后,由于社会占有生产资料,个体生存斗争停止了,原来统治着人们的生活条件,现在受人们的支配和控制,人们第一次成为自然界的真正主人,因为他们已经成为自身的社会结合的主人了,"这是人类从必然王国进入自由王国的飞跃。"[②]可见,资本

---

① 《马克思恩格斯选集》第 1 卷,人民出版社 1995 年版,第 304 页。
② 《马克思恩格斯选集》第 3 卷,人民出版社 1995 年版,第 634 页。

主义社会那种人与人之间的"生存斗争"状态和社会主义社会人们自觉创造历史的"自由王国"状态,是两种社会制度的鲜明特征。当然,这种"自由王国"的崇高境界,不是进入社会主义社会后马上就可以实现的,但社会主义制度的建立,为最终达到这种境界奠定了基础。

马克思、恩格斯关于人的自由全面发展是和谐社会最终目标的思想,指明了构建社会主义和谐社会的价值目标。马克思、恩格斯通过揭示人类社会发展的必然规律,阐明社会主义社会是和谐的美好的社会。他们在《共产党宣言》中明确提出:"代替那存在着阶级和阶级对立的资产阶级旧社会的,将是这样一个联合体,在那里,每个人的自由发展是一切人的自由发展的条件。"①马克思主义关于阶级斗争和自由人联合体的理论,实质上是一种追求和谐社会的理论。代替资本主义社会的未来理想社会的本质特征,是消除阶级对立和脑体差别,使人的自由而全面发展与社会发展和谐一致,是"在保证社会劳动生产力极高度发展的同时又保证每个生产者个人最全面的发展"。② 社会发展与人的全面发展的和谐一致、人与人的和谐关系,是马克思、恩格斯关于未来和谐社会的核心思想。

马克思、恩格斯关于大力发展社会生产力及形成各方面和谐关系的观点,是构建社会主义和谐社会的基本条件和主要原则。按照马克思主义经典作家的设想,未来社会将在打破旧的国家机器、消灭生产资料私有制的基础上,在社会生产力获得极大发展的基础上,改变工人阶级生存和发展的命运,这为工人阶级以及每个人的解放和全面发展指明方向和道路。同时,消除阶级之间、城乡之间、脑力劳动和体力劳动之间的对立和差别,实现各尽所能、各取所需,实现人的自由而全面的发展,使人与人之间、人与社会之间、人与自然之间形成和谐的关系。

马克思的公平正义观对于构建社会主义和谐社会具有重要意义。马克思认为,社会的公平正义是历史的、具体的,社会主义和谐社会所追求的公

---

① 《马克思恩格斯选集》第 1 卷,人民出版社 1995 年版,第 294 页。
② 《马克思恩格斯选集》第 3 卷,人民出版社 1995 年版,第 342 页。

平正义要以最广大人民为价值取向。消灭资本主义社会中的不公平、实现无产阶级所要求的公平,决不能把争取分配上的公平作为无产阶级斗争的口号,必须要消灭私有制,消灭阶级,消除一切政治奴役和经济剥削,在推动生产力发展和社会进步的基础上实现人类的彻底解放,使人的自由发展成为可能。构建和谐社会不仅要吸取资本主义形式公正的历史合理性,而且要实现以此为基础的实质公正,实现公平与效率的统一。党的十七大报告指出:"实现社会公平正义是中国共产党人的一贯主张,是发展中国特色社会主义的重大任务。"①马克思的公平正义观为正确认识社会的公平公正指明了方向,为构建社会主义和谐社会准备了重要理论条件。

2. 列宁的和谐社会思想

列宁在领导俄国社会主义革命和建设的过程中,对建设社会主义社会提出了一系列重要思想,并将社会主义和谐社会的建设思想付诸实践,为相对落后国家在革命取得成功后建设社会主义和谐社会的实践提供了重要参考。列宁领导俄国十月革命成功并建立了社会主义制度,使社会主义从理论变成实践,从而为建设和谐社会提供了制度前提。列宁深刻指出,只有社会主义才可能广泛推行和真正支配根据科学原则进行的产品的社会生产和分配,以使所有劳动者过上最美好、最幸福的生活。社会主义国家应当大力帮助农民,消除城乡对立。列宁根据落后国家社会主义建设的规律,指出经济文化落后的俄国要走向社会主义道路,首先必须从政治上通过无产阶级革命夺取政权。但要建成社会主义这种新型的社会秩序,就必须从经济、政治和文化全面协调发展方面,为这条道路提出完整的总体构想和行动纲领。十月革命后,列宁根据国内外形势所实行的新经济政策、和平外交思想、民族理论、统一战线理论等思想,包含着诸多社会和谐发展的观点,当今中国构建社会主义和谐社会应当多方面从这些做法中汲取营养和获得有益的启示。但是,后来苏联在社会主义建设实践中,过于强调集中、统一、斗争,忽视民主、人的个性、和谐发展,因而没有从根本上真正解决好社会的和谐发

---

① 《十七大以来重要文献选编》(上),中央文献出版社 2009 年版,第 13—14 页。

展问题。

3. 毛泽东的和谐社会思想

毛泽东关于社会主义建设理论蕴涵着丰富的和谐社会思想,对于目前构建社会主义和谐社会具有重大的理论意义和实践意义。在社会主义现代化建设的过程中,毛泽东对社会主义和谐社会的思想进行了积极探索,对社会政治、经济和文化等子系统进行精心部署,十分注重把握人与社会、人与人、人与自然的关系,兼顾各个阶级和阶层的公正公平和利益的协调一致。新中国建立后不久,毛泽东曾明确提出要正确处理人民内部矛盾,充分调动建设社会主义的积极因素,最大限度地化消极因素为积极因素,认为这是社会主义社会必须牢牢把握的政治生活主题。毛泽东根据中国社会主义建设的要求,强调要形成既有集中又有民主、既有纪律又有自由、既有统一意志又有个人心情舒畅、生动活泼的政治局面。毛泽东在《论十大关系》一文中,科学地分析了地方与地方之间、中央与地方之间、政府与企业之间存在的诸多矛盾,提出了综合平衡、稳步前进的正确方针,把正确处理人民内部矛盾作为国家政治生活的主题。20世纪50年代中期,毛泽东创立了关于两类不同性质矛盾的学说,提出调动国内外一切积极因素的基本方针,正确处理我国社会一系列重大关系,制定了包括坚持百花齐放、百家争鸣,与民主党派长期共存、互相监督以及统筹兼顾、适当安排等一系列正确的方针。毛泽东的上述思想对构建社会主义和谐社会具有重要的指导意义。

4. 邓小平的和谐社会思想

邓小平在领导我国改革开放和现代化建设的伟大实践中,虽然没有明确提出过社会主义和谐社会的概念,但在他所创立的邓小平理论中却蕴涵着十分丰富的建设社会主义和谐社会的思想。邓小平重新确立实事求是的思想路线,启动了构建社会主义和谐社会的序幕。邓小平在改革开放后开始了对社会主义本质的孜孜探索,提出要从社会制度的本质上来认识社会和谐问题。邓小平创造性地提出社会主义本质论,明确指出:"社会主义的本质,是解放生产力,发展生产力,消灭剥削,消除两极分化,最终达到共同富裕。"①社会主义本质论为构建社会主义和谐社会指明了方向。确立社会主义初级阶段的基本路线,坚持以经济建设为中心,大力发展社会生产力,增强国家经济实力,为构建社会主义和谐社会奠定了雄厚的物质基础;加强社会主义民主法制建设,积极进行政治体制改革,强调民主法制对发展社会主义事业的重要性,为构建社会主义和谐社会提供牢固的政治和法制保障;协调先富与后富之间的关系,兼顾效率与公平,允许先富带动后富,逐步实现共同富裕,为构建社会主义和谐社会提供了可行的路径选择;物质文明和精神文明"两手抓、两手都要硬",发展社会主义精神文明,为构建社会主义和谐社会提供重要的精神动力。这些思想为我国构建社会主义和谐社会提供了宝贵的思想资源,具有十分重要的指导意义。

5. 江泽民的和谐社会思想

党的十三届四中全会以后,江泽民从中国国情出发,把握时代特征,对社会主义和谐社会的相关思想进行了深入论述。江泽民根据国内外形势发展变化,根据我国经济社会发展的新要求和我们党肩负的历史使命,提出"三个代表"重要思想,进一步发展了邓小平关于从社会主义本质上认识社会和谐的思想,深化了对什么是社会主义、怎样建设社会主义这一问题的认识,反映了我们党在社会主义市场经济条件下对社会主义本质的深刻思考。江泽民指出,我们建设的小康社会是经济、政治、文化和社会全面进步及物质文明、政治文明和精神文明协调发展的社会,是民主更加健全、科教更加进步、文化更加繁荣、社会更加和谐、人民生活更加殷实的社会。在2001年的"七一"重要讲话中,江泽民结合新的实践明确提出,"要努力促进人的全面发展。这是马克思主义关于建设社会主义新社会的本质要求"②。这为我们党从人和社会关系的层面思考社会和谐问题进一步拓展了视野。追求社会的公平正义,强调要维护和实现人民群众的根本利益。在实现社会主义社会和谐的途径上,强调正确处理好人民内部矛盾,正确处理改革发展与

①《邓小平文选》第3卷,人民出版社1993年版,第373页。
②《江泽民文选》第3卷,人民出版社2006年版,第294页。

稳定的关系,创造稳定的政治环境,加强党的自身建设,发挥党对社会的整合作用,努力促进社会和谐发展。

实践在发展,认识在深化。在新形势下,以胡锦涛为总书记的党中央作出了关于社会和谐是中国特色社会主义本质属性的科学论断。这一科学论断,与我们党以往形成的关于社会主义本质的认识成果是一脉相承的,同时又在继承前人的基础上作出了新的理论创造,丰富和发展了中国特色社会主义理论体系。这一科学判断,反映了新世纪新阶段我们党治国理政的核心理念,不仅丰富了我党关于社会主义本质的理论,而且为构建社会主义和谐社会提供了强大的理论武器。

社会和谐是科学社会主义的应有之义,是我们党不懈奋斗的目标。党的十六大以来,以胡锦涛为总书记的党中央继承并发展了马克思主义的和谐社会思想,深刻总结我国社会主义建设正反两方面的经验,在有关我国社会主义的一系列根本问题上取得了新的重大认识,为深化对社会主义本质的认识、建设中国特色社会主义提供了强有力的理论指导,为我们党提出构建和谐社会的重大战略思想奠定了理论基础。

(二)构建社会主义和谐社会论形成和发展的实践基础

进入新世纪以来,中国共产党团结和带领全国各族人民,继续解放思想、实事求是,探索中国特色社会主义事业的新道路,社会主义制度进一步焕发出新的生机和活力,政治制度、经济制度、文化制度进一步得到巩固,综合国力显著增强,人民生活水平不断提高,社会的文明和进步不断推进;同时,社会关系和矛盾也呈多元化、多层次、复杂化的趋势,经济社会的健康发展要求新的科学理论的指导,这些都为构建社会主义和谐社会论准备了广阔的社会实践基础。

1. 构建社会主义和谐社会论的形成具备了比较充分的社会物质条件

党的十六大以来,全国各族人民紧密团结在以胡锦涛为总书记的党中央周围,全面贯彻落实科学发展观,加快推进和深化各项改革,积极扩大对外开放,不断加强和改善宏观调控,切实转变经济发展方式,有效应对国际金融危机对我国的影响以及突如其来的非典疫情和雪灾地震等复杂多变的国内外不利因素的影响,经济社会发展取得了举世瞩目的成就,综合国力明显增强,国际地位显著提高,全面建设小康社会取得了新进展。我国的经济实力大幅提升,改革开放取得重大突破,人民生活显著改善,民主法制建设取得新进步,文化建设开创新局面,社会建设全面展开,国防和军队建设取得历史性成就,港澳工作和对台工作进一步加强,全方位外交取得重大进展,党的建设新的伟大工程扎实推进。党和国家所取得的巨大成就,使我国在实现中国社会主义现代化建设事业的征途上迈出了更加坚实的一步,为新时期进行理论创新准备了基本条件。

2. 构建社会主义和谐社会论的提出是应对国际国内形势的必然要求

深刻论述构建社会主义和谐社会是我们党带领全国人民把中国特色社会主义伟大事业推向前进的必然选择。"在新世纪新阶段,我们面临的发展机遇前所未有,面对的挑战也前所未有。和平、发展、合作成为时代潮流,世界多极化和经济全球化的趋势深入发展,科技进步日新月异。同时,国际环境复杂多变,综合国力竞争日趋激烈,影响和平与发展的不稳定不确定因素增多,我们仍将长期面对发达国家在经济科技等方面占优势的压力。我国社会主义市场经济体制日趋完善,社会主义物质文明、政治文明、精神文明建设和党的建设不断加强,综合国力大幅度提高,人民生活显著改善,社会政治长期保持稳定。同时,我国正处于并将长期处于社会主义初级阶段,人民日益增长的物质文化需要同落后的社会生产之间的矛盾仍然是我国社会的主要矛盾,统筹兼顾各方面利益任务艰巨而繁重。特别要看到,我国已进入改革发展的关键时期,经济体制深刻变革,社会结构深刻变动,利益格局深刻调整,思想观念深刻变化。这种空前的社会变革,给我国发展进步带来巨大活力,也必然带来这样那样的矛盾和问题。"①我们党面对这样的国内外形势,要带领人民抓住机遇、应对挑战,正确处理好各种复杂关系,从而把中国特色社会主义伟大事业推向前进,必须坚持以经济建设为中心,进一步推进经济、政治、文化、社会、生态文明建设,加强与社会发展相适应的理论

---

① 《十六大以来重要文献选编》(下),中央文献出版社 2008 年版,第 649 页。

研究和创新,把构建社会主义和谐社会、加强对社会主义和谐社会摆在更加突出的地位。

3.构建社会主义和谐社会论是准确把握我国发展阶段性特征的必然产物

构建社会主义和谐社会论的提出具有现实的紧迫性,我国社会发展迫切需要关于建设和谐社会理论的指导思想。目前,我国已经进入改革发展的关键时期,这既是"黄金发展期",也是"矛盾凸显期"。我国社会总体上是和谐的,我们拥有了构建社会主义和谐社会的各种有利条件。"但是也存在着不少影响社会和谐的矛盾和问题,主要是:城乡、区域、经济社会发展很不平衡,人口资源环境压力大;就业、社会保障、收入分配、教育、医疗、住房、安全生产、社会治安等方面关系群众切身利益的问题比较突出;体制机制尚不完善,民主法制还不健全;一些社会成员诚信缺失、道德失范,一些领导干部的素质、能力和作风与新形势新任务的要求还不适应;一些领域的腐败现象仍然比较严重;敌对势力的渗透破坏活动危及国家安全和社会稳定。"①这些问题如果处理不好,任凭这些矛盾和问题发展下去,就有可能引发社会震荡和冲突,破坏我国的改革开放和社会主义现代化建设事业,严重影响社会和谐稳定和全面建设小康社会的大局。我国改革发展关键期的客观现实,要求我们深刻认识我国发展的阶段性特征,科学分析影响社会和谐的矛盾和问题及其产生的原因,更加积极主动地正视矛盾、化解矛盾,最大限度地增加和谐因素,最大限度地减少不和谐因素,不断促进社会和谐。构建社会主义和谐社会论的形成正是我党准确把握和科学应对发展阶段性特征的必然产物。

可以说,构建社会主义和谐社会论这一理论成果,是改革开放以来我国经济社会发展的必然。"我国经济建设、政治建设、文化建设、社会建设以及生态文明建设全面推进,工业化、信息化、城镇化、市场化、国际化深入发展,我国正处在进一步发展的重要战略机遇期,在新的历史起点上向前迈

---

① 《十六大以来重要文献选编》(下),中央文献出版社 2008 年版,第 649—650 页。

进。"①在这样的历史条件下,我们必须在社会主义和谐社会论的指导下,确立危机意识、忧患意识、发展意识,高度重视解决各种社会矛盾和问题,妥善协调各方面的利益关系,着力构建社会主义和谐社会,促进整个社会的健康发展。

二、构建社会主义和谐社会论形成和发展的过程

党的十六大以来,以胡锦涛为总书记的党中央对社会和谐的认识不断深化,形成了构建社会主义和谐社会的重大战略思想。其形成和发展过程主要包括以下几个阶段:

(一)思想萌芽阶段(2004年9月前)

2002年11月8日,党的十六大首次明确提出"社会和谐"问题,并将其作为全面建设小康社会的奋斗目标之一。党的十六大报告提出:"我们要在本世纪头二十年,集中力量,全面建设惠及十几亿人口的更高水平的小康社会,使经济更加发展、民主更加健全、科教更加进步、文化更加繁荣、社会更加和谐、人民生活更加殷实。"②把"社会更加和谐"作为党的战略任务和概念提出来,这在党的历史上是第一次。

同时,党的十六大报告还提出了"全体人民和谐相处"的要求和条件:"努力形成全体人民各尽所能、各得其所而又和谐相处的局面。"③这里既提出了"全民和谐"的要求,也指出"全民和谐"的前提是"各尽所能"与"各得其所"相结合。"各尽所能"是让每个社会成员充分发挥自己的能动性去创造财富;"各得其所"是使每个社会成员都能获得自己应得的利益;"和谐相处"是指每个社会成员在追求自己利益时不能损害其他成员的合法利益。党的十六大报告提出"安定和谐的政治局面"的要求是"巩固和发展民主团结、生动活泼、安定和谐的政治局面",④突出强调"政治和谐"是"社会和

---

① 《中共十七届四中全会在京举行》,《人民日报》2009年9月19日第1版。
② 《十六大以来重要文献选编》(上),中央文献出版社2005年版,第14页。
③ 《十六大以来重要文献选编》(上),中央文献出版社2005年版,第12页。
④ 《十六大以来重要文献选编》(上),中央文献出版社2005年版,第24页。

谐"中的一个重要方面。

党的十六大提出的社会和谐理念,是构建社会主义和谐社会论重要思想的萌芽,对构建社会主义和谐社会论的形成,具有重要的先导性作用。党的十六大报告明确提出"社会和谐"的奋斗目标,标志着我们党对社会主义建设规律的认识产生了一个质的飞跃。

(二)理论形成阶段(2004年9月至2005年2月)

2004年9月19日,党的十六届四中全会通过的《关于加强党的执政能力建设的决定》,第一次提出"社会主义和谐社会"新命题和"构建社会主义和谐社会"的新使命,并把"构建社会主义和谐社会的能力"作为党执政的新能力,从"创造活力"、"利益关系"、"管理体制"、"工作机制"、"群众工作"等五个方面,详尽论述了如何构建社会主义和谐社会,从而为社会主义和谐社会理论的形成作了铺垫。

2005年2月19日,胡锦涛在省部级主要领导干部提高构建社会主义和谐社会能力专题研讨班上,发表了题为《提高构建社会主义和谐社会的能力》的重要讲话,提出社会主义和谐社会应该是民主法治、公平正义、诚信友爱、充满活力、安定有序、人与自然和谐相处的社会,全面论述了社会主义和谐社会的重大理论和实际问题,成为指导全党探索社会主义和谐社会的规律、提高构建社会主义和谐社会的能力、努力构建社会主义和谐社会的重要思想武器。胡锦涛的讲话第一次系统地提出了构建社会主义和谐社会的六个重要原则、六个领导本领、九个理论研究课题、十个工作重点。同时,胡锦涛在讲话中还进一步阐明了构建社会主义和谐社会的重大意义、基本特征和主要工作等等,这标志着构建社会主义和谐社会论的形成。

(三)发展完善阶段(2005年2月后)

2006年10月,党的十六届六中全会专题研究构建社会主义和谐社会问题,通过了《中共中央关于构建社会主义和谐社会若干重大问题的决定》。这是我们党第一次以中央文件的形式对构建社会主义和谐社会问题做出全面系统的阐述,是我们党对近年来构建社会主义和谐社会伟大实践及其所产生的各种理论成果的系统总结和升华。这次会议提出了构建社会主义和谐社会的指导思想、基本原则和目标任务,形成了一些新的重要论断,对当前和今后一个时期构建社会主义和谐社会作出了更加全面的部署,使我国构建社会主义和谐社会的实践进入了新的历史阶段,这标志着我们党对"社会主义和谐社会"思想的认识逐步成熟与完善。

2007年10月,胡锦涛在党的十七大报告中指出:"构建社会主义和谐社会是贯穿中国特色社会主义事业全过程的长期历史任务,是在发展的基础上正确处理各种社会矛盾的历史过程和社会结果。要通过发展增加社会物质财富、不断改善人民生活,又要通过发展保障社会公平正义、不断促进社会和谐。实现社会公平正义是中国共产党人的一贯主张,是发展中国特色社会主义的重大任务。要按照民主法治、公平正义、诚信友爱、充满活力、安定有序、人与自然和谐相处的总要求和共同建设、共同享有的原则,着力解决人民最关心、最直接、最现实的利益问题,努力形成全体人民各尽其能、各得其所而又和谐相处的局面,为发展提供良好社会环境。"①胡锦涛高屋建瓴的阐述,既强调了构建社会主义和谐社会的重要性,又揭示了任务实现的长期性与艰巨性,既明确了构建社会主义和谐社会的要求,又指出了其实现路径,强调要着力解决人民群众最关心、最直接、最现实的利益问题,从而进一步丰富了社会主义和谐社会论,标志着我们党构建社会主义和谐社会重大战略思想的发展与完善。

总之,构建社会主义和谐社会论的形成和发展不是一朝一夕之事,是我党长期社会实践和理论创新的产物,是我党集体智慧的结晶。

第二节 构建社会主义和谐社会论 的理论结构与科学内涵

构建社会主义和谐社会,是我们党从全面建设小康社会、开创中国特色社会主义事业新局面的全局出发提出的一项重大任务,适应了我国改革发

---

① 《十七大以来重要文献选编》(上),中央文献出版社2009年版,第13—14页。

展进入关键时期的客观要求,体现了广大人民群众的根本利益和共同愿望。我们党提出的构建社会主义和谐社会理论,有其丰富而深刻的理论结构和科学内涵。

一、构建社会主义和谐社会论的理论结构

构建社会主义和谐社会论的理论结构是一个包含诸多相互关联分支理论所形成的有机整体,可以概括为构建社会主义和谐社会论的本质属性论、必要条件论、共建共享论等方面。其中的本质属性论规定了社会主义和谐社会与社会主义的关系,指明了社会主义和谐社会的根本性质和核心地位,为必要条件论和共建共享论铺垫了基本方向;必要条件论明确了构建社会主义和谐社会在中国特色社会主义建设中的战略地位,为本质属性论和共建共享论指出了建设的主要内容;共建共享论是构建社会主义和谐的基本途径和原则,也是构建社会主义和谐社会的重要特点,为本质属性论和必要条件论的实现提供了具体方式。

(一)本质属性论

科学界定社会主义和谐社会的本质,是正确认识什么是社会主义和谐社会、怎样构建社会主义和谐社会的首要问题。提出社会和谐是中国特色社会主义的本质属性,表明我们党对"什么是社会主义,怎样建设社会主义"的认识达到了一个新境界新高度。社会和谐是中国特色社会主义的本质属性,是国家富强、民族振兴、人民幸福的重要保证,这个重大判断深化了对社会主义本质的认识,是构建社会主义和谐社会的理论基础。中国共产党提出构建社会主义和谐社会理论,在事实层面上,不仅为我国经济社会的发展提供科学的治理方略和发展模式,而且蕴含着丰富的伦理价值指向,彰显了建设有中国特色社会主义的伦理价值;在价值层面上,倡导一种以人为本、以公平正义为原则、以社会整体利益最大化为目标的全新价值取向,它引导着我国社会向着关注民生、维护公平、追求社会和谐的理想状态迈进。构建社会主义和谐社会,反映了建设富强民主文明和谐社会主义现代化国家的内在要求,体现了全党全国各族人民的共同愿望。把社会和谐明确为

中国特色社会主义的本质属性,有利于更全面地坚持科学社会主义的基本原理,更全面地体现党的奋斗目标和全国各族人民的共同理想,更好地建设中国特色社会主义,更好地实现我国最广大人民的根本利益。

(二)必要条件论

党的十七大报告将中国特色社会主义事业总体布局由经济建设、政治建设、文化建设"三位一体"拓展为包括社会建设、生态文明建设在内的"五位一体",将建设富强民主文明的社会主义现代化国家的奋斗目标,拓展为建设富强民主繁荣和谐文明的社会主义现代化国家,共富、民主、繁荣、和谐、文明成为构建社会主义和谐社会的五大价值目标。随着我国改革开放和社会主义现代化建设事业的发展,社会建设作为一个整体系统的价值和地位越来越突出。社会作为一个有机整体有其自身的运动规律和特点,既不是经济、政治、文化的简单相加,也不是经济、政治、文化运动的外部条件,它本身就是社会主义现代化建设的重要目标。

社会主义经济建设、政治建设、文化建设、社会建设、生态文明建设是中国特色社会主义总体布局的重要组成部分,五者既紧密联系、相互作用、不可分割,又有各自的独特地位和发展规律。其中,经济是基础,只有坚定不移地以经济建设为中心,大力发展社会生产力,才能为政治、文化、社会、生态文明建设提供坚实的物质基础;政治是经济的集中体现,对于经济、文化、社会和生态文明建设有着重要的保证作用。只有积极发展社会主义民主政治,建设社会主义政治文明,才能为社会主义经济、文化、社会和生态文明建设提供坚强的政治保障;文化是政治和经济的反映,又对经济和政治有着重要的影响作用。只有大力发展社会主义先进文化与和谐文化,才能为经济、政治、社会和生态文明建设提供精神支撑;社会建设是经济、政治、文化和生态文明建设在社会领域的综合体现。只有大力加强社会建设,构建社会主义和谐社会,才能为经济、政治、文化、生态文明建设创造良好的社会条件;生态文明建设是基本要求,只有高度重视和推进生态文明建设,才能维系经济、政治、文化和社会建设的成果,才能保证社会的可持续发展。

(三)共建共享论

共建共享是构建和谐社会的主要原则和价值取向,我们要构建的社会主义和谐社会,是在中国特色社会主义道路上,中国共产党领导全体人民共同建设、共同享有的和谐社会。共同建设、共同享有是构建社会主义和谐社会的总原则,它体现着构建社会主义和谐社会的内在要求和重要特征。构建社会主义和谐社会必须坚持在党的领导下全社会共同建设,强调坚持科学执政、民主执政、依法执政,发挥党的领导核心作用,维护人民群众的主体地位,团结一切可以团结的力量,调动一切可以调动的积极因素,形成促进和谐人人有责、和谐社会人人共享的生动局面。党的领导是构建社会主义和谐社会的根本政治保证。我们党是中国特色社会主义事业的领导核心,只有在各级党委领导下,纳入经济社会发展的总体规划,建立高效的领导机制和工作机制,保持良好的工作作风和精神面貌,才能真正把构建社会主义和谐社会摆在全局工作的重要地位。构建社会主义和谐社会是一项涉及面广的社会系统工程,要做好保持经济持续快速协调健康发展、发展社会主义民主政治、发展社会主义先进文化、加强社会建设和管理、促进生态环境保护和资源合理利用等工作,必须坚持党总揽全局、协调各方的原则,充分调动各方面的力量并形成强大的合力来加以推进。我们党提出构建社会主义和谐社会的重大战略,需要全体人民共同努力奋斗,人民群众是构建社会主义和谐社会的主体,充分调动全体人民维护和促进社会和谐的积极性和主动性,群策群力,齐心协力,构建社会主义和谐社会的工作才有坚实的社会基础。

二、构建社会主义和谐社会的科学内涵

2005 年 2 月 19 日,胡锦涛在省部级主要领导干部提高构建社会主义和谐社会能力专题研讨班开班式上发表的重要讲话,指出"实现社会和谐,建设美好社会,始终是人类孜孜以求的一个社会理想,也是包括中国共产党在内的马克思主义政党不懈追求的一个社会理想。""根据马克思主义基本原理和我国社会主义建设的实践经验,根据新世纪新阶段我国经济社会发展

的新要求和我国社会出现的新趋势新特点,我国所要建设的社会主义和谐社会,应该是民主法治、公平正义、诚信友爱、充满活力、安定有序、人与自然和谐相处的社会。"①这就为推进社会主义和谐社会建设指明了根本的方向。

构建社会主义和谐社会是社会主义发展的基本目标。建设社会主义和谐社会,就是在社会主义条件下,通过社会主义制度的不断巩固和完善,通过社会主义内部各方面的建设,使社会发展处在一个有序发展和生动活泼的良好状态之中。按照党的十六届四中全会精神,和谐社会应当是全体人民各尽其能、充满活力的社会,是全体人民各得其所和利益关系得到有效协调的社会,是社会管理体制和社会服务网络不断健全的社会,是稳定有序、安定团结、各种矛盾得到妥善处理的社会。社会主义和谐社会,就是在保持社会主义基本制度的前提下,社会系统中的各个部分、各种要素处于一种相互协调、其功能处于最大优化状态的社会。和谐社会应该是一个系统的概念,是一个社会各阶层和睦相处,社会成员各尽所能、各得其所的社会;是人们的聪明才智、创造力得到充分发挥和全面发展的社会;是经济社会协调发展的社会;是人与人、人与自然协调相处的社会。党的十六届六中全会明确地提出了"按照民主法治、公平正义、诚信友爱、安定有序、人与自然和谐相处的总要求"。

(一)社会主义和谐社会是一个民主法治的社会

"民主法制,就是社会主义民主得到充分发扬,依法治国基本方略得到切实落实,各方面积极因素得到广泛调动"。② 人民当家作主是社会主义的本质,也是社会主义民主政治的核心内容。民主法治首先要保证人民当家作主,这就意味着要尊重人民群众的独立人格和民主权利,尊重并维护公众的知情权、参与权、表达权、监督权,在民主得到充分发扬的基础上,使社会各方面积极因素得到广泛调动。为此,要"坚持依法治国基本方略,树立社

---

① 《十六大以来重要文献选编》(中),中央文献出版社2006年版,第701、706页。
② 《十六大以来重要文献选编》(中),中央文献出版社2006年版,第706页。

会主义法治理念,实现国家各项工作法治化,保障公民合法权益;坚持社会主义政治制度的特点和优势,推进社会主义民主政治制度化、规范化、程序化,为党和国家长治久安提供政治和法律制度保障。"①同时,要改革和完善决策机制。正确决策是各项工作成功的重要前提。要完善深入了解民情、充分反映民意、广泛集中民智、切实珍惜民力的决策机制,推进决策的科学化民主化。

(二)社会主义和谐社会是一个公平正义的社会

公平正义是和谐社会的重要保证之一,同时也是构建和谐社会的重要原则,它代表一种价值取向。"公平正义,就是社会各方面的利益关系得到妥善协调,人民内部矛盾和其他社会矛盾得到正确处理,社会公平和正义得到切实维护和实现"。② 社会公平和正义是人类追求美好社会的永恒主题。"实现社会公平正义是中国共产党人的一贯主张,是发展中国特色社会主义的重大任务。"③在我国社会剧烈的变化过程中,原有的社会经济格局正在发生变革和分化,加上"黄金发展期"与"矛盾凸显期"高度重合,使我国的利益关系和社会矛盾呈现出多元交织、错综复杂的局面。当代和谐社会所要求的公平就是利益分配平等,使之处于一种相对平衡的状态。防止平均分配和两极分化倾向,最大限度地维护和发展不同方面人们的利益,从而最大限度地化解矛盾,推动社会进步。对"社会公正"不能作狭隘的理解,它不仅仅表现为收入分配的公平,而且表现为人们在社会经济生活中地位的公平、机会的公平以及整个社会规则和机制的公平,是一个公平发展的体系。要妥善处理新的历史条件下的人民内部矛盾,依法逐步建立以权利公平、机会公平、规则公平、分配公平为主要内容的社会公平保障体系,使全体人民共享改革发展的成果。同时也应看到,在社会主义初级阶段,只能是相对的公平,不能离开生产力发展水平对公平提出过分的要求。关键是政府要摆脱、超越既得利益者的束缚,从维护和实现社会公平和正义的高度来处

---

① 《十七大以来重要文献选编》(上),中央文献出版社 2009 年版,第 22 页。
② 《十六大以来重要文献选编》(中),中央文献出版社 2006 年版,第 706 页。
③ 《十七大以来重要文献选编》(上),中央文献出版社 2009 年版,第 13—14 页。

理各类社会问题。

(三)社会主义和谐社会是一个诚信友爱的社会

诚信友爱是和谐社会的道德基础,它不仅是中华民族的优良道德传统,也是人类文明的共同财富和普遍价值。"诚信友爱,就是全社会互帮互助、诚实守信,全体人民平等友爱、融洽相处"。① 当前它既是道德建设的突破口,也是构建和谐社会的精神支柱。诚信友爱的价值标准要求我们强化社会主义荣辱观,大力加强公民道德建设,广泛开展社会公德、职业道德、家庭美德教育,倡导以文明礼貌、助人为乐、爱护公物、保护环境、遵纪守法为主要内容的社会公德,倡导以尊老爱幼、男女平等、夫妻和睦、勤俭持家、邻里团结为主要内容的家庭美德,提倡尊重人、理解人、关心人,热爱集体,热心公益。形成男女平等、尊老爱幼、扶贫济困、礼让宽容的人际关系;加强政务诚信、商务诚信、社会诚信建设,增强全社会诚实守信意识。要在全社会形成诚实守信的风气,一方面要加强道德教育,增强人民的诚信意识和观念;同时,也要建立健全社会信用体系,使诚实守信者得到社会的褒奖和尊重,使失信者遭到社会的鄙视,受到应有的惩罚。

(四)社会主义和谐社会是一个充满活力的社会

充满活力是和谐社会发展的源泉,也是社会生产力持续增长的保证,是建设和谐社会的重要基础。"充满活力,就是能够使一切有利于社会进步的创造愿望得到尊重,创造活动得到支持,创造才能得到发挥,创造成果得到肯定"。② 党的十六届四中全会作出的《中共中央关于加强党的执政能力建设的决定》强调指出,要"全面贯彻尊重劳动、尊重知识、尊重人才、尊重创造的方针,不断增强全社会的创造活力。激发各行各业人们的创造活力,坚决破除各种障碍,使一切有利于社会进步的创造愿望得到尊重、创造活动得到支持、创造才能得到发挥、创造成果得到肯定。"③如何才能使一个社会充满活力? 作为最基本的东西,一是发展先进生产力,这是社会最活跃最革命

---

① 《十六大以来重要文献选编》(中),中央文献出版社2006年版,第706页。
② 《十六大以来重要文献选编》(中),中央文献出版社2006年版,第706页。
③ 《十六大以来重要文献选编》(中),中央文献出版社2006年版,第286页。

的因素;二是推进市场化改革,为社会充满活力提供制度支撑。鉴于当前我国社会活力的释放还不够充分的情况,要切实贯彻尊重劳动、尊重知识、尊重人才、尊重创造的方针,最广泛最充分地调动一切积极因素,最大限度地激发社会活力,放手让一切劳动、知识、技术、管理和资本的活力竞相迸发,让一切创造社会财富的源泉充分涌流。

(五)社会主义和谐社会是一个安定有序的社会

安定有序既是和谐社会的前提,也是和谐社会的目标。"安定有序,就是社会组织机制健全,社会管理完善,社会秩序良好,人民群众安居乐业,社会保持安定团结"。① 这就要求我们加强社会管理体制的建设和创新,完善社会管理体系和政策法规,整合社会管理资源,提高社会管理水平。一是建立合理的社会组织机制。在农村已开始建立村民自治制度和城市社区不断发展的情况下,充分发挥城乡各类"自治组织"的作用;在人们逐步由"单位人"向"社会人"和"社区人"转变的过程中,充分发挥各类新型社会组织的作用。二是建立完善的社会管理机制。适应新的变化,建立党委领导、政府负责、社会协同、公众参与的社会管理新格局。加快建立健全各种社会性事件应急机制,提高政府应对公共危机的能力。特别是要建立健全社会预警体系,形成统一指挥、功能齐全、反应灵敏、运转高效的应急机制,提高保障公共安全和处置突发事件的能力。三是切实维护社会秩序。加强社会治安综合治理,保障人民群众生命财产安全,使人民群众安居乐业,保持社会安定团结。从战略高度审视和解决转型时期各种社会矛盾,进一步健全正确处理人民内部矛盾的工作机制,探索预防和解决社会矛盾的新路子。

(六)社会主义和谐社会是一个人与自然和谐相处的社会

"人与自然和谐相处,就是生产发展,生活富裕,生态良好。"②自然包括资源和环境两个方面。一个和谐的社会不可能建立在资源枯竭和环境恶化的基础上。自然界是人类生存和发展的前提。因此,关爱自然、保护环境就

---

① 《十六大以来重要文献选编》(中),中央文献出版社 2006 年版,第 706 页。
② 《十六大以来重要文献选编》(中),中央文献出版社 2006 年版,第 706 页。

是保护人类自身。人与自然和谐相处就是做到生产发展、生活富裕、生态良好,这是和谐社会的前提与条件。生产发展是生活富裕的条件,否则富裕就无从谈起;生活富裕是发展的目的,否则发展就失去了意义;而保持良好的生态环境是实现两者所必须坚持的前提和不可缺少的保证。人与自然和谐相处,就是要寻求生产发展、生活富裕、生态良好的最佳结合点。因此,在构建社会主义和谐社会的进程中,科学认识和正确运用自然规律,更加科学地利用自然为人们的生活和社会发展服务,禁止各种掠夺自然、破坏自然的做法,着力调整经济结构、转变经济增长方式,加快建设资源节约型、环境友好型社会,转变发展方式和生活方式,保证世代永续发展。这对我国这样一个人均资源占有量较少和生态环境比较脆弱的国家来说十分重要。

社会主义和谐社会的基本内涵是相互联系、相互作用的,它们共同构成一个完整的社会主义和谐社会体系,在构建社会主义和谐社会的进程中应系统地加以把握。

三、坚持科学发展观与构建社会主义和谐社会的内在统一

胡锦涛在党的十七大报告中指出:"科学发展和社会和谐是内在统一的。没有科学发展就没有社会和谐,没有社会和谐也难以实现科学发展。"[①]科学发展观是构建社会主义和谐社会的科学指南,进一步明确了新世纪我国现代化建设的发展道路、发展模式和发展战略,反映了社会主义和谐社会的内在要求。构建社会主义和谐社会则是科学发展观的内在诉求,是落实科学发展观的必然要求。社会主义和谐社会与科学发展观是合规律性与合目的性的统一,人的全面发展是科学发展观与构建社会主义和谐社会共同的逻辑归宿与终极目标。

(一)没有科学发展就没有社会和谐

社会的发展首先决定于经济的发展,经济的发展必定推动整个社会的发展。和谐社会的繁荣与兴旺需要经济基础来支撑,只有经济的充分发展,

---

① 《十七大以来重要文献选编》(上),中央文献出版社 2009 年版,第 13 页。

才能为构建和谐社会提供雄厚的物质基础;只有经济的充分发展,才能够最大限度地满足人民群众日益增长的物质文化生活的需要,从而实现我们党更好地代表最广大人民群众根本利益的要求,为构建和谐社会奠定坚实的基础。和谐社会是经济社会发展基础上的和谐,是在不影响经济社会发展大局前提下的和谐,是社会持续前进中不断调适的和谐,是兼顾效率与公平辩证统一关系的和谐。离开了经济社会发展,也就无法构建和谐社会,即使构建了,也是低层次的、短暂的、不稳固的。因此,构建和谐社会,必须大力发展经济,不断推进社会全面进步。而经济社会的持续快速协调健康发展,又必须以科学发展观为指导。因此,在新的历史时期,要坚持以科学发展观为指导,不断提高构建社会主义和谐社会的能力,实现全面建设小康社会的奋斗目标。发展的目的是满足人民日益增长的物质文化需求,形成全体人民各尽其能、各得其所而又和谐相处的社会。

(二)没有社会和谐也难以实现科学发展

贯彻落实科学发展观要以和谐社会为环境、条件和保障。随着人们物质文化生活水平的日益提高,人民群众对民主政治、精神文化、健康安全等方面的需求日益增长,必然要求社会经济协调发展。实现共同富裕和社会公平是和谐社会建设的两大支柱。当前人民群众对行业垄断、城乡差别、收入差距拉大等现象较为不满。建设和谐社会,必须正确处理效率与公平、先富与共富的关系,既要通过深化改革,完善市场体制,又要通过宏观调控,在二次分配中维护社会公平;既要鼓励一部分人、一部分地区先富起来,又要防止两极分化;既要保护发达地区、优势产业和先富群体的发展活力,又要高度重视和关心欠发达地区、比较困难的行业和群众。要把维护社会公平放到更加突出的位置,逐步建立符合和谐社会目标要求的,以权利公平、机会公平、规则公平、分配公平和人道主义公平为主要内容的社会公平保障机制,使全体人民共享改革发展的成果。因此,我们必须充分认识和谐社会对经济社会发展的制衡和保障作用:没有和谐的社会,科学发展也难以实现。

总之,科学发展与社会和谐是相互依存的辩证统一关系,两者是相互制约、相辅相成的。只有坚决贯彻科学发展观,不断发展经济,使人们丰衣足食,生活幸福,社会才能稳定和谐。科学发展可以增加经济效益,提高人民生活水平,有利于促进社会主义和谐社会的建设。社会和谐是科学发展的前提,只有社会和谐了,才能提高广大人民群众工作和劳动的热情,调动他们的积极性,加快创造财富,进而促进科学发展观的落实,科学发展与社会和谐统一于建设中国特色社会主义的伟大实践之中。

四、构建社会主义和谐社会的实现途径

构建社会主义和谐社会重在建设。党的十七大报告指出:"构建社会主义和谐社会是贯穿中国特色社会主义事业全过程的长期历史任务,是在发展基础上正确处理各种社会矛盾的历史过程和社会结果。"①推进社会主义和谐社会建设必须制定和实施正确的方针、政策和措施,团结一切可以团结的力量,调动一切积极因素,形成促进和谐人人有责,和谐人人共享的生动局面。

(一)坚持马克思主义中国化的最新理论成果的指导

构建社会主义和谐社会在当前必须要坚持马克思主义中国化的最新理论成果——科学发展观作为根本指导思想。以人为本、科学发展是构建和谐社会的根本途径。科学发展观是构建社会主义和谐社会的必然要求,也是指导社会主义和谐社会建设的理论指南。科学发展观的第一要义指出了社会主义和谐社会建设的根本途径和核心任务;科学发展观的核心体现了社会主义和谐社会建设的本质和核心价值观;科学发展观的基本要求集中反映了社会主义和谐社会建设的基本规律;科学发展观的根本方法正确回答了社会主义和谐社会建设的基本思路。在构建社会主义和谐社会过程中贯彻落实科学发展观,就应正确处理好"以经济建设为中心"和"以人为本"的关系,处理好改革、发展与稳定的关系,处理好公平与效率的关系等各种关系。特别是当前我国社会处于重要转型期,面临着关键的临界点,进入了社会发展的矛盾凸显时期,党和政府更加需要以科学发展观为统领,从社会

---

① 《十七大以来重要文献选编》(上),中央文献出版社 2009 年版,第 13 页。

整体利益和人民长远利益出发,协调各方利益,促进经济社会的全面、协调、可持续发展,促进社会各阶层的和谐,实现整个社会的和谐发展。

(二)不断建立和完善推动和谐社会建设的生成和运行机制

构建和谐社会的根本任务不能仅仅停留在现象层面去解决各种社会问题或排除各种社会矛盾,而是要开展有效的制度建设,保证社会形成稳定的秩序,使各种社会问题和社会矛盾在有序的状态下得到不断地调整或解决。其中,构建比较完善的社会动力机制、利益均衡机制和社会保障机制,都是十分重要的方面。

构建社会主义和谐社会的动力机制,最主要的是激发各行各业人们的创造活力,坚决破除各种障碍,使一切有利于社会进步的创造愿望得到尊重、创造活动得到支持、创造才能得到发挥、创造成果得到肯定。社会作为一个复杂的集合体,其发展动力是复杂的。人的现实利益需要是和谐社会发展的原动力,生产力与生产关系,经济基础与上层建筑之间的矛盾仍然是和谐社会发展的根本动力。

构建利益均衡机制是保障社会公平公正,抑制当前我国社会贫富趋向扩大的重要手段。目前,影响我国社会不和谐的根源在于利益分配的失衡。建立健全利益均衡机制以促进社会主义和谐社会的构建,就必须建立健全利益的导向机制、表达机制、监督机制、调节机制及社会保障机制。在政策制定上,要坚持以最广大人民的根本利益为出发点和落脚点,把握最大多数人的共同利益与不同阶层的具体利益的结合点,充分考虑和兼顾社会各方面的承受能力,坚决反对和纠正各种侵害人民群众利益的行为,千方百计保证广大人民群众都能享受到改革发展的成果。

构建社会主义和谐社会保障机制的根本目的是建立有效的社会保障体系,形成社会安全网,促进社会公平的实现。目前在我国的经济社会生活中,一些社会不公现象的存在正阻碍着和谐社会的实现,必须采取有效措施,让全体人民共享经济发展的成果。针对民众对改革开放成果的分享度差、贫富差距日益扩大等问题,构建社会政策体系,加快推进以改善教育、医疗、社保等民生为重点的社会建设。改善现有的经济结构,大力建设民生经济。改革政府管理体制,建设服务型政府,形成公民、市场、公民社会与政府建设和谐社会的合力。

(三)着力发展和繁荣社会主义和谐社会的和谐文化

社会发展和社会过程在本质上是文化现象和文化发展过程。构建社会主义和谐社会,离不开物质财富的创造和积累,但更是社会主义先进文化不断发展和创新的过程。发展和普及先进文化,不断提高社会公民的科学文化素质和思想道德素质,为人的发展营造和谐的文化氛围,使先进文化成为社会的主体和主流文化,这是社会主义和谐社会的基本特征。如果没有文化方面的和谐,离开精神上的支撑,特别是如果没有社会主义核心价值体系的引领作用,就难以把社会各方面的力量凝聚起来,保证社会主义和谐社会的发展方向和性质。因此,"必须坚持马克思主义在意识形态领域的指导地位,牢牢把握社会主义先进文化的前进方向,弘扬民族优秀文化传统,借鉴人类有益文明成果,倡导和谐理念,培育和谐精神,进一步形成全社会共同的理想信念和道德规范,打牢全党全国各族人民团结奋斗的思想道德基础。"[1]通过不断推进和谐文化建设,为构建社会主义社会提供精神动力和精神支柱。

(四)进一步改善党的建设和加强党的领导核心地位

构建社会主义和谐社会是贯穿中国特色社会主义事业发展全过程的长时期历史任务,是对中国共产党执政能力的重大考验。"构建社会主义和谐社会,关键在党。必须充分发挥党的领导核心作用,坚持立党为公、执政为民,以党的执政能力建设和先进性建设推动社会主义和谐社会建设,为构建社会主义和谐社会提供坚强有力的政治保证。"[2]随着我国改革开放的深入和经济的持续高速增长,我国人民的生活水平得到很大的提高,同时,我国也存在着资源、环境问题凸现、贫富差距拉大、价值观念混乱等问题,在一定程度上影响到我国经济的持续增长和社会的均衡发展,"在我们这个十几亿

---

① 《十六大以来重要文献选编》(下),中央文献出版社 2008 年版,第 660 页。
② 《十六大以来重要文献选编》(下),中央文献出版社 2008 年版,第 669 页。

人口的发展中大国,党在推进改革开放和社会主义现代化建设中肩负任务的艰巨性、复杂性、繁重性世所罕见。"①在经济社会发展过程中起领导核心作用的中国共产党,面临着改善党的领导的历史性任务。中国共产党必须树立为民、科学的执政理念,提高领导和谐社会建设的能力和本领,加紧制度建设,促进社会公平正义。只有这样,中国共产党才能凝聚党心民心,促进社会稳定,构建和谐社会。党必须在保持先进性的基础上不断提高执政能力,包括提高协调社会关系、化解社会矛盾的能力,妥善协调不同阶层、不同群体的利益,最大限度地整合社会关系;提高分析判断复杂形势和局面的能力,在克服挫折和困难过程中推进社会主义和谐社会进程;提高整合社会资源、进行社会管理的能力,加强对社会组织的引导、规范和管理,发挥它们在反映各阶层、各群体的诉求,规范各阶层、各群体的行为方面的积极作用;提高做好群众工作、疏导群众情绪的能力。在新形势下,必须在保持优良传统和作风的基础上,不断探索和创新适合新时代特点的思路和方法。

第三节　构建社会主义和谐社会论的当代价值

在新的历史条件下,以胡锦涛为总书记的党中央,坚持和继承我们党在社会建设方面的理论与实践成果,并借鉴传统和谐思想的有益成分,第一次把"社会主义"与"和谐社会"结合起来,提出了构建社会主义和谐社会的重大战略思想,是我们党在新时期提出的又一重要理论,系统回答了建设什么样的社会、怎样建设社会主义和谐社会的重大时代命题,具有十分重大的理论创新价值和实践指导意义,成为当代中国发展的理论指南。

一、继承和发展了马克思主义的人类发展规律和社会发展理论

构建社会主义和谐社会论是对人类社会发展规律认识的深化。实现社会和谐,建设美好社会,始终是人类孜孜以求的社会理想,但只有马克思、恩

---

① 《中共十七届四中全会在京举行》,《人民日报》2009 年 9 月 19 日第 1 版。

格斯创立了唯物史观,揭示了社会的本质、发展动力和发展规律,才使人类的社会和谐理想变成了科学。马克思、恩格斯在创立科学社会主义的过程中,论证了实现社会主义的历史必然性,揭示了未来社会和谐发展的基本特征,指出了实现社会和谐的基本条件。马克思、恩格斯创立的唯物辩证法,揭示了社会系统内各种要素之间的普遍联系、对立统一和相互转化的规律,阐明了社会结构、人与社会、人与自然以及人与人之间的辩证关系。马克思关于"自由人联合体"和"人的自由而全面发展"的表述,指出了未来高级的和谐社会的目标模式。我们党提出的构建社会主义和谐社会论,遵循了马克思主义基本原理,顺应了人类历史潮流,是把马克思、恩格斯关于未来社会的科学构想与中国实际结合,逐步将其变成社会发展的现实目标和具体措施,符合人类历史发展规律的要求。以胡锦涛为总书记的党中央创造性地提出社会主义和谐社会理论,这是对马克思主义唯物史观的重大发展。我们的目标是要构建社会主义和谐社会,但社会主义和谐社会不是没有矛盾的社会,社会主义和谐社会同样存在着矛盾、矛盾运动和矛盾斗争。因此,要正确处理我们所面临的社会矛盾。我国大多数的社会矛盾的各个方面都可以通过相互协调、相互吸收、相互转化等辩证方式加以解决。和谐社会理论是对马克思主义唯物史观、社会建设理论的极大丰富和发展,同时也是对党的执政治国理论的极大丰富和发展。

构建社会主义和谐社会论是对马克思主义关于社会主义社会建设理论的丰富和发展。中国特色社会主义社会是一个全面发展和进步的社会。我党提出构建社会主义和谐社会论,在中国特色社会主义的历史进程中,中国特色社会主义的总体布局更加明确地发展为社会主义经济建设、政治建设、文化建设、社会建设、生态文明建设五位一体,将社会建设与经济、政治、文化、生态文明建设放到同等重要的地位,这一理论创新成果的形成进一步丰富和发展了中国特色社会主义理论体系。同时,我们党把马克思、恩格斯关于未来社会和谐的思想与中国当代社会实际相结合,科学阐述了在社会主义条件下建设和谐社会的现实目标和具体措施。社会主义和谐社会的基本特征,即民主法治、公平正义、诚信友爱、充满活力、安定有序、人与自然和谐相处,相互联系、相互贯通,包括社会关系、人与自然关系的和谐,体现了民主与法治的统一、公平与效率的统一、活力与秩序的统一、人与自然的统一。这就既阐明了和谐社会的目标体系,又提出了实现这些目标的基本途径和原则要求,从而丰富和发展了马克思主义关于社会主义社会建设的理论。正如胡锦涛所指出的:"我们党提出构建社会主义和谐社会,符合马克思主义的基本原理,符合马克思主义关于社会主义社会的科学设想。我们党在社会主义社会建设理论和实践上取得的新进展,既是对党执政经验的总结,也是对国外一些执政党执政经验教训的借鉴;既是对我国社会主义建设规律认识的深化,也是对共产党执政规律、社会主义建设规律、人类社会发展规律认识的深化;既是对中国特色社会主义理论的丰富和发展,也是对马克思主义关于社会主义社会建设理论的丰富和发展。"①

构建社会主义和谐社会论既深刻、具体,又全面、系统,开辟了中国特色社会主义社会建设理论的新境界,进一步深化了对"什么是社会主义、怎样建设社会主义"基本问题的认识,丰富和发展了中国特色社会主义理论,是对马克思主义人类发展规律和社会发展理论的继承和发展。

二、进一步深化了对社会主义本质属性和社会主义发展规律的认识

构建社会主义和谐社会论深化和拓展了对社会主义本质的认识,进一步丰富和发展了中国特色社会主义理论。构建社会主义和谐社会论以新的执政理念,进一步加深了人们对社会主义本质的认识,把社会主义现代化建设的总体布局拓展为包括和谐社会建设在内的"五位一体",为中国特色社会主义事业的全面发展提供更加坚实的思想理论基础和更加完善的指导方针。社会和谐集中体现了中国特色社会主义的根本性质和基本特征,反映了社会主义社会与资本主义社会及以前的社会形态的根本区别,它是对社会主义本质属性的精辟概括。这既是根据马克思主义基本原理,又是总结

---

① 《十六大以来重要文献选编》(中),中央文献出版社 2006 年版,第 705—706 页。

国内外社会主义建设特别是我国社会主义现代化建设的历史经验得出的重要结论。我们党最初主要是依据马克思主义创始人的论述,从经济基础与上层建筑的结合上来认识社会主义本质的。后来,又逐步剔除了并不属于社会主义重要特征的东西,如计划经济等。改革开放以来,我们对社会主义本质的认识,随着实践的深化而不断深化。社会主义初级阶段理论的提出,着重解决党在新的历史时期的基本路线的根本依据问题,说明社会主义制度在本质上应该更加有利于解放和发展生产力,邓小平科学界定社会主义的本质,这是对中国特色社会主义理论认识上的重大进展;社会主义市场经济理论的提出,着重解决经济体制的选择和激励机制问题,说明社会主义制度在本质上应该更加有利于调动人民群众的积极性和提高资源配置效率。江泽民又把"努力实现人的全面发展"引进了社会主义本质要求的范畴,丰富了党对社会主义本质的认识。以胡锦涛为总书记的党中央提出"社会和谐是中国特色社会主义的本质属性"的科学论断,进一步揭示了社会主义本质的科学内涵,提出社会主义和谐社会理论,着重解决在市场经济不断发展的条件下社会主义的科学发展道路问题,着重说明社会主义制度在本质上应该更加有利于促进社会和谐和实现全面、协调、可持续发展。这些理论成果,都是在实践发展的基础上对社会主义本质认识的深化,丰富、发展和完善了中国特色社会主义理论。把社会和谐明确为中国特色社会主义的本质属性,深化了对社会主义本质的认识,开辟了中国特色社会主义的新境界。

构建社会主义和谐社会论进一步加深了对建设中国特色社会主义规律的认识。构建社会主义和谐社会论,是我们党根据我国新世纪新阶段经济社会发展的阶段性特征而提出的新理论,使我们党对社会主义本质的认识达到了一个新的高度,可以说是我党对社会主义本质属性认识的又一次重大思想结晶和理论升华。从党的十六大提出"社会更加和谐"的发展要求,到党的十六届四中全会提出构建社会主义和谐社会的重大战略任务,再到党的十六届六中全会通过《中共中央关于构建社会主义和谐社会若干重大问题的决定》,我们党对社会和谐在中国特色社会主义事业中重要地位和作用的认识不断深化。把社会和谐定位为中国特色社会主义的本质属性和本质要求,并由此努力构建社会主义和谐社会,深刻反映了建设富强、民主、文明、和谐的社会主义现代化国家的内在要求,真正体现了社会主义的核心价值和全党全国各族人民的共同愿望。构建社会主义和谐社会论进一步丰富、发展和完善了中国特色社会主义理论,必将具有巨大的凝聚力和感召力。

构建社会主义和谐社会论反映了社会主义的价值追求与历史过程的统一。社会和谐是一种状态,也是贯穿于社会主义建设始终的一种价值目标。社会理论与实践的发展就是在不断化解矛盾、解决问题、实现社会持续和和谐发展中实现的。构建社会主义和谐社会就是在不断推动中国特色社会主义市场经济、民主政治、先进文化的基础上,不断促进社会更加和谐。社会越和谐,越能体现和发挥社会主义制度的优越性。所以,和谐社会的建设将贯穿于中国特色社会主义建设的始终,社会主义不同的发展阶段都要促进社会和谐,进而促进人的自由全面发展。这些都进一步加深了我们对建设中国特色社会主义规律的认识。

三、为科学发展、和谐发展及实现人民利益提供了重要理论指导

构建社会主义和谐社会论是推进中国走科学发展道路的重要理论支撑。构建社会主义和谐社会论认为,构建社会主义和谐社会贯穿于完善社会主义市场经济体制的整个过程,是中国特色社会主义实践的深化和拓展。构建社会主义和谐社会,一方面要为发展社会主义市场经济服务,为社会主义市场经济的发展创造更好的社会条件和环境,促进经济效率的提高和生产力的发展;另一方面也要在防止和克服市场经济的盲目性和弊端上发挥重要的作用。构建社会主义和谐社会需要解决的诸多重大问题,如就业问题、社会保障问题、收入分配问题、公共事业问题、社会公平问题等,这些问题都是市场经济本身无法解决的。资本主义国家出于自身的目的和利益需要,也在一定程度上采取一些措施解决这些问题,力图缓和经济社会矛盾和阶级矛盾。但在资本主义市场经济条件下,无论如何不能克服由资本主义社会基本矛盾造成的单个或局部生产的有组织性同整个社会生产的无政府

状态之间的矛盾,无论如何不能摆脱追逐超额利润的破坏性后果和根本局限。构建社会主义和谐社会,避免了资本主义制度下的市场经济局限性,为探索社会主义和市场经济的有机结合开辟了新途径、积累了新经验,保证了中国特色社会主义的科学发展。

社会主义和谐社会论是推动社会和谐发展的有力思想武器。构建社会主义和谐社会,可以有效地协调人们之间的各种社会关系、特别是人们之间的各种利益关系。构建社会主义和谐社会应遵循以人为本的价值目标、价值原则和价值标准,坚持以人为本,妥善协调各方面的利益关系,形成及时表达社会利益、有效平衡社会利益、科学调整社会利益的利益协调机制,使一切有利于社会进步的创造愿望得到尊重、创造活动得到支持、创造才能得到发挥、创造成果得到肯定,从而使全体人民和谐相处、整个社会和谐有序。社会主义和谐社会论是当代中国和谐发展的重大战略思想,明确提出构建社会主义和谐社会的重大任务,目的就是要求我们在建设中国特色社会主义的伟大实践中,更加自觉地加强社会建设,使社会主义物质文明、政治文明、精神文明建设与和谐社会建设更加全面、均衡、协调地发展,使社会得到协调发展。

社会主义和谐社会论也是维护、实现、发展人民群众根本利益的重要战略思想。建设中国特色社会主义是广大人民实现自己利益的共同事业,人民群众是先进生产力和先进文化的创造者,同时也是改革和建设的主力军。改革开放,使我国经济社会快速发展,亿万人民群众得到实惠。但是,由于我国社会正处于体制转换、结构调整、社会变革之中,就业教育、社会保障、社会治安等社会问题也逐步突出,成为当前人民群众关注的焦点和热点。构建社会主义和谐社会论坚持以人为本,把实现最广大人民的根本利益作为党和国家一切工作的出发点和落脚点,不断满足人民群众日益增长的物质文化需要,让有更多劳动能力和就业愿望的群众实现充分就业,让更多的百姓子女和社会成员接受优质教育,让城乡居民特别是困难群众和社会弱势群体人人享有基本的社会保障服务,让全体人民群众过上安居乐业、丰富多彩的生活,这体现了广大人民群众的共同愿望。

　　构建社会主义和谐社会论全面而系统地解答了"什么是社会主义和谐社会、为什么要构建社会主义和谐社会、怎样构建社会主义和谐社会"的基本理论问题,表明中国共产党对"什么是社会主义、怎样建设社会主义"的认识达到了新高度新境界。这一理论是我们党领导全国各族人民建设中国特色社会主义、保证国家长治久安和持续发展的必然要求。运用构建社会主义和谐社会论这个马克思主义中国化理论创新的成果,必将给正在进行的中国特色社会主义的伟大事业带来更加辉煌的发展。

第四章 "五位一体"总体布局论

社会主义社会是全面发展、全面进步的社会,发展中国特色社会主义,必须立足于我国社会主义初级阶段的基本国情,以当代中国马克思主义为理论指导,对发展中国特色社会主义进行总体布局,有序推进。以胡锦涛为总书记的党中央提出的社会主义经济建设、政治建设、文化建设、社会建设和生态文明建设"五位一体"思想,是对中国特色社会主义总体布局的科学阐述。"五位一体"论系统解答了"什么是中国特色社会主义的总体布局、为什么要进行总体布局、如何科学地进行总体布局"等事关整体推进中国特色社会主义建设的一系列重大课题。

第一节 "五位一体"论的形成和发展

"五位一体"论是我们党在我国社会主义现代化建设以及改革开放的实践中,根据马克思主义经典作家关于社会主义社会发展的理论,结合自己探索发展中国特色社会主义道路的具体实践,在总结社会主义建设的成功经验和失败教训并借鉴其他国家经验教训的基础上,逐步形成和发展起来的。毛泽东、邓小平、江泽民都曾为探索发展中国特色社会主义的总体布局做出自己的贡献。进入新世纪,以胡锦涛为总书记的党中央进一步提出经济建设、政治建设、文化建设、社会建设和生态文明建设"五位一体",全面推进发展中国特色社会主义的伟大事业,充分彰显了中国共产党人解放思想、实事求是、与时俱进、锐意进取的品格。

一、"五位一体"论形成与发展的理论渊源和实践基础

任何伟大的理论的创立都有其深远的理论渊源和深刻的实践基础,都是适应时代的需要、为解决迫切而重大的时代命题而产生和发展的。"五位一体"论反映了我们党对社会主义建设规律和人类社会发展规律认识的深化。在应对社会与时代发展要求的基础上,中国共产党人将马克思主义经典作家关于社会发展的理论与中国社会主义建设实践相结合,勇于面对实践中的问题进行理论创新,使"五位一体"论的形成和发展有了坚实的理论渊源和实践基础。

(一)"五位一体"论形成与发展的理论渊源

马克思主义认为,"现在的社会不是坚实的结晶体,而是一个能够变化并且经常处于变化过程中的有机体。"①马克思社会有机体发展理论以实践为基础,通过对社会生产的发展、社会形态的发展、人的发展及同自然环境的密切联系与不间断发展的分析,向我们展示了社会有机体发展的实践性、人本性、整体性、系统性和连续性特性,这就为"五位一体"论的形成提供了重要的哲学依据。"五位一体"论从总体上研究社会生活的本质和社会发展的客观过程,把社会看作一个由人和全部社会生活条件相互依存、相互作用的有机整体,从中找出社会有机体内在的运行规律,并据此对社会发展的总体布局进行合理规划,促使社会主义建设实践朝着正确的方向迈进。

1. 马克思主义经典作家的社会发展理论

马克思、恩格斯创立唯物史观,使社会发展理论建立在物质生产实践的基础之上,初步揭示了社会历史辩证运动的基本规律,为新的社会发展理论的诞生铺平了道路。1847 年,马克思在《哲学的贫困》中已经认识到社会是一个包括一切关系的有机体。恩格斯进而断言"根据唯物史观,历史过程中的决定性因素归根到底是现实生活的生产和再生产。……如果有人在这里加以歪曲,说经济因素是唯一决定性的因素,那么他就是把这个命题变成毫

———

① 《马克思恩格斯选集》第 2 卷,人民出版社 1995 年版,第 102 页。

无内容的、抽象的、荒诞无稽的空话。"①马克思所说的社会有机体是囊括全部社会生活及其关系的总体性范畴,是包括社会体系的各个环节、要素"同时存在而又互相依存"的"一切关系"的有机整体。人类在推动社会持续发展时,既要考虑当代的发展,又要考虑合理适度地利用自然资源,以切实维护生态环境。马克思指出:"我们统治自然界,决不像征服者统治异族人那样,决不是像站在自然界之外的人似的,——相反地,我们连同我们的肉、血和头脑都是属于自然界和存在于自然之中的;我们对自然界的全部统治力量,就在于我们比其他一切生物强,能够认识和正确运用自然规律。"②马克思、恩格斯关于社会有机体发展的理论,为我们打开了一扇探究社会发展规律的大门。

列宁高度重视马克思主义的社会发展理论,认为马克思和恩格斯运用辩证方法"把社会看作处在不断发展中的活的机体",而"要研究这个机体,就必须客观地分析组成该社会形态的生产关系,研究该社会形态的活动规律和发展规律。"③列宁顺应时代的呼唤,对马克思社会发展理论做出创造性的发展,揭示了帝国主义时代世界资本主义经济政治发展不平衡的规律,提出社会主义革命可以在一国或几国首先获得胜利的新论断,并领导俄国的十月革命取得成功,开创了人类从资本主义向社会主义过渡的新时代。十月革命胜利后,列宁对俄国社会主义建设和发展进行了可贵的探索,认为社会主义必须有发达的生产力,必须加强国家政权建设和执政党建设,通过文化建设和文化革命来消除文化落后而带来的一系列困难和阻力。

马克思主义社会发展理论实际上为发展中国特色社会主义的全面推进提供了一个理论指导,是"五位一体"论的理论基石。作为社会主体的人所具有的社会生活包括多个方面,既有作为社会的人但又离不开自然的生活,更有作为社会实践的存在物所具有的物质生活、政治生活和精神生活。这就要求我们在发展中国特色社会主义的伟大实践中,必须全面推进经济、政

---

① 《马克思恩格斯选集》第4卷,人民出版社1995年版,第695—696页。
② 《马克思恩格斯选集》第4卷,人民出版社1995年版,第383—384页。
③ 《列宁选集》第1卷,人民出版社1995年版,第32页。

治、文化、社会和生态文明建设,实现经济社会和人的全面发展。

2. 中国共产党人关于发展中国特色社会主义的理论创造

社会主义社会是一个全面发展、全面进步的社会,更要遵循其自身的发展规律,注重其总体布局的有机整体性。新中国成立后,我们党在如何在中国这样一个经济文化落后的东方大国建设社会主义的问题上进行了一系列的艰辛探索,做出了许多关于发展中国特色社会主义的理论创新,成为“五位一体”论形成的重要理论渊源。

新中国建立初期,中国共产党依据马克思主义的基本原理和苏联社会主义建设的经验,在实现国民经济基本恢复之后,于 1953 年及时制定并开始实施社会主义工业化的战略目标。1956 年 4 月,毛泽东发表了《论十大关系》一文,向全党和全国人民提出了要探索一条适合中国国情的社会主义现代化建设道路的任务。1956 年 9 月,党的八大宣布我国消灭了私有制,进入了社会主义社会,全党的工作中心应转向集中力量发展社会主义生产力方面来。尽管后来毛泽东在探索发展中国特色社会主义道路问题上出现了偏差,但其提出的工业化的目标为后来邓小平提出党在社会主义初级阶段的基本路线提供了理论基础,是党的总体布局理论中关于经济建设的最早的理论探索。

1978 年 12 月,党的十一届三中全会确定把全党工作重点转移到社会主义现代化建设上来。1982 年党的十二大确立了党在新的历史时期的基本路线,提出了要把我国建设成为高度文明、高度民主的社会主义国家的建设目标,实际上反映了当时党对中国特色社会主义事业总体布局的认识。党的十二届六中全会通过的《关于社会主义精神文明建设指导方针的决议》,第一次明确提出了“总体布局”的概念,指出:“我国社会主义现代化建设的总体布局是:以经济建设为中心,坚定不移地进行经济体制改革,坚定不移地进行政治体制改革,坚定不移地加强精神文明建设,并且使这几个方面互相配合,互相促进。”①1987 年党的十三大提出要把我国建设成为“富

---

① 《十二大以来重要文献选编》(下),人民出版社 1988 年版,第 1173—1174 页。

强、民主、文明"的社会主义现代化国家,表明我们党对总体布局认识的进一步深化,是总体布局中关于经济、政治、文化建设协调发展的理论源头。

1989 年 6 月党的十三届四中全会以后,以江泽民为核心的党中央丰富和发展了建设有中国特色社会主义理论体系。1997 年党的十五大报告阐述了建设有中国特色社会主义的经济、政治、文化的基本目标和基本政策,从这三个方面确定党在社会主义初级阶段的基本纲领,是对基本路线的坚持和展开。江泽民多次强调要促进"社会全面进步"。2002 年党的十六大报告第一次明确把"社会更加和谐"作为"全面建设小康社会"的奋斗目标,为"五位一体"论的形成作了直接的理论铺垫。

党的十六大以来,以胡锦涛为总书记的党中央对影响社会发展的各种因素进行系统分析,从全局出发对较长时期内发展中国特色社会主义所要达到的总体目标进行理性思考、全面规划和科学安排,坚持以科学发展观为指导,全面推进中国特色社会主义经济建设、政治建设、文化建设、社会建设和生态文明建设,形成了"五位一体"发展中国特色社会主义的总体布局,创造性地发展了改革开放以来逐步形成的党关于发展中国特色社会主义总体布局的理论,进一步规划了发展中国特色社会主义的宏伟蓝图,不仅成为引导全国人民团结奋斗的旗帜,也表明我们党对如何建设社会主义有了更深层次的认识。

(二)"五位一体"论形成与发展的实践基础

历史唯物主义认为,社会存在决定社会意识,社会存在的性质和变化决定社会意识的性质和变化。但社会意识不是对社会存在的被动反应,它具有相对独立性,对社会存在起着能动的反作用。"五位一体"论的形成,既深深植根于改革开放和现代化建设的伟大实践,又反过来给予发展中国特色社会主义以巨大的理论指导,从而又推动理论自身的发展。中国共产党人正确应对各种问题和挑战,认真汲取其他国家成败得失的经验教训,这成为"五位一体"论形成和发展的实践基础。

1."五位一体"论是对当代发展问题的逻辑应答

中国共产党在把马克思主义基本原理同中国具体实际相结合的过程

中,不断丰富和发展马克思主义的社会发展理论,也使中国特色社会主义总体布局理论不断发展和完善。党的十一届三中全会后,邓小平在领导中国走向改革开放历史进程中,提出了"两个文明"一起抓的思想。党的十三大提出社会主义初级阶段的基本路线和富强民主文明的社会主义建设目标。但是在实践中,基本路线的整体性常被忽视,往往是片面地只顾"中心",不顾"基本点",忽视富强民主文明三大目标的有机统一,给中国特色社会主义建设带来很大的负面影响。党的十三届四中全会以后,以江泽民为代表的中国共产党人创立了"三个代表"重要思想,坚持依法治国和以德治国相结合,不断推进社会主义经济、政治、文化建设,进一步丰富和发展了社会主义总体布局理论。十六大以来,中国的改革开放进入到一个崭新的历史时期,伴随着综合国力的不断增强,一些深层次的社会矛盾也开始显现。以胡锦涛为总书记的党中央审时度势,将推动和谐社会建设作为发展中国特色社会主义的重要目标。与此同时,经济发展以牺牲生态环境为代价的发展模式并没有根本转变,生态环境的持续恶化成为制约发展的重要因素,也将成为影响社会和谐的突出问题。党的十六大以来,以胡锦涛为总书记的党中央根据社会发展滞后、生态环境恶化的情况,提出经济、政治、文化、社会、生态文明建设全面发展的战略决策,把中国共产党人对社会主义总体布局的认识推向一个新的高度。

2."五位一体"论是对新的发展环境的自我适应

"五位一体"论的形成和发展,是建立在对我国现在处于并将长期处于社会主义初级阶段的基本国情的清醒认识的基础上的。随着发展中国特色社会主义事业的不断推进,中国面临的国际国内环境也不断发生变化,遇到的挑战也越来越多。中国共产党人面对挑战,不断适应新的环境和要求,完善中国特色社会主义的发展目标,推动了"五位一体"论在实践中的逐渐成熟。

改革开放后,我国的经济建设取得了巨大成就,人民的文化需要日益增长。与此同时,西方的文化思潮对中国的传统观念形成强有力的冲击。改革开放的实践和社会环境的变化,要求总体布局做出相应的调整。邓小平提出以经济建设为中心、坚持四项基本原则、坚持改革开放,坚持社会主义物质文明和精神文明一起抓,正是顺应了这种时代要求。随着经济体制改革和政治体制改革的不断深入,在20世纪90年代,中国国情要求必须重视政治文明建设以巩固政治体制改革的成果,这样,"三位一体"的社会发展总体布局理论逐渐形成,并在实践中不断推进。

进入21世纪,原来的世界格局和国际政治关系进一步发生变化,世界多极化和经济全球化的趋势在曲折中发展,我国也进入了全面建设小康社会、加快推进社会主义现代化的新的发展阶段。全面建设小康社会,开创建设有中国特色社会主义的新局面,最重要的就是要实施现代化建设的第三步发展战略,同时,我国经济社会发展又呈现出新的阶段性特征。为适应中国发展的新环境,准确把握中国经济社会发展的新要求,就必须坚持经济建设、文化建设、政治建设、社会建设和生态文明建设五位一体,全面协调发展,才能开创发展中国特色社会主义的新局面。

3. "五位一体"论是对国际经验教训的深刻总结

20世纪50年代中期,以毛泽东为代表的中国共产党人已初步认识到苏联社会主义模式存在弊端,苏联经验不可能完全照搬到中国来,从而开始了有中国特色的社会主义建设道路的探索。十一届三中全会后改革开放基本国策的确立,得益于以邓小平为代表的中国共产党人对国际经验的借鉴和对国际竞争压力的正确应对。积极参与国际竞争,广泛参与国际间合作,把握对外开放的主动权,有利于加快发展我国的现代化建设。加强精神文明建设,在学习国外先进科学技术和管理经验的同时,自觉抵御不良思想的侵蚀,可以保证对外开放正确的发展方向。20世纪80年代末、90年代初,东欧剧变、世界上第一个社会主义国家苏联解体,国际范围内社会主义的发展问题面临严峻考验。以江泽民为代表的中国共产党人对苏东剧变及其他国家政权更迭和政局动荡进行深刻反思,认识到只有将马克思主义同中国的实际相结合,并与时俱进发展马克思主义理论,才能进一步推动中国特色社会主义的发展。江泽民在邓小平"两个文明"一起抓思想的基础上,进而提出了"三个文明"协调发展的思想,提出了"三位一体"的总体布局。其中一个重要原因是认识到政治文明对人心向背有着深远的影响,突显出政治文明建设的重要性。进入新世纪,国际竞争更趋激烈,发展中国特色社会主义面临的国际环境更加险恶。世界各国在发展过程中普遍出现的不重视社会发展和社会公平、忽视环境保护和能源资源节约等问题为我们提供了很好的反面教材,而发达国家在社会保障、环境保护方面的成功经验也值得我们去认真学习和总结。以胡锦涛为总书记的党中央高瞻远瞩,审时度势,在江泽民"三个文明"建设思想的基础上,适时提出要加强社会建设和生态文明建设,创造性地丰富了中国特色社会主义发展目标,确立了完善的发展中国特色社会主义目标体系,形成了"五位一体"发展中国特色社会主义总体布局理论。

二、"五位一体"论的形成过程

"五位一体"论是我们党的几任领导核心,在探索发展中国特色社会主义的历史进程中,立足中国社会主义初级阶段的基本国情,不断总结历史经验,与时俱进,对如何实现中华民族伟大复兴的思考中逐渐形成的,特别是以胡锦涛为总书记的党中央为此做出了突出的贡献。

(一)"两个文明"一起抓:邓小平对"五位一体"论形成的奠基性贡献

邓小平是中国改革开放的总设计师,也是"五位一体"论的奠基者。在改革开放的初期,邓小平就敏锐地意识到物质文明和精神文明协调发展的重要性。邓小平在深刻反思建国30年成败得失的基础上,根据改革开放实践中出现的新问题,正确处理两个文明建设的关系,鲜明地提出要坚持"两个文明"一起抓,对"五位一体"论的形成做出了奠基性的贡献。

1.社会主义要有高度的物质文明

物质文明是人类改造自然界的物质成果的总和,也是人类社会存在和发展的基础,它表现为人们物质生产的进步和物质生活的改善,包括生产力发展、社会物质财富的不断增长、人们的日常物质生活状况等内容;生产方式决定物质文明的性质,科学技术的发展则对物质文明起巨大推动作用。

唯物史观认为,生产力是社会发展的最终动力,社会主义制度与资本主义制度的较量归根到底是综合实力特别是经济实力的较量。社会主义制度确立以后,必须大力解放和发展生产力,抓住经济建设这个中心不放松,不断提高人民群众的物质文化生活水平。党的十一届三中全会果断地终止了"以阶级斗争为纲"的"左"的错误,决定把全党工作重心转移到经济建设上来,提出了以经济建设为中心、发展生产力、实现四个现代化的任务,并制定了一系列改革开放的路线、方针、政策和措施。党的十三大报告明确提出并着重论述了生产力标准,认为"社会主义社会的根本任务是发展生产力。"1992 年春,邓小平在南方谈话中提出了"三个有利于"标准,进而指出:"社会主义的本质,是解放生产力,发展生产力,消灭剥削,消除两极分化,最终达到共同富裕。"①

2. 社会主义要有高度的精神文明

把社会主义精神文明作为社会主义的重要特征,是以邓小平为代表的中国共产党人的突出贡献,也是中国共产党人对社会主义精神文明建设成败得失认真反思的成果。1979 年,邓小平开始使用"建设高度的社会主义精神文明"的提法。1981 年 6 月,党的十一届六中全会通过的《关于建国以来党的若干历史问题的决议》,对精神文明建设的主要内容进行了全面概括。1982 年 4 月,邓小平在中央政治局会议上明确提出建设社会主义精神文明是"坚持社会主义道路的四项必要保证"之一②。同年 7 月,邓小平在军委座谈会的上讲话提出社会主义精神文明建设的主要目标"是使我们的各族人民都成为有理想、讲道德、有文化、守纪律的人民。"③党的十二大报告指出,社会主义精神文明是社会主义的重要特征,是社会主义制度优越性的重要表现,并从理论上和政治上分析了精神文明建设的重要意义和作用,部署了精神文明建设的任务,确定了精神文明建设的行动方针,阐明了精神文明建设的基本内容及其相互关系,揭示了精神文明的丰富内涵。党的十二届六中全会通过的《中共中央关于社会主义精神文明建设指导方针的决

---

① 《邓小平文选》第 3 卷,人民出版社 1993 年版,第 373 页。

② 《邓小平文选》第 2 卷,人民出版社 1994 年版,第 403 页。

③ 《邓小平文选》第 2 卷,人民出版社 1994 年版,第 408 页。

议》系统阐述了社会主义精神文明建设一系列根本问题和指导方针,对社会主义精神文明建设的地位和作用进行了准确的概括和深刻的论证,从社会主义现代化建设总体布局的高度论证了精神文明建设的战略地位。

(二)"三个文明"协调发展:江泽民对"五位一体"论形成的新贡献

"两个文明"理论的提出,为我们党和广大人民群众在社会主义建设实践中正确处理物质文明和精神文明的关系提供了系统的理论指导,有力地促进了经济、社会的发展和进步。党的十三届四中全会后,江泽民在领导我国改革开放和现代化建设的实践中,进一步提出要建设有中国特色的社会主义政治文明。从"两个文明"一起抓到"三个文明"协调发展,江泽民为"五位一体"论的形成做出了新的贡献。

1. 拓展了社会主义经济建设的丰富内涵

随着改革开放的深入和扩大,我国的基本经济制度实现了从计划经济体制向社会主义市场经济体制的伟大转变。早在 1979 年邓小平已对市场经济有所认识,提出"社会主义也可以搞市场经济。"①1992 年邓小平在南方谈话中指出:"计划经济不等于社会主义,资本主义也有计划;市场经济不等于资本主义,社会主义也有市场。"②从根本上解除了把计划经济和市场经济归入社会基本制度范畴的思想束缚,打破了把社会主义与市场经济相对立的传统观念,为马克思主义中国化理论创新开拓了新的境界。

以江泽民为核心的党中央及时汲取邓小平的思想精华,结合中国改革开放的实践推动新的理论创新。中国共产党对市场经济的认识发生重大变化,认识到市场经济是生产社会化发展的必然结果,是人类文明成果的组成部分,因而具有普遍意义。1992 年 6 月 9 日,江泽民在中共中央党校省部级干部进修班讲话中充分肯定了市场也是一种配置资源的方式,强调市场的积极作用已越来越多地为社会主义国家的人们所认识。江泽民指出:"大量事实表明,市场是配置资源和提供激励的有效方式,它通过竞争和价格杠

---

① 《邓小平文选》第 2 卷,人民出版社 1994 年版,第 236 页。
② 《邓小平文选》第 3 卷,人民出版社 1993 年版,第 373 页。

杆把稀缺物资配置到能创造最好效益的环节中去,并给企业带来压力和动力。"①在党的十四大报告中,我们党明确提出建立社会主义市场经济体制的目标,从此,发展市场经济成为中国社会主义建设的重要组成部分。社会主义市场经济体制目标的确立,标志着党在社会主义物质文明建设领域开拓出一片前无古人的新境界,是对"两个文明"的重大发展。

2. 突出了社会主义政治文明建设的重要目标

中国特色社会主义是物质文明、精神文明以及政治文明全面发展的进程。如果说物质文明建设表现了人们对客观物质世界的不懈追求,精神文明建设表现人们对主观精神世界的追求的话,政治文明则体现了人们对和谐的社会关系、理想的社会制度的追求,体现了该历史阶段政治法律制度的发展状况和进步程度。

随着我国改革开放和社会主义现代化建设事业的不断向前发展,人们对社会主义民主政治建设的要求愈加迫切。政治体制改革是改革向前推进的一个标志。只有通过政治体制改革,才能从制度上保证党和国家政治生活的民主化、经济管理的民主化和整个社会生活的民主化,从而促进社会主义现代化建设的顺利发展。江泽民从当代中国改革和现代化建设所处的时代背景和实际需要出发,对"两个文明"理论构架进行了大胆突破和创新,提出中国特色社会主义要物质文明、精神文明和政治文明"三个文明"协调发展。1997 年 9 月,江泽民在党的十五大报告中不再沿用"两个文明"的理论框架,而代以党在社会主义初级阶段的三大基本纲领,即建设有中国特色社会主义的经济、政治和文化,从而把以往物质文明和精神文明的二分关系转变为经济、政治、文化的三分关系。同时,党的十五大报告提出了"依法治国,建设社会主义法治国家"的主张,这既是中国特色社会主义民主政治发展的重大成果,也是中国特色社会主义民主政治发展的一个新起点。党的十五大以来,党对这个问题的认识不断深入,并制定了一系列的方针、政策和规章制度,采取了许多切实可行的步骤和方法,使社会主义民主政治建

---

① 《江泽民文选》第 1 卷,人民出版社 2006 年版,第 200 页。

设在保证稳定的前提下得以逐步发展。在党的十六大召开前夕,江泽民明确提出"建设社会主义政治文明"的主张,指出:"发展社会主义民主政治,建设社会主义政治文明,是社会主义现代化建设的重要目标。"①这是对建设有中国特色社会主义内涵的丰富和发展,是对我国现实国情认识上的一次飞跃,是解放思想、实事求是思想路线和与时俱进的思想品格的具体体现,它对我国社会主义现代化建设的整体目标要求和实践活动具有重大的指导意义。在党的十六大上,江泽民的这一思想为全党所接受。党的十六大报告明确指出:"发展社会主义民主政治,建设社会主义政治文明,是全面建设小康社会的重要目标。"②

3. 确立了有中国特色社会主义文化的发展方向

随着改革开放伟大实践的深入,江泽民开始从文化建设的视野思考社会主义精神文明建设问题,提出要发展中国特色社会主义文化。1991年7月1日,江泽民在庆祝中国共产党成立70周年的讲话中首次提出"有中国特色社会主义的文化"的概念。1996年10月10日,江泽民在党的十四届六中全会上指出,社会主义社会是全面发展、全面进步的社会;社会主义精神文明是社会主义社会的重要特征,邓小平关于精神文明建设的思想是建设有中国特色社会主义理论体系的重要组成部分;社会主义精神文明建设的根本任务是培养"四有"公民;处理物质文明和精神文明的关系,处理四项基本原则和改革开放的关系,处理改革、发展、稳定的关系,必须克服片面性,防止顾此失彼③。1997年党的十五大明确将中国特色社会主义文化建设写入党在社会主义初级阶段的基本纲领,确立了中国特色社会主义文化的发展方向。

先进文化反映着生产力发展水平,并成为推动社会进步的重要力量。能不能大力加强精神文明建设,繁荣有中国特色社会主义文化,满足人民群众日益增长的精神文化生活需求,同样关系到发展中国特色社会主义事业

---

① 《十五大以来重要文献选编》(下),人民出版社2003年版,第2416页。
② 《十六大以来重要文献选编》(上),中央文献出版社2005年版,第24页。
③ 《江泽民文选》第1卷,人民出版社2006年版,第570—572页。

的兴衰成败。随着"三个代表"重要思想的逐渐成熟,江泽民进一步明确了建设先进文化在有中国特色社会主义事业中的重要作用。江泽民指出:"全党同志必须始终坚持马克思主义为指导,努力继承和发展中华民族的一切优良的文化传统,努力学习和吸收一切外国的优秀文化成果,从而不断地创造和推进有中国特色社会主义文化,使社会主义物质文明和精神文明协调发展,使社会全面进步"。① 这一重要论断高瞻远瞩,涵义深刻,它明确了建设先进文化在有中国特色社会主义事业中的重要作用。这是江泽民运用辩证唯物主义和历史唯物主义的观点和方法,面对新的历史任务,总结过去,规划未来,进行跨世纪战略思考得出的科学结论,是关于党的性质、根本宗旨和历史任务的新概括,是对社会主义精神文明建设理论的丰富和发展,对"五位一体"论的形成做出了新的贡献。

(三)"五位一体"全面发展:胡锦涛对总体布局理论的重大创新

历史进入新世纪,中国社会主义建设事业也进入到一个关键时期。伴随着我国经济实力和综合国力不断增强,经济成分、组织形式、就业方式、分配方式和利益关系日益多样化,我国的社会结构正在发生着深刻变化。社会发展滞后于经济发展,环境问题日益显露。以胡锦涛为总书记的党中央审时度势,准确把握中国经济社会发展的脉搏,适时提出了科学发展观,解决了当代中国发展中的一系列重大命题。随着科学发展观成为党的重要指导思想,走科学协调可持续发展道路,加强和谐社会建设,建设生态文明成为全党的共识,"五位一体"全面发展中国特色社会主义的总体布局理论最终形成,这是以胡锦涛为总书记的党中央的重大理论创新。

1. 明确了社会建设是发展中国特色社会主义的重要目标

历史进入新世纪后,我国的改革与发展也处在一个关键时期。改革在广度上已涉及经济、政治、文化等所有领域,在深度上已触及人们具体的经济利益,发展早已由单纯追求经济指标上升到追求实现人口、资源、环境统筹协调发展。国际经验表明,这既是发展黄金期,也是矛盾凸显期。为了避

---

① 《江泽民文选》第 1 卷,人民出版社 2006 年版,第 2 页。

免可能出现的经济社会问题,巩固改革发展的成果,推动经济可持续发展,应积极维护社会稳定,促进社会和谐,努力实现我国经济与社会的协调发展。党的十六大报告虽然只强调经济建设、政治建设、文化建设,没有提及社会建设,但是提出了本世纪头 20 年中国全面建设小康社会的发展目标,将"社会更加和谐"作为其中一个重要内容①,提出"要把改革的力度、发展的速度和社会可承受的程度统一起来,把不断改善人民生活作为处理改革发展稳定关系的重要结合点,在社会稳定中推进改革发展,通过改革发展促进社会稳定。"②事实上已蕴含着社会建设的思想。党的十六大以来,以胡锦涛为总书记的党中央继承和发展了这个重要思想。党的十六届四中全会通过的《中共中央关于进一步加强党的执政能力建设的决定》,提出"要适应我国社会的深刻变化,把和谐社会建设摆在重要位置,注重激发社会活力,促进社会公平和正义,增强全社会的法律意识和诚信意识,维护社会安定团结。"③进一步提出构建社会主义和谐社会的目标,将不断提高构建社会主义和谐社会的能力作为党的执政能力建设的主要任务。胡锦涛在党的十六届五中全会上指出,随着党将构建社会主义和谐社会作为战略任务提出,"中国特色社会主义的总体布局更加明确地由社会主义经济建设、政治建设、文化建设三位一体发展为社会主义经济建设、政治建设、文化建设、社会建设四位一体。"④党的十六届六中全会全面分析了当前的形势和任务,研究了构建社会主义和谐社会的若干重大问题,做出《关于构建社会主义和谐社会若干重大问题的决定》,提出了"社会和谐是中国特色社会主义的本质属性"的科学论断⑤,进一步明确了构建社会主义和谐社会在中国特色社会主义事业总体布局中的地位。

构建社会主义和谐社会,是我们党从中国特色社会主义事业总体布局

---

① 《十六大以来重要文献选编》(上),中央文献出版社 2005 年版,第 14 页。
② 《十六大以来重要文献选编》(上),中央文献出版社 2005 年版,第 7 页。
③ 《十六大以来重要文献选编》(中),中央文献出版社 2006 年版,第 286 页。
④ 《十六大以来重要文献选编》(中),中央文献出版社 2006 年版,第 1025 页。
⑤ 《十六大以来重要文献选编》(下),中央文献出版社 2008 年版,第 648 页。

和全面建设小康社会全局出发提出的重大战略任务,反映了建设富强民主文明和谐的社会主义现代化国家的内在要求,体现了全党全国各族人民的共同愿望。人类社会是一个不断从低级向高级发展的历史过程。建立平等、互助、协调的和谐社会,一直是人类的美好追求。马克思、恩格斯在《共产党宣言》中明确指出:"代替那存在着阶级和阶级对立的资产阶级旧社会的,将是这样一个联合体,在那里,每个人的自由发展是一切人的自由发展的条件。"①马克思、恩格斯关于自由人联合体和人的全面自由发展的表述,都是指向未来高级的和谐社会的目标模式。构建社会主义和谐社会就是要把马克思、恩格斯的科学论述逐步变成现实,它完全符合人类历史发展规律的要求,是我们党在新时期推进伟大事业的又一个重大理论创新。

以胡锦涛为总书记的党中央把社会建设提高到这样的高度,可以说是对马克思主义社会发展理论的重大发展。马克思、恩格斯曾把社会关系和政治关系、社会结构和政治结构相区分:"以一定的方式进行生产活动的一定的个人,发生一定的社会关系和政治关系。经验的观察在任何情况下都应当根据经验来揭示社会结构和政治结构同生产的联系,而不应当带有任何神秘和思辨的色彩。"②以胡锦涛为总书记的党中央审时度势,明确提出构建社会主义和谐社会的战略思想,适应了我国改革发展进入关键时期的客观要求,体现了广大人民群众的根本利益和共同愿望。这一战略思想,着眼于我们党面临的新形势新任务,着眼于我国社会已经和正在出现的深刻变化,着眼于国际局势发展的风云变幻,反映了我们党对执政规律、执政能力、执政方略和执政方式的新把握。这是我们党对什么是社会主义、怎样建设社会主义的又一次理论升华,是马克思主义中国化的最新成果,显示了我们党解放思想、实事求是、与时俱进的理论智慧和理论勇气,体现了我们党高屋建瓴、统揽全局、开拓未来的能力。这表明了以胡锦涛为总书记的党中央对人类社会发展规律、社会主义建设规律和共产党执政规律认识的深化,

---

① 《马克思恩格斯选集》第 1 卷,人民出版社 1995 年版,第 294 页。
② 《马克思恩格斯选集》第 1 卷,人民出版社 1995 年版,第 71 页。

具有重大的理论价值和现实意义,发展中国特色社会主义总体布局实现了由"三位一体"向"四位一体"的飞跃,为"五位一体"论形成迈出了坚实的一步。

2. 提出了生态文明建设是发展中国特色社会主义的新要求

改革开放以来,我国经济社会的各方面发展都取得了巨大成就,综合国力大幅度提升。然而,我们的社会发展仍远远滞后于经济增长,并且经济增长付出的能源、资源、生态代价过大。生态问题日益凸现,生态恶化已经成为关系经济社会发展全局的长期战略问题,生态文明建设的重要性随着我国经济社会的发展日益显露出来,甚至某些方面、某些地方呈现出日益恶化的趋势。生态文明建设与经济发展不相协调的状况,已经对发展中国特色社会主义总体布局目标产生重大影响,有必要把生态文明建设放在突出的位置。以胡锦涛为总书记的党中央在领导全党全国人民发展中国特色社会主义的伟大实践中,敏锐地意识到生态文明建设的极端重要性。党的十六大将生态文明建设作为全面建设小康目标之一,提出"可持续发展能力不断增强,生态环境得到改善,资源利用效率显著提高,促进人与自然的和谐,推动整个社会走上生产发展、生活富裕、生态良好的文明发展道路。"①

2005年2月,在中央举办的省部级主要领导干部提高构建社会主义和谐社会能力专题研讨班上,胡锦涛对于和谐社会的基本特征作了精辟概括,即"我们所要建设的社会主义和谐社会,应该是民主法治、公平正义、诚信友爱、充满活力、安定有序、人与自然和谐相处的社会"。② 胡锦涛所指出的"六个应该"闪耀着马克思社会有机体理论的思想光辉,这里的"人与自然和谐相处",就是从社会有机体的两个前提性构成部分即人口因素和自然环境的关系要和谐相处而言的,它们能否和谐相处又是关涉社会有机体能否和谐发展的后果性的构成部分。

2005年3月12日,胡锦涛在中央人口资源环境工作座谈会上指出:

① 《十六大以来重要文献选编》(上),中央文献出版社2005年版,第15页。
② 《十六大以来重要文献选编》(中),中央文献出版社2006年版,第706页。

"这些年来,我国经济以较高速度增长,取得了举世瞩目的成就,但同时人口资源环境压力也越来越大。我们要缓解人口资源环境压力,实现经济社会全面协调可持续发展,必须加快调整不合理的经济结构,彻底转变粗放型的经济增长方式,使经济增长建立在提高人口素质、高效利用资源、减少环境污染、注重质量效益的基础上。"①

党的十六届五中全会建议,在"十一五"规划纲要中要有生态方面的具体要求,明确提出"保护资源和环境,是难度很大而又必须切实解决好的一个重大课题"②。之后,十届人大四次会议通过的《中华人民共和国国民经济和社会发展第十一个五年规划纲要》提出了具体的生态建设目标。党的十七大首次提出建设生态文明,将生态文明建设作为实现全面小康社会奋斗目标的新要求提出:"建设生态文明,基本形成节约能源资源和保护生态环境的产业结构、增长方式、消费模式。循环经济形成较大规模,可再生能源比重显著上升。主要污染物排放得到有效控制,生态环境质量明显改善。生态文明观念在全社会牢固树立"。③ 把生态建设上升到文明建设的高度,是我们党对中国特色社会主义、经济社会发展规律和人类文明趋势认识的不断深化。建设生态文明,不仅对于贯彻落实科学发展观、继续推进中国特色社会主义伟大事业和全面建设小康社会具有重大的现实意义,而且对于维护全球生态安全、推动人类文明进步和可持续发展具有深远的历史意义。从全球范围看,自工业革命以来,人类在物质生产取得巨大发展的同时,对地球资源的索取超出了合理的范围,对地球生态环境造成了破坏。从我国国情来看,一方面,我国人均资源不足,人均耕地、淡水、森林都远远低于世界平均水平,生态环境总体恶化的趋势尚未得到扭转,人们的节能意识还很滞后;另一方面,由于长期实行主要依赖投资和增加物质投入的粗放型经济增长方式,工业结构不合理,资源利用率较低,导致能源和其他资源的消耗增长很快,生态环境恶化问题也日益突出。因此,提出建设社会主义生态文

---

① 《十六大以来重要文献选编》(中),中央文献出版社 2006 年版,第 816 页。
② 《十六大以来重要文献选编》(中),中央文献出版社 2006 年版,第 1051 页。
③ 《十七大以来重要文献选编》(上),中央文献出版社 2009 年版,第 16 页。

明,不论对实现以人为本、全面协调可持续发展,还是对于改善生态环境、提高人民生活质量、实现全面建设小康社会的目标,都有重要的意义。党的十七大报告在全面建设小康社会奋斗目标的新要求中,第一次明确提出了建设生态文明的目标,标志着中国特色社会主义"五位一体"总体布局的确立。

第二节　"五位一体"论的科学内涵及其辩证关系

以胡锦涛为总书记的党中央坚持用科学发展观指导经济社会发展全局,逐渐形成了以经济建设、政治建设、文化建设、社会建设和生态文明建设为内容的发展中国特色社会主义"五位一体"总体布局理论。科学地把握"五位一体"论的深刻内涵和它们之间的辩证关系,对于我国经济社会全面、协调、可持续发展有着非常重大的意义。

一、"五位一体"论的科学内涵

社会主义经济建设、文化建设、政治建设、社会建设和生态文明建设,构成"五位一体"发展中国特色社会主义的总体布局。"五位一体"发展中国特色社会主义,是中国国情的客观要求,反映了马克思主义关于建设社会主义新社会的本质要求。五个方面的建设要求既是一个密不可分的整体,又有其各自的建设重点。

(一)经济建设:发展中国特色社会主义市场经济

坚持和发展社会主义,首要的根本任务是抓住经济建设这个中心不放松,更好更快地发展社会生产力。邓小平曾说过:"社会主义时期的主要任务是发展生产力,使社会物质财富不断增长,人民生活一天天好起来,为进入共产主义创造物质条件。"①社会主义优越性的体现,最终要靠生产力的极大发展。生产力作为社会主义的物质基础,又直接关系着社会主义制度

---

① 《邓小平文选》第3卷,人民出版社1993年版,第171页。

的巩固和发展。人的自由全面发展与和谐、良好社会关系的建立都离不开物质基础。没有生产力的发展,就不可能实现社会的发展,更不会有社会全面和谐的发展。国内矛盾的妥善解决,社会稳定的维护,归根到底都要靠强大的经济实力。社会主义只有建立在坚实的物质基础之上,中国特色社会主义道路才能越走越宽。

建国三十年正反两方面的经验教训告诉我们,建设社会主义必须走自己的路。在建设中国特色社会主义的伟大实践中,中国共产党人创造性地提出建设社会主义市场经济的伟大设想,并在实践中不断完善。自社会主义市场经济体制开始建立,我国公有制经济进一步壮大,国有企业改革稳步推进,民营企业等非公有制经济快速发展,市场体系建设全面展开,宏观调控体系不断完善,政府职能转变步伐加快,综合国力有了很大提高,人民生活总体上达到小康水平,现在正朝着全面建设小康社会的方向迈进。目前,我国的经济发展水平同世界先进国家相比仍有很大的差距,需要我们在社会主义经济建设中,不断完善符合经济发展规律的方针、政策。只要我们把经济关系处理好,使整个经济系统处于良性循环之中,整个社会的运转有了必要的物质支撑,发展中国特色社会主义的宏伟目标就能顺利实现。

(二)政治建设:发展中国特色社会主义民主政治

社会主义社会是迄今为止人类历史上最先进的社会制度,社会主义民主政治具有广泛民主性的政治基础,并处于不断的自我完善过程之中。社会主义社会的基本矛盾不再具有对抗性,不再通过对抗手段来解决。社会主义国家的一切权利属于人民,社会主义民主的本质是人民当家作主。只有不断健全民主制度,丰富民主形式,扩大公民有序的政治参与,保证人民依法实行民主选举、民主决策、民主监督、民主管理,才能使国家的治理行为更好地体现人民的意志,代表人民的利益,从而有效地化解社会矛盾,减少社会不和谐的因素。发展中国特色社会主义民主政治,必须健全社会主义法制,建设社会主义法治国家,巩固民主团结、安定和谐的政治局面。

坚持党的领导、人民当家作主和依法治国的有机统一,是我国社会主义政治建设必须遵循的根本原则,也是中国特色社会主义政治建设的重要特点。胡锦涛指出:"坚持国家一切权力属于人民,从各个层次、各个领域扩大公民有序政治参与,最广泛地动员和组织人民依法管理国家事务和社会事务、管理经济和文化事业;坚持依法治国基本方略,树立社会主义法治理念,实现国家各项工作法治化,保障公民合法权益;坚持社会主义政治制度的特点和优势,推进社会主义民主政治制度化、规范化、程序化,为党和国家长治久安提供政治和法律制度保障。"①只有不断健全民主制度,丰富民主形式,扩大公民有序的政治参与,保证人民依法实行民主选举、民主决策、民主监督、民主管理,才能使国家的治理行为更好地体现人民的意志,代表广大人民的利益,从而有效地化解社会矛盾,减少社会不和谐的因素。

(三)文化建设:发展中国特色社会主义先进文化

马克思主义经典作家在论述社会主义和共产主义特征时,都在不同程度上论述了思想文化建设的重要性。中国共产党人在总结世界社会主义运动和我国社会主义发展的历史经验的基础上,明确把社会主义文化建设作为社会主义的一个重要特征,这是我们党对马克思主义的科学社会主义理论所作的重要贡献。社会主义文化是社会主义区别于资本主义的重要标志,是社会主义制度优越性的重要表现,又是社会主义现代化建设的重要目标。

改革开放以来,我国面临着深刻的社会变迁,各种文化思潮纷纷涌现。发展中国特色社会主义先进文化有利于巩固马克思主义在意识形态领域的指导地位,引导人们坚持运用辩证唯物主义和历史唯物主义的立场、观点和方法去观察社会,处理社会问题,把握社会发展的规律和特点,防止思想上的片面性和极端化。社会主义文化建设包括思想道德建设和教育科学文化建设两个方面。思想道德建设要解决的是整个民族的精神支柱和精神动力问题,体现精神文明的性质和方向;教育科学文化建设旨在提高全民族的科学文化素质,并为现代化建设提供智力支持。建设中国特色社会主义文化,必须团结广大人民群众,充分发挥各族人民的社会主义积极性和创造性,满

---

① 《十七大以来重要文献选编》(上),中央文献出版社 2009 年版,第 22 页。

足人民的文化和精神需要,集中精力加强思想道德建设和教育科学文化建设,促进社会生产力的发展。

(四)社会建设:构建中国特色社会主义和谐社会

社会和谐论是改革开放以来,党与时俱进、开拓创新的产物,表明我们党对人类社会发展的认识达到了一个新的高度。社会是通过社会关系而发展起来的,同时又是社会关系的表现形式。社会和谐指人们通过良好的社会交往而形成的社会关系上的平等、和睦、民主、协调的状况。在社会主义的中国,社会和谐要求最大限度地激发社会活力,促进政党关系、民族关系、宗教关系、阶层关系、海内外同胞关系的和谐,着力建立国内各民族之间、工人农民和知识分子之间、干部和群众之间、军民之间、以至全体人民内部之间的团结一致、友爱互助、共同奋斗、共同前进的关系,巩固全国各族人民的大团结,巩固海内外中华儿女的大团结。

构建社会主义和谐社会是我们党从全面建设小康社会、开创社会主义事业新局面的全局出发提出的一项重大任务,它适应了我国改革发展进入关键时期的客观要求,体现了最广大人民群众的根本利益和共同愿望。其内涵主要包括发展社会事业、扩大公共服务,协调利益关系、调处社会矛盾,完善社会管理、促进社会公平正义等,以及这些方面的改革和建设。社会和谐是中国特色社会主义的本质属性。深入贯彻落实科学发展观,要求我们积极构建社会主义和谐社会。加强社会建设的重点在改善民生。最主要的是要将各种突出的社会矛盾和社会问题解决好,以解决人民最关心、最直接的现实利益问题为重点,完善社会管理,使经济发展成果更多地体现到改善民生上。公平正义是正确处理人与人、人与社会之间各种利益关系的重要准则,是社会和谐的基本条件。通过加强社会建设,促进社会公平正义,努力形成全体人民各尽所能、各得其所而又和谐相处的局面,为发展提供良好的社会环境。

(五)生态文明建设:建设中国特色社会主义生态文明

生态文明是人类在对传统文明特别是工业文明进行深刻反思的基础上建立起来的,是指人类在发展物质文明的同时,不断克服负面效应、积极改善和优化天人关系、建设有序的生态运行机制和良好生态环境所取得的积极成果的总和,这是人类文明形态和文明发展理念、道路和模式的重大进步。生态文明以人与自然、人与人、人与社会和谐共生、良性循环、全面发展、持续繁荣为基本宗旨,以建立可持续的经济发展模式、健康合理的消费模式及和睦和谐的人际关系为主要内涵,倡导人类在遵循人、自然、社会和谐发展这一客观规律的基础上追求物质与精神财富的创造和积累。

生态文明建设包括生态环境、生态意识和生态制度几个方面。生态环境为人类提供生产资料和生活资料。为实现经济社会的可持续发展,必须尊重和维护生态环境,在开发利用自然的过程中,从维护社会、经济、生态系统的整体利益出发,注重生态环境建设,致力于提高生态环境质量,使现代经济社会发展建立在生态系统良性循环的基础上,最终达到有效地解决人类需求同自然生态环境系统供给之间的矛盾,实现人与自然的协同进化。生态意识是在文化价值观上对自然价值的认识。建立符合生态原则的价值需求、价值规范和价值目标,使生态意识成为大众化意识,并产生广泛的社会影响力,可以改变部分人对物质财富过度享受的状况,使人们物质精神文化生活的需要能够在不损害自然生态的情况下得到满足。生态制度包括有利于节约能源资源和保护生态环境的法律和政策。通过生态制度建设,可以加快形成可持续发展体制机制,依靠科技进步和创新,实现资源节约和环境保护;加强污染防治和生态修复,全面改善城乡人居环境;切实把建设节约型、环境友好型社会的要求落实到每个单位和家庭,使生态文明观念渗透到全社会之中。党的十七大不仅确定了生态文明的建设目标,而且把生态文明建设作为实现全面协调可持续发展的必然要求:"坚持生产发展、生活富裕、生态良好的文明发展道路,建设资源节约型、环境友好型社会,实现速度和结构质量效益相统一、经济发展与人口资源环境相协调,使人民在良好的生态环境中生产生活,实现经济社会永续发展。"①

---

① 《十七大以来重要文献选编》(上),中央文献出版社 2009 年版,第 12 页。

二、"五位一体"论的内在辩证关系

改革开放以来,我们党领导全国各族人民取得举世瞩目的伟大成就,创立了中国特色社会主义理论,开辟了中国特色社会主义道路,形成独具特色的发展中国特色社会主义总体布局。中国特色社会主义经济建设、政治建设、文化建设、社会建设和生态文明建设是一个相辅相成、密不可分的"五位一体"论有机整体。要全面推进发展中国特色社会主义的伟大事业,就必须全面推进总体布局各个方面目标的建设。但是也要看到,全面推进不等于也不可能是齐头并进,要实现总体布局的目标,必须正确认识"五位一体"论各方面的功能作用,准确把握总体布局之间的相互关系,才能真正做到"五位一体"。

(一)经济建设为发展中国特色社会主义提供物质基础

社会主义经济建设是整个社会发展的物质基础,它解决人们的实质生活问题,决定着社会主义的整体发展水平。在社会主义条件下,教育的普及、科学的进步、文化的发达、人民内部各阶层之间利益关系的调整、民生的改善、生态的修复和保护,都有赖于经济建设的发展。因此,在发展中国特色社会主义的全过程中,必须始终牢牢把握经济建设这个中心,努力把国民经济搞上去,这是实现中华民族振兴和国家富强的基础,是任何时候都不能动摇的根本点。

首先,经济建设为政治建设的发展提供强大的推动力。社会主义经济建设和经济体制改革密不可分,社会主义政治建设也有赖于政治体制改革的推进。经济体制改革的不断深入,生产力的持续发展,广大人民生活的改善,有利于增进各族人民的团结,有利于社会的政治稳定;社会主义市场经济的发展有利于人们民主参与热情的提高,推动民主选举、民主决策、民主管理、民主监督的发展;社会主义经济建设的发展,有利于增强人们对中国共产党的热爱和建设中国特色社会主义的热情。市场经济本质上是一种法制经济,市场经济的发展要求社会主义法制建设的同步推进。经济体制改革可以促使政府转变职能,有利于按照精简、统一、效能的原则进行机构改革。

其次,经济建设为文化建设提供必要的物质条件。经济的发展程度制约着文化建设的速度和规模。没有经济的发展,文化建设中的教育、科学、文化、体育卫生的发展都要受到制约;社会生产力的发展,人民生活水平的巨大提高,则为教育、科学、文化、体育卫生等事业的发展提供了更为充实的物质条件。改革开放以后,随着经济实力的不断增强,我国的经济建设与文化建设总体上呈现相互促进的势头,也就有更多更大的能力对教育、科技、文化、体育卫生等方面增加投入,加强管理。经济的发展还改变着人们的思想和道德面貌,推动着人们思想道德的进步,而且为思想道德教育提供着鲜活的实证材料,有利于增强思想道德教育的说服力。

第三,经济建设是构建社会主义和谐社会的物质基础。随着改革开放的深入发展,我国社会的阶级阶层结构发生了深刻变化,工人和农民两大基本阶级内部出现了分化,涌现出不少新的社会阶层,为增进社会活力提供了广大的发展空间。同时,社会经济成分、组织形式、就业方式、利益关系和分配方式日益多样化,这就提出了理顺社会利益关系、化解社会利益矛盾、构建公平合理社会利益格局的课题,促使党和政府以最广大人民的根本利益为出发点和落脚点,高度重视并落实人民群众的切身利益,建立健全社会利益的沟通渠道和协调机制;改革开放的深入,促使党和政府本着按劳分配为主、多种分配方式并存的原则,调节收入分配,理顺分配关系,完善社会保障体系,促进社会公平,实现社会稳定。

第四,经济建设可以促进生态文明建设的发展。以经济建设为中心,大力发展社会生产力,必须在把握自然规律的基础上积极地能动地改造和利用自然,使之更好地为人类服务,实现经济社会的可持续发展和经济、社会、环境的共赢。生态文明建设要求加快转变经济发展方式,形成节约能源资源和保护生态环境的产业结构、增长方式和消费模式,加大第三产业的比重和水平,优化第二产业结构,大力推进信息化与工业化融合,提升高技术产业,限制高耗能、高污染工业的发展。

（二）政治建设为发展中国特色社会主义提供政治保障

政治建设,也就是发展社会主义民主政治,发展社会主义政治文明。人民民主是社会主义的本质特征,发展社会主义民主政治是我们党始终不渝的奋斗目标。政治体制改革作为我国全面改革的重要组成部分,随着经济社会发展而不断深化,与人民政治参与积极性不断提高相适应。加强中国特色社会主义政治建设,不断推进社会主义政治制度自我完善和发展,扩大社会主义民主,建设社会主义法治国家,可以保证人民当家作主的权利,增强党和国家活力,调动人民积极性创造性,为发展中国特色社会主义提供政治保障。

首先,社会主义政治建设有利于经济发展。政治是经济的集中体现,经济体制改革的深化有赖于政治体制改革的顺利进行。我国现行政治体制某些方面存在的缺陷和弊端,如民主法律制度不够健全、对权力缺乏有效的制约监督等,必然会阻碍经济体制改革,拖经济发展的后腿。相反,精简机构、简政放权、扩大社会主义民主,有利于调动广大人民群众、基层组织和各方面的积极性;建立完备的社会主义法律体系,能够为改革开放和经济发展提供有力的政治保障,从而有利于经济社会的顺利发展。

其次,社会主义政治建设有利于巩固文化建设成果。加强党和国家政治制度建设,发展社会主义民主,健全社会主义法制,关系到社会稳定、协调与健康发展,决定着文化建设的本质特征。政治的规范作用体现在法律和道德两个方面,建立社会主义法律体系,有利于建设与之相适应的社会主义思想道德思想体系。法律和道德都是上层建筑的组成部分,都是维护社会秩序、规范人们思想和行为的重要手段,它们互相联系,互相补充,法治以其权威性和强制手段规范社会成员的行为,德治以其说服力和劝导力提高社会成员的思想认识和道德觉悟。从这个意义上说,社会主义政治建设,能够促使人们自觉地扶正祛邪、扬善惩恶,有利于形成追求高尚、激励先进的良好社会风气,促进整个民族素质的提高,有利于社会主义文化建设的发展。

第三,社会主义政治建设可以推进社会建设。社会主义民主政治取向有利于培育社会自治能力,为社会力量的发展开拓了广阔的道路。制度是社会公平正义的根本保证,社会公平正义必须通过制度来实现;党和政府主动地开展社会建设,引导社会力量健康发展,同时有序地向社会放权,使社会文明在社会稳定的条件下循序渐进,必然有利于保障最广大人民的根本利益和现实利益,有利于全面建设小康社会。

第四,社会主义政治建设对生态文明建设具有保障作用。建设社会主义生态文明不仅有赖于经济发展方式的转变,有赖于全社会生态文明观念的牢固树立,而且还有赖于生态资源环境法律体系的建立,有赖于各项法律法规的严格执行。社会主义政治建设的推进,能够为社会主义生态文明的发展提供有力的政治保障,提高执法能力,加快可持续发展机制的形成。

(三)文化建设为发展中国特色社会主义提供智力支持

中国特色社会主义文化反映我国社会主义经济、政治等方面的基本特征,建设社会主义文化是全面实施党和国家发展战略的需要,可以引领全国人民牢固树立社会主义核心价值体系,巩固全党全国各族人民团结奋斗的共同思想基础。培育文明风尚,广泛开展群众性精神文明创建活动,大力推进文化创新,全面推进文化体制改革,可以最大限度地激发广大文化工作者勇于创新的积极性,使全社会的文化创造活力充分释放、文化创新成果不断涌现,使当代中华文化更加多姿多彩、更具吸引力和感染力。

首先,社会主义文化建设是社会主义现代化建设的重要保证。社会主义文化作为正确的思想价值导向,从思想上保证我国社会主义现代化建设的正确方向。社会主义的本质是解放生产力,发展生产力,消灭剥削,消除两极分化,最终达到共同富裕。只有加强以马克思列宁主义、毛泽东思想、中国特色社会主义理论体系为指导的社会主义文化建设,才能从思想上保证社会主义本质的实现和现代化建设沿着社会主义方向发展。加强社会主义文化建设,在全社会强化信用意识,加强公民诚实守信的道德教育,有利于提高劳动者的道德素质、激发劳动者的生产热情,从而推动现代化建设的发展。社会主义文化建设有利于促进教育、科技的发展,有利于提高劳动者的科学文化素质,为社会主义建设提供智力支持。

其次,社会主义文化建设与社会主义政治建设相互促进。德治和法治是一个紧密结合的整体,相辅相成、相互促进。发展社会主义市场经济,必须坚持不懈地加强社会主义法制建设,坚持依法治国,同时要坚持不懈地加强社会主义道德建设,坚持以德治国。制度的生命在于执行,只有贯彻落实了才能发挥积极作用,全民法律意识的增强,广大群众学法、用法、守法和维护法律尊严的自觉性,必然有利于法治和德治在实际生活中的紧密配合,有利于保证社会的良好秩序,保证国家的长治久安。

第三,社会主义文化建设对社会主义社会建设具有推进作用。社会主义文化建设的基本任务与社会建设的战略目标是一致的。社会主义文化建设的基本任务是坚持爱国主义、集体主义、社会主义教育,加强社会公德、职业道德、家庭美德、个人品德建设,引导人们树立中国特色社会主义的核心价值体系;社会建设的战略目标大致可分为党和政府对社会的调控能力和社会自治能力应变能力的提高,包括维护社会稳定,发展社会事业,扩大公共服务,提高社会效率,协调利益关系,促进社会公平,完善社会管理,引导社会自治,推进社会和谐,等等。社会主义文化的发展有利于社会关系的和谐,营造和谐的社会环境。

第四,社会主义文化建设引领生态文明建设。社会主义文化的发展意味着人们主体意识的升华和觉悟的普遍提高,意味着更加理性、更加全面的人类自我意识,这就有利于把生态价值观直接渗透在艺术、语言、风俗和制度之中,有利于生态文明观念在全社会的牢固树立,有利于全体社会成员正确对待和处理人与自然的关系,进而有利于生态文明建设,尊重自然,保护自然,利用自然,造福人类。

（四）社会建设为发展中国特色社会主义提供和谐的社会环境

社会建设,就是构建社会主义和谐社会,建设民主法治、公平正义、诚信友爱、充满活力、安定有序、人与自然界和谐相处的社会。社会建设与人民幸福安康息息相关,是社会发展的中间调节器,起着良好的润滑作用。建设社会主义和谐社会,保障和改善民生,推进社会体制改革,扩大公共服务,完善社会管理,促进社会公平正义,激发社会活力,使全体人民学有所教、劳有所得、病有所医、老有所养、住有所居,可以为发展中国特色社会主义提供良好的社会环境。

首先,社会建设可以推动经济发展。在改革开放之前,国家几乎把所有经济成分都纳入计划经济的框架,政治控制着社会生活的一切领域。这种国家与社会高度一体化的体制不利于充分调动社会积极因素,阻碍经济的良性运转。随着计划经济体制的松绑,经济日趋活跃,市场逐步繁荣,人民群众不断受益。随着社会主义市场经济体制改革目标和公有制为主体、多种所有制经济共同发展的基本经济制度的确立,我国个体经济也从配角升格为社会主义市场经济的重要组成部分,民营经济已经成为增加就业的主要渠道、国家税收的重要来源和对外贸易的生力军。

其次,社会建设可以促进文化建设。一个社会文明发展程度较高的社会必然是安全感、满足感、幸福感综合指数较高的社会,必然是有着较强的向心力和凝聚力的社会。这就有利于弘扬爱国主义、集体主义、社会主义思想,有利于加强社会公德、职业道德、家庭美德和个人品德建设,有利于引导人们自觉履行法定义务、社会责任、家庭责任,有利于形成尊老爱幼、互爱互助、见义勇为的良好社会风尚。

第三,社会建设可以促进政治建设。和谐社会建设为政治建设提供良好的社会服务和高效顺畅的社会运行机制。和谐社会建设以创新社会管理体制为核心内容,致力于不断增强社会管理的制度化和规范化,建立健全正确处理人民内部矛盾的工作机制、社会利益协调机制、社会保障体系、社会舆情汇集分析机制、预警体系和应急机制、社会治安综合治理机制等。通过和谐社会建设,完善社会管理体制,不仅有利于形成和谐的社会秩序,还可以为政治建设提供有序的社会环境。

第四,社会主义社会建设与生态文明建设相互促进。坚持节约资源和保护环境是我国的基本国策,关系到人民群众切身利益和中华民族生存发展。社会建设要求把建设资源节约型、环境友好型社会放在工业化、现代化发展战略的突出位置,落实到每个单位、每个家庭,有利于调动全社会的积极性,协调政府和市民社会的关系,有利于实施节约资源和保护环境的基本国策,推动生态文明建设。

（五）生态文明建设为发展中国特色社会主义提供良好的生态基础

中国特色社会主义应该是人与自然和谐相处的社会。人与自然和谐相处，是构建社会主义和谐社会的重要内容和重要目标。人类社会是一个引起生态系统变化的强有力因素，比任何生物的活动对生态平衡的影响都大得多、深远得多，比任何自然变化都更经常、更迅速地多方面影响整个生态平衡。生态文明建设强调尊重和保护环境，强调人类在改造自然的同时必须尊重和爱护自然，实现人与自然之间、社会系统和生态系统之间的协调发展。生态文明建设是坚持科学发展观的内在要求，有赖于生态环境法律体系的完善。生态文明建设的发展可以促进中国特色社会主义总体布局中其他方面的发展。

首先，生态文明建设可以为经济发展奠定坚实的生态基础。自然界是包括人类在内的一切生物的摇篮，是人类赖以生存和发展的基本条件，保护自然就是保护人类自身，建设自然就是造福人类自身。良好的生态环境是社会生产力持续发展和人们生存质量不断提高的重要基础。因此，对自然环境既要讲索取又要讲投入，既要讲利用又要讲建设。

其次，生态文明建设可以推动政治建设。生态文明提倡人际平等、代际平等，生态文明建设有赖于人民充分行使民主权利，有赖于生态环境法律法规的严格实施。随着社会的发展，不同生活水平的人都必须尽到保护环境的义务，节约能源资源、保护生态环境将成为每一个人应有的政治责任。在资源开采、加工、运输、消费等方面建立全过程和全面节约的管理制度，不仅为生态文明建设提供有力的制度保障，也将促使人们的政治素质不断提高。

第三，生态文明观念的确立将为文化建设注入新的内容。从思想道德建设来说，生态文明观念在全社会的牢固树立，是艰苦奋斗优良作风在新的历史条件下的生动体现。一个民族必须有艰苦奋斗精神作支撑才能自强，一个政党必须有艰苦奋斗精神作支撑才能兴旺发达，一个国家必须有艰苦奋斗精神作支撑才能发展进步。从科学文化建设来说，生态文明为科学和文化提供了新的广大发展空间，依靠科技进步推进资源利用方式的根本转变将成为新的时尚，歌颂生态文明的模范也将成为新的文化素材。

第四,生态文明建设可以推动社会建设的成熟和完善。人与自然关系的良性发展必然为社会关系的发展提供广大的发展空间。人与人关系的不和谐,相当一部分原因在于能源资源的有限乃至贫乏。因此,处理好人与自然的生态矛盾,建立和谐的人与自然关系,可以为解决好人与人的社会关系奠定必要的基础,进而为改善民生提供可持续发展的生态环境。

第三节 "五位一体"论的当代价值

社会主义社会是全面发展、全面进步的社会。党的十一届三中全会以后,我们党对中国特色社会主义事业总体布局做出的多次阐述,充分体现了这个特征。党的十六大以来,以胡锦涛为总书记的党中央根据新时期的新特点和新要求,着眼于全面推进中国特色社会主义事业大局,对总体布局作了补充和完善,把社会建设和生态文明建设纳入总体布局之中,强调经济建设、政治建设、文化建设、社会建设和生态文明建设五方面密切结合,共同服务于建设富强民主文明和谐的现代化国家的目标。这是对中国特色社会主义事业总体布局的新拓展,是对党的基本理论和基本路线的丰富和完善,也是对人类社会发展内涵认识的进一步深化。"五位一体"论作为中国共产党在总结历史经验教训基础上确定的我国社会主义发展的总目标,是中国共产党人坚持与时俱进、追求科学发展的理论创新的结晶。经济建设、政治建设、文化建设、社会建设和生态文明建设,具有相互联系、相互促进的内在统一性,体现了中国特色社会主义全面发展的要求,体现了中国特色社会主义的本质和发展趋向,具有重大的理论和实践价值。

一、"五位一体"论的理论创新意义

马克思主义的社会有机体理论认为,社会是由诸多要素构成的、复杂的、各个领域各个部分"同时存在而又相互依存的"有机整体,生产力和生产关系构成社会有机体的骨骼,现实的人作为社会有机体的能动主体,通过各种实践特别是物质生产实践推动人与自然的物质交换和人们之间的相互

交往,不断实现社会有机体的自我更新。"五位一体"论继承了马克思主义社会有机体理论的精髓,并根据中国特色社会主义建设的需要对社会有机体理论进行了发展,使社会发展理论更加完整、全面,体现了社会主义协调发展、和谐发展的本质要求。

(一)"五位一体"论深化了党对文明建设相互关系的认识

物质文明、精神文明、政治文明在历史唯物主义范畴体系中具有独立性。物质文明、精神文明、政治文明不仅在社会生活中具有普遍性,而且反映社会结构的一个层次或方面,具有其他范畴不可替代的性质。就物质文明和精神文明来说,虽然与社会存在和社会意识属于同一系列的问题,有着紧密的联系,但二者是不能等同的。社会存在包括地理环境、人口因素和生产方式,这是物质文明所不能包含的;社会意识作为对社会存在的反映,是指人们的一切意识要素和思想理论的体系,这样,社会意识就无法包括精神文明中的实体部分。物质文明和精神文明的关系也不能等同于物质与精神的关系,因为物质文明和精神文明都是物质和精神相互间复杂关系的产物,精神文明离不开一定的物质条件,但并非物质文明的派生物或附属物,只有在思想政治文化的长期奋斗中发展。就政治文明来说,政治是社会的一个基本领域,用政治文明来对政治发展和进步状态进行概括应该是合乎逻辑的,而且其基本内容在马克思主义经典作家那里早已得到系统的阐述。改革开放以后,中国共产党人又根据政治体制改革的经验教训对这方面进行了丰富和完善,但开始的时候,政治发展和进步状态是归结在精神文明的框架之内的。江泽民在世纪之交明确提出政治文明这一概念,强调"法治属于政治建设、属于政治文明,德治属于思想建设、属于精神文明"①,就是对政治文明和精神文明关系的区分与阐明。

(二)"五位一体"论发展了马克思主义的社会主体理论

社会建设,主要是正确处理人民内部各阶层之间的利益关系,激发社会活力,促进社会公平和正义,维护社会安定团结,形成全体人民各尽其能、各

---

① 《江泽民文选》第3卷,人民出版社2006年版,第200页。

得其所而又和谐相处的社会。对社会建设的强调,包含着对马克思主义市民社会理论的批判吸收。马克思把市民社会看作市场经济中人与人的物质交往关系和由这种交往关系所构成的社会生活领域,看作特定社会的"一切物质关系",这就为后来市民社会问题的研究确立了一种崭新的方法和认识路径。20世纪80年代中后期,市民社会理论再度成为人们关注的热点,不管是凯恩斯主义失灵在西方发达国家引发对市民社会理论的重新思考,还是苏东剧变后人们对市民社会在这些国家向民主过渡中所发挥作用的审视,都促使东西方以及第三世界的一些理论家开始重新认识国家究竟应该在社会和经济生活中扮演什么角色的问题以及怎样限制和控制国家权力并促进民众参与政治事务的问题。

强调社会建设,也是对马克思主义社会有机体理论中关于社会主体理论的深化和具体化。马克思主义经典作家特别强调社会发展不能"见物不见人",不能"在人之外"去寻找社会发展的动力,因而必须坚持社会全面发展与个人全面发展的协调共进。社会有机体没有先天的调节机制,也不会自动实现对于自身内在要素的有效调节,要完成这些调节,都必须通过人的活动特别是广大人民群众的实践活动来实现。中国共产党从广大人民最关心、最直接、最现实的利益问题入手,针对我国社会发展滞后于经济发展的情况,强调加快发展社会事业、全面改善人民生活,强调重视"现实的个人"特别是广大人民群众的根本利益和主体地位,强调从改善民生入手调动广大人民群众建设社会主义的积极性,丰富和发展了马克思主义社会有机体理论。

(三)"五位一体"论发展了马克思主义关于生态文明的理论

建设社会主义生态文明目标的提出,是对马克思主义关于正确处理人与自然关系理论的丰富和发展。马克思在《1844年经济学哲学手稿》中指出:"这种共产主义,作为完成了的自然主义=人道主义,而作为完成了的人道主义=自然主义,它是人和自然界之间、人和人之间的矛盾的真正解决。"①恩格斯也提出过警告:"我们不要过分陶醉于我们人类对自然界的胜利。对于每一次这样的胜利,自然界都对我们进行报复。每一次胜利,起初确实取得了我们预期的结果,但是往后和再往后却发生完全不同的、出乎预料的影响,常常把最初的结果又消除了。"②然而,应该看到,在马克思和恩格斯所生活的资本主义工业化初期,生态危机还没有达到危害人类继续生存的程度,大多数人面临的自身生存与生活资料不足的问题的解决,首先依赖于无产阶级政治解放任务的完成,即推翻资本主义制度,代之以社会主义制度。马克思对政治解放和人类解放进行了区分,指出科学技术和生产力的发展是人类控制自然、最终从自然的必然统治下解放的唯一途径,并指出资本主义社会中以追求利润最大化的扩大再生产因工人阶级的极端贫困化而中断,资本主义将随之解体。

后来,马克思所预言的这两种结果并未出现,科学技术和生产力的迅猛发展并没有突破西方资本主义制度而建立起社会主义制度,资本主义国家干预使得工人阶级极端贫困化并未出现,而且无论西方资本主义国家还是苏联都造成了无法弥补的生态灾难。这就意味着,不管是资本主义国家还是社会主义国家,都面临着生态危机的威胁,只不过两者产生的原因不同而已。就资本主义国家特别是发达国家来说,它们在科学技术进步的基础上加强对社会和自然的控制,以生态危机延缓经济危机,或将国内危机转嫁到发展中国家和不发达国家,是生态危机蔓延的根本原因。就社会主义国家和其他国家来说,生态问题的发生,主要是根源于发展观和发展战略,即能否正确处理经济社会发展与生态环境承受能力的矛盾。

以胡锦涛为总书记的党中央,从社会主义初级阶段基本国情出发,科学分析我国新的历史起点上发展的阶段性特征,适应全面建设小康社会,加快推进社会主义现代化的新要求,提出了科学发展观的重大战略思想,提出建设社会主义生态文明的战略目标,标志着中国共产党人对马克思主义社会

---

① 《马克思恩格斯全集》第 3 卷,人民出版社 2002 版,第 297 页。
② 《马克思恩格斯选集》第 4 卷,人民出版社 1995 版,第 383 页。

有机体理论中关于人与自然关系理论的深化和具体化。

（四）"五位一体"论丰富了中国特色社会主义理论体系

中国特色社会主义理论体系，是包括邓小平理论、"三个代表"重要思想以及科学发展观等重大战略思想在内的科学理论体系。这一理论体系，既为中国特色社会主义道路起到了理论引领的作用，也奠基和形成于中国特色社会主义道路的具体实践活动中。党的十七大报告明确指出："中国特色社会主义道路，就是在中国共产党领导下，立足基本国情，以经济建设为中心，坚持四项基本原则，坚持改革开放，解放和发展社会生产力，巩固和完善社会主义制度，建设社会主义市场经济、社会主义民主政治、社会主义先进文化、社会主义和谐社会，建设富强民主文明和谐的社会主义现代化国家。"①和谐不应仅指社会的和谐，理应包括人与自然的和谐。建设社会主义市场经济、民主政治、先进文化、和谐社会以及生态文明，既是中国特色社会主义道路的基本内容，也构成了中国特色社会主义理论体系的重要内涵。

中国特色社会主义事业总体布局是一个有机整体，对其中每个组成部分的理解和把握，也需要上升到整体层面来进行。这一总体布局，是以经济建设为中心、其他各方面建设有机配合的我国现代化建设的战略构想和结构框架。其中，经济建设是中心，为政治建设、文化建设、社会建设和生态文明建设等提供物质基础和硬件条件。政治、文化、社会、生态文明建设同经济建设相互联系，发挥着各自不可替代的功能。把社会建设和生态文明建设纳入到这一总体布局之中，并把它与经济、政治、文化建设相提并论，强调它们共同服务于建设富强民主文明和谐的现代化国家的目标，是对中国特色社会主义事业总体布局的拓展，也是对党的基本理论和基本路线的丰富和完善。从邓小平提出的物质文明和精神文明"两手抓，两手都要硬"的"两个文明"建设，到江泽民进一步提出"建设社会主义政治文明"从而发展出的"三大文明"框架，再到以胡锦涛为总书记的党中央提出的"五位一体"论的总体布局，反映出我们党对中国特色社会主义规律和内容认识的不断

---

① 《十七大以来重要文献选编》（上），中央文献出版社2009年版，第9页。

发展、不断深入、不断全面。从这个意义上说,中国特色社会主义事业"五位一体"论的总体布局,是对中国特色社会主义理论体系的进一步深化,体现了马克思主义中国化的最新成果。真正贯彻好中国特色社会主义事业的这一总体布局,必将使社会主义中国成为全面发展、全面进步的社会。

(五)"五位一体"论深化了对社会主义本质属性的科学认识

在中国特色社会主义事业的总体布局中,构建社会主义和谐社会的社会建设目标突出展示了党的创新理论的最新成果。构建以民主法治、公平正义、诚信友爱、安定有序、充满活力、人与自然和谐相处的和谐社会,深化了对社会主义本质的认识,对于发展中国特色社会主义具有非同寻常的意义。党的十七大从科学发展与社会和谐内在统一的层面上,进一步肯定了"社会和谐是中国特色社会主义的本质属性"的论断。这一重要论断,进一步深化了我们党对社会主义本质属性的科学认识,为发展中国特色社会主义、构建社会主义和谐社会提供了重要的理论基础。对社会主义本质属性的认识和判断,是建设社会主义的首要理论问题,也是发展中国特色社会主义的基本理论前提。

邓小平把社会主义的本质主要定位于解放生产力和发展生产力,是对以往"贫穷的社会主义"的必要纠正。限于历史发展阶段对人的认识水平的制约,它不可能反映出社会主义的本质属性的全部。生产力本身并不具备阶级属性,资本主义在上升时期曾是解放生产力、发展生产力的化身。即使是在当今,资本主义也还在为在解放生产力、发展生产力方面做出自己的贡献。如何跳出生产力发展视角的影响进一步对社会主义的本质属性进行更为全面的、独到的界定,本身就是发展中国特色社会主义的一个重大历史课题。将社会和谐纳入社会主义本质属性,是我们党对社会主义本质属性认识的又一次重大思想结晶和理论升华。邓小平从生产力角度对社会主义本质的概括,突出了社会现代文明的共性特征。胡锦涛从社会和谐角度对社会主义本质的新概括,则更加明确了社会主义区别于资本主义的特殊属性。资本主义社会存在的种种弊端,概括地说就是缺乏社会和谐。早期空想社会主义曾对资本主义的社会问题给予足够的关注,勾画出许多社会和谐的图景。马克思、恩格斯对空想社会主义中"乌托邦"式的思想进行了批判,但对其所提倡的"社会和谐"给予了充分肯定。如果说在基本价值取向上资本主义更加注重竞争与效率的话,那么,社会主义就应该更加注重公正与和谐。胡锦涛在党的十七大报告中指出,"实现社会公平正义是中国共产党人的一贯主张,是发展中国特色社会主义的重大任务。"①我们党把公平置于更加重要的地位,无疑是发展中国特色社会主义值得关注的重大理论创新。

把社会和谐定位为中国特色社会主义的本质属性,并由此努力构建社会主义和谐社会,深刻反映了建设富强民主文明和谐的社会主义现代化国家的内在要求,真正体现了社会主义的核心价值和全党全国各族人民的共同愿望,因此,它必将具有巨大的凝聚力和感召力。与共产主义的远大理想相比,和谐社会是更为具体的、更为现实的、看得见和摸得着的中国特色社会主义的共同理想和基本价值;与以往所提出的生产力标准相比,和谐社会的理念更具有社会主义质的规定性,使社会主义具有了超越资本主义的核心价值目标和社会理想旗帜。"和谐社会"范畴的提出,无疑为中国特色社会主义开辟了新的境界,展现出了新的愿景。

(六)"五位一体"论明确了人的全面发展的实现路径

人的发展是社会有机体发展的主线和聚焦点。马克思说,如果把家庭、市民社会、国家等等人的这些社会存在方式看作人的本质的实现,看作人的本质的客体化,那么"人始终是这一切实体性东西的本质。"②"人是全部活动和全部人类关系的本质、基础"。③ 人是社会机体中最基本的要素和最原始的细胞,它既是推进社会机体运动发展并葆有活力的唯一能动之源泉,又是社会发展成果的最终享用者。社会的一切要素都要作用于人,而人又通过实践而改变一切社会要素。因此,人是理解社会机体横向和纵向联系的关节点,社会有机体不过是"人的存在"的现实展开方式,社会有机体的发

展最终都凝聚和收敛于人的发展上。

社会有机体与人的发展具有同构性关系。人之所以要组建一定的人群共同体,如家庭、氏族、部落、社区、阶层、阶级、民族、国家等,就是为了增强和扩展自己的本质力量和活动空间,从而更有效地促进人的发展。而这些不同的人群共同体,正是作为生命有机体的"人必须不断与之交往的人的身体",是能够把它们变成自身结构和能力的"细胞"、"组织"、"器官"、"骨骼"和"血肉"。不仅如此,社会有机体内部的各个领域,如经济、政治、文化、社会等领域也是人的发展的不同侧面,"生产力的历史,从而也是个人本身力量发展的历史"。① 社会有机体与人的发展的这种"同构性",要求将人的发展作为研究社会有机体理论的主线和聚焦点。因为"只有在共同体中,个人才能获得全面发展其才能的手段,也就是说,只有在共同体中才可能有个人自由"②。判断一个社会机体是否健康、是否具有生命力,就要看它是否能有效地促进人的自由全面的发展。马克思在谈到"虚假的共同体"和"真正的共同体"的概念及其区别时,认为"虚假的共同体"相对于个人而言,表现为外在的独立,成为人的发展的桎梏,它造成了"偶然的个人"。而"真正的共同体"则是个人之间内在的联合,是人的发展的积极条件,它造就的是"有个性的个人"。

从"虚假的共同体"到"真正的共同体"以及与此相关联的从"偶然的个人"到"有个性的个人"的历史发展,正是社会有机体运动、发展和完善的目标和方向。社会主义和谐社会要构建的社会有机体正是这样一种"真正的共同体",在这个共同体中,真正实现所谓"民主法治、公平正义、诚信友爱、充满活力、安定有序、人与自然和谐相处"的和谐状态。

中国特色社会主义是当代中国发展进步的旗帜,是全党全国各族人民团结奋斗的旗帜。发展是中国特色社会主义事业的主线,"五位一体"论将社会建设作为发展中国特色社会主义的重要目标,倡导社会和谐以及人与

---

① 《马克思恩格斯全集》第3卷,人民出版社1960年版,第81页。
② 《马克思恩格斯选集》第1卷,人民出版社1995年版,第119页。

自然的和谐,其最终目的都是为了人的全面发展。我国经济社会的不断发展,为人的全面发展提供了全方位的现实依据和可能,也为人的全面发展的实现创造了各方面的现实条件,发展中国特色社会主义"五位一体"论则将人的发展和社会发展统一起来。

实现人的全面发展,是社会主义区别于其他社会形态的本质特征,是社会主义优越性的集中体现。人的全面发展是马克思主义所关注的重要命题。马克思、恩格斯在描述未来共产主义理想社会状态时提出,共产主义是以每个人的全面而自由的发展为基本原则的社会形式。中国特色的社会主义各项事业的发展,既要着眼于人们物质文化生活需要,同时又要着眼于人民素质的提高,也就是努力促进人的全面发展。社会主义中国所要实现的是富强、民主、文明、和谐的社会发展目标,其最高衡量标准说到底是人的全面发展。我们党领导人民进行改革开放和现代化建设的根本目的,就是通过发展社会生产力,不断提高人民的物质文化生活水平,促进人的全面发展。广大人民群众是中国特色社会主义事业的主体,人民群众积极性、主动性、创造性的充分发挥是我们事业成功的保证。

社会建设为人的全面发展提供和谐的社会环境。只有大力加强社会建设,构建社会主义和谐社会,才能为人的全面发展创造良好的社会条件。构建社会主义和谐社会是我们党从全面建设小康社会,开创社会主义事业新局面的全局出发提出的一项重大任务,它适应了我国改革发展进入关键时期的客观要求,体现了最广大人民群众的根本利益和共同愿望,也是贯彻落实中国特色社会主义事业总体布局的应有之义。一方面,社会建设可以通过改善民生为人的发展创造条件。加强社会建设,最主要的是要将各种突出的社会矛盾和社会问题解决好。解决人民最关心、最直接、最现实的利益问题,推进社会体制改革,扩大公共服务,完善社会管理,可以使经济发展成果更多地体现到改善民生上。通过教育、就业、社会保障、医疗卫生等各项社会事业发展,改变社会事业发展相对滞后的局面,解决人民群众生产生活中遇到的困难和问题,不断完善社会管理,认真化解社会矛盾,切实维护社会安定团结,使全体人民学有所教、劳有所得、病有所医、老有所养、住有所居。另一方面,社会建设可以为人的发展提供良好的环境。公平正义是正确处理人与人、人与社会之间各种利益关系的重要准则,是社会和谐的基本条件,也是人的全面发展得以实现的必不可少的社会环境要求。实现社会公平正义作为中国共产党人的一贯主张,已成为发展中国特色社会主义的重大任务。社会主义和谐社会是在中国特色社会主义道路上,中国共产党领导全体人民共同建设、共同享有的社会。这就决定了加强社会建设、促进社会和谐,必须坚持公平正义原则。加强社会建设,促进社会公平正义,努力形成全体人民各尽所能、各得其所而又和谐相处的局面,为人的发展在良好的社会环境中创造公正平等的机会,实现人的发展和社会发展的统一。

二、"五位一体"论的实践指导意义

在发展中国特色社会主义理论体系中,科学发展观是对党的三代中央领导集体关于发展的重要思想的继承和发展,是马克思主义关于发展的世界观和方法论的集中体现,是同马克思列宁主义、毛泽东思想、邓小平理论和"三个代表"重要思想一脉相承又与时俱进的科学理论,是我国经济发展的重要指导方针,是发展中国特色社会主义必须坚持和贯彻的重大战略思想,在马克思主义理论体系和党的事业发展全局中具有重大意义。科学发展观的基本要求是全面协调可持续发展。按照科学发展观的基本要求去做,就是要按照中国特色社会主义事业总体布局,全面推进经济建设、政治建设、文化建设、社会建设和生态文明建设,实现建设中国特色社会主义"需要什么样的发展"和"怎样发展"的统一。

中国特色社会主义事业总体布局,在工作安排上指的是建设中国特色社会主义的战略部署,在理论上指的是对建设中国特色社会主义各项事业的宏观结构关系的认识和把握。总体布局与全面改革的整体思路、现代化建设的战略目标紧密联系,有机统一,是中国特色社会主义理论体系的重要组成部分。党的十六大以后,在牢固树立和认真落实科学发展观的过程中,以胡锦涛为总书记的党中央进一步完善了发展中国特色社会主义总体布局,形成了中国特色社会主义经济建设、政治建设、文化建设、社会建设和生

态文明建设"五位一体"论的总体布局,丰富和完善了中国特色社会主义发展道路、发展模式、发展战略等重大战略问题。科学发展观作为指导思想,和发展中国特色社会主义总体布局作为战略目标是内在统一的。实现总体布局价值目标,也是科学发展观的题中应有之义,总体布局正是科学发展观的体现。"五位一体"论总体布局既以科学发展观为指导,又成为贯彻落实科学发展观、实现经济社会全面协调可持续发展的可靠保证。

(一)"五位一体"论是全党对科学发展观的认识升华

党的十六大以来,以胡锦涛为总书记的党中央审时度势,在我们党提出全面建设小康社会,使经济更加发展、民主更加健全、科教更加进步、文化更加繁荣、社会更加和谐、人民生活更加殷实宏伟目标的基础上,创造性地提出了树立坚持以人为本和全面协调可持续的科学发展观,促进经济社会和人的全面发展,构建社会主义和谐社会,开创社会主义经济建设、政治建设、文化建设、社会建设的新局面。科学发展观坚持用辩证唯物主义和历史唯物主义观察问题,强调事物发展的普遍联系和矛盾运动,强调自然发展、社会发展和人的发展的一致性,主张发展必须是以人为本的全面协调可持续的发展,必须是经济建设、政治建设、文化建设、社会建设各方面的和谐的发展,深刻揭示了自然、社会和人的全面发展的辩证统一。这些重要思想为中国特色社会主义建设总体布局的提出提供了丰富的思想来源。同时,中国特色社会主义建设总体布局的明确提出,也进一步深化了我们对科学发展观的实践基础、理论内涵和精神实质的认识。众所周知,我国改革开放和现代化建设已进入了快速发展和矛盾凸显的关键阶段。经验证明,处于这样的发展阶段,采取正确的政策和措施,就能够促进经济社会发展;反之,就可能导致经济社会停滞乃至社会动荡。因此,明确提出"五位一体"的总体布局,把社会建设和生态文明建设与经济建设、政治建设、文化建设并列,有利于我们全面贯彻落实科学发展观和构建社会主义和谐社会,正确解决经济社会发展进程中存在的突出问题,促进经济社会更好更快地发展。

"五位一体"论是对人类社会发展规律认识的深化,进一步规划了我国经济政治文化社会建设的宏伟蓝图。党的十六大以来,以胡锦涛为总书记的党中央根据新世纪新阶段的时代要求,提出科学发展观、构建社会主义和谐社会等一系列重大战略思想,特别是党的十六届六中全会强调要把我国建设成为富强、民主、文明、和谐的社会主义现代化国家,从而实现了中国特色社会主义事业总体布局与我国现代化建设战略目标的有机统一,体现了我们党对人类社会发展规律的深刻认识,对中国特色社会主义本质属性的科学把握和对党的基本路线的进一步丰富和完善。在中国特色社会主义事业总体布局中,经济、政治、文化、社会、生态文明建设既发挥各自功能又相互紧密联系,经济建设提供物质基础,政治建设提供政治保障,文化建设提供精神动力和智力支持,社会建设提供有利的社会环境和条件,生态文明建设提供重要的自然环境保障,五者互为条件,互相促进。只有五个方面建设协调发展,中国特色社会主义事业才能全面进步。总体布局进一步规划了我国经济、政治、文化、社会、生态文明建设的宏伟蓝图,深化了全党对科学发展观的认识,是全党全国各族人民团结奋斗的行动指南。

(二)"五位一体"论是落实科学发展观的思想武器

发展才是硬道理,但对于什么是"发展",我们党的认识有一个在实践中不断深化的过程。经济增长是发展的基础,没有经济的数量增长,没有物质财富的积累,就谈不上发展,因此必须坚持以经济建设为中心。但增长不等于发展,改革实践中我们长期存在着重经济增长、轻社会发展,经济指标硬、社会指标软的问题。自 20 世纪末以来,中国基尼系数超过国际公认的警戒线,贫富差距问题引起了广泛关注。同时,教育、就业、住房、农民工等问题交织在一起,构成当前中国社会的突出矛盾。问题的积累迫切要求党和政府解决增长过程中的种种不协调问题,否则不仅经济难以长期持续增长,而且有可能陷入"有增长而无发展"的困境。党有针对性地提出了一系列新的发展战略思想和方针政策,将社会建设和生态文明建设摆到更加突出的位置。以胡锦涛为总书记的党中央将总体布局由"三位一体"发展为"五位一体"论,正是为解决经济社会发展不协调问题得出的一个重要结论。

首先,"五位一体"论强调全面发展。中国特色社会主义事业是全面发展的事业,发展的最终目的是在实现社会全面进步的基础上实现人的全面发展。全面发展,就是按照中国特色社会主义事业的总体布局,以经济建设为中心,全面推进中国特色社会主义经济、政治、文化、社会和生态文明建设。其中,经济是基础,只有坚定不移地以经济建设为中心,大力发展社会主义社会的生产力,才能为政治、文化、社会、生态文明建设提供坚实物质基础;政治是经济的集中体现,对于经济、文化、社会、生态文明建设提供坚强的政治保障;文化是经济、政治、社会的反映,为经济、政治、社会、生态文明建设提供有力的精神支撑;社会建设是经济、政治、文化、生态文明建设在社会领域的综合体现,为经济、政治、文化、生态文明建设提供良好的社会环境;生态文明建设是促进人与自然和谐共处的前提和纽带,当今的时代条件和国际国内环境决定了我国必须注重生态文明建设。

其次,"五位一体"论强调协调发展。要实现全面发展,就必须立足于新的历史起点,处理好由发展的阶段性特征所伴生的新矛盾和新问题,具体地说,就是要解决好经济、政治、文化、社会、生态文明建设方面所出现的新矛盾和新问题,以促进现代化建设各个环节、各个方面相协调,促进生产力与生产关系、经济基础与上层建筑的协调发展。当前我国社会的主要矛盾仍然是人民日益增长的物质文化需要同落后的社会生产之间的矛盾,社会成员之间也存在着利益关系上和思想认识上的各种矛盾。总体布局从"两个文明"建设思想到"五位一体"论的发展,就是旨在解决发展中的各种不协调问题。中国共产党人为之奋斗的崇高理想是实现人的全面发展,只有经济社会全面协调发展才能为人的全面发展提供基本条件,才是完全符合社会主义事业发展的方向和客观规律的。

第三,"五位一体"论强调可持续发展。中国特色社会主义事业必须是可持续发展,必须坚持生产发展、生活富裕、生态良好的文明发展道路,建设资源节约型、环境友好型社会,实现速度和结构质量效益相统一、经济发展与人口资源环境相协调,使人民在良好生态环境中工作、生产和生活,实现经济社会永续发展。

（三）"五位一体"论是科学发展观的具体实践

党的十六届三中全会提出坚持以人为本，坚持全面、协调、可持续的科学发展观，促进经济社会和人的全面发展。胡锦涛强调构建社会主义和谐社会，必须树立和落实科学发展观，坚持以经济建设为中心，坚持统筹发展，促进社会主义物质文明、政治文明、精神文明建设与和谐社会建设全面发展。这表明我们构建社会主义和谐社会，既要坚持以科学发展观为指导，又是落实科学发展观的具体实践。首先科学发展观的基本要义是全面、协调、可持续的发展。科学发展观强调的全面发展，就是要在经济发展的基础上，促进社会全面进步和人的全面发展。为此，必须坚持"统筹发展"，即统筹城乡发展、统筹区域发展、统筹经济社会发展、统筹人与自然和谐发展、统筹国内发展和对外开放，统筹中央和地方关系，统筹个人利益和集体利益、局部利益和整体利益、当前利益和长远利益，充分调动各方面积极性，统筹国内国际两个大局。这无疑是构建社会主义和谐社会的重要指导思想。科学发展观强调的协调发展，就是要保持城市与农村，发达地区与欠发达地区、人与社会等协调发展，这是实现物质文明、政治文明和精神文明共同进步的前提，也是构建社会主义和谐社会的基本要求。

作为科学发展观落脚点的以人为本是构建社会主义和谐社会的核心。以人为本就是以最广大的人民群众为本，就是要充分考虑广大人民群众的根本利益和需求，为他们的发展创造较好的环境和条件。而这也需要通过以科学发展观来指导现代化建设实践才能解决的。只有通过统筹城乡发展，逐步推进城镇化，把农民变成市民并通过提高农民的素质，从而达到提高全体国民素质。通过统筹区域发展，提升不发达地区的经济发展水平，改变那里的落后观念，打破封闭的发展格局，从而使不发达地区适应社会主义市场经济和现代化建设的要求。因此，我们可以这么说，坚持以人为本是构建社会主义和谐社会与树立和落实科学发展观的结合点。

"五位一体"论从人民日益增长的需要出发，针对现阶段我国社会变革和发展的新特征及改革发展中的薄弱环节，突出以改善民生为重点的社会建设，使科学发展的思路更加清晰，全面建设小康社会的内涵更加丰富。一心一意谋发展,是科学发展观的首要任务。发展不仅是经济发展,还要落实到政治文化社会生态的全面发展上来。作为中国特色社会主义理论体系的有机组成部分,"五位一体"论以科学发展观为指导,对发展有了全面的科学的认识,是科学发展观的具体实践。

第五章 社会主义核心价值体系论

社会主义核心价值体系是发展中国特色社会主义的精神支柱,是社会主义意识形态的本质体现。社会主义核心价值体系论科学地回答了"什么是社会主义核心价值体系、为什么要建设社会主义核心价值体系、怎样建设社会主义核心价值体系"等一系列社会主义意识形态领域的基本理论问题。

第一节 社会主义核心价值体系论的形成和发展

中国共产党历来十分重视社会价值体系建设,形成了一系列社会主义价值体系理论。党的十六大以来,以胡锦涛为总书记的党中央着眼于党和人民事业发展大局,坚持以马列主义、毛泽东思想、邓小平理论和"三个代表"重要思想为指导,紧紧围绕"发展中国特色社会主义"这个主题,准确把握时代特征和本国国情,认真研究和探索新时期社会主义意识形态建设的重大理论与实际问题,创造性地提出了社会主义核心价值体系论。

社会主义核心价值体系论集中体现了社会主义主流意识形态,反映了我国各族人民的根本利益和共同愿望。它的形成和发展有其深厚的理论渊源、时代背景和演进过程。新中国成立后特别是改革开放以来,我们党对意识形态建设进行了不断探索,取得了丰富的理论成果,为新时期社会主义核心价值体系论的形成和发展奠定了良好的基础。

一、社会主义核心价值体系论形成和发展的理论渊源

社会主义核心价值体系论的提出,开辟了马克思主义意识形态理论发

展的新境界。马克思主义经典作家的社会意识形态理论、我们党的历代领导人把马克思主义与我国社会实际相结合而形成的不同时期社会意识形态理论,正是社会主义核心价值体系论形成和发展的深厚的理论渊源。

(一)马克思、恩格斯意识形态理论

马克思、恩格斯意识形态理论是马克思主义理论体系的重要内容之一。在《德意志意识形态》中,马克思、恩格斯从唯物史观出发,对意识形态及其在社会结构中的地位作用做出了科学阐述,把意识形态理解为"观念的上层建筑",认为意识形态的基本内容涵盖政治、法律、文化、道德、哲学、宗教等诸多方面。

马克思、恩格斯指出:"意识在任何时候都只能是被意识到了的存在,而人们的存在就是他们的现实生活过程。"[①]"发展着自己的物质生产和物质交往的人们,在改变自己的这个现实的同时也改变着自己的思维和思维的产物。不是意识决定生活,而是生活决定意识。"[②]马克思、恩格斯的这一论述阐明了意识形态是人们社会物质生活的产物,它的本质是社会存在的反映,并非是"虚假的观念"体系。马克思、恩格斯还认为一个社会的意识形态具有鲜明的阶级性,总是为一定的经济基础和统治阶级利益服务的。他们强调指出:"统治阶级的思想在每一时代都是占统治地位的思想。这就是说,一个阶级是社会上占统治地位的物质力量,同时也是社会上占统治地位的精神力量。支配着物质生产资料的阶级,同时也支配着精神生产资料"。[③] 可见,意识形态的基本含义就是统治阶级的思想,即占统治地位的思想,因而意识形态必定构成现存社会制度和社会关系的一部分,反映着现存社会占统治地位的生产关系并为其服务。

在经济基础与意识形态的相互关系问题上,马克思、恩格斯强调经济基础对意识形态的决定作用,认为意识形态是占统治地位的物质关系在观念上的表现,不过是以思想的形式表现出来的占统治地位的物质关系。恩格

---

① 《马克思恩格斯选集》第 1 卷,人民出版社 1995 年版,第 72 页。
② 《马克思恩格斯选集》第 1 卷,人民出版社 1995 年版,第 73 页。
③ 《马克思恩格斯选集》第 1 卷,人民出版社 1995 年版,第 98 页。

斯指出：“每一时代的社会经济结构形成现实基础，每一个历史时期的由法的设施和政治设施以及宗教的、哲学的和其他的观念形式所构成的全部上层建筑，归根到底都应由这个基础来说明。”①另一方面，他们也强调意识形态对经济基础的能动的反作用和相对独立性。在马克思、恩格斯看来，意识形态的能动作用集中体现在意识形态维护或批判现实社会、调控人的活动两方面，但作用的大小关键在于意识形态掌握群众的深度和广度。正如他们所说的：“批判的武器当然不能代替武器的批判，物质力量只能用物质力量来摧毁；但是，理论一经掌握群众，也会变成物质力量。理论只要说服人，就能掌握群众；而理论只要彻底，就能说服人。”②

（二）列宁的意识形态理论

列宁在领导俄国革命和社会主义建设的过程中，对如何认识社会主义、如何建设社会主义、社会主义将是一个什么样的社会等一系列理论问题，结合当时的社会实践进行了科学回答，逐步形成了自己的意识形态理论。

列宁首先对意识形态是什么的问题进行了科学回答。列宁根据马克思的社会关系划分的原理把“意识形态”理解为“思想的社会关系”，明确地把“意识形态”这一概念界定为“上层建筑”。他指出：“思想的社会关系不过是物质的社会关系的上层建筑。”③从列宁对意识形态含义的把握看，意识形态已经从“虚幻的观念体系”成为科学。列宁还把意识形态概念与马克思主义相统一，第一次提出了“马克思主义意识形态”说，肯定了马克思主义意识形态是无产阶级意识形态，他批判了资产阶级意识形态和其他意识形态的“虚假”性和“非科学”性，维护了无产阶级意识形态，捍卫了马克思主义意识形态的科学性。他认为，虽然“任何意识形态都是受历史条件制约的，可是，任何科学的思想体系（例如不同于宗教的思想体系）都和客观真理、绝对自然相符合，这是无条件的。”④在列宁看来，“科学的思想体系”即

① 《马克思恩格斯选集》第 3 卷，人民出版社 1995 年版，第 365 页。
② 《马克思恩格斯选集》第 1 卷，人民出版社 1995 年版，第 9 页。
③ 《列宁全集》第 1 卷，人民出版社 1984 年版，第 121 页。
④ 《列宁选集》第 2 卷，人民出版社 1995 年版，第 96 页。

为马克思主义意识形态,它是科学,是客观真理,这一点是绝对的、无条件的。

列宁还进一步论述了意识形态的阶级性,认为意识形态是阶级社会中统治阶级借以维护自己统治的思想体系,强调无产阶级的革命理论,是指导无产阶级进行斗争的强大的思想武器。"没有革命理论,就不会有坚强的社会党,因为革命理论能使一切社会党人团结起来,他们从革命理论中能取得一切信念,他们能运用革命理论来确定斗争方法和活动方式。"①可见,无产阶级意识形态是无产阶级和一切劳动人民的信念和行动指南。

在意识形态建设问题上,列宁提出了著名的"灌输论"。为了让工人阶级准确地掌握马克思主义意识形态理论,列宁明确指出了向工人阶级灌输社会主义意识形态的必要性和重要性,指出"工人本来也不可能有社会民主主义的意识,这种意识只能从外面灌输进去"②。马克思主义作为无产阶级争取解放的学说,是科学工作者的无产阶级意识形态,如果我们不重视对工人进行这种意识形态的灌输,资产阶级意识形态就会对工人产生影响。因此,要把自发的工人运动变为自觉的革命运动,就必须实现社会主义与工人运动的结合,把社会主义意识形态"从外面灌输给工人,即只能从经济斗争外面,从工人同厂主的关系范围外面灌输给工人"。③列宁不仅创新了马克思、恩格斯的意识形态概念,还为马克思主义意识形态理论增添了新的科学成分和指导革命实践的思想内容。

(三)毛泽东的意识形态理论

毛泽东在领导中国革命和建设的过程中,既继承了马克思主义经典作家关于意识形态的学说,又有了创新和发展。

毛泽东对意识形态理论的创新之处首先在于,他赋予了意识形态"观念形态的文化"的新内涵。他强调:"一定的文化(当作观念形态的文化)是一定社会的政治和经济的反映,又给予伟大影响和作用于一定社会的政治和

① 《列宁选集》第 1 卷,人民出版社 1995 年版,第 274 页。
② 《列宁全集》第 6 卷,人民出版社 1986 年版,第 29 页。
③ 《列宁全集》第 6 卷,人民出版社 1986 年版,第 76 页。

经济;而经济是基础,政治则是经济的集中的表现。"①毛泽东突出了文化对无产阶级革命和建设所起的重大影响,提出了加强思想政治工作和建设社会主义新文化的思想。政治上,他强调,思想政治工作是经济工作和其他一切工作的生命线,要实行政治与经济的统一,提出了又红又专、树立无产阶级世界观的方针;文化上,他强调要发展民族的、科学的、大众的社会主义文化,提出了百花齐放、百家争鸣,古为今用、洋为中用、推陈出新的方针。

毛泽东强调意识形态的阶级性,重视意识形态领域的斗争。1957年,他在《关于正确处理人民内部矛盾的问题》一文中正式使用"社会主义意识形态"这一概念,明确指出"人民民主专政的国家制度,以马克思列宁主义为指导的社会主义意识形态,都属于社会主义的上层建筑"②。他认为社会主义意识形态是以马克思列宁主义为指导的一种新型的意识形态,是无产阶级和其他劳动群众根本利益的反映,属于共产主义的思想体系,是革命和建设取得胜利的保证。毛泽东还特别强调必须巩固和加强无产阶级政党对意识形态工作的思想领导和组织领导,用一元社会主义意识形态统领各种代表不同阶级利益的意识形态。

毛泽东坚持了马克思主义在意识形态领域的指导地位。无论在革命战争年代,还是在建设时期,毛泽东都始终强调指导我们思想的理论基础是马克思列宁主义,要求用马克思列宁主义去武装全党和教育群众。他认为,只有"把马、恩、列、斯的方法用到中国来,用马克思主义的立场、方法来解决中国问题"③,才能使全党全民族统一思想,统一行动,否则,党的一切经济任务和政治任务是不能完成的。

毛泽东还十分重视发挥意识形态的能动作用,指出"我们承认总的历史发展中是物质的东西决定精神的东西,是社会的存在决定社会的意识;但是,同时又承认而且必须承认精神的东西的反作用,社会意识对于社会存在的反作用,上层建筑对于经济基础的反作用。这不是违反唯物论,正是避免

---

① 《毛泽东选集》第2卷,人民出版社1991年版,第663—664页。
② 《毛泽东著作选读》(下),人民出版社1986年版,第768页。
③ 《毛泽东文集》第2卷,人民出版社1993年版,第408页。

了机械唯物论,坚持了辩证唯物论。"①毛泽东认为社会主义意识形态是思想领域的一面旗帜,是推进社会主义事业的统帅和灵魂,它有力地鼓舞了人心,指引了革命战争和建设胜利的方向,因为,"马克思主义看重理论,正是,也仅仅是,因为它能够指导行动。"②毛泽东从当时中国的社会历史条件出发,唯物地理解和把握意识形态,开拓了马克思主义意识形态理论中国化的新道路。

(四)邓小平的意识形态理论

邓小平重新确立了解放思想、实事求是的思想路线,在继承和创新毛泽东意识形态理论的基础上,继续推进马克思主义意识形态中国化,开启了改革开放新时期社会主义意识形态建设的新局面。

1.强调坚持四项基本原则

针对当时社会上存在的一股怀疑党的领导和社会主义道路的错误思潮,邓小平坚定地提出必须在思想政治上坚持四项基本原则的论断。他强调指出:"如果动摇了这四项基本原则中的任何一项,那就动摇了整个社会主义事业。"③邓小平提出的在思想政治上坚持四项基本原则,成为改革开放和有中国特色社会主义建设事业健康发展的基本前提和根本保证,它指明了我国走什么道路,实行什么样的经济和政治制度,由谁来领导和以什么来作为指导思想等一系列意识形态领域最根本的原则问题,决定着国家的性质和发展方向,关系着全国各族人民的根本利益和命运。

2.提出了意识形态工作要为经济建设服务的基本方针

1979 年,邓小平在谈到思想理论工作的根本任务时,指出:"马克思主义的思想理论工作是不能离开现实政治的。"④"实现四个现代化是一项多方面的复杂繁重的任务,思想理论工作者的任务当然不能限于讨论它的一

---

① 《毛泽东著作选读》(上),人民出版社 1986 年版,第 167 页。
② 《毛泽东选集》第 1 卷,人民出版社 1991 年版,第 292 页。
③ 《邓小平文选》第 2 卷,人民出版社 1994 年版,第 173 页。
④ 《邓小平文选》第 2 卷,人民出版社 1994 年版,第 179 页。

些基本原则。我们面前有大量的经济理论问题,……多谈些经济,少谈些政治。"①邓小平的这一论述,指明了改革开放新时期意识形态工作的根本任务,就是必须为经济和现代化建设服务。他进一步指出,意识形态工作要面向经济建设,既要帮助人们解放思想,又要深入研究中国实现现代化过程中所遇到的新情况、新问题,为实践提供正确的理论指导和价值取向。他强调社会主义意识形态工作能否真正为社会主义现代化建设服务也要看它是否符合"三个有利于"标准。

3. 提出了社会主义精神文明建设战略

1979 年邓小平就指出:"我们要在建设高度物质文明的同时,提高全民族的科学文化水平,发展高尚的丰富多彩的文化生活,建设高度的社会主义精神文明。"②邓小平认为,在坚持以经济建设为中心,大力发展社会生产力的同时,要在马列主义、毛泽东思想的指导下,对全体成员加强社会主义和共产主义理想教育,加强爱国主义和集体主义教育,提高社会成员的思想道德素质,培育适应现代化需要的"有理想、有道德、有文化、有纪律"③的社会主义公民。

(五)江泽民的意识形态理论

江泽民根据世纪之交世情国情的新变化,强调马克思主义在意识形态领域的指导地位,对社会主义意识形态建设提出了新要求,开辟了社会主义意识形态建设的新思路。

1. 坚持用"三个代表"重要思想统领意识形态工作

党的十三届四中全会后,江泽民高举马列主义、毛泽东思想、邓小平理论的伟大旗帜,直面国内外经济、政治、文化发展的新态势,站在新的历史高度,提出了我们党要始终代表中国先进生产力的发展要求,代表中国先进文化的前进方向,代表中国最广大人民的根本利益的重要思想。"三个代表"重要思想成为中国社会主义意识形态的核心内容,是我国意识形态工作的

---

① 《邓小平文选》第 2 卷,人民出版社 1994 年版,第 180 页。
② 《邓小平文选》第 2 卷,人民出版社 1994 年版,第 208 页。
③ 《邓小平文选》第 3 卷,人民出版社 1993 年版,第 110 页。

根本指南。

2. 提出了加强和巩固党在意识形态领域领导权的基本方略

江泽民在总结了历史经验教训的基础上,深刻地指出:"我们党历来重视意识形态工作。这方面工作做得好不好,直接关系社会主义事业的成败。意识形态领域是和平演变与反和平演变斗争的重要领域。资产阶级自由化同四项基本原则的对立与斗争,实质是要不要坚持共产党的领导,但这种政治斗争大量地经常地表现为意识形态领域的思想理论斗争。思想宣传阵地,社会主义思想不去占领,资本主义思想就必然会去占领。"①因此,他要求各级党委要重视意识形态工作,加强对意识形态工作的领导,牢牢掌握意识形态各部门的领导权。

3. 强调以发展先进文化和加强思想政治工作来加强意识形态建设

江泽民科学把握时代发展趋势和文化发展方位,继承和吸收了毛泽东、邓小平社会主义文化建设的思想,提出发展面向现代化、面向世界、面向未来的、民族的科学的大众的社会主义先进文化。这充分体现了社会主义意识形态的精神实质。江泽民还提出了加强思想政治工作来推动意识形态建设的战略方针,指出思想政治工作的根本任务,就是要用马克思列宁主义、毛泽东思想、邓小平理论教育党员和群众,充分调动和发挥他们的积极性和创造性,团结他们同心同德地为实现党的路线方针政策,推进改革开放和社会主义现代化建设事业而奋斗。江泽民强调,要在全社会形成共同理想和精神支柱,为改革开放和社会主义现代化建设提供强有力的思想保证、精神动力和智力支持。

马克思主义经典作家的意识形态理论、中国共产党人对马克思主义意识形态理论的不断探索和创新,为社会主义核心价值体系论的形成和发展奠定了深厚的理论基础。

---

① 《江泽民文选》第 1 卷,人民出版社 2006 年版,第 160 页。

二、社会主义核心价值体系论形成和发展的时代背景

社会主义核心价值体系论的提出,得到了全党全国各族人民的广泛认同,显示了蓬勃的生命力。任何一种理论都是在一定的历史时代下,对一定的形势和任务的应答而创立和发展起来的。当今世界正在发生广泛而深刻的变化,各种思想文化相互交织、相互激荡;当今中国正在发生广泛而深刻的变革,社会结构、利益格局、思想观念的调整和转变都对道德素质提出了新要求。所有这些,正是社会主义核心价值体系论形成和发展的时代背景。

(一)国际形势背景

第二次世界大战结束以后,尤其是冷战结束以后,整个世界发生着大变动大调整,世界上各种力量出现新的分化和组合,大国间关系不断调整,广大发展中国家总体实力增强。但就当下国际形势发展而言,虽然和平、发展、合作仍是当今时代的主题,但"国际形势继续处于深刻而复杂的变化之中。世界格局正处于向多极化过渡的重要时期,经济全球化趋势不断深入发展,科技进步突飞猛进,国际产业升级和转移速度加快,各国注重经济发展和国际经济技术合作,区域经济一体化进程加速。"①这些因素给我国科学发展带来了难得的机遇和有利的条件。然而,当今世界并不是我们想象的那样和谐与安宁,世界范围性的各种矛盾和问题错综复杂,影响世界和平、发展、合作的不稳定、不确定、不安全因素依然存在,意识形态领域的斗争仍然深刻复杂。世界多极化和经济全球化在推动世界经济发展的同时,也给我国带来了更加严峻的挑战和风险,民族矛盾、宗教矛盾、利益矛盾以及边界和领土争端而导致的局部冲突或战争时起时伏。我国将不但长期面对西方发达国家在经济科技等方面占优势的压力,而且将长期面对西方敌对势力对我国实施的"西化"、"分化"与宗教渗透的严峻斗争。冷战结束以来,以文化软实力为焦点的综合国力的较量日趋激烈。欧美一些发达的资本主义国家对我国社会主义制度的颠覆更加肆无忌惮,他们凭借其在经济、

---

① 《十六大以来重要文献选编》(中),中央文献出版社 2006 年版,第 698 页。

科技和军事等方面的优势,利用意识形态影响力来对我国进行政治干预和文化渗透,妄想实现"和平演变"的图谋。在当今世界多极化、经济全球化和科技革命等因素的影响和作用下,世界范围内各种思潮风起云涌,各国文化相互激荡。我们既要抵制和批判西方的腐朽思想文化的影响,又要扩大中国特色社会主义先进文化和中华民族优秀文化的影响,提高国家文化软实力。那么,在新世纪新阶段,我们如何面对客观存在的世情,有力应对来自外部环境的各种挑战,聚精会神地推进中国特色社会主义事业? 其逻辑应答,就是要坚定不移地加强中国特色社会主义核心价值体系建设,牢固树立社会主义核心价值观。

因此,从当前的国际形势看,建设社会主义核心价值体系是我们把握复杂多变的国际形势、提高国家文化软实力,有力应对来自国际环境的各种挑战和风险的必然要求,也是我国未来发展和在国际社会和平崛起的客观需要。

(二)国内形势背景

经过 30 多年的改革开放,中国特色社会主义各项事业取得了令世人瞩目的巨大成就。到 2008 年底,我国人均国内生产总值已经超过 2400 美元,国内生产总值突破 30 万亿美元,同比增长 9.0%,跃居世界第三,超过德国,仅次于美国和日本,正朝着"实现人均国内生产总值到 2020 年比 2000 年翻两番"的目标迈进。① 我国改革发展和现代化建设进入了一个新的关键时期。随着改革开放向纵深发展,随着我国社会主义市场经济不断发展,在当前和今后相当长一段时间内,我国经济社会发展将可能面临各种更加复杂的新问题和新矛盾,社会热点难点问题及群体性实际问题可能增多,如果把握失误、定位不准,就会导致经济徘徊不前和社会动荡不安。胡锦涛指出:"随着我国工业化、城镇化和经济结构调整加速,随着我国社会组织形式、就业结构、社会结构的变革加快,我们正面临着并将长期面对一些亟待解决的突出矛盾和问题,我国经济社会发展也出现了一些必须认真把握的

---

① 《十七大以来重要文献选编》(上),中央文献出版社 2009 年版,第 18 页。

新趋势新特点。"①我国社会经济成分、就业方式、分配方式和利益关系日益多样化,伴随的是人们的思想活动的独立性、选择性、多变性和差异性进一步增强。这些情况会导致人们的思想观念、价值取向也呈现出多元化。这种民众意识的多元化会对社会主流意识形态构成挑战,有时还可能与社会主流意识发生矛盾或冲突,进而使得经济基础和上层建筑之间的矛盾运动呈现出一系列新的特点。在各种因素的作用下,国内非马克思主义的意识形态也有所滋长,一些迷信和愚昧落后的思想意识沉渣泛起,国外资本主义的一些腐朽观念与消极文化也乘机而入。总的来看,当前我国经济社会发展中出现了以下一些新特点:

一是社会领域出现了新矛盾。随着改革向纵深发展,我国城乡、区域、经济社会发展不平衡的现象日益凸显,收入分配差距拉大,劳动就业、社会保障、教育、医疗、住房、安全生产、社会治安、食品安全等关系群众切身利益问题的矛盾经常出现。

二是经济增长面临新制约。随着经济全球化背景下我国工业化、信息化、城镇化、市场化步伐的加快,我国经济在保持持续增长的同时,遇到了劳动力、资本、技术等生产要素的新制约,土地、淡水、石油等资源、生态环境的压力也日益加大。

三是社会心理出现新变化。社会经济结构的变化引发了社会诚信缺失、道德失范,某些领域的腐败现象仍然比较严重,引起了广大人民群众的强烈不满,特别是社会贫富差距的拉大导致一些社会成员心理失衡。

四是改革攻坚出现新特点。当下,全体人民共享改革成果的诉求十分迫切,深化改革要求社会管理体制和经济管理体制等全方位改革,这一要求必然要涉及到各方既得利益,从而使得改革的难度明显加大。②

由于当前这些新问题的客观存在,迫切需要有一个统领纷纭复杂的社会意识形态的主心骨,需要强调和坚持指导思想与主导价值的马克思主义

---

① 《十六大以来重要文献选编》(中),中央文献出版社2006年版,第697页。
② 以上几点综合中国共产党新闻网:http://theory.people.com.cn/GB/49150/49152/6535763.html。

一元化,用一元化指导思想和主导价值整合和引领多样化的社会思潮、多元的价值取向和文化方向。"意识在任何时候都只能是被意识到了的存在,而人们的存在就是他们的现实生活过程。"①因此,从国内形势特点看,必然要求我们高举马克思主义伟大旗帜,用社会主义核心价值体系来影响人、感召人、武装人,凝聚力量,鼓舞斗志,从而为全面建设小康社会,实现中华民族的伟大复兴提供强大的精神支撑,引领全国人民沿着中国特色社会主义道路奋勇前进。

三、社会主义核心价值体系论的形成和发展阶段

社会主义核心价值体系论经历了一个从探索积累、逐步成熟到系统总结和不断完善的过程,有其深刻的历史基础。这一理论是发展的理论,必将在马克思主义中国化历史进程中得到进一步的丰富和发展。

(一)探索积累阶段

建设什么样的社会价值体系和社会意识形态,历来是马克思主义政党必须研究的课题。中国共产党历届中央领导核心都以当时的社会历史条件为背景,对社会主义意识形态和核心价值体系建设进行了积极探索。

1937 年 8 月,毛泽东在《矛盾论》中第一次使用了"社会意识"一词。1957 年 2 月,毛泽东在《关于正确处理人民内部矛盾的问题》中明确提出了"社会主义意识形态"概念。论述了社会主义意识形态是以马克思列宁主义为指导的一种新型的意识形态,强调要坚持马克思主义在意识形态的指导地位,无产阶级必须占领意识形态阵地,用一元统领代表不同阶级利益的意识形态。正是在高度重视社会意识形态建设的基础上,毛泽东形成了以人民为主体,以全心全意为人民服务为价值取向,以为最广大人民群众谋利益为价值评价的社会价值思想。

改革开放时期,邓小平坚持马克思主义,探索了在新的转折时期,意识形态和社会价值体系建设的规律。1979 年 10 月,邓小平提出了建设高度

---

① 《马克思恩格斯选集》第 1 卷,人民出版社 1995 年版,第 72 页。

的社会主义精神文明的战略任务,把精神文明建设作为推动中国意识形态建设的主要内容和重要手段,提出毫不动摇地坚持四项基本原则是搞好意识形态建设的根本前提。1992年初,邓小平在南方重要讲话中,精辟地论述了社会主义本质,提出了"大胆地试、大胆地闯"和"三个有利于"的判断标准,强调要"在马克思主义指导下打破习惯势力和主观偏见的束缚"。①邓小平还强调社会意识形态建设离不开正确的社会价值体系的形成,把正确的价值观看作是我们党和人民的政治优势,认为我们能够取得革命和建设的胜利,靠的就是我们有着正确的世界观、人生观、价值观和共同的理想、信念。

党的十三届四中全会后,以江泽民为核心的党中央继续推进马克思主义意识形态理论的中国化。1997年9月,江泽民在十五大报告中提出了建设有中国特色社会主义文化战略。他说:"建设有中国特色社会主义的文化就是以马克思主义为指导,以培育有理想、有道德、有文化、有纪律的公民为目标,发展面向现代化、面向世界、面向未来的,民族的科学的大众的社会主义文化。"②2001年7月,江泽民在庆祝建党八十周年的讲话中说:"马克思主义是我们立党立国的根本指导思想,是全国各族人民团结奋斗的共同理论基础。马克思主义的基本原理任何时候都要坚持,否则我们的事业就会因为没有正确的理论基础和思想灵魂而迷失方向。"③2002年11月,江泽民在党的十六大报告中再次强调要坚持马列主义在意识形态领域的指导地位,坚持"以科学的理论武装人,以正确的舆论引导人,以高尚的精神塑造人,以优秀的作品鼓舞人"④,引导人们树立中国特色社会主义共同理想,树立正确的世界观、人生观、价值观。

党的三代中央领导核心关于意识形态和社会价值理论的论述,为社会主义核心价值体系论的形成积累了许多经验和理论基础。

---

① 《邓小平文选》第2卷,人民出版社1994年版,第279页。
② 《十五大以来重要文献选编》(上),人民出版社2000年版,第19页。
③ 《江泽民文选》第3卷,人民出版社2006年版,第282页。
④ 《十六大以来重要文献选编》(上),中央文献出版社2005年版,第29页。

（二）系统阐述阶段

党的十六大以来,以胡锦涛为总书记的党中央围绕坚持马克思主义为指导、坚持中国特色社会主义共同理想、坚持以爱国主义为核心的民族精神和以改革创新为核心的时代精神、坚持社会主义荣辱观为主要内容的思想道德建设等方面进行了系统阐述和深入论述,构建了社会主义核心价值体系论。

1. 系统阐述了坚持马克思主义为指导思想

2002 年 9 月,胡锦涛在中共中央党校的讲话中指出,"马克思主义的基本原理任何时候都要坚持,否则我们的事业就会因为没有正确的理论基础和思想灵魂而迷失方向。坚持马克思主义必须同时代特征结合起来,同不断发展变化的客观实际结合起来,在实践中推进马克思主义的发展,用发展着的马克思主义指导新的实践。"①他指明了马克思主义具有与时俱进的理论品质,而马克思主义巨大的生命力就在于不断进行理论创新。强调我们既要坚持马克思主义,又要不断把马克思主义与实践相结合,不断进行理论创新,用马克思主义理论的创新成果指导新的实践。2005 年 11 月,胡锦涛又指出:"马克思主义理论是指导马克思主义政党完成自己历史使命的强大思想武器。只有坚持马克思主义基本原理同中国具体实际相结合,不断在实践的基础上推进理论创新,用发展着的马克思主义指导实践,才能保持马克思主义的强大生命力。"②2007 年 10 月,胡锦涛在党的十七大报告中全面而深刻地指出,我们党正是以马克思主义作为根本指导思想,高举马克思主义的伟大旗帜,在改革开放的历史进程中,把坚持马克思主义基本原理同推进马克思主义中国化结合起来,才取得了巩固和发展社会主义的宝贵经验,才形成了中国特色社会主义理论体系。"马克思主义只有与本国国情相结合、与时代发展同进步、与人民群众共命运,才能焕发出强大的生命力、创造力、感召力。"③这些阐述强调我国改革开放之所以成功,在于我们既没丢老

---

① 胡锦涛:《在中央党校秋季开学典礼上的讲话》,《人民日报》2002 年 9 月 3 日。
② 胡锦涛:《在中央政治局第二十六次集体学习时的讲话》,《人民日报》2005 年 11 月 26 日。
③ 《十七大以来重要文献选编》(上),中央文献出版社 2009 年版,第 9 页。

祖宗、又发展老祖宗,既坚持马克思主义基本原理、又根据当代中国实践和时代发展不断推进马克思主义中国化,使马克思主义更好发挥对发展中国特色社会主义实践的指导作用,赋予当代中国马克思主义勃勃生机。

2.系统阐述了坚持中国特色社会主义共同理想

"理想信念,是一个政党治国理政的旗帜,是一个民族奋力前行的向导。"①党的十六大以来,以胡锦涛为总书记的党中央高度重视共同理想建设和教育,把共同理想比作激发和引领我们前进的旗帜,认为共同理想是中华民族的灵魂所系,是实现中华民族伟大复兴的必由之路和团结奋斗的强大动力。

2003年7月,胡锦涛在和共青团十五大部分代表座谈时,殷切希望广大青年要自觉把个人的命运同祖国和民族的命运紧紧联系在一起,把个人的理想追求同全面建设小康社会的伟大事业紧紧联系在一起,自觉服务祖国,无私奉献社会,艰苦奋斗,不懈进取。

2004年4月,胡锦涛在会见出席中央实施马克思主义理论研究和建设工程工作会议的全体代表时说:"思想理论建设是党的建设的根本。一个马克思主义政党,只有坚持以科学的理论为指导,才能制定正确的路线方针政策,才能凝聚全党全国人民为崇高的理想和目标而奋斗。"②

3.系统阐述了坚持民族精神和时代精神

党的十六大以来,以胡锦涛为总书记的党中央非常重视弘扬和培育民族精神、时代精神,并把它作为宣传思想战线极为重要的任务,强调既要继承优良传统,又要体现时代进步的要求,发扬开拓创新的精神,不断丰富和发展其内涵,增强中华民族的创造力。

2002年12月,胡锦涛在西柏坡学习考察时的讲话中,强调了精神力量的重要作用。他说,历史和现实都表明,一个没有艰苦奋斗精神作支撑的民族,是难以自立自强的;一个没有艰苦奋斗精神作支撑的国家,是难以发展

---

① 《十六大以来重要文献选编》(中),中央文献出版社2006年版,第639页。
② 胡锦涛:《在会见出席中央实施马克思主义理论研究和建设工程工作会议全体代表时的讲话》,《人民日报》2004年4月28日。

进步的;一个没有艰苦奋斗精神作支撑的政党,是难以兴旺发达的。

2003 年 8 月,胡锦涛在中共中央政治局第七次集体学习时强调:"建设中国特色社会主义文化,必须牢牢把握先进文化的前进方向,最根本的是要坚持马克思列宁主义、毛泽东思想和邓小平理论在意识形态领域的指导地位,坚持用'三个代表'重要思想统领社会主义文化建设。发展文化事业和文化产业,是社会主义文化建设的重要组成部分。发展各类文化事业和文化产业,都要坚持正确导向,努力宣传科学真理、传播先进文化、塑造美好心灵、弘扬社会正气、倡导科学精神。要坚持解放思想、实事求是、与时俱进。"①同时,他强调,我们要发扬与时俱进的时代精神,坚持古为今用、推陈出新,大力发扬中华文化的优秀传统,大力弘扬中华民族的伟大精神,使中华民族的优秀文化成为新的历史条件下鼓舞我国各族人民不断前进的精神力量。

4.系统阐述了坚持社会主义荣辱观为主要内容的思想道德建设

党的十六大以来,以胡锦涛为总书记的党中央十分重视思想道德这一基础性工程建设,明确要求以广泛开展社会主义精神文明建设来夯实社会主义道德体系,促进良好社会风气的形成和发展。

2004 年 9 月,党的十六届四中全会通过的《中共中央关于加强党的执政能力建设的决定》指出:"党组织要围绕培养社会主义建设者和接班人的根本任务,着力做好学生和青年教师的思想政治工作。"②

2005 年 1 月,胡锦涛在进一步加强改进大学生思想政治教育工作会议讲话中指出:"大学生的思想政治素质如何,是直接关系到党和国家的前途命运。……不仅要大力提高他们的科学文化素质,更要大力提高他们的思想政治素质,切实加强和改进大学生思想政治教育工作,培养造就千千万万具有高尚思想品质和良好道德修养、掌握现代化建设所需要的丰富知识和扎实本领的优秀人才"。③

---

① 　胡锦涛:《在中共中央政治局第七次集体学习时的讲话》,《人民日报》2003 年 8 月 13 日。
② 　《十六大以来重要文献选编》(中),中央文献出版社 2006 年版,第 293 页。
③ 　《十六大以来重要文献选编》(中),中央文献出版社 2006 年版,第 633 页。

2005 年 2 月,胡锦涛在省部级主要领导干部提高构建社会主义和谐社会能力专题研讨班上的讲话中说:"一个社会是否和谐,一个国家能否实现长治久安,很大程度上取决于全体社会成员的思想道德素质。没有共同的理想信念,没有良好的道德规范,是无法实现社会和谐的。……要积极实施公民道德建设工程,广泛开展社会公德、职业道德、家庭美德教育,在全社会倡导爱国守法、明礼诚信、团结友善、勤俭自强、敬业奉献的基本道德规范,培养良好的道德品质和文明风尚。要加强思想政治工作,有针对性地解决不同社会群体的思想问题,既要以理服人、解决思想问题,又要实实在在帮助群众解决生产生活中的实际困难。"①指明了共同的理想信念和良好的道德品质,是实现社会和谐的根本。因此,要倡导在全社会广泛开展社会公德、职业道德和家庭美德教育,从思想道德入手,打牢构建社会主义核心社会的基础。

2006 年 3 月,在"两会"期间,胡锦涛明确提出了以"八荣八耻"为主要内容的社会主义荣辱观,明确指出社会风气是社会文明程度的重要标志,是社会价值导向的集中体现。树立良好的社会风气是当前我国广大人民群众的强烈愿望,也是中国特色社会主义事业顺利发展的必然要求和重要保证。因此,要在全社会大力弘扬爱国主义、集体主义、社会主义思想,倡导社会主义基本道德规范,扶正祛邪、扬善惩恶,促进良好社会风气的形成和发展。胡锦涛说:"在我们的社会主义社会里,是非、善恶、美丑的界限绝对不能混淆,坚持什么、反对什么,倡导什么、抵制什么,都必须旗帜鲜明。"②强调了我们必须牢固树立和真实践行社会主义荣辱观,用社会主义荣辱观统领思想道德建设,并以社会主义荣辱观作为真善美与假丑恶的道德判断标准。

2006 年 10 月,党的十六届六中全会通过《中共中央关于构建社会主义和谐社会若干重大问题的决定》,第一次系统地提出了建设社会主义核心价值体系的重大思想命题,明确提出建设社会主义核心价值体系,形成全民族

---

① 《十六大以来重要文献选编》(中),中央文献出版社 2006 年版,第 710—711 页。
② 《十六大以来重要文献选编》(下),中央文献出版社 2008 年版,第 317 页。

奋发向上的精神力量和团结和睦的精神纽带,并强调社会主义核心价值体系是建设和谐文化的根本,明确提出"马克思主义指导思想,中国特色社会主义共同理想,以爱国主义为核心的民族精神和以改革创新为核心的时代精神,社会主义荣辱观,构成社会主义核心价值体系的基本内容。"①强调要"坚持以社会主义核心价值体系引领社会思潮,尊重差异,包容多样,最大限度地形成社会思想共识。"②至此,社会主义核心价值体系论基本形成。

(三)完善发展阶段

2006年11月,胡锦涛在第八次文代会、第七次作代会上发表重要讲话,他说:"我们要牢牢把握社会主义先进文化的前进方向,建设社会主义核心价值体系,弘扬民族优秀文化传统,发掘民族和谐文化资源,借鉴人类有益文明成果,倡导和谐理念,培育和谐精神,营造和谐氛围,进一步形成全社会共同的理想信念和道德规范,打牢全党全国各族人民团结奋斗的思想道德基础。"③胡锦涛提出既要弘扬民族优秀文化传统,发掘民族和谐文化资源,又要借鉴人类有益文明成果,促进全社会共同理想信念的进一步形成,从而拓展了社会主义核心价值体系论的视野。

2007年10月,党的十七大胜利召开。社会主义核心价值体系被写入党的十七大报告,意味着社会主义核心价值体系成为全党的意志。胡锦涛在报告中全面阐述了社会主义核心价值体系的科学内涵、基本要求以及建设社会主义核心价值体系的重大意义,指出:"社会主义核心价值体系是社会主义意识形态的本质体现。"④建设社会主义核心价值体系,增强社会主义意识形态的吸引力和凝聚力,就是要"巩固马克思主义指导地位,坚持不懈地用马克思主义中国化最新成果武装全党、教育人民,用中国特色社会主义共同理想凝聚力量,用以爱国主义为核心的民族精神和以改革创新为核心的时代精神鼓舞斗志,用社会主义荣辱观引领风尚,巩固全党全国各族人

---

① 《十六大以来重要文献选编》(下),中央文献出版社2008年版,第661页。
② 《十六大以来重要文献选编》(下),中央文献出版社2008年版,第661页。
③ 《十六大以来重要文献选编》(下),中央文献出版社2008年版,第753页。
④ 《十七大以来重要文献选编》(上),中央文献出版社2009年版,第26页。

民团结奋斗的共同思想基础。切实把社会主义核心价值体系融入国民教育和精神文明建设全过程,转化为人民的自觉追求。积极探索用社会主义核心价值体系引领社会思潮的有效途径,主动做好意识形态工作,既尊重差异、包容多样,又有力抵制各种错误和腐朽思想的影响。"①党的十七大关于社会主义核心价值体系是社会主义意识形态的本质体现的论述,以及既要以社会主义核心价值体系为引领,又要尊重差异、包容多样,有效抵制各种错误和腐朽思想的影响的论析,进一步完善和发展了社会主义核心价值体系论。

2008 年 1 月 1 日,胡锦涛在全国政协新年茶话会上发表讲话,指出:"我们要坚持社会主义先进文化前进方向,推进社会主义核心价值体系建设,深化文化体制改革,加快发展文化事业和文化产业,更加自觉、更加主动地推动社会主义文化大发展大繁荣。"②1 月 29 日,他在主持中央政治局第三次集体学习时又强调:"要着力加强文化建设,建设社会主义核心价值体系,健全公共文化服务体系,提高全民族文明素质。"③这是继党的十七大之后,胡锦涛对社会主义核心价值体系建设提出的新要求,强调必须牢牢把握社会主义先进文化前进方向,把加强文化建设与社会主义核心价值体系建设辩证统一起来,以社会主义文化大发展大繁荣来有效推进社会主义核心价值体系建设,提高全民族文明素质。

2008 年 10 月,胡锦涛在全国抗震救灾总结表彰大会上发表重要讲话,充分肯定了广大军民在抗震救灾中表现出来的昂扬精神风貌,是社会主义核心价值体系建设取得的重大成效。胡锦涛强调:"我们要进一步加强社会主义核心价值体系建设,切实巩固全党全军全国各族人民团结奋斗的共同思想基础,坚持不懈地用马克思主义中国化最新成果武装全党、教育人民,用中国特色社会主义共同理想凝聚力量,用以爱国主义为核心的民族精神

---

① 《十七大以来重要文献选编》(上),中央文献出版社 2009 年版,第 26 页。
② 胡锦涛:《在全国政协新年茶话会上的讲话》,《人民日报》2008 年 1 月 2 日。
③ 胡锦涛:《在中共中央政治局第三次集体学习时的讲话》,《人民日报》2008 年 1 月 31 日。

和以改革创新为核心的时代精神鼓舞斗志,用社会主义荣辱观引领风尚。"①要求把抗震救灾斗争培育和弘扬的好思想、好作风作为社会主义核心价值体系建设的生动教材,引导人们进一步坚定对中国特色社会主义的信念,为党和人民事业发展提供强大思想保证和精神支撑。抗震救灾斗争的胜利,检验了社会主义核心价值体系作为当代中国的精神旗帜的巨大引领指导作用,完善了加强社会主义核心价值体系指导的有效方法。

2008 年 12 月,胡锦涛在纪念党的十一届三中全会召开 30 周年大会上发表重要讲话,再次强调:"我们把社会主义核心价值体系建设作为主线,贯穿到国民教育和精神文明建设全过程,坚持不懈地用马克思主义中国化最新成果武装全党、教育人民,用中国特色社会主义共同理想凝聚力量,用以爱国主义为核心的民族精神和以改革创新为核心的时代精神鼓舞斗志,用社会主义荣辱观引领风尚,巩固全党全国各族人民团结奋斗的共同思想基础。"②将社会主义核心价值体系建设作为主线,贯穿国民教育和精神文明建设全过程,是对社会主义核心价值体系论的又一完善。

至此,以胡锦涛为总书记的党中央,与时俱进完善和发展了社会主义核心价值体系论,不仅系统总结了这一理论的深刻内涵、精神实质、基本特征、实践要求,而且鲜明地阐述了它的历史地位、指导作用及其实现途径,标志着我国社会主义意识形态建设进入了新的阶段。理论创新是永无止境的过程,随着实践的发展,社会主义核心价值体系论必将不断地发展、不断地完善。

第二节 社会主义核心价值体系论的 科学内涵及基本要求

党的十六届六中全会通过《中共中央关于构建社会主义和谐社会若干

---

① 《十七大以来重要文献选编》(上),中央文献出版社 2009 年版,第 642 页。
② 《十七大以来重要文献选编》(上),中央文献出版社 2009 年版,第 802—803 页。

重大问题的决定》,首次提出建设社会主义核心价值体系。只有全面准确地理解社会主义核心价值体系的深刻内涵,"把社会主义核心价值体系融入国民教育和精神文明建设的全过程,转化为人民的自觉追求"①,才能形成统领社会思想和指导社会行为的价值指向。

一、社会主义核心价值体系论的科学内涵

"马克思主义指导思想,中国特色社会主义共同理想,以爱国主义为核心的民族精神和以改革创新为核心的时代精神,社会主义荣辱观,构成社会主义核心价值体系的基本内容。"②这四个方面的内容相互贯通,构成了一个有机统一的理论整体,揭示了对社会主义核心价值体系的科学内涵。

(一)马克思主义指导思想是社会主义核心价值体系论的灵魂

建设社会主义核心价值体系,最根本的就是要坚持马克思主义指导地位。马克思主义是科学,为我们提供了认识世界和改造世界的思想武器,是我们党的根本指导思想和行动指南,是中国特色社会主义意识形态的鲜明旗帜。所以,它决定了社会主义核心价值体系的性质和方向,是社会主义核心价值体系的灵魂。经过三十多年的改革开放,人们的思想发生了深刻变化,各种社会思潮此起彼伏,社会意识也出现了多样化倾向。在这样的背景下,我们必须更加坚定马克思主义的指导地位不动摇,坚持用发展着的马克思主义指导实践,牢牢掌握马克思主义在意识形态领域的指导权。发展中国特色社会主义是前无古人的伟大事业,为马克思主义展现思想魅力和发挥指导作用创造了广阔舞台。改革发展的新阶段,各种社会思想相互交织,社会意识形态出现多元化趋势。因此,我们要更加坚定马克思主义信仰,坚持社会主义主流意识形态不动摇;坚持马克思主义基本原理,不断在实践的基础上推进理论创新,用马克思主义中国化的最新成果武装自己,用发展着的马克思主义指导实践,制定发展中国特色社会主义的正确路线方针政策,

① 《十七大以来重要文献选编》(上),中央文献出版社 2009 年版,第 26—27 页。
② 《十六大以来重要文献选编》(下),中央文献出版社 2008 年版,第 661 页。

凝聚各族人民的意志共同为崇高理想和伟大目标而奋斗。①

（二）中国特色社会主义共同理想是社会主义核心价值体系论的主题

坚持中国共产党的领导、坚定不移地走中国特色社会主义道路、实现中华民族的伟大复兴是我们的共同理想。这个共同理想集中体现了当今中国科学发展的新要求，反映了我国各族人民的普遍追求，代表了广大人民群众的根本利益。所以，中国特色社会主义共同理想成为社会主义核心价值体系的主题。当前，国际形势风云变幻，国内科学发展的进程波澜壮阔，这就要求必须有一个能够代表广大人民群众根本利益，并能有效凝聚各个方面智慧和力量的共同理想。有了这样的共同理想，我们才能有共同的步调和前进的动力。中国特色社会主义共同理想把党在社会主义初级阶段的奋斗目标、国家的发展、民族的振兴与个人的根本利益紧密联系在一起，把各个阶层、各个群体的共同愿望有机结合在一起，具有强大的感召力、亲和力和凝聚力。历史已经证明，中国共产党的领导和社会主义道路是历史的选择、人民的选择。历史也同样证明，坚定中国特色社会主义理想信念，高举中国特色社会主义伟大旗帜，走科学发展道路，就能实现中华民族的伟大复兴。我国经济社会发展取得的辉煌成就无可辩驳地见证了这一点。胡锦涛强调，我们要"倍加珍惜、长期坚持和不断发展历经艰辛开创的中国特色社会主义道路和中国特色社会主义理论体系，……使中国特色社会主义道路越走越宽广。"②这一论述，极大地激励了各族人民更加坚定中国特色社会主义共同理想的信念和信心。

（三）民族精神和时代精神是社会主义核心价值体系论的精髓

以爱国主义为核心的民族精神和以改革创新为核心的时代精神之所以能成为社会主义核心价值体系论的精髓，是由民族精神和时代精神在社会主义核心价值体系中的地位、功能所决定的。民族精神是我们民族的生命力、凝聚力和创造力的不竭源泉。以爱国主义为核心的伟大民族精神，已经

---

①　胡锦涛：《在中央政治局第二十六次集体学习时的讲话》，《人民日报》2005 年 11 月 26 日。
②　《十七大以来重要文献选编》（上），中央文献出版社 2009 年版，第 9—10 页。

深入中华民族意识、民族品格、民族气质之中,成为我国各族人民团结一致、共同奋斗的价值指向。时代精神是新时期中华民族富于进取的思想品格与改革开放和现代化建设实践相结合的成果体现,已经深深融入我国经济社会发展的各个方面,成为不断开创中国特色社会主义事业新局面的强大力量。正是有了这种精神,中华民族才能生生不息,薪火相传,奋发进取。过去中华民族能抵御外来侵略,赢得民族独立和解放,靠的就是这种精神;现在要实现中国特色社会主义科学发展,建设社会主义和谐社会,实现全面建设小康社会的宏伟目标,还是要靠这样的精神。在发展中国特色社会主义的伟大进程中,我们只有大力弘扬民族精神和时代精神,才能始终保持意气风发、昂扬向上的精神状态和精神风貌。

(四)社会主义荣辱观是社会主义核心价值体系论的思想道德基础

我们要把社会主义核心价值体系的基本要求转化为自己的自觉行动,必须以良好的思想修养和道德素质为基础。以"八荣八耻"为主要内容的社会主义荣辱观,是对与社会主义市场经济相适应、与社会主义法律规范相协调、与中华民族传统美德相承接的社会主义思想道德体系的系统而又准确通俗的表达。它旗帜鲜明地指出了在社会主义市场经济条件下,哪些应当坚持和提倡,哪些应当反对和抵制,为社会全体成员判断行为得失、作出道德选择、确定价值取向,提供了基本的价值准则和行为规范。在一个具有特殊国情的发展中的社会主义大国,要实现科学发展、社会和谐的目标追求,必然要确立普遍奉行的价值准则和道德要求。只有这样,才能培育和谐的人际关系和良好的社会风尚。社会主义荣辱观既有先进性的导向,又有广泛性的要求,贯穿社会生活各领域,涉及各个利益群体,涵盖了世界观、人生观、价值观和社会风尚的方方面面。社会主义荣辱观成为社会主义核心价值体系的思想道德基础是题中应有之义。

社会主义核心价值体系论作为一个辩证统一的理论体系,回答了我国意识形态领域的根本问题:马克思主义指导思想居于统领地位,回答的是举什么旗帜的问题;中国特色社会主义共同理想回答的是走什么路、实现什么样目标的问题;民族精神和时代精神回答的是应当具备什么样的精神状态和精神风貌的问题;社会主义荣辱观回答的是人们行为规范的基本道德问题。

二、社会主义核心价值体系论的基本要求

胡锦涛在党的十七大报告中指出:"建设社会主义核心价值体系,增强社会主义意识形态的凝聚力和吸引力,就是要巩固马克思主义指导地位,坚持不懈地用马克思主义中国化最新成果武装全党、教育人民,用中国特色社会主义共同理想凝聚力量,用以爱国主义为核心的民族精神和以改革创新为核心的时代精神鼓舞斗志,用社会主义荣辱观引领社会风尚。"[①]胡锦涛的这一精辟论述,深刻阐述了社会主义核心价值体系建设的实践要求。

(一)坚持马克思主义在意识形态领域的指导地位

马克思主义是社会主义核心价值体系的灵魂,坚持社会主义核心价值体系,就是要毫不动摇地坚持和巩固马克思主义在发展中国特色社会主义中的指导地位,坚持不懈地用马克思主义中国化最新成果武装全党、教育人民,用科学发展观武装头脑,指导实践,统领全国人民的思想和行动。

我们之所以能坚定马克思主义信仰不动摇,是因为马克思主义不仅是无产阶级科学的世界观和方法论,而且它本身是一个逻辑严密而结构完整的科学体系,是马克思主义政党和劳动群众的"伟大的认识工具"。无论过去、现在还是将来,马克思主义及其中国化的理论成果都是我们党和人民的根本信仰。马克思主义又是随着实践和时代的发展而不断发展的科学。这就要求我们必须把马克思主义与我国的现实国情相结合,在坚持马克思主义的实践中不断创新和发展马克思主义。作为马克思主义中国化的最新理论成果,科学发展是富有中国特色、中国气派的发展理论,为我国经济社会发展指明了方向,提供了根本方法。科学发展观坚持了以人为本的理念,是对人类社会发展规律认识的升华,体现了马克思主义关于人民群众是历史的创造者的历史唯物主义基本原理,并总结和借鉴了当今中国与世界在发

---

① 《十七大以来重要文献选编》(上),中央文献出版社2009年版,第26页。

展目的问题上的有益经验。因此,科学发展观是新世纪新阶段我们强大的思想武器和行动指南。当下,坚持用马克思主义中国化的最新成果武装全党、教育人民,就是要用马克思主义信仰去感召人们的心灵,凝聚人们的精神,就是要毫不犹豫地坚持科学发展观的指导地位,用科学发展观作为全党和全国人民统一的指导思想。

(二)坚持中国特色社会主义的共同理想

中国特色社会主义是全体中国人民的共同理想,是凝集全国人民共同奋斗的旗帜。坚持社会主义核心价值体系,就是要求我们坚定中国特色社会主义信念,坚持中国特色社会主义理论体系,走中国特色社会主义道路。

在世界社会主义运动发生重大曲折的新形势下,我们之所以强调坚定科学社会主义和共产主义理想信念,是因为科学社会主义和共产主义是社会团结、人心凝聚的思想基础和推动中国特色社会主义科学发展的永恒的信仰力量。正是靠着这种共同理想,我们凝聚了力量,取得了一个又一个辉煌成就。中国特色社会主义既不同于"苏联模式"的社会主义,也不等于我国计划经济时代的社会主义,与西方的"民主社会主义"也有本质区别,它是科学社会主义在当代中国的新实践和新发展。"社会主义必须是切合中国实际的有中国特色的社会主义。"[①]中国特色社会主义坚持了党的最高纲领和最终奋斗目标,反映了全国人民的根本意愿。旗帜就是方向,旗帜就是力量。旗帜、方向、道路是关系我国党和人民事业发展的最关键的问题。举什么旗,走什么路直接决定着我国的前途和命运。中国特色社会主义道路既坚持了科学社会主义的基本原则,又根据我国实际和时代特征赋予其鲜明的中国特色,能够引领中国发展进步。中国特色社会主义理论体系是我们团结奋斗的思想基础。在当代中国"坚持中国特色社会主义理论体系,就是真正坚持马克思主义。"[②]所以,我们树立的中国特色社会主义共同理想就是在中国特色社会主义理论体系的指导下,坚持中国共产党的领导,坚定

---

① 《邓小平文选》第 3 卷,人民出版社 1993 年版,第 63 页。
② 《十七大以来重要文献选编》(上),中央文献出版社 2009 年版,第 9 页。

不移地走中国特色社会主义道路。只有在全社会牢固树立起中国特色社会主义共同理想，才能形成全民族奋发向上的精神力量和团结和睦的精神纽带，从而激发全国人民开创中国特色社会主义事业新局面的精神力量。

（三）弘扬以爱国主义为核心的民族精神和以改革创新为核心的时代精神

坚持社会主义核心价值体系，必须以爱国主义为核心的民族精神和以改革创新为核心的时代精神鼓舞斗志，铸造发展中国特色社会主义所需要的良好精神状态和精神风貌。

精神状态是人的品格、意志和人生态度的外在表现。一个国家和社会的精神风貌是全体国民品格、意志和人生态度的总体反映和集中体现。我们所从事的是发展中国特色社会主义的宏伟事业，它内在要求中国特色精神风貌。发展中国特色社会主义离不开民族精神的支撑。发展中国特色社会主义，也离不开时代精神的激励。民族精神是指贯穿于民族文化传统中的思维方式、价值观念、行为规范等等一系列具有抽象性、精神性的活的东西，是民族优秀传统的灵魂和活力，决定民族文化传统的性质与方向。时代精神是在最新的社会实践中激发出来的反映社会发展要求，引领时代进步的潮流，是民族精神在新的历史条件下的时代性体现和现实升华。在我国改革开放三十多年的伟大实践中，逐渐形成的以改革创新为核心的与时俱进、开拓进取、求真务实、以人为本的时代精神，是推动时代发展和社会进步的强大精神力量。只有培育和铸造这一伟大的时代精神，"把改革创新精神贯彻到治国理政各个环节，毫不动摇地坚持改革方向，提高改革决策的科学性，增强改革措施的协调性。"①才能充分调动全国人民的积极性，进一步激发全社会的活力和创造力，为不断开创发展中国特色社会主义新局面提供持久的精神动力。

（四）坚持社会主义荣辱观

坚持社会主义核心价值体系，必须用社会主义荣辱观引领社会风尚，进而构建中国特色社会主义道德体系，充分发挥社会主义荣辱观的引领、规范

---

① 《十七大以来重要文献选编》（上），中央文献出版社 2009 年版，第 14 页。

和保证功能。

社会道德是维系社会稳定,促进社会进步,实现人的全面发展的内在精神力量。发展中国特色社会主义要求我们必须确立反映社会发展要求的新的社会道德规范,建构中国特色社会主义道德体系。社会主义荣辱观是针对当前我国市场经济条件下出现的社会道德约束机制紊乱、价值观偏离、社会风气每况愈下的现实状况而提出的。社会主义荣辱观抓住了当前人民群众普遍关心的社会问题,适应了我国经济社会发展的客观需要,体现了社会主义基本道德规范和社会风尚的本质要求。它把中华民族传统美德、优秀革命道德和时代精神有机结合起来,是社会主义世界观、人生观和价值观的生动体现,成为发展中国特色社会主义道德体系的核心。社会主义荣辱观作为引领社会风尚的一面旗帜,为全体社会成员判断行为得失、分清是非曲直、辨明真善美假丑恶、做出道德选择、确定价值取向提供了基本准绳。只有在全社会牢固树立社会主义荣辱观,大力倡导爱国、敬业、诚信、友善等道德规范,积极开展社会公德、职业道德、家庭美德、个人品德建设,才能形成知荣辱、讲正气、促和谐、求发展的良好社会道德风尚。当下,最重要的就是要在全社会树立以"八荣八耻"为主要内容的社会主义荣辱观,以此教育和引导人们用科学高尚的人生观指引人生,确立积极进取的人生态度,追求乐观向上的人生目的,在实践中铸锻富有价值的人生。

三、社会主义核心价值体系建设的实现路径

社会主义核心价值体系建设是我国意识形态领域一项长期的战略任务。"切实把社会主义核心价值体系融入国民教育和精神文明建设全过程,贯穿于现代化建设各个方面。"①这既是我国社会主义核心价值体系建设的基本要求,同时也揭示了社会主义核心价值体系的建设路径。

(一)大力推进理论创新

理论创新就是把握和运用规律,不断对以往的理论实现新突破和新超

---

① 《十六大以来重要文献选编》(下),中央文献出版社 2008 年版,第 661 页。

越。对我们党而言,理论创新就是把马克思主义基本原理同当代中国实际和时代特征相结合,不断推进马克思主义的中国化和当代化。马克思主义是社会主义核心价值体系的灵魂,又为社会主义核心价值体系建设提供了正确的立场、观点和方法。在当代中国,只有坚持马克思主义指导地位,才能正确把握建设社会主义核心价值体系的历史条件、本质要求和客观规律。因此,建设社会主义核心价值体系必须大力推进马克思主义理论创新,并以党的理论创新引领其他方面的创新。胡锦涛在党的十七大报告中强调,要"大力推进理论创新,不断赋予当代中国马克思主义鲜明的实践特色、民族特色、时代特色"。① 这一论述成为党的理论发展的方向和指南。解放思想、实事求是、与时俱进是马克思主义的活的灵魂。坚持解放思想、实事求是、与时俱进,就是要不断根据实践的要求进行创新。"把马克思主义基本原理同中国具体实际结合起来,推进实践基础上的理论创新,是马克思主义具有蓬勃生命力的关键所在。"②我们党根据时代和实践的要求,扎根于中国历史和现实的土壤,不断赋予马克思主义鲜明的实践特色、民族特色、时代特色。毛泽东思想、邓小平理论和"三个代表"重要思想以及科学发展观都是结合不同历史时期的任务,对马克思主义进行理论创新的新成果。这些新成果指导着中国特色社会主义事业朝着又好又快的方向发展。

理论的创新推动事业的进步。具体地讲,社会主义核心价值体系建设,要坚持以马克思主义为指导的社会主义意识形态的统领地位,不断增强思想理论工作的创造力,用马克思主义创新成果武装全党、教育人民,把人民群众团结在马克思主义旗帜下,实现以马克思主义一元化指导思想统领多样化的社会思潮。这就需要我们在理论创新的基础上,进行观念创新、制度创新、机制创新、内容和方法创新、载体创新等其他方面的创新,培育创新精神,营造创新环境,坚持理论创新与理论武装相结合。比如,当前社会主义核心价值体系建设,必须围绕核心价值观建设,发扬马克思主义批判现实和

---

① 《十七大以来重要文献选编》(上),中央文献出版社2009年版,第26页。
② 《十六大以来重要文献选编》(中),中央文献出版社2006年版,第158页。

与时俱进的精神,创新理论建设体制机制,冲破一切束缚意识形态发展的思想观念和体制机制障碍。又如,思想政治工作在化解社会矛盾、达成思想共识、振奋群众精神、培育文明风尚、构建和谐社会中发挥着基础性作用。因此,我们要立足于广大群众的生活实践,创新思想政治工作方法,增强思想政治工作的针对性、有效性和感召力,用广大人民群众乐于接受的思想政治工作方法,让社会主义核心价值体系深入人心。

实践永无止境,创新亦永无止境。理论要对实践进行科学的指导,必然要随着实践的发展而不断与时俱进,不断发展创新。建设社会主义核心价值体系,是一项前无古人的伟大事业。实践中,我们既要坚持中国特色社会主义理论体系,又要树立与时俱进、勇于创新的理念,继续推进马克思主义理论创新,增强社会主义核心价值体系的吸引力和凝聚力。

(二)广泛开展宣传普及工作

建设社会主义核心价值体系是一项长期任务。因此,我们不仅要不断进行理论创新,而且要广泛开展宣传普及工作,推进社会主义核心价值体系大众化。宣传普及就是要把社会主义核心价值体系"输送"到广大人民群中去,使他们对社会主义核心价值体系有越来越广泛而深入的了解,从而逐渐提高对其的认知,进而做到自觉追求和主动履行。列宁曾经指出:"工人本来也不可能有社会民主主义的意识,这种意识只能从外面灌输进去。"[1]列宁的科学论述告诉我们,社会主义核心价值体系作为一种社会意识,它是不可能自发地被接受的,必须从"外面""输送"到广大人民群众中去。宣传普及是广大群众知晓社会主义核心价值体系的前提,只有通过坚持不懈的宣传普及,使之大众化,才能广泛深入地影响群众,形成一种心理定势,广大人民群众就会在自觉与不自觉中感知、接受、认同、理解和把握其基本内容,并成为他们内在感受,进而成为他们在选择接纳各种社会思潮时的信念和经验基础,为思想观念的质变做好准备,最后才会自觉追求和身体力行。因此,要充分运用各种手段,广泛宣传,营造浓厚的普及氛围。

---

① 《列宁选集》第 1 卷,人民出版社 1995 年版,第 24 页。

　　要充分发挥广播、电视、新闻、出版、报刊、杂志、互联网等大众媒介的正确舆论导向作用和主阵地、主渠道作用。大众媒介有着传播速度快、覆盖范围广、影响作用大的独特功能和优势,发挥巨大的传播力、影响力。大众媒介应当一如既往地把握正确的舆论导向,宣传主流价值观,以一元化的核心价值体系引领多元化的社会生活。推进社会主义核心价值体系大众化,就是要善于利用这些传播媒介的舆论导向,牢牢掌握社会主义核心价值体系的话语权、主动权,以积极的姿态宣传社会主流意识形态和党的其他主张,弘扬社会正气,反映人民心声。

　　宣传部门要不断创新宣传教育模式,加大宣传社会主义核心价值体系的重大意义、精神实质、科学内涵和基本要求的力度。宣传部门还要围绕社会主义核心价值体系的实践要求,突出宣传各行各业在践行社会主义核心价值体系方面取得的新进展、新成就以及先进典型和鲜活经验,使社会主义核心价值体系家喻户晓、深入人心。同时,要把宣传社会主义核心价值体系贯穿到理论研究、思想道德、文学艺术、人员培训、社会工作等方面。

　　在宣传普及过程中,要坚持以人为本的原则。社会主义核心价值体系的宣传教育,推广普及,走向大众化,要真正贴近实际、贴近生活、贴近群众,以关心人为出发点,既要鼓励先进,又要照顾多数,把先进性要求同广泛性要求相结合,对不同层次的人们提出不同的要求。要从人们日常的基本规范抓起,以群众喜闻乐见的形式,鼓励和引导人们从一点一滴的小事做起,把价值认同体现到日常生活和社会交往之中,让人们在日常工作、学习、生活过程中,逐渐增强对社会主义核心价值体系的接受感和认同感,从而得到自觉践行的效果。

(三)积极开展践行活动

　　社会主义核心价值体系建设的根本目的就是要以主流意识形态统领人们的思想,并把基本要求转化为人们的自觉行动。社会主义核心价值体系重在建设,贵在践行。

　　社会主义核心价值体系建设的对象和践行的主体都是思想多元的广大人民群众。人民群众中蕴藏着建设社会主义核心价值体系的巨大热情和无比的创造活力。这就要求必须尊重人民群众的主体地位和首创精神,团结一切有利力量,调动一切积极因素,形成践行社会主义核心价值体系广泛的社会基础。当代中国的改革发展和现代化建设的火热实践,为宣传教育和践行社会主义核心价值体系提供了主阵地、主渠道和广阔的舞台。因此,要广泛开展各种创建活动,充分发挥工人、农民、知识分子和其他人员的主力军作用与青少年的生力军作用,发挥其他一切的积极作用和独特作用,汇聚起建设社会主义核心价值体系的强大合力,形成人人关心、协同参与、携手践行的生动局面。

党员干部是发展中国特色社会主义实践中的先进分子和骨干力量,他们在社会上具有一定的信誉和地位,令广大群众信赖和尊重。他们的一言一行影响着人民群众,决定着党风、政风、民风和社会风气。党员干部带头践行社会主义核心价值体系,具有模范示范作用。因此,党员干部要带头坚定理想信念,增强全心全意为人民服务的宗旨意识,树立正确的世界观、人生观、价值观、权力观、利益观,树立党和人民的利益高于一切的观念,吃苦在前,享受在后,奉献人民,培育良好的思想、工作、生活、学习作风,加强党性修养和道德修养,重品行,作表率。

先进典型是践行社会主义核心价值体系的优秀代表。在改革发展和现代化建设中涌现出来的许许多多先进典型和道德模范,是时代的先锋、社会的楷模。他们在各条战线上,都以自己的实际行动书写着践行社会主义核心价值体系的壮丽篇章,以自己坚定的理想信念、崇高的精神境界和高尚的道德情操,诠释着社会的主流价值,追求和实现着人生的真正意义,他们的世界观、人生观、价值观对广大人民群众有着极大的激励和感召作用,发挥着无穷的榜样力量。因此,我们要深入挖掘和大张旗鼓地弘扬先进典型的思想和精神,让先进典型成为人们学习的榜样和追求的风范。要把典型人物与现实生活拉近,使他们践行社会主义核心价值体系的事迹更可敬、可信,从而感召人、影响人、激励人,引导人们在日常工作、学习和生活中自觉按照社会主义核心价值体系的要求行动。

建立健全监督和激励机制。监督就是从制度、体制、机制上来保证社会主义核心价值体系践行的实际效果。如果不讲监督,缺乏有效的监督机制作保证,成效就会大打折扣,已经取得的成果也难以持久。发挥社会各方的监督作用意义重大。它可以通过揭露、批评个别有悖社会主义核心价值体系的言行和消极丑恶现象,帮助广大群众辨别是非、弘扬真善美、抵制假恶丑,从而引导人们按照社会主义核心价值体系的要求,养成良好的行为习惯。激励机制就是通过一套理性化的制度,对社会主义核心价值体系践行中的优秀者、先进分子、模范人物等积极向上的行为事迹给予赞扬、肯定、奖赏,以进一步鼓励、激发、调动广大群众的积极性,从而得到鼓励先进,鞭策后进,引导全社会共同进步的目的。

(四)发展文化事业和文化产业,深化文化体制改革

发展文化事业和文化产业,是推进社会主义核心价值体系建设的内在要求。"进入新世纪新阶段,面对改革发展稳定的繁重任务,面对世界各种思想文化的相互激荡,我们要更好地把全国各族人民的意志和力量凝聚起来,万众一心地为实现全面建设小康社会的宏伟目标而奋斗,就必须大力加强中国特色社会主义文化建设,不断为改革开放和现代化建设提供有力的思想保证、精神动力和智力支持。"[①]发展文化事业和文化产业,是中国特色社会主义文化建设的重要组成部分,而建设社会主义核心价值体系又是中国特色社会主义文化建设的根本。所以,大力加强社会主义核心价值体系建设,必须要从发展文化事业和文化产业这一基础工程抓起。

首先,发展文化事业和文化产业首先必须坚持马列主义、毛泽东思想、邓小平理论、"三个代表"重要思想,特别是科学发展观为指导,始终把握先进文化的前进方向这一正确导向,树立新的文化发展观,推进文化体制创新,解放和发展文化生产力。按照把社会效益放在首位的原则,做到努力宣传真理、传播先进文化、塑造美好心灵、弘扬社会正气、倡导科学精神。

其次,建立完备的公共文化服务体系,发展公益性文化事业。完备的公共文化服务体系的建立能提供文化场所、传播阵地、载体产品,搭建宣传平

---

① 胡锦涛:《在中共中央政治局第七次集体学习时的讲话》,《人民日报》2003 年 8 月 13 日。

台,这些有利于传播马克思主义理论和社会主义主流意识形态,宣扬正确的世界观、人生观、价值观;有利于弘扬和传承民族文化和民族精神,激发人们爱国之心和投身发展中国特色社会主义的热情;有利于营造和谐的文明氛围,激发人们的创造力,培育创新意识,陶冶人文精神。公益性文化事业具有受众面广、影响力大的优势。因此,一要拓宽服务渠道,健全服务网络,不断提高公共文化服务能力。二要积极发展新闻出版、广播影视、文学艺术、社会科学研究等事关人民群众切身利益的文化事业。三要统筹城乡、区域文化发展,建构统一完备的公共文化服务体系。

第三,推动形成新的文化产业格局。要坚持以市场为主导,积极探索和建立符合当代先进文化要求、遵循精神产品生产的管理体制和运行机制,培育具有竞争力的文化产业。通过积极的产业政策和有序的市场化运作,充分发挥国有文化企业的骨干作用,保护好、引导好民营文化企业的积极性,加快文化产业市场体系和文化产业结构调整,促进文化产品和生产要素合理流动。要用好国际国内两种资源,在占领国内市场的同时,积极开拓国际市场,推动中华文化更好地走向世界,不断拓展对外文化交流渠道,进一步扩大我国文化传播范围。

第四,全面推进文化体制改革。深化文化体制改革,要始终坚持党对文化工作的领导,坚持一手抓公益性文化事业、一手抓经营性文化产业,推动社会主义文化全面协调发展。要坚持以改革促创新,以创新促发展,推动文化观念、文化内容、文化形式和文化科技的全面进步,提高我国文化的整体实力和国际竞争力。要妥善处理各方面利益关系,用改革凝聚人心,最大限度地激发广大文化工作者投身文化体制改革,繁荣社会主义文化的积极性、主动性和创造性。因此,我们要开阔发展思路,拓宽发展途径,积极推进文化体制改革,创新文化生产方式,促进文化事业全面繁荣和文化产业又好又快发展。

总之,建设社会主义核心价值体系既是一个现实课题,又是一项长期的历史任务。我们必须充分调动社会各方面的力量,充分释放全体人民的积极性、主动性,社会主义核心价值体系建设才能真正得以顺利进行,富有成效,社会主义核心价值观才能得以确立。

第三节 社会主义核心价值体系论的当代价值

社会主义核心价值体系论是马克思主义意识形态理论的最新成果,是引领发展中国特色社会主义的精神旗帜,为我国社会提供了价值导向与规范,指明了提高我国文化软实力的根本路径。当代中国,建设社会主义核心价值体系对于深化对中国特色社会主义本质的认识,全面推进中国特色社会主义宏伟事业,具有重要的当代价值和深远的历史意义。

一、马克思主义意识形态理论的新成果

党的十六届六中全会第一次明确提出"建设社会主义核心价值体系,形成全民族奋发向上的精神力量和团结和睦的精神纽带"①、"建设和谐文化是构建社会主义和谐社会的重要任务"②、"社会主义核心价值体系是建设和谐文化的根本"③等一系列社会主义意识形态建设的新战略。这些战略任务的提出,初步形成了马克思主义意识形态理论的新体系,是我国社会主义意识形态的新创造。

党的十六大以来,胡锦涛非常重视意识形态的建设。早在 2003 年,在全国宣传思想工作会议上,胡锦涛就强调指出,为了适应全面建设小康社会的新形势新任务,宣传思想工作要高举邓小平理论和"三个代表"重要思想的伟大旗帜,全面贯彻十六大精神,着眼于巩固马克思主义在我国意识形态领域的指导地位。社会主义核心价值体系论的形成,是以胡锦涛为总书记的党的中央继科学发展观、社会主义和谐社会等理论成果之后的新创造。在党的十六届三中全会上,党中央明确提出"以人为本,全面、协调、可持续发展"的科学发展观。在科学发展观的统领下,党中央针对具体世情国情,

① 《十六大以来重要文献选编》(下),中央文献出版社 2008 年版,第 661 页。
② 《十六大以来重要文献选编》(下),中央文献出版社 2008 年版,第 660 页。
③ 《十六大以来重要文献选编》(下),中央文献出版社 2008 年版,第 660 页。

进一步提出了构建社会主义和谐社会理论。作为"如何构建社会主义和谐社会"的逻辑应答,党中央又进一步明确"建设和谐文化"。而对"如何建设和谐文化"进一步追问的逻辑结论,就是建设社会主义核心价值体系。从科学发展观到社会主义核心价值体系论,形成了我国社会主义意识形态理论的新体系,从而标志着马克思主义意识形态理论的重大发展和创新。

党的十六届六中全会把社会主义核心价值体系的基本内容概括为四个方面,这四方面的内容是一个统一的有机整体,形成了完备的理论形态。其中,马克思主义指导思想居于最高层面,是指对作为认识世界、改造世界的理论基础的马克思主义的价值认同,从根本上说,是指对人类社会主义发展规律的认同;中国特色社会主义共同理想是指对国家民族追求的未来美好发展前景的价值认同;民族精神和时代精神,是指对实现共同理想的动力之源的认同;社会主义荣辱观是指对公民思想行为选择标准的价值认同。就社会主义核心价值体系建设论本身来看,这四个方面的有机整合,是一种具有全局性前瞻性的理论创新,它对于马克思主义意识形态理论发展进程来说,也是一个标志性的创新理论成果。

当下,我国人民生活水平普遍提高,综合国力日益增强,我国的国际地位不断提升。与此相适应,我国公民的自尊心、自信心、自豪感不断增强,思想道德水准不断夯实。另一方面,由于各种社会思潮的侵蚀和冲击,一些腐朽的思想观念也正在影响和侵蚀着人们的思想意识,"价值混乱"现象在社会生活中仍然普遍存在,这些现象对社会主义主流意识形态产生了不可忽视的思想冲击。社会主义核心价值体系正是在这样的背景下提出的,它"对扶正祛邪、激浊扬清,在全党全社会树立与发展中国特色社会主义相匹配的价值取向、思想观念、道德操守,亦即铸造新时代中华民族的民族魂将发挥巨大作用"。[①] 现实生活中,在科学发展观的统领下,社会主义核心价值体系正是以自己的主导地位,既引领各种社会思潮,用一元统领多元,又团结

---

① 夏东民,陆树程:《论社会主义核心价值体系的当代价值》,中国人民大学报刊复印资料《哲学原理》2008 年第 2 期,第 68 页。

多数,尊重差异,包容多样。"我们要继续坚定不移地全面贯彻落实科学发展观,坚持马克思主义在意识形态领域的指导地位,加强马克思主义理论研究和建设,使马克思主义中国化的重大理论成果成为引领中国社会不断发展进步的强大思想先导。"①

二、引领发展中国特色社会主义的精神旗帜

社会主义核心价值体系论是在探索中国特色社会主义道路的伟大实践中形成的思想文化成果,是时代精神的精华,是发展中国特色社会主义的精神支柱和"生命线"。

一个社会的核心价值体系反映了社会意识形态的本质,是对社会发展规律的正确认识和反映,是引领社会进步的旗帜。马克思主义为发展中国特色社会主义提供了理论基础。坚持马克思主义在意识形态领域的指导地位,是由马克思主义的特点和社会历史条件所决定的。在当代中国,坚持马克思主义就是要坚持中国特色社会主义。它决定着我国的发展模式、发展道路、发展目标和发展目的。"实践永无止境,创新永无止境。"②我们党在把马克思主义与中国具体实践相结合的过程中,不断进行新的理论创造,开辟了马克思主义新境界,极大地丰富和发展了马克思主义。马克思主义是社会主义意识形态的旗帜,是我们坚持和发展中国特色社会主义的思想武器和理论基础。

中国特色社会主义共同理想为中国发展指明了奋斗目标。胡锦涛强调说:"理想信念,是一个政党治国理政的旗帜,是一个民族奋力前行的向导。"③在现阶段,发展中国特色社会主义是全社会的共同理想。这个共同理想集中代表了我国各族人民的利益和愿望,具有很强的广泛性和包容性,把国家、民族与个人紧紧地联系在一起,有利于调动全体人民的积极性、主动性。它既实在具体又鼓舞人心,昭示了我们要坚定不移地走中国特色社

①　《十六大以来重要文选选编》(下),中央文献出版社2008年版,599—600页。
②　《十七大以来重要文献选编》(上),中央文献出版社2009年版,第9页。
③　《十六大以来重要文献选编》(中),中央文献出版社2006年版,第636页。

会主义道路,集中力量把我国建成富强、民主、文明、和谐的社会主义现代化国家。这个共同理想,既是社会主义核心价值的主体,又是中国特色社会主义的奋斗目标,二者统一于发展中国特色社会主义。

民族精神和时代精神为发展中国特色社会主义提供了强大的精神动力。只有振奋的精神和高尚的品格,一个民族才可能自立于世界民族之林。加强理想信念教育,弘扬以爱国主义为核心的民族精神和以改革创新为核心的时代精神,弘扬集体主义、社会主义思想,能使全体人民始终保持昂扬向上的精神状态。[①] 这一民族精神和时代精神,是中华民族生生不息、发展壮大的强大精神力量,也是中国人民在未来的岁月里星火相传、继往开来的强大精神动力。在全面建设小康社会、加快推进社会主义现代化的进程中,民族精神和时代精神对中华民族的凝聚、激励作用越来越突出,已融入民族的生命力、创造力和凝聚力之中,成为发展中国特色社会主义的激励和创造力量。

社会主义荣辱观为发展中国特色社会主义提供了道德保证。"发展中国特色社会主义和实现我国经济社会又好又快发展,说到底,必须不断提高全民族的思想道德水平。"[②]以"八荣八耻"为主要内容的社会主义荣辱观是世界观、人生观、价值观的重要内容。树立正确的荣辱观是形成良好社会风气的重要基础。只有分清荣辱,明辨善恶美丑,一个人才能形成正确的价值判断,一个社会才能形成良好的道德风尚。在我们这样一个有十几亿人口、五十多个民族的发展中大国,既需要坚持马克思主义的指导地位,树立正确的理想信念,倡导伟大的民族精神和时代精神,也需要确立起普遍奉行的价值准则和行为规范,形成维系社会和谐的人际关系和道德风尚。而正是社会主义荣辱观,明确了当代社会最基本的价值取向和行为准则。它把社会主义基本的道德规范、中华民族传统美德与时代精神完美结合,成为引领社会风尚的一面旗帜,营造出了团结、友善、和睦的社会环境,从而为发展中国

---

① 《十六大以来重要文献选编》(中),中央文献出版社 2006 年版,第 285 页。
② 胡锦涛:《在北京大学师生代表座谈会上的讲话》,人民出版社 2008 年版,第 3 页。

特色社会主义提供了道德保证。

社会主义核心价值体系融入我国经济、政治、文化、社会建设的各个领域,成为引领发展中国特色社会主义的精神旗帜。

三、为当代中国社会提供了价值导向与规范

社会主义核心价值体系是社会主义主流意识形态的集中体现,引领、调控和规范着人们的社会活动,发挥着重要的能动作用,为当代中国社会提供了价值导向与规范。

"一定的文化是一定社会的政治和经济的反映,又给予伟大影响和作用于一定社会的政治和经济。"[①]人类社会的活动是以人为主体的实践活动,而人的社会实践活动是有意识的活动,离不开意识的驱动和引导。意识形态对社会成员的社会实践活动具有能动的引导、调控和规范作用,对社会成员产生着综合影响作用,启迪、感化、改变着人们的思想意识、道德观念和思维方式,从而潜移默化地调控和规范着人们的社会实践活动。社会主义核心价值体系论作为当代中国的主流意识形态,对我国经济、政治、文化和社会起着重要的能动作用。这一能动作用主要体现在它能引领、调控和规范我国公民的社会实践活动。这是因为社会主义核心价值体系为我国公民参与推进社会的文明进步提供了重要的价值指导和正确方向,为全民族同心同德、奋发向上、实现中华民族的伟大复兴提供了强大的精神动力和道德保障。

社会主义核心价值体系论对当代中国社会的引领、调控和规范作用是通过群众的实践发挥出来的。马克思曾指出:"批判的武器当然不能代替武器的批判,物质力量只能用物质力量来摧毁;但是理论一经掌握群众,也会变成物质力量。"[②]毛泽东说,马克思列宁主义来到中国之所以发生这样大的作用,"是因为同中国人民革命的实践发生了联系,是因为被中国人民掌

① 《毛泽东选集》第2卷,人民出版社1991年版,第663—664页。
② 《马克思恩格斯选集》第1卷,人民出版社1995年版,第9页。

握了"①。社会主义核心价值体系并非是悬在空中的理论楼阁,并非是脱离实际、脱离群众的教条,而是引领、调控和规范公民社会活动的指南。当社会主义核心价值体系论通过对广大人民群众的宣传教育,成为当代中国公民的自觉意识和自觉行动时,就能实现其引领、调控和规范公民社会活动的重要功能。在现实中,当我国公民将社会主义核心价值体系转化为自己的自觉意识时,就会将这种内在意识外化为自觉行动,就能自觉坚持以马克思主义指导实践,以科学发展观统领经济社会发展全局;就能树立中国特色社会主义共同理想,通过自觉接受中国共产党的领导,坚持走中国特色社会主义道路,实现中华民族的伟大复兴;就能发扬以爱国主义为核心的民族精神和以改革创新为核心的时代精神,最大限度地凝聚全民族的力量,发挥每个社会成员的聪明才智,充分激励人民群众的创造力,为社会的进步和发展作出贡献;就能自觉正确调控和规范自己的道德行为,奉行社会道德规范,形成新型的、和谐的社会主义人际关系和文明的社会风尚,从而促进良好的社会风气的形成,推进中国特色社会主义精神文明建设。

四、指明了提高我国文化软实力的根本路径

我们党科学把握时代发展趋势和文化发展方位,把提高国家文化软实力作为重要发展战略,体现了高度的文化自觉。现代意义上的文化软实力是指一个国家或民族的文化所具有的凝聚力、生命力、创新力和传播力以及由此而产生的感召力和影响力。"当今时代,文化越来越成为民族凝聚力和创造力的重要源泉、越来越成为综合国力竞争的重要因素。"②因此,我们"要坚持社会主义先进文化的前进方向,兴起社会主义文化建设新高潮,激发全民族文化创造活力,提高国家文化软实力。"③由此可见,社会主义核心价值体系是我国文化软实力的核心内容。因此说大力建设社会主义核心价值体系的过程,也就是不断提高我国文化软实力的实践过程,而社会主义核

---

① 《毛泽东选集》第4卷,人民出版社1991年版,第1515页。
② 《十七大以来重要文献选编》(上),中央文献出版社2009年版,第26页。
③ 《十七大以来重要文献选编》(上),中央文献出版社2009年版,第26页。

心价值体系论则为提高我国文化软实力指明了根本路径。

在当代中国,建设社会主义核心价值体系,能够增强中华民族的向心力、凝聚力。历史上任何一个民族的文化,都凝聚着这个民族对现实世界和民族生命与前途的认知和真切感受,积淀着这个民族深深的精神追求和内在凝聚力。而国家文化软实力在很大程度上表现为全体国民的精神状态、意志品格和民族的内在凝聚力,这种精神状态、意志品格和内在凝聚力主要来自于全体社会成员对社会核心价值体系的价值认同、实践追求和自觉践行。几千年来,由于中华民族一个优秀而重要的特质就是有着深厚的文化传统和强烈的文化认同,所以中华民族历经磨难而绵延不绝。建设社会主义核心价值体系,能够在全社会形成统一的指导思想、共同的理想信念、强大的精神支柱和基本的道德规范,使人们超越民族、阶层、利益和地域等方面的差异,增强对中华民族大家庭的向心力和归属感,从而能把全国各族人民凝聚起来,保持更加昂扬向上的精神风貌,形成持久强大的合力。

在当代中国,建设社会主义核心价值体系,能够激发全体中华民族的主观能动性,增强中华民族的创造力。创新是一个民族的灵魂,是一个国家发展战略的核心和提高综合国力的不竭源泉。同样,创新也是推动文化大繁荣大发展、提高国家文化软实力的不竭动力。反之,一个没有创新力的国家,难以想象能拥有强大的文化软实力,更难以想象能在世界范围内占据综合国力的制高点。文化的大繁荣反映着社会的文明进步,文化的大发展推动着人的全面发展。在当代中国,大力推动文化大繁荣大发展,就能推进社会主义核心价值体系建设,就能够使改革创新精神弘扬光大,培育创新的人文氛围,充分调动和发挥人们的积极性、主动性、创造性得到充分发挥,从而在文化大繁荣大发展的良好氛围中,让广大人民群众所蕴藏的积极向上的思想和不断创新的精神得到充分释放,从而使中华民族以饱满信心,始终走在时代前列,在激烈的国际竞争中立于不败之地。

在当代中国,建设社会主义核心价值体系,能够扩大我国文化的影响力。文化的影响力、传播力、辐射力是衡量和影响一个国家文化软实力强弱的重要标志。中华文化博大精深、源远流长,具有鲜明的民族风格、民族气派和民族特色,中华文化也历来为世界人民所了解、学习、推崇和向往,在世界文化百花园中富有独特的魅力与永恒的旺盛的生命力。一直以来,尤其是党的十六以来,中华文化得到了广泛的传播,对世界其他文化具有了更强大的影响力。但是,在经济全球化迅猛发展和综合国力竞争日趋激烈的现代性语境下,中华文化在国际上的传播力、辐射力、影响力,还不能满足我国作为发展中大国的地位与我国走和平发展道路战略的需要。当下西方各种社会思潮和思想文化对我国的渗透和影响在不断加剧。因此,大力加强社会主义核心价值体系建设,既能充分挖掘和弘扬中华传统文化的有益价值,又能不断从新的实践中汲取新的养分,为中华文化注入新鲜血液,保持中华文化的民族性、时代性和中国特色,抵御西方资产阶级各种社会思潮和腐朽文化的渗透。同时,可以推动中华文化更好地向世界传播和辐射,从而扩大我国的文化影响力,进一步提升我国在国际上的影响力。

第六章 创新型国家建设论

建设创新型国家是发展中国特色社会主义的必由之路。创新型国家建设论是中国特色社会主义科学发展论理论体系的重要组成部分。这一理论创造性地解答了"什么是创新型国家、为什么要建设创新型国家、怎样建设创新型国家"这一国家发展理论的新课题,为社会主义中国实现跨越式发展提供了重要的理论指导。

第一节 创新型国家建设论的形成和发展

党的十六大以来,以胡锦涛为总书记的党中央领导集体继续推进马克思主义中国化理论创新实践,继续探索社会主义国家建设的新路径,创立了创新型国家建设论。

一、创新型国家建设论形成和发展的条件

创新型国家建设论的形成和发展有其自身的时代背景与现实依据。从国际与国内、历史与现实、理论与实践的客观实际出发,以理性的思维,按照理论渊源、实践基础、独特思考的脉络依次梳理,逐一分析建设创新型国家理论的形成和发展,是深入研究创新型国家建设论的前提与基础。

(一)创新型国家建设论的理论渊源

从全球化的角度来看,近代国家的产生在一定程度上正标志着全球化进程的开端,在相当长的时间内,国家都是全球化进程的受益者和主要的推动者。从这个意义上来说,创新型国家建设论的提出亦可视为马克思主义

国家与社会发展理论的新的里程碑。

1. 马克思主义经典作家的国家理论是创新型国家建设论的理论源头

国家问题始终是马克思主义经典作家最为关注的问题之一,其相关的一系列精辟的论述,为当今国家的发展提供了清晰的理论思维框架。马克思主义经典作家认为,国家是阶级矛盾不可调和的产物。恩格斯指出:"国家是社会在一定发展阶段上的产物;国家是承认:这个社会陷入了不可解决的自我矛盾,分裂为不可调和的对立面而又无力摆脱这些对立面。而为了使这些对立面,这些经济利益互相冲突的阶级,不致在无谓的斗争中把自己和社会消灭,就需要有一种表面上凌驾于社会之上的力量,这种力量应当缓和冲突,把冲突保持在'秩序'的范围以内;这种从社会中产生但又自居于社会之上并且日益同社会相异化的力量,就是国家。"①恩格斯在分析阶级社会中国家的特征和实质时强调,国家"是最强大的、在经济上占统治地位的阶级的国家,这个阶级借助于国家而在政治上也成为占统治地位的阶级,因而获得了镇压和剥削被压迫阶级的新手段。"②国家随着阶级的产生而产生,也必然随着阶级的消灭而消亡。然而,只要有阶级存在,民族国家的存在和发展是必然的。国家一旦建立,每一个民族国家的发展都是其国家内部社会基本矛盾运动的结果。国家从低级社会形态向高级社会形态发展的基本动力是生产力和生产关系的矛盾运动、经济基础和上层建筑的矛盾运动,而其中起直接推动作用的是社会生产力的发展。马克思指出:"人们在自己生活的社会生产中发生一定的、必然的、不以他们的意志为转移的关系,即同他们的物质生产力的一定发展阶段相适合的生产关系。这些生产关系的总和构成社会的经济结构,即有法律的和政治的上层建筑竖立其上并有一定的社会意识形式与之相适应的现实基础。物质生活的生产方式制约着整个社会生活、政治生活和精神生活的过程。不是人们的意识决定人们的存在,相反,是人们的社会存在决定人们的意识。社会的物质生产力发

---

① 《马克思恩格斯选集》第4卷,人民出版社1995年版,第170页。
② 《马克思恩格斯选集》第4卷,人民出版社1995年版,第172页。

展到一定阶段,便同它们一直在其中运动的现存生产关系或财产关系(这只是生产关系的法律用语)发生矛盾。于是这些关系便由生产力的发展形式变成生产力的桎梏。那时社会革命的时代就到来了。"①马克思对唯物史观做了经典性的表述,深刻的揭示了生产关系是决定其他一切关系的基本关系,进而,他指出:"无论哪一个社会形态,在它所能容纳的全部生产力发挥出来以前,是决不会灭亡的;而新的更高的生产关系,在它的物质存在条件在旧社会的胎胞里成熟以前,是决不会出现的。所以人类始终只提出自己能够解决的任务,因为只要仔细考察就可以发现,任务本身,只有在解决它的物质条件已经存在或者至少是在生成过程中的时候,才会产生。"②生产力和生产关系的矛盾运动、经济基础和上层建筑的矛盾运动推动着经济社会的不断发展,推动着民族国家的不断发展,推动着社会形态不断地从原始社会到奴隶社会、从奴隶社会到封建社会、从封建社会到资本主义社会、进而从资本主义社会到社会主义社会发展,这一发展历程是社会形态从低级到高级的发展,发展的决定性的、直接的动力是社会生产力。社会生产力的发展离不开科学技术的发展。恩格斯指出:"在马克思看来,科学是一种在历史上起推动作用的、革命的力量。任何一门理论科学中的每一个新发现——它的实际应用也许还根本无法预见——都使马克思感到衷心喜悦,而当他看到那种对工业、对一般历史发展立即产生革命性影响的发现的时候,他的喜悦就非同寻常了。"③科技的进步离不开创新思维、创新制度、创新体制、创新机制。

恩格斯在《自然辩证法》中写道:"每一个时代的理论思维,从而我们时代的理论思维,都是一种历史的产物,它在不同的时代具有完全不同的形式,同时具有完全不同的内容。"④他在为卡尔·马克思《法兰西内战》一书所写的导言中,对巴黎公社的教训作了极其鲜明的概括。他认为:"工人阶

---

① 《马克思恩格斯选集》第 2 卷,人民出版社 1995 年版,第 32—33 页。
② 《马克思恩格斯选集》第 2 卷,人民出版社 1995 年版,第 33 页。
③ 《马克思恩格斯选集》第 3 卷,人民出版社 1995 年版,第 777 页。
④ 《马克思恩格斯选集》第 4 卷,人民出版社 1995 年版,第 284 页。

级在获得统治时,不能继续运用旧的国家机器来进行管理",①并强调要"炸毁旧的国家权力并以新的真正民主的国家权力来代替"。② 列宁认为这个概括是"马克思主义在国家问题上的最高成就",③并创造性地提出了"彻底民主"的做法,认为"恩格斯在这里接触到了一个有趣的界线,在这个界线上,彻底的民主变成了社会主义,同时也要求实行社会主义。"④在列宁看来,恩格斯对巴黎公社经验的论述揭示了民主与社会主义的关系,强调社会主义是彻底的民主,只有实行彻底的民主,才能保证新国家的社会主义性质。列宁将恩格斯的国家理论付诸实践,在苏维埃国家建设中,创造性地继承和发展了恩格斯的国家理论。列宁提出建立国家管理专门队伍,保持国家管理机关相对稳定;国家机关工作人员应该永不间断地学习,持续提高思想业务素质;加强对公务员的监督监察,防止"社会公仆变为社会主人"。列宁关于落后国家进行社会主义革命和建设社会主义的理论、关于马克思主义国家学说的理论以及关于社会主义过渡时期等理论都极富有创造性。斯大林时代,对马克思主义理论中有关全民所有制的提法进行了重新思考,并结合当时苏联的国情和所面临的局面加以创新,创造性地提出了"集体所有制"的概念和理论,从而大大推动了苏联时代军事工业与重工业的发展。

马克思主义国家理论揭示了国家的本质和基本特征,在整个马克思主义理论中具有重要地位。马克思从历史唯物主义出发提出了他的"社会革命"观。他认为,社会革命是生产关系适应生产力、上层建筑适应经济基础的一系列变革,既包括了物质领域的生产变革,也包括了法律、政治、宗教等意识形态的变革,体现了一种"革命"性和创造性。从形式上来看,革命性的社会变革形式多样,既可以表现为暴力的、突变性的政治革命,也可以是渐进式的变革。事实上,从历史的角度来分析,大部分的变革都是在渐进的形式中进行的。正是这种渐进的变革积蓄了社会突变的力量和条件。在马

---

① 《马克思恩格斯全集》第 22 卷,人民出版社 1965 年版,第 227 页。
② 《马克思恩格斯全集》第 22 卷,人民出版社 1965 年版,第 228 页。
③ 《列宁选集》第 3 卷,人民出版社 1995 年版,第 177 页。
④ 《列宁选集》第 3 卷,人民出版社 1995 年版,第 180 页。

克思看来,严格意义上的社会革命不是一次性的行动,而是一个过程。

　　用马克思的这种社会革命观去看待资本主义的发展史,我们可以把19世纪末以后发生在发达资本主义世界的一系列试图克服或缓和资本主义的生产关系所体现的与生产力发展不相适应的因素并使资本主义的生产力继续保持其创造力的活动纳入到这种广义的社会革命的变革历史范畴中。人们常常把资本主义描述为一种为了生产和交换而不顾后果、但却有活力的制度,实质上就是指资本主义作为一种经济制度对生产力发展的适应性。而其关键就在于该制度得以有效运转的核心机制——竞争和积累机制。马克思、恩格斯的以下论断确切地描述了资本主义不断变革的特点:"资产阶级除非对生产工具,从而对生产关系,从而对全部社会关系不断地进行革命,否则就不能生存下去。反之,原封不动地保持旧的生产方式,却是过去的一切工业阶级生存的首要条件。生产的不断变革,一切社会状况不停的动荡,永远的不安定和变动,这就是资产阶级时代不同于过去一切时代的地方。"①竞争和积累的需要驱动了20世纪资本主义生产的不断创新,包括生产过程、企业的组织和积累的战略以及全球市场体系的不断扩展。同样,资本主义的政治和社会关系的不断调整也是以维持资本主义作为一个整体的竞争和积累机制为前提的。

　　社会生产力的发展是推动国家发展的直接动力,在生产力发展过程中,科学技术的发展起着至关重要的作用。马克思、恩格斯十分重视科技创新,曾深刻揭示了科学技术对生产力发展的巨大作用。早在1848年的《共产党宣言》中马克思、恩格斯就指出:"自然力的征服,机器的采用,化学在工业和农业中的应用,轮船的行使,铁路的通行,电报的使用,整个大陆的开垦,河川的通航,仿佛用法术从地下呼唤出来的大量人口,——过去哪一个世纪料想到在社会劳动里蕴藏有这样的生产力呢?"②马克思、恩格斯说的这种生产力的巨大发展,就是科学技术发展的结果,科学技术一旦应用于生产就

---

① 《马克思恩格斯选集》第1卷,人民出版社1995年版,第275页。
② 《马克思恩格斯选集》第1卷,人民出版社1995年版,第277页。

成了现实的生产力。"生产力的这种发展,归根到底总是来源于发挥着作用的劳动的社会性质,来源于社会内部的分工,来源于智力劳动特别是自然科学的发展。"①马克思强调:"现代工业的技术基础是革命的,而所有以往的生产方式的技术基础本质上是保守的。现代工业通过机器、化学过程和其他方法,使工人的职能和劳动过程的社会结合不断地随着生产的技术基础发生变革。"②恩格斯在谈到电力的应用时也说:"这件事实际上是一次巨大的革命。蒸汽机教我们把热变成机械运动,而电的利用将为我们开辟一条道路,使一切形式的能——热、机械运动、电、磁、光——互相转化,并在工业中加以利用。""生产力将因此得到大发展"。③ 由此可见,马克思、恩格斯对科学技术的重要性和对社会发展的推动力是十分重视的。同时,马克思、恩格斯还深入分析了科学技术转化为现实生产力的根本动因在于生产发展的诉求。他们指出:"当马车和大车在交通工具方面已经不能满足日益发展的要求,当大工业所造成的生产集中(其他情况除外)要求新的交通工具来迅速而大量地运输它的全部产品的时候,人们就发明了火车头,从而才能利用铁路来进行远程运输。"④

2. 中国共产党人的创新思想是创新型国家建设论的理论资源

中国共产党作为在国家危难时刻担当起革命重任,在社会矛盾变动时代担当起建设重任的马克思主义政党,创新成为其内在的属性和必然的要求。在中国革命和建设史上,以毛泽东为代表的中国共产党人"农村包围城市,武装夺取政权"理论、人民战争思想、区别对待民族资产阶级和官僚资产阶级等创新思想对中国的历史进程产生了重大的影响。以邓小平为代表的中国共产党人,把解放思想和实事求是统一起来,将马克思主义基本原理和当代中国具体实际相结合,创造性地提出了社会主义初级阶段论、社会主义本质论、社会主义改革开放论、社会主义发展论、社会主义市场经济论、

① 《马克思恩格斯全集》第 25 卷(上),人民出版社 1974 年版,第 97 页。
② 《马克思恩格斯全集》第 23 卷,人民出版社 1972 年版,第 533—534 页。
③ 《马克思恩格斯选集》第 4 卷,人民出版社 1995 年版,第 654 页。
④ 《马克思恩格斯全集》第 3 卷,人民出版社 1960 年版,第 344 页。

"一国两制"论,创立了有中国特色社会主义的理论体系。随着改革开放的深入,以江泽民为核心的党中央领导集体,坚持理论创新,先后提出了依法治国论、以德治国论、科教兴国论、全面建设小康社会论等一系列党和国家建设理论,逐渐形成了具有鲜明时代特色的"三个代表"重要思想。这些创新思想是在不同的历史条件下,立足本国、立足时代的重大理论创新成果,是对马克思列宁主义国家与社会发展理论的新发展、新成果,是创新型国家建设论的重要理论资源。

马列主义唯物辩证法、唯物史观和社会革命论的崭新理论,以民主和科学为标志的五四创新精神以及中国革命运动日新月异的进展无不影响着毛泽东,激发了他理论上的创新思维。毛泽东曾说:"马克思这些老祖宗的书,必须读,他们的基本原理必须遵守,这是第一。但是,任何国家的共产党,任何国家的思想界,都要创造新的理论,写出新的著作,产生自己的理论家,来为当前的政治服务,单靠老祖宗是不行的。"①毛泽东不仅善于继承前人的理论成果而且善于创新,其创新思想内涵丰富。毛泽东的新民主主义革命理论从根本上解决了半殖民地半封建中国如何进行社会主义运动,建立社会主义制度的问题,成功地解决了中国特色的革命道路问题。"农村包围城市,武装夺取政权"学说,作为毛泽东新民主主义革命理论的重要组成内容,创造性地发展了马克思主义武装斗争学说,是毛泽东创新思想在新民主主义革命时期的最重要体现。毛泽东发展了马列主义关于生产资料私有制社会改造的理论,结合中国实际提出了过渡时期总路线、社会主义改造与建设并举,把马克思主义与中国实际结合起来,创造性地解决我国社会主义改造的问题,开辟了一条适合中国特点的社会主义改造道路。毛泽东发展了马克思主义关于人类社会基本矛盾思想,对社会主义社会基本矛盾问题作了深刻分析,创立了社会主义基本矛盾学说。在中国特色的工业化道路理论中,提出了"发展工业必须和发展农业同时并举"的中国工业化道路。毛泽东人民民主专政理论是在继承马克思主义无产阶级专政理论的基础上

---

① 《毛泽东文集》第8卷,人民出版社1999年版,第109页。

的重大创新。以毛泽东为核心的第一代中央领导集体把马克思列宁主义建党理论与中国的实际相结合,独创性地解决了中国共产党的建设问题,强调从思想上建设党,创造了批评与自我批评的教育形式,提出了实事求是的思想路线,民主集中制的组织原则,开展反对主观主义、教条主义的斗争,形成了毛泽东建党思想。在领导社会主义文化建设的实践中,提出了"百花齐放、百家争鸣"的指导方针。通过实践探索,毛泽东逐渐形成了依靠科学技术发展社会生产力的明确认识,并从巩固国防安全的角度提出要发展尖端技术。在对待外国文化和传统文化的问题上,毛泽东提出了"古为今用"、"洋为中用"、"推陈出新"的原则,鼓励人民创造社会主义的新文化。毛泽东对于国际局势还提出中间地带思想,改变了以往孤立地以意识形态因素认识世界格局的观点,提出和平共处五项原则,为与第三世界国家加强团结,建立最广泛的国际统一战线提供了重要的理论基础。

以邓小平为核心的党的第二代中央领导集体坚持实事求是,在总结建国以来党的第一代中央领导集体对社会主义道路探索的经验教训基础上,创造性地阐述了"什么是社会主义、怎样建设社会主义"的问题,形成了由社会主义本质论、初级阶段论发展战略论、经济政治文化论、祖国统一论、外交、党建等构成的宏大而科学的理论体系,并为中国特色社会主义理论体系提供了稳定的理论主题。邓小平的创新理论发端于中国建设发展的关键时期,以中国共产党人在思想观念上冲破"两个凡是"束缚,展开真理标准大讨论为先声,以"解放思想,实事求是"为主要内容,并形成了社会主义优越性发挥的关键在于制度创新和体制改革的共识。党的十一届三中全会后,根据社会主义与资本主义发展的实际情况和我国国情的变化,突破了把计划经济和市场经济同社会制度联系起来的思路,大胆提出社会主义市场经济理论。从一定意义上讲,邓小平所领导的改革开放事业,就是一项制度创新的伟大工程。邓小平说:"不以新的思想、观点去继承、发展马克思主义,不是真正的马克思主义者。"①实践证明,没有各项变革与创新,就不可能有

---

① 《邓小平文选》第3卷,人民出版社1993年版,第292页。

今天中国社会主义的发展。科技创新是邓小平创新思想的重要组成部分。他创造性地提出"科学技术是第一生产力"的论断，把反映人与自然关系的科学技术同作为经济社会发展现实基础的生产力紧密联系在一起，不仅阐明了科学技术是经济发展的首要推动力，在继承的基础上发展了马克思主义的生产力学说，还有力地推动了我国改革开放的深入，在实践上推进了中国特色社会主义各项事业快速发展。邓小平始终把人才问题当作我们党和国家建设有中国特色社会主义事业中的战略问题和关键问题，提出了培养有理想、有道德、有文化、有纪律"四有"新人的思想。从社会主义"不变质"的战略高度提出了在建设物质文明的同时要加强精神文明的建设。邓小平一系列创新思想，不仅是中国巨大的精神财富，而且是对人类社会的重大贡献。其创新思想具有鲜明的时代特征，内容丰富，思想深刻，它来自实践，指导实践，为社会主义现代化建设指明了前进的方向。

"创新是一个民族的灵魂，是一个国家兴旺发达的不竭动力，也是一个政党永葆生机的源泉。"[①]在新的历史条件下，以江泽民为核心的党的第三代中央领导集体，从战略的高度出发，着眼全局，在社会主义民主政治、经济、文化建设等领域不断创新发展，创新理论涉及中国特色社会主义建设的各个方面、各个环节，形成了一整套指导中国发展实践的科学体系。其核心主要有理论创新、制度创新、科技创新和文化创新。江泽民高度重视理论创新，提出以"三个代表"重要思想为核心的一系列新的理论观点。"三个代表"重要思想集中回答社会主义初级阶段党的建设问题，对"建设什么样的党、怎样建设党"的问题作出了科学应答。在经济建设问题上，江泽民创造性地解决了社会主义建设中的一系列重大课题，系统地提出了社会主义市场经济框架设计，在理论和实践两个层面丰富完善和推进发展了邓小平经济理论；在公有制的内涵及其主体地位等问题上提出了完善所有制结构、促进以公有制为主体、多种所有制经济共同发展的思路，加快建立和完善社会主义市场经济体制指明方向、提供了发展动力；发展了社会主义分配理论，

①　江泽民：《论"三个代表"》，中央文献出版社 2001 年版，第 46 页。

强调确立劳动、资本、技术和管理等生产要素按贡献参与分配的原则、完善按劳分配为主体、多种分配方式并存的分配制度。在政治体制改革创新方面,江泽民把依法建设社会主义法治国家作为基本方略,明确以德治国的重要构想,强调德法并举,是对马克思主义国家学说发展的创新和丰富。在党的十六大报告中,江泽民将政治文明和物质文明、精神文明一起确定为社会主义现代化建设的三大基本目标。这些重要论断进一步深化了社会主义特征和内涵的理论认识。20 世纪 90 年代,面对愈演愈烈的全球化进程,面对世界新科技革命和知识经济的发展浪潮,以江泽民为核心的党的第三代中央领导集体,提出了科教兴国、可持续发展等一系列发展战略。改革开放以来的实践证明,扩大对外开放,加强国际科技交流与合作,积极引进国外先进技术,是加快我国社会主义各项事业发展和进步的有效途径。1992 年 10月,江泽民在党的十四大的报告中首次提到了“创新”命题。在中国科学院第十次院士大会和中国工程院第五次院士大会上,“加强技术创新、发展高科技、实现产业化”被确立为中国科技跨世纪的战略目标。坚持先进文化的前进方向,不断推进文化创新,发展繁荣中国特色社会主义文化,是江泽民文化建设思想的核心。

从一定意义上讲,人的创造性活动体现了人的本质。无论是马克思、恩格斯、列宁、斯大林等人的理论和实践,还是我国以毛泽东、邓小平、江泽民、胡锦涛为代表的不同年代的中国共产党领导集体的智慧和经验,无不贯穿着“创新”二字。创新是人的创造性活动的产物。马克思在《关于费尔巴哈的提纲》一文中指出:“人的本质不是单个人所固有的抽象物,在其现实性上,它是一切社会关系的总和。”[1]而一切社会关系并不是天然存在的,它恰恰是人类创造性活动的产物。人总是处在一定的人类所创造的社会经济结构和经济关系中,并不断地以自己的创造性活动改变着这种关系。[2]

我国目前正处于社会主义初级阶段。受历史条件的制约,马克思、恩格

---

①　《马克思恩格斯选集》第 1 卷,人民出版社 1995 年版,第 60 页。

②　陆树程,夏东民:《生命伦理发展与当代伦理共同体的重建》,《社会科学》2004 年第 12 期。

斯和列宁在其著述中都不曾论及社会主义初级阶段这个社会主义国家发展的特定阶段。因此,中国共产党在长期的奋斗和理论探索中,坚持理论创新,自觉地把马克思主义基本原理同中国具体实际相结合,产生了毛泽东思想、邓小平理论、"三个代表"重要思想和以科学发展观为核心的中国特色社会主义科学发展论理论体系,以一系列有关国家属性和国家发展问题的新思想、新观点和新论断为马克思主义国家理论增添了鲜明的中国特色和鲜活的中国元素。理论的创新是对人类创造性活动的理性总结和逻辑归纳,这个过程中充分体现了人的主体性力量,而且在一定层面上将人类的创造性认知和创造性行为引向深入。马克思主义中国化理论创新的进程很好地佐证了这一点。可见,创新型国家建设首先在于理论的创新和创造,如无产阶级专政理论、社会主义初级阶段论、社会主义市场经济理论等,为中国的革命与社会主义建设指明新的路径和道路。此外,创新型国家建设还包括社会制度内部的体制创新、科技创新、文化创新等等。这些要素之间互相关联、互相影响、互相作用、相互促进,构成了创新型国家建设的系统工程。当然,理论创新在创新诸要素间居于先导和引领作用。恩格斯曾明确指出:"一个民族想要站在科学的最高峰,就一刻也不能没有理论思维。"①国家的崛起和繁荣离不开科学的发展和进步,而科学技术的蓬勃发展离不开科学的、具有创新性的理论的指导。

(二)创新型国家建设论的实践基础

　　创新型国家建设论不仅有其深厚的理论渊源,更有其长期的实践基础。马克思主义一向重视理论建设,同时强调"我们的理论不是教条,而是对包含着一连串互相衔接的阶段的发展过程的阐明。"②列宁曾指出:"人以自己的实践证明自己的观念、概念、知识、科学的客观正确性。"③"马克思认为理论符合现实是理论的唯一标准。"④

---

① 《马克思恩格斯全集》第20卷,人民出版社1971年版,第384页。
② 《马克思恩格斯选集》第4卷,人民出版社1995年版,第680页。
③ 《列宁全集》第55卷,人民出版社1990年版,第161页。
④ 《列宁选集》第1卷,人民出版社1995年版,第31页。

早在马克思、恩格斯时代,关于社会主义制度创新就有过深刻的阐述。恩格斯说:"我认为,所谓'社会主义社会'不是一种一成不变的东西,而应当和任何其他社会制度一样,把它看成经常变化和改革的社会。"①这就意味着,社会主义制度在巩固和发展的过程中必须坚持不断创新,制度创新就是其中的一个重要组成部分。我们不难看到,创新型的实践活动能够为国家的发展提供强大的经济实力、政治活力、科技动力和精神支持力。在苏联时期,斯大林社会主义模式的形成就是根据当时苏联的具体情况,针对新经济政策所采取的一次制度创新,从而在实践上大大促进了二十世纪三、四十年代苏联的社会主义建设事业。

回顾中国社会主义发展的历程,展望未来,站在历史前沿的中国共产党人把正在进行的社会主义新实践与社会主义的历史经验结合起来,形成了中国特色社会主义道路和理论体系。在当代中国,社会主义事业建设初期,毛泽东提出了有别于苏联的中国工业化道路,即以农业为基础,以工业为主导,以农、轻、重为序,协调各种经济关系,在综合平衡中稳步发展经济的工业化道路。这条创新之路突破了苏联工业化模式的束缚,为新中国经济建设的实践打下了极其重要的基础。党的十一届三中全会以来,中国共产党将马克思主义进一步与中国国情有机结合,开辟了有中国特色社会主义市场经济的发展模式,丰富和发展了马克思主义所有制理论。在领导中国社会主义进行改革的历史进程中,邓小平指出:"社会主义基本制度确立以后,还要从根本上改变束缚生产力发展的经济体制,建立起充满生机和活力的社会主义经济体制,促进生产力的发展,这是改革,所以改革也是解放生产力。"②党的十六大以来,以胡锦涛为总书记的党中央领导集体,坚持理论创新、制度创新、体制创新、科技创新和文化创新,极大地解放和发展了生产力,中国的综合国力和国际地位又有了巨大的提升,中国特色社会主义建设事业得到了长足发展。

---

① 《马克思恩格斯全集》第 37 卷,人民出版社 1971 年版,第 443 页。
② 《邓小平文选》第 3 卷,人民出版社 1993 年版,第 370 页。

可以说,我国社会主义改革开放和现代化建设新时期的实践成就,是科学社会主义在中国的新实践和新发展。经过建国以来60年的探索和发展,在马克思主义世界观和方法论的指导下,中国共产党带领中国人民对社会主义发展兴衰成败的实践历程进行了科学、全面的总结。这些来源于社会主义建设,特别是改革开放30年以来实践的宝贵经验被概括为"十个结合",即把坚持马克思主义基本原理同推进马克思主义中国化结合起来,把坚持四项基本原则同坚持改革开放结合起来,把尊重人民群众首创精神同加强和改善党的领导结合起来,把坚持社会主义基本制度同发展市场经济结合起来,把推进经济基础改革同推进上层建筑改革结合起来,把发展社会生产力同提高全民文明素质结合起来,把提高效率同促进社会公平结合起来,把坚持独立自主同参与经济全球化结合起来,把促进改革发展同保持社会稳定结合起来,把推进中国特色社会主义伟大事业同推进党的建设新的伟大工程结合起来。"十个结合"是科学社会主义植根于中国国情,是符合当前中国世情、国情和民情的新经验、新发展,是中国特色社会主义的具体化,是马克思主义中国化的实践成果,开创了中国社会主义发展的新道路。

新中国成立后到今天,中国社会各项事业的进步和迅速发展,离不开中国共产党和人民群众的聪明才智,人的主观能动性的不断提高和创造能力的充分发挥起到了不可取代的作用。在经济全球化的时代背景下,创新成了国家发展和繁荣的基本动力,当代中国必须抓住机遇,将其作为国家发展的核心战略之一。党中央、国务院作出的建设创新型国家的决策,是事关社会主义现代化建设全局的重大战略决策。"中央提出这项重大战略任务,是建立在科学分析我国基本国情和全面判断我国战略需求的基础之上的,也是建立在充分发挥我国社会主义制度的政治优势和充分发挥我国已经拥有的经济科技实力的基础之上的。"①

进入新世纪新阶段,我国的发展呈现出一系列新矛盾和新问题:一方面,经济保持平稳快速增长,经济实力得到显著增强;另一方面,生产力发展

---

① 《十六大以来重要文献选编》(下),中央文献出版社2008年版,第187—188页。

水平总体上不高,自主创新能力不强,结构性矛盾和粗放型增长方式没有得到根本转变,经济增长的资源环境代价大。一方面,中国特色社会主义法律体系基本形成,社会主义市场经济体制初步建立,政府职能也得到基本转变;另一方面,促进自主创新的体制机制仍不健全和不完善,影响自主创新的诸多体制机制方面的消极因素和障碍依然存在。在科学分析我国现实国情的基础上,面对经济全球化的机遇与挑战,必须全面认识工业化、信息化、城镇化、市场化、国际化深入发展的新形势新任务,深刻把握中国改革与发展过程中所面临的新课题、新矛盾,自觉地走科学发展道路,把握发展规律、创新发展理念、转变发展方式、破解发展难题,提高发展质量和效益,实现又好又快发展。促进自主创新能力提高,建设创新型国家,面临着改革、规范和完善保护激励创新的法制政策环境,建设创新友好、公平公正的市场环境和尊重鼓励创新的社会文化环境等深层次矛盾和问题。虽然我国经济实现了连续 29 年的高速增长,但是也付出了沉重的资源和生态环境代价。这种发展模式难以为继。因此,必须加快提升自主创新能力,调整产业结构,转变经济发展方式;必须加快向创新增值、结构优化、资源节约、环境友好、可持续经济增长方式转变。"总之,要实现经济转型,实现经济社会的科学和谐协调持续发展,必须提高自主创新能力,着力建设创新型国家。这是事关我国经济建设和社会发展全局的战略抉择。""特别应当充分估计到,知识创新、技术创新、制度创新、管理创新将成为推动经济社会发展的引领力量,成为有效利用全球资源的核心要素和主要动力,并将成为推动经济社会科学和谐协调持续发展的基石。党的十七大突出强调的提高自主创新能力、建设创新型国家,是审时度势地顺应当今时代特征和着眼我国发展全局作出的战略抉择。"[①]只有坚持创新,努力建设创新型国家,才能使中国特色社会主义从成功走向更大成功,才能使中国走上全面、协调、可持续的科学发展道路。

---

① 中共中央宣传部理论局编:《理论热点面对面(2006)》,学习出版社、人民出版社 2006 年版,第 45 页。

新中国成立后,中国共产党历届中央领导集体,在中国革命和社会主义建设的历程中,创造性地将马克思主义同中国的国情相结合,以创新的理论指导社会实践,并在社会实践中不断进行理论创新,在马克思主义中国化的进程中发挥了积极的作用。从一定意义上而言,中国特色社会主义道路的正确选择是中国化的马克思主义的最重要成果,而建设创新型国家则是现阶段中国特色社会主义建设的重要战略部署。因此,创新型国家建设论具有重大的现实意义和历史价值。中国特色社会主义的新实践和新发展,已经把科学社会主义推进到了一个新的境界。真理是一个不断被发现和发展的过程,实践和发展是没有止境的。社会主义事业还在继续,还处在不断的实践和发展中,中国特色社会主义还在谋求新的发展和超越。因此,要在实践中进行探索,在探索中取得发展,在发展中不断创新,把社会主义现代化建设中各方面的力量和积极性引导到科学发展的轨道上来,让发展更科学、更持久、水平更高,使社会主义制度的优越性得到更充分的体现和发挥。

(三)中国共产党人的探索与思考

回顾西方资本主义国家的发展历程,19 世纪的工业革命,20 世纪 20 年代的金融危机、30 年代的大萧条、60、70 年代的高速发展、80 年代的滞胀……辉煌与困境此起彼伏,机遇与挑战不断显现。在这期间,资产阶级出于自身的生存需求、利益需求,对资本主义制度和社会发展模式进行了全面的考察和反思,不断调整施政政策和统治策略,通过一系列应对变化、危机的局部整合与变革,创造性地解决或缓解了资本主义社会所固有的问题和症结。其中,创新型国家建设道路的选择无疑成为推动整个资本主义社会较快发展与进步的关键一环。创新型国家建设亦为资本主义国家普通民众创造了更为丰富的物质和精神财富,使民生状况大大提高和改善。

在当代中国,创新型国家建设的理论和实践从萌芽到创立,也历经了不断探索与思考,是在长期的中国革命和社会主义建设的过程中,不断总结、实践、提炼而逐渐形成的结果,是几届中央领导集体与广大中国人民共同的智慧结晶和实践成果。创新型国家建设过程中所涉及的创新活动的范围和领域是广泛的,其指向的是推动中国社会各个领域、各个层面、各个阶层的共同发展、持续发展、协调发展的目的,从而构建一个和谐的、科学发展的中国特色社会主义国家。

纵观当今世界局势,社会主义与资本主义两大体系既互相并存,又互相斗争。在今后很长的一段时期内,世界社会主义运动必然会遇到各种的困难与挑战,也会赢得了进一步发展的机遇。当前,创新型国家建设就是中国所面临的一次非常难得的国家发展的契机,因此要牢牢把握。只有及时、坚定地进行改革与创新,加快社会主义理论的创新和实践,建立适合新的国际环境和国内条件的社会主义新理论、新制度、新体制、新文化、新科技,维护好国家的主权和广大人民群众的根本利益,才能增强社会主义的生机与活力,创造出比资本主义更高的物质文明、政治文明、精神文明和生态文明,才能在参与国际竞争和全球化的进程中始终立于不败之地。

在认识到严峻形势的同时,我们应该乐观地看到,"社会主义已经在现代资本主义的一切窗口中出现,在这个最新资本主义的基础上前进一步的每项重大措施中,社会主义已经直接地、实际地显现出来了。"①资本主义每前进一步,进入一个新阶段都在为社会主义所作的物质准备,积累社会主义的因素。其社会生产力和市场经济的发展,以及合作社、社会福利等新社会因素的产生,在某种意义上为社会主义奠定"新的生产方式的物质基础",为社会主义最终取代资本主义准备着越来越充分的前提条件。在这个意义上,在处于社会主义初级阶段的中国,在具有中国特色社会主义建设进程中的中国,创新型国家建设论的提出和实施具有极其重要的价值和意义。

建设创新型国家是将创新作为国家基本战略,大幅度提高国家的整体创新能力,从而形成强大的国家竞争优势。在我国,建设创新型国家战略的提出是在科学分析国内外形势的基础上,高瞻远瞩、独特思考的结果。胡锦涛指出,中央提出建设创新型国家的重大战略任务,"是建立在科学分析我国基本国情和全面判断我国战略需求的基础之上的,也是建立在充分发挥我国社会主义制度的政治优势和充分发挥我国已经拥有的经济科技实力的

---

① 《列宁选集》第 3 卷,人民出版社 1995 年版,第 267 页。

基础之上的。"①

　　创新型国家建设,有利于推进经济结构的调整、实现增长方式的根本转变。从 20 世纪 90 年代以来,转变经济增长方式、推进结构调整一直是我国经济工作的重点。我国"九五"计划提出调整产业结构,实行经济增长方式从粗放型向集约型转变;"十五"计划提出以提高经济效益为中心,对经济结构进行战略性调整。实践表明,传统的粗放型增长方式已经难以为继。依靠自主创新提升传统产业的技术含量和附加值,引导各类生产要素向新兴产业领域转移,培育新的经济增长点,拓展新的生存与发展空间,这是我国实现经济社会持续健康发展的一条根本出路。"十一五"规划提出必须提高自主创新能力。实现长期持续发展要依靠科技进步和劳动力素质的提高。要深入实施科教兴国战略和人才强国战略,把增强自主创新能力作为科学技术发展的战略基点和调整产业结构、转变增长方式的中心环节,大力提高原始创新能力、集成创新能力和引进消化吸收再创新能力。胡锦涛在党的十六届五中全会上再次强调:"转变经济增长方式,是经济工作的一项重点任务,也是调整经济结构、促进经济持续快速协调健康发展的关键。""要把转变增长方式作为'十一五'时期的战略重点,使经济增长建立在提高人口素质、高效利用资源、减少环境污染、注重质量效益的基础上,努力取得突破性发展。"②这就必须坚持自主创新,建设创新型国家。

　　创新型国家建设,也是破解我国当前发展面临的突出矛盾和问题的紧迫要求。改革开放以来,我国经济增长突飞猛进,一跃成为世界第四大经济体,但总体上依赖资金高投入、资源高消耗的状况没有根本改变。与欧美发达国家相比,我国每创造 1 美元国内生产总值的能源消耗量是它们的 4 ~ 10 倍,33 种主要产品的单位资源消耗量比国际平均水平高出 46%。③ 我们必须清醒地看到,建立在传统工业化道路基础上的经济增长,使我们付出了

---

　　① 《十六大以来重要文献选编》(下),中央文献出版社 2008 年版,第 187—188 页。

　　② 《十六大以来重要文献选编》(中),中央文献出版社 2006 年版,第 1093 页。

　　③ 中共中央宣传部理论局编:《理论热点面对面(2006)》,学习出版社、人民出版社 2006 年版,第 45 页。

资源过度消耗和环境严重污染的沉重代价。目前,我国生态环境虽然得到局部改善,但整体恶化的趋势仍然没有得到有效遏制。据有关专家估算,我国每年因为环境污染造成的损失高达国内生产总值的 3% ~ 8%。同时,我国资源短缺的问题日益突出,已经成为制约经济增长的重要因素。我国人均水资源仅相当于世界人均水平的 1/4;人均能源资源占有量不到世界平均水平的一半;石油仅为 1/10,目前石油供应对外依存度已超过 30%。与此同时,我国装备和工艺以及管理水平也相对落后,我国单位产出的能耗和资源消耗明显高于国际先进水平。例如,火力发电煤耗比国际先进水平高22.5%,大中型钢铁企业吨钢综合能耗高 21%,水泥综合能耗高 45%。目前,我国国内生产总值约占世界总量的 4.1%,而原油、原煤、铁矿石、钢材、氧化铝、水泥的消费量却分别为世界消费总量的 7.4%、31%、30%、27%、25% 和 40%。此外,我国农业灌溉水利用率仅为 33% 左右,远低于发达国家 60% 以上的水平;主要能耗行业的单位产品能耗平均比世界先进水平高47%。在土地资源、矿产资源等方面,我国也面临着同样的严峻形势。[①] 这就是说,靠牺牲子孙后代的利益换取一时的经济增长,这样的发展难以为继;牺牲稀缺而宝贵的资源环境参与国际分工和竞争,这样的代价过于高昂。因此,只有大力推进科技进步和创新,增强自主创新能力,进一步调整产业结构、转变增长方式,推动经济增长从资源依赖型转向创新驱动型,从而实现又好又快发展。正如胡锦涛所指出的:我们必须"进一步深化科技改革,大力推进科技进步和创新,带动生产力质的飞跃,推动我国经济增长从资源依赖型转向创新驱动型,推动经济社会发展切实转入科学发展的轨道。"[②]为了实现我国经济和社会又好又快的发展,必须努力建设创新型国家。一些学者提出了通过技术创新工程、211 工程和知识创新工程"三大工程"建构中国国家创新体系总布局的设想:到 2010 年基本形成适应社会主义市场经济市场体制和现代企业自身发展规律的技术创新体系及运行机

---

① 《〈中共中央关于制定国民经济和社会发展第十一个五年规划的建议〉辅导读本》,人民出版社 2005 年版,第 85、393 页。

② 《十六大以来重要文献选编》(下),中央文献出版社 2008 年版,第 186 页。

制,大型企业拥有自主知识产权的主导产品、名牌产品和关键技术的开发能力,产品在国内具有较高市场占有率,并在国际市场具有一定的竞争优势,技术进步成为提高我国经济增长和效益的主要途径,为实现第三步战略目标奠定坚实的基础;使相当一批高等学校和重点学科能够成为培养高层次专门人才和解决国家经济建设、科技和社会发展重大科技问题的基地,在教育质量、科学研究和管理等方面处于国内先进水平,并有一定国际影响;形成符合社会主义市场经济和科技发展规律的、具有支撑国民经济可持续发展能力的、高效运行的国家知识创新系统及运行机制,建设一批国际知名的国家知识创新基地,使我国知识创新实力达到世界中等发达国家水平。以此建立起适应知识经济时代需求的企业创新机制、高等教育新体制和国家科研机构运行机制。①

　　建设创新型国家,就是在借鉴和参考西方发达国家的经验教训的同时,根据中国当前的基本国情和新时期的特点提出的走自主创新的道路。从内涵而言,自主创新是指新的科学发现以及拥有自主知识产权的技术、产品、品牌的过程,包括原始性创新、集成创新、引进消化吸收再创新三个层次。如果从国家角度分析,任何国家都包括上述三个层次的创新形式,然而因一国经济社会和科技水平发展不同,总体上表现出不同的创新模式。美国为原始创新的典范,日本为集成创新的典范,韩国为引进消化吸收再创新的典范。原始创新与基础研究存在密切关系,对基础研究的重视与投入是重大原始创新的保障。就美国的经验来看,美国政府对基础研究进行长期、稳定的支持是维持美国科技经济竞争力的根本。从日本科学技术发展路径看,与美国相比,日本的基础研究相对薄弱,在原始创新上与美国有一定差距。因此,日本走过了从引进、模仿到集成创新的道路,无论是"技术立国"还是"专利立国"的日本都强调技术集成,以产品开发为导向,综合集成现有技术开发能获取商业价值的产品。韩国创新模式则是在引进国内外先进技术的基础上,学习、分析、借鉴,进行再创新,形成具有自主知识产权的新技术,

---

① 　金振蓉:《如何建设国家创新体系》,《光明日报》1999 年 4 月 21 日,第 1 版。

即引进消化吸收再创新模式。① 中国建设创新型国家,应结合具体的国情,塑造良好的创新环境和创新文化氛围,不断提升和增强企业创新主体地位和技术能力。

建设创新型国家,是我们全党全社会的共同事业,是事关社会主义现代化建设全局的事业。正如胡锦涛所指出的:"党中央、国务院作出的建设创新型国家的决策,是事关社会主义现代化建设全局的重大战略决策。"②既然是"事关社会主义现代化建设全局",其重大意义和深远影响不言而喻。

二、创新型国家建设论形成和发展的过程

党的十六大以来,以胡锦涛为总书记的党中央领导集体高度重视创新型国家的建设,提出一系列理论创新、技术创新、制度创新、文化创新等方面的新思想,逐步形成了创新型国家建设论理论体系。这一理论体系的形成大致可以分为创立和发展两个阶段。

(一)创新型国家建设论的创立

在新世纪新阶段,我国的整体国家创新能力仍与世界先进国家存在着不小的差距。以科技领域为例,根据有关研究报告,2004 年我国科技创新能力在 49 个主要国家(占世界 GDP 的 92%)中位居第 24 位,处于中等水平。在全面建设小康社会步入关键阶段时,根据特定的国情和需求,我国逐渐提出要把科技进步和创新作为经济社会发展的首要推动力量,把提高自主创新能力作为调整经济结构、转变增长方式、提高国家竞争力的中心环节,不断完善鼓励创新的体制和政策体系,保持我国经济平稳较快地发展。

2005 年,以胡锦涛为总书记的党中央围绕自主创新这一命题深入调研,形成了一系列推进自主创新的新思想。同年 10 月,在党的十六届五中全会上,胡锦涛明确提出了"坚持自主创新,建设创新型国家"③的重大战略

---

① 邱举良,任中保,乔岩:《国家创新体系的演进之路——美日韩三国技术创新模式案例分析与启示》,《科学新闻》2007 年第 3 期。

② 《十六大以来重要文献选编》(下),中央文献出版社 2008 年版,第 187 页。

③ 《十六大以来重要文献选编》(中),中央文献出版社 2006 年版,第 1094 页。

任务,他指出:"提高自主创新能力,是保持经济长期平稳较快发展的重要支撑,是调整经济结构、转变经济增长方式的重要支撑,也是提高我国国际竞争力和抗风险能力的重要支撑。要继续实施科教兴国战略、人才强国战略,努力建设创新型国家,把增强自主创新能力作为科学技术发展的战略基点和调整经济结构、转变经济增长方式的中心环节,大力提高原始性创新能力、集成创新能力和引进消化吸收再创新能力,努力走出一条具有中国特色的科技创新之路。"①至此,创新型国家建设论基本形成。

创新型国家建设论的提出,充分体现了科学发展的思路,构成了中国特色社会主义建设发展的动力源泉。中国特色社会主义建设的实践表明,我们党提出创新型国家建设论,很好地继承、丰富和发展了马克思主义国家与社会发展理论,丰富了中国特色社会主义科学发展论和中国特色社会主义理论体系,是马克思主义中国化理论创新的重要成果。

(二)创新型国家建设论的发展

党的十六届五中全会后,我们党在形成创新型国家建设论的基础上,不断完善、不断发展这一理论。2006 年 1 月,胡锦涛在全国科学技术大会上指出:"用十五年的时间使我国进入创新型国家行列,是一项极其繁重而艰巨的任务,也是一项极其广泛而深刻的社会变革。全党同志特别是各级领导干部务必深刻认识完成这项任务的极端重要性和紧迫性,加强领导、狠抓落实。"②这是我们党第一次为我国建设创新型国家设定了时间要求。

2007 年 10 月,胡锦涛在党的十七大报告中进一步明确提出要"提高自主创新能力,建设创新型国家",指出"这是国家发展战略的核心,是提高综合国力的关键。要坚持走中国特色自主创新道路,把增强自主创新能力贯彻到现代化建设各个方面。"③不断拓展发展视野,把增强自主创新能力贯彻到现代化建设各个方面,而不是局限于某些方面,这是我党关于国家建设理念的进一步完善和发展,这一理念的发展也丰富和发展了创新型国家建

---

① 《十六大以来重要文献选编》(中),中央文献出版社 2006 年版,第 1094 页。
② 《十六大以来重要文献选编》(下),中央文献出版社 2008 年版,第 195 页。
③ 《十七大以来重要文献选编》(上),中央文献出版社 2009 年版,第 17 页。

设论。理论创新永无止境,理论的发展也永无止境。创新型国家建设论同样也将随着社会实践的不断推进和理论探索的不断深入而不断完善、不断发展。

党中央、国务院作出的建设创新型国家的重要决策,是事关社会主义现代化建设全局的重大战略决策。创新型国家建设,核心就是把增强自主创新能力作为国家发展的战略基点,走出中国特色自主创新道路,通过理论创新、制度创新、体制创新、科技创新、文化创新等途径,有效地推动社会主义各项事业的跨越式发展和协调发展。《国家中长期科学和技术发展规划纲要(2006－2020 年)》指出,我国将充分结合区域经济和社会发展的特色和优势,适应当地的资源状况、经济结构、产业特点、发展阶段,统筹规划区域创新体系和创新能力建设,围绕区域特色产业集群的培育、发展和升级凝聚创新要素,探索建设各具特色和优势的区域创新体系和发展模式。把增强自主创新能力作为调整产业结构、转变增长方式的中心环节,建设资源节约型、环境友好型社会,推动国民经济又好又快、更好更快地发展;把增强自主创新能力作为国家战略,贯穿到现代化建设各个方面,激发全民族创新精神,培养高水平创新人才,形成有利于自主创新的体制机制,大力推进理论创新、制度创新、科技创新,不断巩固和发展中国特色社会主义伟大事业。自主创新能力如能得到显著提升,我国在基础科学和前沿技术研究方面的综合实力将得到明显增强,我国的政治、经济、社会的发展和保障国家安全的能力将得到迅速增强,小康社会和社会主义和谐社会的建设事业将得到强有力的支撑和保障。以这一理论正确指导,我国有望在本世纪中叶成为中等发达国家,跻身世界创新型国家行列。

第二节 创新型国家建设论的理论结构和科学内涵

我国建设创新型国家的总体目标,是到 2020 年,使我国的自主创新能力显著增强,科技促进经济社会发展和保障国家安全的能力显著增强,基础科学和前沿技术研究综合实力显著增强,取得一批在世界具有重大影响的科学技术成果,进入创新型国家行列,为全面建设小康社会提供强有力的支撑。胡锦涛指出:"党中央、国务院做出的建设创新型国家的决策,是事关社会主义现代化建设全局的重大战略决策。"①创新型国家建设论是我们在国家建设问题上的最新理论创新,具有完整的理论结构和丰富的科学内涵,是我国实现创新型国家建设目标的可靠保证。

一、创新型国家建设论的理论结构

马克思主义是我们认识世界、改造世界的强大思想武器,也是统领一切工作的灵魂和根本。创新型国家建设必须以坚持马克思主义基本原理为前提,否则就会迷失方向、走上歧途;同时马克思主义也要随着实践和时代的发展而发展,否则就会丧失生机活力,就不能很好地发挥指导作用。在和平与发展成为时代主题的新的历史条件下,我们党围绕建设和发展中国特色社会主义这一主题,系统回答了什么是社会主义、怎样建设社会主义,建设什么样的党、怎样建设党,实现什么样的发展、怎样发展等重大理论和实际问题,不断推进马克思主义中国化,形成了包括邓小平理论、"三个代表"重要思想以及科学发展观等重大战略思想在内的科学理论体系——中国特色社会主义理论体系。这一理论体系以一系列新的重大理论观点、重大战略思想,继承、丰富和发展了马克思列宁主义、毛泽东思想,是马克思主义中国化最新成果,是当代中国的马克思主义。因此,当代中国创新型国家建设的指导思想是马克思主义,这是由中国的社会主义国家性质所决定的,也是我们所有事业的出发点和归宿。

从理论结构上来看,在坚持马克思主义的基础上,创新性、科学性、前瞻性构成了创新型国家建设论的三个基本特征。创新主体、创新客体、创新载体构成了创新型国家建设论的三大支柱。

首先,创新型国家建设论,在理论本身而言,就具备了一种首创性,充分体现了其敢于创新、勇于创新的突破性精神;其次,这一理论是在经济全球

①　《十六大以来重要文献选编》(下),中央文献出版社 2008 年版,第 187 页。

化的视野中,对中国特色社会主义建设过程中的各种理论和实践经验进行客观分析和系统总结的基础上构建起来的;再次,创新型国家建设论的提出,反映了我们在对现实准确把握的基础上,综合国内外的形式和特点,对未来人类社会发展潮流和趋势的一种预测和分析,在视野上具有超越当前的特点。因此,创新型国家建设论具备创新性、科学性和前瞻性这些显著的理论特点。

创新型国家建设的创新主体无疑是广大中国人民,是具有一定知识、经验和创新能力并社会性地从事认识活动的个人或集团,如各级各类国家行政机构、管理机构、政党、企事业单位、实体和个人等等。创新客体是创新主体认识活动和实践活动所指向的对象,即进入创新主体实践活动领域并和创新主体发生一定联系和相互作用的客观对象,即欲打造成创新型的国家。创新可以渗透到社会生活的方方面面,无论是社会经济、政治、科技、文化、生态,还是党的建设都可以加以创新。因此,创新的客体是丰富的、多样的、多层次的,它包括创新型国家的各个方面。创新还需要创新主体在创新环境条件下,借助于一定的中介来变革创新客体才能获得成功,这个中介就是我们称之为的创新的载体。创新型国家建设的过程就是创新主体对创新客体的特征、本质及其规律加以认识并内化为主体力量的过程,又是创新主体的力量加以对象化、客观化的过程。创新的载体包括实现创新型国家的相应创新理论、创新方法、创新制度、创新体制、创新工具、创新媒介等等。从功能的角度来看,创新主体和创新客体相互依赖,相互促进,彼此之间是认识与被认识、改造与被改造、利用和被利用的关系。其中,创新主体是能动的方面,出于自身生存、发展、完善的需要,需要借助于创新的载体作用于创新客体,使之发生前所未有的变化,成为合乎创新主体需要的物质或精神的创新产品,即创新型国家。

二、创新型国家建设论的科学内涵及基本要求

胡锦涛指出:"建设创新型国家,核心就是把增强自主创新能力作为发展科学技术的战略基点,走出中国特色自主创新道路,推动科学技术的跨越式发展;就是把增强自主创新能力作为调整产业结构、转变增长方式的中心

环节,建设资源节约型、环境友好型社会,推动国民经济又快又好发展;就是把增强自主创新能力作为国家战略,贯穿到现代化建设各个方面,激发全民族创新精神,培养高水平创新人才,形成有利于自主创新的体制机制,大力推进理论创新、制度创新、科技创新,不断巩固和发展中国特色社会主义伟大事业。"①在这里,胡锦涛系统阐明了创新型国家的科学内涵和我们要达到的奋斗目标。

(一)创新型国家建设论的科学内涵

创新型国家建设论的科学内涵可以从宏观和微观两个方面进行论析。从宏观上看,创新型国家建设论侧重于对国家在发展各个领域创新能力过程中所进行的理论创新、制度创新、体制创新、机制创新等的考察。微观上而言,创新型国家建设论注重关于国家建设发展过程中发挥和发展各个领域的创新机制和能力的理论的研究,研究的对象包括政治领域的创新、经济领域的创新、文化领域的创新、科技领域的创新、教育领域的创新、外交领域的创新、军事领域的创新等等,而其中科技创新是核心所在。在中国当前的创新型国家建设过程中,各种层次的创新互相交织、互相渗透,你中有我,我中有你。根据党中央和国务院的决策部署,创新型国家建设关键是要形成国家自主创新体制机制,而重点是要全面推进三个方面的创新:理论创新、制度创新和科技创新。其中,对科技创新的研究和考察又是关键所在、重点所在。因此,以下将围绕创新型国家建设这一核心任务从宏观和微观两个角度分别对理论创新、制度创新及科技创新进行阐述。

1.理论创新论

思想是行动的先导,理论是实践的指南。理论创新,是人们不断探索规律、发现规律、掌握规律和运用规律的过程,是不断对以往的理论实现新突破和新超越的过程。理论创新是一个国家、一个民族、一个政党生存发展的强大动力,也是一个社会进步的重要标志。

在实践中不断丰富和发展马克思主义,把马克思主义基本原理同当代

---

① 《十六大以来重要文献选编》(下),中央文献出版社2008年版,第187页。

中国实际和时代特征相结合、推进马克思主义中国化和当代化的过程就是理论创新的过程。这不仅是马克思主义的本质要求,也是马克思主义的地位和作用所决定的。把马克思主义基本原理同中国具体实际结合起来,推进实践基础上的理论创新,是马克思主义具有蓬勃生命力的关键所在,是我们党坚持先进性、增强创造力的决定性因素。伟大的社会变革总是以深刻的观念变革和理论创新为先导,深刻的观念变革和理论创新也总是以推动伟大的社会变革为己任。特别是改革开放30年来,以邓小平为核心的党的第二代中央领导集体、以江泽民为核心的党的第三代中央领导集体和党的十六大以来以胡锦涛为总书记的党中央领导集体,根据中国社会主义建设的具体国情、发展阶段、内在规律和外部条件,提出了中国特色社会主义理论体系,这一理论体系的形成和发展,是我们党在改革开放历史新时期坚持理论创新的集中体现。中国特色社会主义理论体系是不断发展的开放的理论体系。只有不断实现马克思主义理论的创新,实现马克思主义理论的与时俱进,才能在不断发展的新的实践中确立正确的世界观和方法论,才能保证实践活动的正确方向性和有效性。大力推进马克思主义理论创新,是当前国际形势向中国共产党提出的新要求。历史和现实的事实都证明,一个党如果没有科学的理论指导,没有建立在科学理论基础上的精神支柱,这个党、国家和民族就会失去凝聚力和战斗力。因此,我们必须"要坚持解放思想、实事求是、与时俱进,通过理论创新不断推进制度创新、文化创新,为科技创新提供科学的理论指导、有力的制度保障和良好的文化氛围。"①

勇于理论创新是中国共产党的历史经验和政治优势。在新的历史条件下,面对新的形势和任务,我们党要建设创新型国家,理论创新尤为重要。以实践基础上的理论创新可以为创新型国家建设和发展提供理论指导。

2. 制度创新论

由于人类社会的快速发展,某一特定社会或者某一特定时期的制度往往会显示出一定的僵化性、滞后性。因此,制度创新便成为社会前进与发展

---

① 《十六大以来重要文献选编》(下),中央文献出版社 2008 年版,第 194 页。

的内在需求。制度创新是指人们在现有的生产和生活环境条件下,通过创设新的、更能有效激励人们行为的制度、规范体系来实现社会的持续发展和变革的创新。所有创新活动都有赖于制度创新的积淀和持续激励,通过制度创新得以固化,并以制度化的方式持续发挥自己的作用。制度创新的核心内容是社会政治、经济和管理等制度的革新,是支配人们行为和相互关系的规则的变更,是组织与其外部环境相互关系的变更,其直接结果是激发人们的创造性和积极性,促使不断创造新的知识和社会资源的合理配置及社会财富源源不断的涌现,最终推动社会的进步。从这个意义上来看,要进行创新型国家建设,必须要高度重视制度创新,它为理论创新和科技创新提供了不可或缺的基本保障。

党的十一届三中全会以来,中国由计划经济向市场经济转变的经济体制改革成为各项改革的核心和关键。随着改革的不断深入,适应改革需要的制度创新日益受到重视,并成为全党全社会的共识。党的十六届三中全会强调指出,改革要注重制度建设和体制创新。可以说,制度创新既是深化改革、完善市场经济体制的重要内容,也是改革和社会主义市场经济体制的产物。中国对外开放经历了一个从政策引导的渐进式开放向制度保障的稳定型开放转变的过程。对外开放对制度创新的要求在我国成为世贸组织成员后显得更为迫切。当代社会科学技术的迅速发展也呼唤着制度创新。面对全球科技革命,努力实现中国科学技术的跨越式发展,是促进经济发展、社会进步的驱动力,也是增强国家综合实力、提升国家竞争力的基础。而科学技术的发展和创新需要的是能够推进其发展和创新的制度保障。

良好的制度环境自身就是创新的产物,创新型政府、创新型制度、创新型文化都构成了其必要条件。目前科技创新存在和面临体制、机制、政策、法规等等诸多问题迫切需要解决,很大程度上有赖于中央和地方政府能否以改革的精神拿出创新型的新思路,同时政府从经济活动的主角转为公共服务提供者,努力创造优质、高效、廉洁的政务环境,进一步完善自主创新的综合服务体系,充分发挥各方面的积极性,制定和完善促进自主创新的政策措施,切实执行好已出台的政策,激发国家的创新活力。

制度创新也是作为强国之道的自主创新的保证,是促进自主创新和经济发展的重要动力。作为国家战略的"提高自主创新能力",不仅仅是科技界的事。国家的自主创新能力取得突破的关键在于我们是否能在体制改革、机制完善、政策扶持、人才培养、作风建设等方面形成鼓励和支持自主创新的良好文化和制度环境,是否能有效地在国家的科技政策、教育政策、投资政策、进出口政策、政府采购政策、区域发展政策等各方面进行协调。在改革开放的伟大进程中,我们党锐意推进各方面的改革,使中国成功实现了从高度集中的计划经济到充满活力的社会主义市场经济的历史转折,建立和完善社会主义市场经济体制,建立以家庭承包经营为基础、统分结合的农村双层经营体制,形成公有制为主体、多种所有制经济共同发展的基本经济制度,形成按劳分配为主体、多种分配方式并存的分配制度,形成在国家宏观调控下市场对资源配置发挥基础性作用的经济管理制度。在不断深化经济体制改革的同时,不断深化政治体制、文化体制、社会体制以及其他各方面体制改革,不断形成和发展符合当代中国国情、充满生机活力的新的体制机制,为我国经济繁荣发展、社会和谐稳定提供了有力的制度保障。

3.科技创新论

进入 21 世纪后,经济全球化浪潮风起云涌,国际上国家与国家之间的竞争更趋激烈。科学技术不仅是第一生产力,而且成为先进生产力的集中体现和主要标志。国际竞争从根本上说就是科技的竞争、人才的竞争、自主创新能力的竞争。因此,世界上大多数国家特别是发达国家纷纷把推动科技进步和创新作为国家战略,大幅度提高科技投入,不断提升自己的创新能力和综合国力,以便在这场竞争中赢得主动。于是,建设创新型国家、增强自主创新能力,成为各国的追求目标。对于"什么是创新型国家、什么是自主创新"的问题,国际学术界已有基本共识。就是把那些将科技创新作为基本战略,大幅度提高科技创新能力,形成日益强大竞争优势的国家称之为创新型国家。

纵览世界各国的发展道路,主要有三种国家发展类型。第一种是资源型国家,即主要依靠自身丰富的自然资源增加国民财富的国家,如有些中东产油国。第二种是依附型国家,即主要依附于发达国家的资本、市场和技术来发展的国家,如一些拉美国家。第三种是创新型国家,这是指把科技创新作为基本战略,大幅度提高自主创新能力,形成日益强大的竞争优势的国家。如目前世界公认的美国、英国、法国、德国、日本、丹麦、芬兰、瑞典、韩国和新加坡等20多个国家。这些创新型国家主导着全球的发展,它们在创新投入、知识产出、创新产出和以我为主的创新能力等方面,远远高于其他国家。

科学技术日益渗透于经济发展和社会生活的各个领域,成为推动现代生产力发展的最活跃因素,并成为现代社会进步的决定性力量。在一国之内走创新型国家发展道路,意味着要推动经济增长方式从要素驱动型向创新驱动型的根本转变,使得科技创新成为经济社会发展的内在动力和全社会的普遍行为,最终依靠制度创新和科技创新实现经济社会持续协调发展。目前在绝大多数领域内,引领未来的科技制高点也主要为创新型国家所控制。

科学技术的快速发展,为我国的改革开放和经济社会发展提供了难得的历史机遇。经过新中国成立以来特别是改革开放以来的不懈努力,我国社会主义市场经济体制初步建立,经济社会持续快速发展,科技人力资源总量和研发人员总数位居世界前列,建立了比较完整的学科体系,部分重要领域的研究开发能力已跻身世界先进行列。需要指出的是,尽管我们已经具备了建设创新型国家的重要基础和良好条件,但是和一些具有较强创新能力的国家相比,我们离创新型国家还有一定距离。从与创新型国家的四个衡量标准的比较就可以看出我们的差距:第一,创新型国家的研究与发展资金投入占国民生产总值的比重都在2%以上,而我国研究开发投入占GDP的比重现在是1.3%左右。第二,创新型国家科技进步贡献率都已达到70%以上,而我国科技进步贡献率目前是39%左右。第三,创新型国家对引进技术的依存度均在30%以下,而我们国家对国外引进技术的依存度达54%左右。第四,世界公认的20个创新型国家拥有的三方专利(美国、欧洲和日本授权的专利）占全世界绝大多数，而我国拥有的极少。① 创新型国家需要具备很强的科技创新能力，根据有关研究报告，2004 年我国科技创新能力在 49 个主要国家（占世界 GDP 的 92%）中处于中等水平，排在 28 名左右。因此，我们必须面向世界、面向未来，瞄准科技发展的前沿，积极融入世界科技发展的潮流，迅速改变我国科技文化相对落后的现状，把中国建设成创新型国家。

（二）创新型国家建设论的基本要求

21 世纪的头 20 年，是我国经济社会发展的重要战略机遇期，也是我国科技事业发展的重要战略机遇期。面对汹涌澎湃的世界新科技革命浪潮，我们必须认清形势，坚定信心，抢抓机遇，奋起直追。胡锦涛指出：全党全国各族人民要"以只争朝夕的精神为建设创新型国家而努力奋斗！"②中共中央、国务院确定，全面实施《国家中长期科学和技术发展规划纲要（2006～2020 年）》，提出"经过 15 年努力，到 2020 年使我国进入创新型国家行列。"③这就是说，要在我国构建一个国家创新体系，形成符合社会主义市场经济和科技发展规律的、具有支撑国民经济可持续发展能力的、高效运行的国家整体创新系统及相应的创新运行机制，培养全民的创新意识和创新能力，造就一大批高素质的创新人才，力争使中国的国家创新实力达到世界中等发达国家水平。具体来说，即是"到 2020 年，我国科学技术发展的总体目标是：自主创新能力显著增强，科技促进经济社会发展和保障国家安全的能力显著增强，为全面建设小康社会提供强有力的支撑；基础科学和前沿技术研究综合实力显著增强，取得一批在世界具有重大影响的科学技术成果，进入创新型国家行列，为在本世纪中叶成为世界科技强国奠定基础。"④

创新型国家建设是事关社会主义现代化建设全局的重大战略决策。建

---

① 黄苇町：《增强自主创新能力努力建设创新型国家学习读本》，红旗出版社 2006 年版，第 46 页。

② 《十六大以来重要文献选编》（下），中央文献出版社 2008 年版，第 196 页。

③ 《中共中央国务院关于实施科技规划纲要增强自主创新能力的决定》，人民出版社 2006 年版，第 2 页。

④ 《增强自主创新能力建设创新型国家》，人民出版社 2006 年版，第 72—73 页。

设创新型国家,核心是把增强自主创新能力作为发展科学技术的战略基点,走出中国特色自主创新道路,推动科学技术的跨越式发展;就是把增强自主创新能力作为调整产业结构、转变增长方式的中心环节,建设资源节约型、环境友好型社会,推动国民经济又好又快发展;就是把增强自主创新能力作为国家战略,贯穿到现代化建设各个方面,激发全民族创新精神,培养高水平创新人才,形成有利于自主创新的体制机制,大力推进理论创新、制度创新、科技创新,不断巩固和发展中国特色社会主义伟大事业。

为此,中共中央、国务院还确定,从现在起到 2020 年,我国科学和技术发展要以提升国家竞争力为核心,实现以下重要目标:一是掌握一批事关国家竞争力的装备制造业和信息产业核心技术,使制造业和信息产业技术水平进入世界先进行列。二是农业科技整体实力进入世界前列,促进农业综合生产能力的提高,有效保障国家食物安全。三是能源开发、节能技术和清洁能源技术取得突破,促进能源结构优化,主要工业产品单位能耗指标达到或接近世界先进水平。四是在重点行业或重点城市建立循环经济的技术发展模式,节约资源、保护环境,为建设资源节约型、环境友好型社会提供科技支持。五是重大疾病防治水平显著提高,新药创制和关键医疗器械研制取得突破,全面提升产业发展的技术能力。六是国防科技基本满足现代武器装备自主研制和信息化建设的需要,为维护国家安全提供保障。七是涌现出一批具有世界先进水平的科学家和研究团队,在科学发展的主流方向上取得一批具有重大影响的创新成果,信息、生物、材料和航天等领域的前沿技术达到世界先进水平。八是建成若干世界一流的科研院所和大学以及具有国际竞争力的企业研究开发机构,形成比较完善的中国特色国家创新体系。[①]

三、创新型国家的实现路径

创新思想是建设创新型国家的必要的精神动力。改革开放 30 多年来,

---

① 《中共中央国务院关于实施科技规划纲要增强自主创新能力的决定》,人民出版社 2006 年版,第 2 页。

中国所取得的发展成就无不与创新紧密相连。邓小平强调,要善于学习,更要善于创新。江泽民指出,创新是一个民族进步的灵魂,是一个国家兴旺发达的不竭动力,也是一个政党永葆生机的源泉。党的十六大以来,以胡锦涛为总书记的党中央领导集体明确提出了建设创新型国家的重大战略思想,形成了创新型国家建设论这一马克思主义中国化理论创新实践的重要成果。创新型国家建设,既反映了我们党对世界经济、科技发展趋势和内在规律的准确把握,也反映了对我国基本国情和战略需求的科学分析,是顺应时代要求、符合我国实际的战略构想。

人民群众是历史的主体,也是创新的主体。毛泽东指出:"人民,只有人民,才是创造世界历史的动力。"[1]"我们应该走到群众中间去,向群众学习,把他们的经验综合起来,成为更好的有条理的道理和办法"。[2] 胡锦涛指出:"建设创新型国家是时代赋予我们的光荣使命,是我们这一代人必须承担的历史责任。"[3]为了实现进入世界创新型国家行列的奋斗目标,应当而且必须选择正确的实现路径。

(一)以科学发展观为统领

建设创新型国家必须以科学发展观为统领,必须坚持"第一要义是发展,核心是以人为本,基本要求是全面协调可持续,根本方法是统筹兼顾。"[4]通过科学发展观为指导,以建设创新型国家来加快国家经济、社会的发展;通过加快发展来实现好、维护好、发展好最广大人民的根本利益,更好地体现以人为本;通过统筹兼顾,全面协调可持续发展,促进社会主义经济、政治、文化、社会、生态文明建设的全面发展,从而实现全面建设小康社会的宏伟目标、开创中国特色社会主义事业新局面。

无数事实和经验证明,在中国今后的发展中必须转变发展观念、创新发展模式、提高发展质量,注重优化结构、提高效益、降低消耗、减少污染,实现

---

① 《毛泽东选集》第 3 卷,人民出版社 1991 年版,第 1031 页。
② 《毛泽东选集》第 3 卷,人民出版社 1991 年版,第 933 页。
③ 《十六大以来重要文献选编》(下),中央文献出版社 2008 年版,第 196 页。
④ 《十七大以来重要文献选编》(上),中央文献出版社 2009 年版,第 12 页。

速度和结构、质量和效益相统一,注重经济发展和人口、资源、环境相协调。这样的科学发展必须依靠科技进步和自主创新,走新型工业化道路、转变增长方式,通过创新型国家建设来达成。

(二)努力培育创新精神

文化是人类社会发展进步的一个重要标志。一个国家强大与否,既取决于经济的实力,同时也取决于文化的实力。在这个意义上,把发展社会主义生产力同提高全民族文明素质结合起来,才能形成一股凝聚整个民族的合力,把创新型国家建设的理念化为全国人民共同理想和信念,有力地推动中国特色社会主义物质文明和精神文明的协调、快速发展。

《中共中央国务院关于实施科技规划纲要增强自主创新能力的决定》指出:"增强自主创新能力,建设创新型国家,是一项极其广泛而深刻的社会变革,是我们党在新的历史条件下提高党的执政能力的必然要求。"[①]建设创新型国家应成为全社会的共同事业、全国人民的共同诉求。

一个国家的文化,同科技创新有着相互促进、相互激荡的密切关系。创新文化孕育创新事业,创新事业激励创新文化。中华文化历来包含鼓励创新的丰富内涵。胡锦涛指出:"建设创新型国家,必须大力发扬中华文化的优良传统,大力增强全民族的自强自尊精神,大力增强全社会的创造活力。……要在全社会培育创新意识,倡导创新精神。"[②]发展创新文化,既要大力继承和弘扬中华文化的优良传统,又要充分吸收国外文化的有益成果。通过扩大多种形式的国际和地区科技交流合作,有效利用全球科技资源。努力培育创新精神,发展创新文化,在全社会形成一种勇于创新、敢于创新的态度和精神风貌,对于实现国家文化软实力的快速提升,向创新型国家的行列迈进具有非常重大的现实意义。

(三)积极增强创新能力

创新型国家建设的过程中要坚持把提高自主创新能力摆在突出位置,

---

① 《中共中央国务院关于实施科技规划纲要增强自主创新能力的决定》,人民出版社2006年版,第11页。

② 《十六大以来重要文献选编》(下),中央文献出版社2008年版,第194页。

大幅度提高国家竞争力。胡锦涛指出:"自主创新能力是国家竞争力的核心,是我国应对未来挑战的重大选择,是统领我国未来科技发展的战略主线,是实现建设创新型国家目标的根本途径。"①世界科技发展的实践告诉我们:一个国家只有拥有强大的自主创新能力,才能在激烈的国际竞争中把握先机、赢得主动。特别是在关系国民经济命脉和国家安全的关键领域,真正的核心技术、关键技术是买不来的,必须依靠自主创新。所以,胡锦涛强调说:"要把提高自主创新能力摆在全部科技工作的首位,在若干重要领域掌握一批核心技术,拥有一批自主知识产权,造就一批具有国际竞争力的企业,大幅度提高国际竞争力。"②

提高自主创新能力,要紧紧抓住为经济社会发展服务这一中心任务,把握科技发展的战略重点,着力解决制约经济社会发展的重大科技问题。为此,《国家中长期科学和技术发展规划纲要(2006～2020年)》提出了五个战略重点:一是把发展能源资源和环境保护技术放在优先位置。二是把掌握装备制造业和信息产业核心技术的自主知识产权,作为提高我国产业竞争力的突破口。三是把生物技术作为未来高技术产业迎头赶上的重点。四是加快发展空天和海洋技术。五是加强基础科学和前沿技术研究。在科技创新的发展路径上,从跟踪模仿为主向加强自主创新转变;在创新方式上,从注重单项技术的研究开发向加强以重大产品和新兴产业为中心的集成创新转变;在创新体制上,从以科研院所为突破口向整体推进国家创新体系建设转变;在发展部署上,从以研究开发为主向科技创新与科学普及并重转变;在国际合作上,从一般性科技交流向全方位、主动利用全球科技资源转变。经过我们的努力,"到2020年,全社会研究开发投入占国内生产总值的比重提高到2.5%以上,力争科技进步贡献率达到60%以上,对外技术依存度降低到30%以下,本国人发明专利年度授权量和国际科学论文被引用数均进入世界前五位。"③也就是说,到2020年,我国将成为世界最重要的知

---

① 《十六大以来重要文献选编》(下),中央文献出版社2008年版,第189页。
② 《十六大以来重要文献选编》(下),中央文献出版社2008年版,第189页。
③ 《增强自主创新能力建设创新型国家》,人民出版社2006年版,第73—74页。

识和技术产出国之一,进入创新型国家行列,为全面建设小康社会提供强有力的支撑。

(四)科学构建国家创新体系

国家创新体系是由与知识创新和技术创新相关的机构和组织构成的网络系统,其主要组成部分是企业(大型企业集团和高技术企业为主)、科研机构(包括国立科研机构和地方科研机构等)和高等院校等;广义的国家创新体系还包括政府部门、其他教育培训机构、中介机构和起支撑作用的基础设施等。国家创新体系的主要功能是知识创新、技术创新、知识传播和知识应用,具体包括创新活动的执行、创新资源(人力、财力和信息资源等)的配置、创新体制的建立和相关基础设施建设等。大力促进和广泛进行知识的生产、传播和应用,是国家创新体系的基本任务。深化体制改革,加快推进国家创新体系建设,就是要创设与创新型国家建设相适应、相配套的制度环境、管理机制,使知识创新与管理创新相结合,有效推进各项工作。

科技体制改革是科技事业发展和推进自主创新的动力。胡锦涛指出:"深化科技体制改革,进一步优化科技结构布局,充分激发全社会的创新活力,加快科技成果向现实生产力转化,是建设创新型国家的一项重要任务。"①胡锦涛提出要继续推进科技体制改革,充分发挥政府的主导作用,充分发挥市场在科技资源配置中的基础性作用,充分发挥企业在技术创新中的主体作用,充分发挥国家科研机构的骨干和引领作用,充分发挥大学的基础和生力军作用,进一步形成科技创新的整体合力,为建设创新型国家提供良好的制度保障。2006 年胡锦涛在全国科学技术大会上的讲话中,就如何进一步深化体制改革、加快推进国家创新体系建设提出了明确的要求和部署。

在社会主义市场经济条件下,企业是市场竞争的主体,也是技术创新的主体。温家宝总理指出:"科技体制改革的关键,是建立以企业为主体、市场为导向、产学研相结合的技术创新体系。这是我国科技发展战略的一个

---

① 《十六大以来重要文献选编》(下),中央文献出版社 2008 年版,第 190 页。

重大调整,是推进中国特色国家创新体系建设的突破口。"①在社会主义市场经济条件下,企业在技术创新中具有无可替代的地位和作用。只有以企业为主体,才能坚持技术创新的市场导向,有效整合产学研的力量,加快技术创新成果的产业化。

(五)营造良好创新环境

科技创新,关键在人才。杰出科学家和科学技术人才群体,是国家科技事业发展的决定性因素。当前,人才竞争正成为国际竞争的一个焦点。无论是发达国家还是发展中国家,都把科技人力资源视为战略资源和提升国家竞争力的核心因素,大力加强科技人员资源能力建设。创造良好的创新环境和氛围营造,有利于培养造就富有创新精神的人才队伍,并充分发挥创新主体的能动性。

胡锦涛强调指出:"源源不断地培养造就大批高素质的具有蓬勃创新精神的科技人才,直接关系到我国科技事业的前途,直接关系到国家和民族的未来。""培养大批具有创新精神的优秀人才,造就有利于人才辈出的良好环境,充分发挥科技人才的积极性、主动性、创造性,是建设创新型国家的战略举措。"②同时,胡锦涛就如何培养大批优秀的创新人才提出了明确要求。因此,我们必须以科学发展观为指导,坚持以人为本,在全社会努力营造鼓励人才干事业、支持人才干成事业、帮助人才干好事业的人才成长环境,形成有利于优秀人才脱颖而出的体制机制,加速培养和造就一支规模宏大的高素质科技创新队伍,最大限度地激发科技人员的创新激情和活力,提高创新效率,特别是要为年轻人才施展才干提供更多的机会和更大的舞台。

(六)高度重视中国特色

从增强国家创新能力出发,自主创新和借鉴创新相结合,坚持走中国特色自主创新道路。我国科技事业的发展,特别是在科技发展的结构布局、战略重点和政策举措等方面,既要顺应世界科技发展的潮流,遵循科技规律,

---

① 《增强自主创新能力 建设创新型国家》,人民出版社 2006 年版,第 38 页。
② 《十六大以来重要文献选编》(下),中央文献出版社 2008 年版,第 192 页。

又要紧密结合国情和国家战略需求,选择顺应时代要求、符合我国实际的发展道路。

在 2006 年的全国科学技术大会上,胡锦涛明确指出:"走中国特色自主创新道路,核心就是要坚持自主创新、重点跨越、支撑发展、引领未来的指导方针。……这一方针,是我国半个多世纪科技事业发展实践经验的概括总结,是面向未来、实现中华民族伟大复兴的重要抉择,必须贯穿于我国科技事业发展的全过程。"①

自主创新,是十六字方针的核心。胡锦涛说:"自主创新,就是从增强国家创新能力出发,加强原始创新、集成创新和引进消化吸收再创新。"②温家宝也指出:"自主创新是科技发展的灵魂,是一个民族发展的不竭动力,是支撑国家崛起的筋骨。……在激烈的国际竞争中,真正的核心技术是市场换不来的,是花钱买不到的,引进技术设备并不等于创新能力。"③加强自主创新是我国科学技术发展的战略基点。我们必须高度重视提高原始创新能力,要有更多的科学发现和技术发明,在关键领域掌握更多的自主知识产权,在科学前沿和战略高科技领域占有一席之地。集成创新能力是一个国家创新能力的重要标志。我们必须注重提高国家集成创新能力,使各种相关技术有机融合,形成具有市场竞争力的产品和产业。在引进技术的基础上消化吸收再创新也是创新。要继续把对引进技术的消化吸收再创新,作为增强国家创新能力的重要方面。

"重点跨越,就是坚持有所为有所不为,选择具有一定基础和优势、关系国计民生和国家安全的关键领域,集中力量、重点突破,实现跨越式发展。"④通过关键领域的突破实现技术跨越,一直是后进国家赶超先进国家的重要方式。重点跨越是加快我国科技发展的重要途径。为此,我们既要看到现在的经济基础和科技实力同过去相比有很大增强,又要看到我国仍

---

① 《十六大以来重要文献选编》(下),中央文献出版社 2008 年版,第 188 页。
② 《十六大以来重要文献选编》(下),中央文献出版社 2008 年版,第 188 页。
③ 《增强自主创新能力 建设创新型国家》,人民出版社 2006 年版,第 32—33 页。
④ 《十六大以来重要文献选编》(下),中央文献出版社 2008 年版,第 188 页。

然是一个发展中国家,必须把有限的财力和资源用在刀刃上。实施重点跨越,就要紧紧把握当代科技革命的历史机遇,从需要和可能两个方面来考虑,围绕经济社会和科技发展目标,选准突破口和主攻方向,走出一条有中国特色的创新之路。

"支撑发展,就是从现实的紧迫需求出发,着力突破重大关键技术和共性技术,支撑经济社会持续协调发展。"①支撑发展是我国科技进步的根本任务。我国经济发展,面临着保持平稳较长增长和提高质量效益的双重任务,面临着扩大国内需求和开拓国际市场的双重要求。同时,改变社会发展相对滞后的状况,突破能源资源和环境对可持续发展的制约,也都要依靠科技进步和创新。科学技术必须解决经济社会发展和人民生活面临的突出问题,为全面建设小康社会和推进现代化提供保障。

"引领未来,就是着眼长远,超前部署前沿技术和基础研究,创造新的市场需求,培育新兴产业,引领未来经济社会发展。"②引领未来是科技工作的神圣使命。当代科学技术的一个突出特点,是不断为人们的生产和生活指出新方向、开辟新领域。特别是科学理论越来越走在技术和生产的前面,为技术和生产发展引领新的道路。因此,我们应当前瞻未来发展和长远利益,在基础科学和前沿技术研究若干领域超前部署,不断探索新的发展方向,提高持续创新能力,使科学技术成为经济社会发展的主导力量。

第三节　创新型国家建设论的当代价值

建设创新型国家是项系统工程。要以科技创新为主导,以提高自主创新能力为重点,以国家创新体系为支撑,以走中国特色自主创新道路为方向,以实现国家的跨越式发展为根本任务来推进这项工程。

创新型国家建设论的形成,是对马克思主义国家理论的继承和发展,是

---

① 《十六大以来重要文献选编》(下),中央文献出版社 2008 年版,第 188 页。
② 《十六大以来重要文献选编》(下),中央文献出版社 2008 年版,第 188 页。

增强综合国力和国家核心竞争力的理论升华,是发展中国特色社会主义的核心战略,对推进我国社会主义现代化建设事业具有重大的理论价值和现实意义。

一、继承和发展了马克思主义国家理论

创新型国家建设论的当代价值首先体现在对马克思主义国家理论的继承和发展上。我国社会主义现代化建设的实践,呼唤一种与当代中国相适应的国家理论的指导。作为一个在比较落后的经济、政治、文化基础上建立的社会主义国家,我国现在处于并将长期处于社会主义初级阶段。为使马克思主义在当代中国有效出场,在当今时代得以发展,我国需要一种既承接于马克思、恩格斯当年的设想,又能结合中国现实并且对当代中国的发展有针对性指导意义的新理论。

社会主义国家在此问题上,有着正反两方面的经验和教训。站在历史的高度,不难看出的是,曾在苏联、东欧等社会主义国家长期实行的以高度集权为特征的政治经济管理体制即斯大林模式,是一个完全意义上的国家主义模式。国家通过经济计划、道德示范等手段进入包括经济生活、精神生活在内的一切社会生活领域,在社会生活中处于支配地位并享有充分的行动自由。虽然这种体制曾在一定时期发挥过积极的作用,但经济停滞、政治腐败使这种模式陷于困境,并最终导致了苏联的最终解体和东欧社会主义国家的剧变。

马克思主义国家理论涉及市民社会与国家、经济基础与上层建筑之间的关系,国家的消亡、人类解放及其条件,从资本主义社会向共产主义社会过渡时期的经济、政治形式以及无产阶级专政的建制形式等问题。在当代中国,马克思主义国家理论的价值就在于把马克思主义国家理论放在发展变化着的具有中国特点的时代背景中去加以审视和反思,并以创新的精神加以修正与发展,进而把已有的理论运用于实践,将已知的实践上升为理论,紧密地与建设有中国特色社会主义理论与实践问题结合起来,研究、建构当代中国化的马克思主义国家理论。

中国的民主革命是在资本主义有了一定程度的发展但尚未充分发展的背景下发生的。鸦片战争后,戊戌变法试图推行资产阶级君主立宪制,孙中山领导的辛亥革命试图在中国实行西方式的资产阶级议会民主制度,但最终都难逃失败的结局。以毛泽东为代表的中国共产党人,把马列主义作为指导思想,并与中国革命的具体实际相结合,找到了具有中国特色的革命道路,取得了中国革命的胜利,建立起了以工人阶级领导的、以工农联盟为基础的人民民主专政的国家。党的十一届三中全会以来,我们党经过认真总结历史经验,开拓创新、锐意进取,坚持理论创新,坚持改革开放,使社会主义现代化建设出现了跨越式的发展。这一切造就了马克思主义的当代化和中国化。

创新型国家建设论作为当代中国的重要发展战略,是马克思主义在当代中国的新发展,是我们党在分析新情况、总结新经验的基础上所作出的符合国情、世情、党情、民情的新判断和新理论,是马克思主义国家理论建构与发展的新诉求和新成果,也是指导中国特色社会主义事业科学发展的最新理论成果之一。

二、有利于增强综合国力和国家核心竞争力

胡锦涛指出:"科技竞争成为国际综合国力竞争的焦点。当今时代,谁在知识和科技创新方面占据优势,谁就能够在发展上掌握主动。"[1]国际竞争从根本上说是科技的竞争,是自主创新能力的竞争。我们面临着发达国家在经济科技上占优势的压力。我国目前的自主创新能力还不强,核心关键技术的自主知识产权占有率低,系统集成能力较弱,在国际产业分工中将被长期固化在低技术、低附加值的层次。"面对世界科技发展的大势,面对日趋激烈的国际竞争,我们只有把科学技术真正置于优先发展的战略地位,真抓实干,急起直追,才能把握先机,赢得发展的主动权。"[2]以创新型国家

---

① 《十六大以来重要文献选编》(下),中央文献出版社 2008 年版,第 184 页。
② 《十六大以来重要文献选编》(下),中央文献出版社 2008 年版,第 185 页。

建设论为指导,加强自主创新,建设创新型国家,是增强综合国力和国家竞争力的有效途径,也是贯彻落实科学发展观、保持经济长期持续发展、全面建设小康社会的重大举措。党的十六大提出,要在本世纪头20年,集中力量建设惠及十几亿人口的更高水平的小康社会。党的十七大进一步强调:"我们已经朝着十六大确立的全面建设小康社会的目标迈出了坚实步伐,今后要继续努力奋斗,确保到二○二○年实现全面建成小康社会的奋斗目标。""增强发展协调性,努力实现经济又好又快发展。转变发展方式取得重大进展,在优化结构、提高效率、降低消耗、保护环境的基础上,实现人均国内生产总值到二○二○年比二○○○年翻两番。社会主义市场经济体制更加完善。自主创新能力显著提高,科技进步对经济增长的贡献率大幅上升,进入创新型国家行列。"[①]

建设创新型国家,增强综合国力和国家竞争力,良好的文化根基和心理保证是基础。中国特色社会主义是全面发展、全面进步的事业,是物质文明和精神文明相辅相成、协调发展的事业。以创新型国家建设论为指导,有利于引领物质文明和精神文明建设,在实现物的现代化同时,实现人的现代化,激发中华民族的文化创造活力,提高国家文化软实力,使人民在创新型国家的建设中充分发挥自身的积极性、主动性和聪敏才智,为创新型国家建设的战略目标实现贡献出自己的应有力量。因而,创新型国家建设论引领和推动着物质文明和精神文明建设的发展,有利于增强综合国力和国家核心竞争力。

三、发展中国特色社会主义的核心战略

21世纪,中国社会主义现代化建设进入了一个新的阶段。在现代化建设不断推进的同时,我国也面临着发展动力、发展路径及资源、环境、发展模式等一系列新的问题。提高自主创新能力,依靠技术进步和创新是我们有效解答这些问题的锁钥和实现可持续发展目标的重要路径。发展中国特色

---

① 《十七大以来重要文献选编》(上),中央文献出版社2009年版,第15页。

社会主义必须坚持自主创新,必须走建设创新型国家之路。因此,创新型国家建设论是发展中国特色社会主义的又一理论指导。我们党提出的创新型国家建设论,顺应了时代发展潮流,顺应了中国社会主义现代化建设的诉求,是发展中国特色社会主义的核心战略和优化路径。正如胡锦涛在2007年12月12日庆祝我国首次月球探测工程圆满成功大会上的讲话中所指出的:"必须坚持自主创新,着力建设创新型国家。当今时代,科学技术特别是战略高技术已经成为综合国力竞争的焦点。提高自主创新能力,是国家发展战略的核心,是提高综合国力的关键。在关系国民经济命脉和国家安全的关键领域,真正的核心技术和关键技术,必须依靠自主创新。"①温家宝也指出:"要坚持科教兴国战略,把提高自主创新能力、建设创新型国家作为国家发展战略的核心。只有这样,才能把发展的主动权牢牢掌握在自己手中,我国的现代化事业才有光明的前景。"②

建设创新型国家,是当代中国实现跨越式发展、可持续发展的必由之路。创新型国家建设论是贯彻实践科学发展观的重大理论创新,是指引中国又好又快、更好更快发展的马克思主义中国化理论创新的重要成果,是发展中国特色社会主义的重要动力源泉。

---

① 胡锦涛:《在庆祝我国首次月球探测工程圆满成功大会上的讲话》,《人民日报》2007年12月13日,第2版。

② 温家宝:《在国家科学技术奖励大会上的讲话》,《人民日报》2009年1月10日,第1版。

第七章 社会主义新农村建设论

社会主义新农村建设是发展中国特色社会主义的战略任务。社会主义新农村建设论是中国特色社会主义科学发展论理论体系的重要组成部分。这一理论科学地解答了"什么是社会主义新农村、为什么要建设社会主义新农村、如何建设社会主义新农村"这一当代中国现代化发展进程中的重大命题。

第一节 社会主义新农村建设论的形成与发展

中国共产党历来关注我国的农业、农村和农民问题，十分重视社会主义农村建设，在不同历史时期形成了相应的社会主义农村建设理论。党的十六大以来，以胡锦涛为总书记的党中央继续推进马克思主义中国化理论创新实践，继续探索我国社会主义农村建设新路径，创立了社会主义新农村建设论。这一理论是党根据我国的现实国情，在深刻分析当代国际国内形势、全面把握我国经济社会发展阶段性特征的基础上，经过缜密的科学思维而形成的理论创新成果，是对我国社会主义现代化建设理论的进一步完善和发展。

一、社会主义新农村建设论的形成和发展条件

社会主义新农村建设论，既是中国特色社会主义科学发展论理论体系的重要组成部分，也是中国特色社会主义理论体系的重要内容，它的形成和发展具有其自身的理论渊源、实践基础及发展过程。新中国成立以来特别

是改革开放以来,我们党对如何解决好"三农"问题努力进行探索,取得了丰富的实践经验和理论成果,这为新时期社会主义新农村建设论的形成和发展奠定了良好基础。

(一)社会主义新农村建设论形成和发展的理论渊源

农业、农村和农民问题始终是马克思主义理论体系的重要命题,历来为马克思主义经典作家所重视。马克思、恩格斯、列宁根据时代的要求创造性地提出了农村发展的一般理论。在中国革命、建设、改革各个历史时期,我们党坚持把马克思主义基本原理同我国具体实际相结合,始终高度重视、认真对待、着力解决农业、农村、农民"三农"问题,成功地开辟了新民主主义革命胜利道路和社会主义事业发展道路,中国农村建设理论也逐步得到深化。毛泽东把马克思主义与中国实际相结合,正确处理中国农村和农民问题,开创了中国革命的正确道路;邓小平进行农村改革,率先打破农村单一集体经济模式;江泽民提出走有中国特色的社会主义新农村建设新路子。这些理论探索及其成果为社会主义新农村建设论的形成奠定了理论基础。

1.马克思、恩格斯的农村理论

马克思、恩格斯根据农业发展的一般规律和特点,强调农业在经济发展中的基础地位和作用,把农民问题作为无产阶级革命和社会主义建设的重大问题。早在19世纪40年代,马克思主义创始人就提出要消除城乡差别、工农差别,促进城乡融合是未来社会发展的重要任务,认为城乡对立是一个历史范畴,它必将随着生产力的发展而走向城乡融合。马克思、恩格斯在《共产党宣言》中指出,无产阶级夺取政权后要"把农业和工业结合起来,促使城乡对立逐步消灭。"[①]合作理论是马克思主义过渡时期理论的重要组成部分。1892年恩格斯在谈到欧洲农业发展问题时鲜明而深刻地指出:"今天,大规模使用机器耕种土地已成了一种常规,而且日益成了唯一可行的农业生产方式。所以,看来农民在今天是注定要灭亡的。"[②]这一小农经济状

---

① 《马克思恩格斯选集》第1卷,人民出版社1995年版,第294页。

② 《马克思恩格斯全集》第38卷,人民出版社1979年版,第306页。

况下的农民必将走向灭亡的结论符合社会发展的逻辑。马克思、恩格斯社会发展理论中关于生产力发展决定理论、社会全面协调发展、社会发展主体论等观点,对我国在社会主义初级阶段和市场经济条件下实现农业现代化和工业化、农村城镇化仍然具有重大的现实指导意义。

2. 列宁的农村理论

列宁从社会主义建设的高度认识到巩固工农联盟的重要性,深入探讨解决农民问题的社会主义建设道路。列宁在《无产阶级专政时代的经济和政治》一文中,认为社会主义新农村经济虽然具有公有制的形式,但是农民经济天然具有小商品经济的私有化倾向,社会主义新农村经济的主干农民经济,应从个体的、单独的小商品经济发展到公共的大经济。列宁认为社会主义新农村经济是一种赶超型经济,在其发展过程中要强化政府和农民的方向和责任意识,主张社会主义建设的根本任务之一是消灭农村和城市经济文化的对立,提出以电气化计划改造农村。列宁说:"我们必须让农民看到,在现代最高技术的基础上,在把城乡连接起来的电气化的基础上组织工业生产,就能消除城乡对立,提高农村的文化水平,甚至消除穷乡僻壤那种落后、愚昧、粗野、贫困、疾病丛生的状态。"①列宁在农村改革中初步探索了社会主义与市场经济的关系,重视对农民开展思想教育和文化教育,在他逝世前夕还提出必须在农村建立合作社制度的思想。

3. 毛泽东的农村建设理论

毛泽东在党内最早自觉认识到农民问题对于中国革命和建设的特殊重要地位,从中国具体的国情出发,针对农民阶级地位等问题提出全新论断,用以指导中国革命和建设实践。新中国成立后,毛泽东又提出许多关于城乡统筹思想,如城市要支援农村、工业要支援农业,正确处理农轻重关系、以农轻重为序安排国民经济计划。20世纪五六十年代,毛泽东对社会主义新农村建设作了许多探索和思考,形成了宝贵的农村建设思想。毛泽东确立农业在国民经济中的基础地位,强调农民的极端重要性,指出"我国有五亿

---

① 《列宁全集》第38卷,人民出版社1986年版,第117页。

多农业人口,农民的情况如何,对于我国经济的发展和政权的巩固,关系极大。"①毛泽东探索社会主义新农村建设道路,走集体经济道路,倡导农民教育,培养建设社会主义新农村的新生力量,依靠国家政权的力量把探索的成果付诸实践。毛泽东认为,"必须实行工业与农业同时并举,逐步建立现代化的工业和现代化的农业。"②毛泽东以农业合作化方式,确立农村中的社会主义制度,提出工农并举、城乡兼顾发展,以农业现代化为目标,教育农民、做好为农服务,推进社会主义新农村向前发展。发挥人的潜力,依靠人民的自力更生精神,用社会主义教育运动占领农村思想阵地,引导农民沿着社会主义道路前进。毛泽东关于农民问题的论述,科学回答了农民在革命和建设中的地位、作用、局限性,以及对待农民问题的科学态度和政策等一系列基本问题,形成了一个完整的思想理论体系。新的历史条件下的社会主义新农村建设,是对毛泽东开创的社会主义农村发展模式的坚持和发展。

4.邓小平的农村建设理论

党的十一届三中全会以后,邓小平在总结历史经验教训和立足现实的基础上,围绕农业现代化目标,大胆进行农村改革,对建设社会主义农村进行了有益的探索,并领导付诸实践。邓小平突出农村问题的重要性,认为"从中国的实际出发,我们首先解决农村问题。中国百分之八十的人口住在农村,中国稳定不稳定首先要看这百分之八十稳定不稳定。城市搞得再漂亮,没有农村这一稳定的基础是不行的。"③邓小平对农业发展和农村建设提出一系列重要理论。注重生产关系对生产力的反作用,认为"农业本身的问题,现在看来,主要还得从生产关系上解决。这就是要调动农民的积极性。"④通过农村改革调动农民的积极性作为农村改革的起点,完善以家庭联产承包为主的责任制,统分结合的双层经营机制,为实现农业现代化架构政策保证。改革开放之所以开局取得成功,关键是实行家庭联产承包责任

---

①《毛泽东著作选读》(下册),人民出版社1986年版,第773页。
②《毛泽东文集》第7卷,人民出版社1999年版,第310页。
③《邓小平文选》第3卷,人民出版社1993年版,第65页。
④《邓小平文选》第1卷,人民出版社1994年版,第323页。

制解放了农村生产力,打开了新的局面。邓小平提出了农村发展战略,认为"中国社会主义农业的改革和发展,从长远的观点看,要有两个飞跃。第一个飞跃,是废除人民公社,实行家庭联产承包为主的责任制。这是一个很大的前进,要长期坚持不变。第二个飞跃,是适应科学种田和生产社会化的需要,发展适度规模经营,发展集体经济。这是又一个很大的前进,当然这是很长的过程。"①农业"两个飞跃"思想是邓小平经过长期思考探索,总结历史经验尤其是农村改革实践的智慧结晶,它指明了我国农业、农村发展的根本方向。当前的社会主义新农村建设正在继续深入推进"两个飞跃"思想,不断把新农村建设推向更高阶段。邓小平的农村建设理论还体现在工业支援农业、城市带动乡村,发展乡镇企业、建设小型乡镇,重视科学技术在城乡一体化中的推动作用等思想之中。

5. 江泽民的农村建设理论

江泽民提出了一系列解决"三农"问题的新思想,是"三个代表"重要思想的有机组成部分,对我国农村建设和发展起到了极大的推动作用。江泽民强调农业国民经济的基础地位及农村建设的重要性,认为"农业、农村和农民问题,关系着改革开放和社会主义现代化事业的大局,关系着党的执政地位的巩固,关系着国家的长治久安。"②明确推进农村、农业现代化的基本思路,指出农业现代化的战略措施和具体途径。解决"三农"问题必须坚持党的领导、统筹城乡发展、尊重农民的首创精神和调动农民的积极性,大力实施科教兴农,坚持通过科技兴农和科技创新、发展贸工农一体化的农业产业化经营。提出只有两个文明都搞好,经济社会协调发展,才是有中国特色社会主义的新农村。解决"三农"问题必须走城市化或城镇化的道路。江泽民特别注重运用市场机制解决"三农"问题的基础性作用,明确指出"坚持市场取向,不断深化改革,对于加快农业现代化具有长远的根本性的意义。"③党的十四大提出建立社会主义市场经济体制的改革目标后,把积极

---

① 《邓小平文选》第 3 卷,人民出版社 1993 年版,第 355 页。
② 《江泽民论有中国特色社会主义》(专题摘编),中央文献出版社 2002 年版,第 120 页。
③ 《江泽民文选》第 2 卷,人民出版社 2006 年版,第 211 页。

探索在农村建立市场经济体制,进一步解放和发展生产力,作为我国广大农民奔小康、农业走向现代化的必由之路。在发挥市场机制的同时,通过宏观调控确保农业的稳定,认为"农业是社会效益大而比较效益低的产业,光靠市场调节不行,必须通过国家宏观调控加以扶持和保护。"①

马克思主义经典作家和中国共产党人的理论探索创新,为社会主义新农村建设论的形成与完善奠定了深厚的理论基础。

(二)社会主义新农村建设论形成和发展的实践基础

在新的历史时期,党的十六届五中全会提出建设社会主义新农村的重大历史任务,具有其现实的实践基础。

1. 农村各项事业有了巨大的发展

改革开放以来,我国农村的各项事业均有了快速发展,这为新时期的新农村建设准备了必要的物质基础。农村建设取得巨大成就,农村生产力有了显著提高,农民收入和农民生活水平有了大幅度的提升。1978 年至 2007 年,我国农村绝对贫困人口数量从 2.5 亿下降到 1487 万,农民人均纯收入由 134 元增加到 4140 元。农民收入的稳定增长,有力地支撑了我国经济的高速增长和改革开放的顺利进行。农村改革和发展取得初步成果,农业应对社会主义市场经济日益发展和国际竞争的能力得到很大增强。农民的积极性和创造性得到激发,"我们农村改革之所以见效,就是因为给农民更多的自主权,调动了农民的积极性。"②随着农村经济体制改革的深入,广大农村中经营主体的多元化格局已经初步形成,形成了以千家万户为基础的农业生产活动和作为独立商品生产者的乡镇企业的生产经营活动,社会主义市场经济体制逐步发展完善。党的十六大以来,我们党扎实推进社会主义新农村建设,始终把解决好"三农"问题作为全党工作的重中之重,实行工业反哺农业、城市支持农村和"多予、少取、放活"的方针,构建以工促农、以城带乡、工农协调发展的长效机制,使农村生产力持续发展,农村经营体制

---

① 《江泽民论有中国特色社会主义》(专题摘编),中央文献出版社 2002 年版,第 129 页。
② 《邓小平文选》第 3 卷,人民出版社 1993 年版,第 242 页。

日趋完善,从而使推进社会主义新农村建设站在了一个更高的历史起点上。

2. 农业基础总体上还比较薄弱的现状还没有彻底改变

目前,我国农业基础总体上还比较薄弱,还不能适应经济社会发展和人民生活水平日益增长的需要。改革开放以来,我们党为解决"三农"问题相继出台一系列的政策措施,以加速促进农村经济社会的发展。但大多数的政策措施出发点只是为了松绑和减负,没能从根本上解决"三农"问题。一些关系农村和农业长远发展的深层次矛盾仍然存在,特别是农村发展的规划、机制、途径、组织保障等问题,都亟待从全局上进行探讨和解决。促进农民持续稳定增收的长效机制尚未形成,农村经济社会发展滞后的局面还没有根本改变。党的十六大明确提出全面建设小康社会的宏伟目标,要在本世纪头二十年集中力量建设惠及十几亿人口的更高水平的小康社会,实现这个伟大目标,重点和难点均在农村。从总体上看,目前我国农业现代化和农民收入增长困难很多,农村社会事业发展任务艰巨。农村市场经济体制的确立,不仅要求改变运行机制,而且要求建立比运行机制更重要也更本质的基础结构,包括组织主体结构和相关的支撑体系。我国农村人口众多,只有发展好农村经济,建设好农民的家园,让农民过上宽裕的生活,才能不断扩大内需和促进国民经济持续发展。加速推进现代化必须妥善处理工农城乡关系,构建社会主义和谐社会,必须促进农村经济社会全面进步。

3. 城乡差距成为制约社会经济发展的重要因素

改革开放以来,我国的整体经济实力不断提升,但城乡差距还在继续扩大,成为制约社会经济发展的重要因素,必须通过社会主义新农村建设逐步缩小这种差距。我国工业化和城市化的发展,经历了一个复杂而又特殊的过程。新中国建立后,为了能够快速有效地实现强国、自立的目标,国家选择了以优先发展重工业为目标的赶超发展战略,但重工业优先增长无法借助市场机制得以实现,只能进行制度调整,采取实施农产品统购统销政策,以工农业产品价格"剪刀差"的形式,把农业剩余转化为工业化的资本积累。在工业化初期,我国在相当程度上是以牺牲农业来发展工业,以牺牲农村来发展城市。这在当时是必要的,除此之外,别无其他途径。党的十六届四中全会提出了我国总体上进入"以工促农、以城带乡"的发展趋势和发展阶段,但是农业和农村发展仍处在艰难的爬坡阶段,解决深层次矛盾的改革办法急需创新进而常态化。列宁1919年12月4日在《在农业公社和农业劳动组合第一次代表大会上的讲话》中曾强调:"如果国家不帮助各种集体经济农业企业,我们就不是共产党人,就不是建设社会主义经济的拥护者。"①当前的新农村建设,面对农村经济社会发展中存在的诸多不足,迫切要求要求我们党加快农村改革步伐,重点解决城乡分割、城乡要素分配不均、农村管理方式滞后等突出问题,着力构建城乡互动、平等发展的统筹机制,积极探索农村生产发展、农民增收、农业全面发展的长效机制。

4. 全方位推进社会主义新农村建设的时机已经成熟

随着我国的社会主义现代化建设进入新阶段,我国总体上已经进入以工促农、以城带乡的发展阶段,展开全方位社会主义新农村建设的时机已经成熟。当前,我国正处在体制转换、结构调整、社会深刻变革的历史时期,经济和社会总体上进入以工促农、以城带乡的发展阶段。我们党于上世纪50年代提出的建设社会主义新农村,主要是通过生产资料所有制的变革,通过土改使土地由个人所有变成集体所有,以生产关系的变革推动整个生产的发展和农民生活的改善。上世纪80年代提出的农村建设建立在巩固稳定家庭承包经营的基础上。目前的社会主义新农村建设,拓展了战略视野,增强了扶持和发展力度,把对过去农村的政策改变为工业反哺农业,城市支援农村。从基本条件看,我国经过多年的发展,已经具备了较强的综合国力,财政收入大幅度提高,第二、第三产业的比重占到90%左右,城市化和城镇人口均超过40%,非农产业在国民经济中已占绝对主导地位。工业部门已建立起相对完整的体系,工业竞争力显著提升,绝大多数指标均超过工业反哺农业发展阶段的指标,总体上已进入工业化中期阶段。我国已初步具备加大对农业农村发展支持力度的经济实力和财政能力,工业反哺农业、城市支持农村的条件已基本成熟,总体上已进入以工促农、以城带乡的发展阶

---

① 《列宁选集》第4卷,人民出版社1995年版,第84页。

段,按照统筹城乡发展的要求加大对"三农"发展的支持力度。

(三)社会主义新农村建设论形成和发展的国际经验借鉴

在建设社会主义新农村的过程中,我国的文化、经济、自然条件等基本国情和国外虽有不同,不能完全照搬其他国家建设农村的经验,但是世界各国的成功经验具有借鉴作用。我国人多地少,农村劳动力丰富,平均每个农业劳动力负担的耕地少,农户经营规模小,决定了我国的农业现代化必须走出一条与我们的农业资源条件相适应的、具有中国特色的农业现代化道路。我国的农业现代化不能照搬别国农业现代化的成功经验,但必须遵循农业现代化的一般规律。

韩国于 1970 年提出"新村培养运动"建议,揭开了新农村建设的序幕。此后,"新村运动"的政策和措施不断加以充实和拓展,其任务包括农村启蒙、经济发展、社会发展。欧盟国家的做法则是以农业结构调整促进农村发展。1962 年,在法国、意大利、荷兰的推动下,欧共体建立共同农业政策,着重从产业角度促进农业发展。随后又进行农业结构调整,促进农村经济和社会全面发展;实施落后地区发展补贴,注重农业在农村发展中的多功能作用,强调保护生态环境,使农业、农村、环境协调一致发展。瑞士的农村建设很好地解决了城乡之间的差距,在某些方面还超过城市,这对于我国解决农村剩余劳动力问题有很大的参考价值。日本、荷兰等人多地少、土地短缺的国家,主要以提高土地生产率为目标,用资本替代土地,提高土地集约经营水平,实现农产品生产的增加。美国的经验主要体现在其完善的农业法规体系上。我国现阶段不仅要加强农业立法工作,更要坚持有法必依,执法必严,违法必究,实现依法治农的目标。与日本类似,我国农村的生产经营方式也属于分散的小规模经营,且城乡经济差异较大,在建设社会主义新农村的过程中,可以借鉴日本的农协制度,最大限度地发挥农民现有资源的合理配置作用,保障农民的根本利益。

国外农村建设的做法和经验,给了我们有益的启示。第一,逐步缩小城乡差距,实现城乡协调发展。这是目前我国经济发展所面临的重大问题。我国的工业化已经发展到了一定阶段,要实现国民经济和社会的持续发展,必须把解决好农业和农村问题摆到首位,建立促进城乡统筹和协调发展的体制机制。第二,重视农民的教育和培训,大力推广和运用现代科学技术。建设新农村,科技和人才是关键,科教兴农是建设新农村的强大动力。发达国家和地区在农村的改革与建设中十分重视对农民的教育,注重对农民科技文化的培训和提高,我们也要把农民的职业教育重视起来。第三,以推进生产技术现代化为主改善农业生产条件和提高农业生产能力,农业现代化要从良种、肥料、栽培、灌溉等生物技术措施现代化入手。第四,在国家财政收入增加的情况下,及时加大反哺农业力度,促进城乡协调发展,实现城乡发展的良性循环。第五,农民是我国社会主义新农村建设的主体,必须充分调动农民的积极性并形成长效机制。邓小平说:"这些年来搞改革的一条基本经验,就是首先调动农民的积极性,把生产经营的自主权力下放给农民。"[1]韩国"新村运动"有"农民为主体"和"自上而下推动"的基本特征,在运动初期有效地调动了农民参与的积极性,对我国新农村建设有一定的借鉴意义。

二、社会主义新农村建设论的形成和发展过程

新世纪新阶段的社会主义新农村建设发展战略的形成,经历了一个从探索到逐步形成、丰富和发展的过程。社会主义新农村是一个历史概念,建设社会主义新农村是一项长期的历史任务,它在中国特色社会主义发展进程中不断获得新的内容和价值目标,而时代和社会发展又赋予社会主义新农村建设论崭新的内涵和前景。

1. 尝试探索阶段(新中国建立到党的十六大)

社会主义新农村建设论在这一阶段积累了许多经验和理论资源。社会主义新农村并不是一个新概念,早在上世纪50年代就提出和使用过,当时主要是从政治和所有制关系上来阐述的。为了加速农业的发展,1956年6月,第一届全国人大三次会议通过《高级农业生产合作社示范章程》,首次

---

① 《邓小平文选》第3卷,人民出版社1993年版,第180页。

明确提出"建设社会主义新农村"的奋斗目标,农业合作化是建设社会主义新农村的路径选择。不过当时在很大程度上把建设社会主义新农村作为一种动员手段,其目的是要求农业支持工业、农村支持城市,而对农村建设投入不多,并且忽视区域差别和自然条件差别,不可能真正建成社会主义新农村。上世纪 80 年代以后,我国农村发生了许多重大变化,"社会主义新农村"概念被更多使用,主要是体现农业生产经营方式的历史性转变。1998年 10 月,党的十五届三中全会通过《中共中央关于农业和农村工作若干重大问题的决定》,强调农业、农村和农民问题是关系我国改革开放和现代化建设全局的重大问题,必须进一步加强农业的基础地位,保持农业和农村经济的持续发展,保持农民收入的稳定增长,保持农村社会的稳定。全会提出了到 2010 年从政治、经济、文化三个方面建设社会主义新农村的目标,有力地推动了我国农村事业的发展。

2. 形成确立阶段(党的十六大到党的十六届五中全会)

党的十六大以来,以胡锦涛为总书记的党中央根据中国特色社会主义发展战略的需要,在新的历史条件下提出社会主义新农村建设的崭新理论。党的十六大第一次提出要统筹城乡经济社会发展。党的十六届三中全会提出科学发展观,强调以人为本,深化了对建设有中国特色社会主义规律的认识。在党的十六届四中全会上,胡锦涛提出"两个趋向"的重要论断,指出我国从总体上已经到了工业反哺农业、城市反哺农村的发展阶段。党的十六届五中全会指出,建设社会主义新农村是我国现代化进程中的重大历史任务,要按照生产发展、生活宽裕、乡风文明、村容整洁、管理民主的要求,坚持从各地实际出发,尊重农民意愿,扎实稳步推进新农村建设。2006 年 2月 14 日,胡锦涛在建设社会主义新农村专题研讨班作重要讲话中指出,建设社会主义新农村,是我们党在深刻分析当前国际国内形势、全面把握我国经济社会发展阶段性特征的基础上,从党和国家事业发展的全局出发确定的一项重大历史任务。他强调说:"建设社会主义新农村是一项长期的历史任务,做好全面加强农村生产力建设、促进农民增收、扩大农村基层民主、加强精神文明建设、解决好农民群众最关心、最直接和最现实的利益问题、坚持社会主义市场经济的改革方向等方面的任务"①。

　　社会主义新农村建设论在此阶段逐步形成并正式确立。进入新世纪新阶段,社会主义新农村的概念发生质的飞跃,党的十六大规划全面建设小康社会的目标,提出统筹城乡经济社会发展,建设现代农业,发展农村经济,增加农民收入,是全面建设小康社会的重大任务。这个重大的战略决策是党中央新时期解决"三农"问题思路上的重大调整,是处理城乡关系方针上的重大创新,实际上为社会主义新农村建设奠定思想基础。党的十六大以后,在城乡二元结构体制矛盾条件下如何实现城乡统筹协调发展,变成国家战略。党的十六届三中全会进一步提出"五个统筹"的思想,即统筹城乡发展、统筹区域发展、统筹经济社会发展、统筹人与自然和谐发展、统筹国内发展和对外开放。将统筹城乡发展放在科学发展观"五个统筹"之首,突出了社会主义新农村建设的根本内容。胡锦涛在党的十六届四中全会上首次提出:"纵观一些工业化国家的发展历程,在工业化初始阶段,农业支持工业,为工业提供积累是带有普遍性的趋向;但在工业化达到相当程度以后,工业反哺农业、城市支持农村,实现工业与农业、城市与农村协调发展,也是带有普遍性的趋向。"②随后,在中央经济工作会议上他又作了进一步的阐述:"我国现在总体上已到了以工促农、以城带乡的发展阶段。"③这就是"两个趋向"的重要论断。在一系列加强"三农"工作新理念、新举措的基础上,党的十六届五中全会提出了建设社会主义新农村的时代命题。2005 年 12月,党的十六届五中全会提出全面贯彻落实科学发展观,统筹城乡经济社会发展,实行工业反哺农业、城市支持农村和"多予少取放活"的方针,按照"生产发展、生活宽裕、乡风文明、村容整洁、管理民主"的发展,协调推进农村经济建设、政治建设、文化建设、社会建设和党的建设,这为解决新阶段"三农"问题指明方向和道路,注入了创造性的崭新的时代内涵,形成内容

---

　　① 胡锦涛:《在建设社会主义新农村专题研讨班上发表的重要讲话》,《人民日报》2006 年 2 月15 日,第 1 版。

　　② 《十六大以来重要文献选编》(中),中央文献出版社 2006 年版,第 311 页。

　　③ 胡锦涛:《在中央经济工作会议上的讲话》,《人民日报》2004 年 12 月 6 日,第 1 版。

丰富的新农村建设思想,继承和发展了马克思主义关于农民、农村问题的思想。全会提出建设社会主义新农村的背景、内涵同以前相比有很大的不同,有着鲜明的时代背景和重大的历史和现实意义。

3. 完善发展阶段(党的十六届五中全会之后)

社会主义新农村建设论在党的十六届五中全会后继续得到丰富和完善。胡锦涛在党的十七大报告中强调:"统筹城乡发展,推进社会主义新农村建设。解决好农业、农村、农民问题,事关全面建设小康社会大局,必须始终作为全党工作的重中之重。"①这是我们党农业发展战略思想的新飞跃。党的十七届三中全会适应农村经济社会发展的阶段性特征和亿万农民的共同心愿,对推进农村改革发展作出了全面部署。全会提出了坚持把建设社会主义新农村作为战略任务,把走中国特色农业现代化道路作为基本方向,把加快形成城乡经济社会发展一体化新格局作为根本要求,全面推进社会主义新农村建设,这一战略思想成为我国新农村建设的崭新指南。

在社会主义新农村建设论形成和发展过程中,社会主义新农村建设的概念逐步显现出来。它是在我国工业化、城镇化、市场化、国际化步伐加快的基础上提出来的,既有实施的必要性,又有实现的可能性,是一个现实性目标,是实现农村发展取得新水平的重要步骤;它以科学发展观为指导,涵盖经济建设、政治建设、文化建设、社会建设、党的建设,是作为实现中国农村全面小康、实现社会主义现代化的总体性目标提出的,是中国特色社会主义建设的重要组成部分;它是基于从根本上改变我国城乡二元结构的战略举措,除了依靠农村的自身发展,主要通过工业反哺农业、城市支持农村的方针逐步实现的。建设社会主义新农村是我们党在新的历史背景下,在提出科学发展观与构建社会主义和谐社会两大战略思想的基础上,经过对解决"三农"问题多年的探索与思考所做出的科学决策,体现出鲜明的时代特征。

---

① 《十七大以来重要文献选编》(上),中央文献出版社 2009 年版,第 18 页。

第二节 社会主义新农村建设论的理论结构和科学内涵

党的十六届五中全会对新农村建设的时代内涵和目标要求进行了全面概括,充分体现了新形势下农村经济、政治、文化、社会和党建发展的客观要求。"建设社会主义新农村是我国现代化进程中的重大历史任务。要按照生产发展、生活宽裕、乡风文明、村容整洁、管理民主的要求,坚持从各地实际出发,尊重农民意愿,扎实稳步推进新农村建设。"[①]这一科学概括既要求发展农村生产力,加强经济建设,又要求调整农村生产关系,完善农村经济体制;既要求加强农村物质文明建设,又要求加强农村精神文明、政治文明与和谐社会建设;既鲜明而具体地指出了社会主义新农村的基本特征,又为建设社会主义新农村指明了方向。

一、社会主义新农村建设论的理论结构

社会主义新农村建设论在内容上包含着一系列相辅相成的分支理论体系,它们构成社会主义新农村建设论的整体结构,其中,基础论、整体论和合力论是社会主义新农村建设论的主要理论构成。

(一)基础论

我国的特殊国情决定了"三农"问题在我国的特殊地位,也决定了社会主义新农村建设论必须把关于"三农"基础性地位的观点作为这一理论的核心内容。在我国,"农业、农村、农民问题,始终是一个关系党和国家工作全局的根本性问题。"[②]它关系经济社会发展的稳定大局,关系全面建设小康社会和社会主义现代化建设的顺利进行,关系执政党执政地位的巩固。在改革开放和现代化建设过程中,要"把促进改革发展同保持社会稳定结合起来,坚持改革力度、发展速度和社会可承受程度的统一,确保社会安定团

---

① 《十六大以来重要文献选编》(中),中央文献出版社2006年版,第1066页。
② 《十六大以来重要文献选编》(中),中央文献出版社2006年版,第62页。

结、和谐稳定。"①其中一个关键环节就是要通过社会主义新农村建设着力解决"三农"问题,从根本上为科学发展和社会和谐打下最扎实的基础。"实践充分证明,只有坚持把解决好农业、农村、农民问题作为全党工作重中之重,坚持农业基础地位,坚持社会主义市场经济改革方向,坚持走中国特色农业现代化道路,坚持保障农民物质利益和民主权利,才能不断解放和发展农村社会生产力,推动农村经济社会全面发展。"②农业的基础地位贯穿社会主义新农村建设论理论体系,关系"三农"问题各个方面和各个环节的发展。

(二)整体论

社会主义新农村建设体现为经济建设、政治建设、文化建设、社会建设和生态文明建设"五位一体","生产发展、生活宽裕、乡风文明、村容整洁、管理民主"涵盖了农村发展的方方面面,它们是一个不可分割的有机整体,建设社会主义新农村的物质基础、重要目标、内在要求、必要条件和政治保证,是贯彻科学发展观、全面建设小康社会与构建社会主义和谐社会目标要求在农村的具体化。"生产发展"着眼于发展农村生产力,强调增强社会主义新农村的物质基础,坚持把发展农村经济放在首位,这是解决农村一切问题的基础。"生活宽裕"着眼于提高农村居民的生活水平,注重农业增产、农民增收、农村改观,树立科学消费观,转变和改进农村生活方式。"生产发展"与"生活宽裕"体现了建设社会主义新农村物质文明的要求。"乡风文明"是建设社会主义新农村的精神支撑,是社会主义新农村在经济、政治、文化、社会等方面建设成就和发展成果的外在表现。农村文化的发展是整个农村社会发展的重要体现,也是推动农村不断进步的强大精神动力。当前中国加强农村文化建设,既是农村、农业实现持续健康科学发展的必然要求,也是构建农村和谐社会的有机组成部分。"村容整洁"是社会主义新农村的外在反映和重要特征,要求为农村地区提供更好的生产、生活、生态

①　《十七大以来重要文献选编》(上),中央文献出版社 2009 年版,第 805—806 页。
②　《十七大以来重要文献选编》(上),中央文献出版社 2009 年版,第 670 页。

条件。大力加强农村基础设施建设，着力治理农村生态环境和人居环境，建设人与自然和谐统一、良性循环的新农村生态文明，是加强农村生态建设的内在要求，也是新农村可持续发展的客观要求。建设社会主义新农村包含政治文明的进展。恩格斯在《法德农民问题》中曾描述"农民至今在多数场合下只是通过他们那种根源于农村生活闭塞状况的冷漠态度而证明自己是一个政治力量的因素。"①要避免恩格斯所说的法德农民的不良状态在我国出现，必须营造良好的农村民主政治氛围，大力推进农村政治文明建设。

社会主义新农村建设同时体现为城乡一体化和工农一体化的统一。党的十七届三中全会指出："必须统筹城乡经济社会发展，始终把着力构建新型工农、城乡关系作为加快推进现代化的重大战略。"②社会主义新农村建设就是要把形成城乡经济社会发展一体化新格局作为根本要求，坚持工业反哺农业、城市支持农村和"多予少取放活"的方针，大力统筹城乡发展，给农村发展注入新的动力，为整个经济社会发展增添新的活力。在加快推进城市化和城市现代化进程中，促进城乡规划、产业布局、基础设施、资源配置、公共服务、就业社保、生态建设、社会管理等城乡一体化发展的共同繁荣新格局。形成空间合理布局、资源双向流动、生活各具特色的城乡统筹格局，增强城乡产业发展整体竞争力，从而不断发展壮大县域经济社会发展实力，加快建立覆盖城乡、惠及全民的公共服务体系，加快城市基础设施向农村延伸，资源配置形式进一步向"三农"倾斜，推进社会保障城乡一体化以实现城乡社会保障实现全覆盖，实现工业与农业共同发展、城市与农村共同繁荣、经济与社会协调并进的良好局面。

（三）合力论

建设社会主义新农村作为一个系统工程，需要各方力量的配合协作和共同努力，形成建设社会主义新农村的强大合力，依靠农民辛勤劳动、国家扶持和社会力量的广泛参与，使新农村建设成为全党全社会的共同行动。

---

① 《马克思恩格斯选集》第4卷，人民出版社1995年版，第484页。
② 《十七大以来重要文献选编》（上），中央文献出版社2009年版，第673页。

政府在新农村建设中扮演组织和领导者、政策制定和实施者、扶持和推动者,居于主导地位,在新农村建设中发挥着不可替代的作用。这就要求国家和政府以科学发展观为统领,实施统筹城乡发展战略,加大对农村教育、社会保障、基础设施等公共领域的投入,发展农村公益事业,完善农村各项政策,调动农村社会资源,让农民公平地分享经济增长带来的成果,实现城乡的和谐发展。同时,推进社会主义新农村建设,也需要健全农村市场体系和完善农村市场机制,将农产品以最快捷的方式、最低的成本推向市场,将农民需要的农业生产资料以最低的成本尽快地送到农民手中。提高农产品商品化程度,增加农民收入。构建农村消费品流通体系建设,畅通流通渠道和市场网络,逐步提高农民生活水平。另外,还要充分体现农民的主人翁地位和主体作用,落实农民的知情权、参与权、决策权、监督权,使新农村建设真正成为在农民参与下的共建共享。要广泛动员全社会力量,广开投融资渠道,吸引更多有实力、有社会责任感的企业和个人积极投身于新农村建设。在处理三者之间关系中,政府、农民、社会力量要合理定位,明确角色,形成各司其职、相辅相成、相互促进的良性关系。

为使农村发展合力得到充分体现,必须创新并实行新型而有效的农村生产经营体制。当前的重点是进一步完善农村股份合作制和新型合作经济组织,发展多种形式的农村经济,并使农村多种经济组织形式实现共生、共进、共利。加大力度对农村的各种生产要素、经济资源作进一步的内涵挖掘和外延扩张,对这些资源要素的组合方式进行创新,作出更加高效合理的制度设计。农村股份合作制是现阶段一种比较理想的制度选择,这是对马克思主义合作制与股份制理论的继承与发展,这种制度明晰了集体资产的产权关系,将村组集体资产量化到人,实现按股分红,使集体经济的管理、运行、发展与农民的利益直接挂钩,巩固了农民的主人翁地位。实践证明,农村股份合作制改革是一项具有深远意义的农村经济体制改革,是促进农村生产力发展和农村社会长治久安的重大战略举措。新型农民合作社有助于农户间的团结协作和互利互惠,它有利于促进农业产业化经营,抵御农业经营风险,实现农民共同富裕。从我国的情况看,合作社型模式是适合我国的农业产业化经营的可行模式。农民专业合作社是我国农村实行产业化经营的一种新的有效的产业组织形式,是我国农村先进生产关系的一种新的实现形式,已经成为推动社会主义新农村建设的生力军,对于推进社会主义新农村建设具有重要意义。国外农民合作社的发展已有100多年的历史,我们要正确借鉴国外有益经验,加快发展农民合作社的发展。在发展农村经济中,要进一步丰富和完善各种农村新型经济组织形式,推动农村经济组织形式向多元化、立体化、高效化发展,根据地域和经济科技条件,大力发展农村专业合作社、农村专业协会、农村民营庄园、农业公司等多种经济组织形式,巩固农村集体经济,调动农民的积极性和创造性。

社会主义新农村建设论中的基础论、整体论和合力论,互为条件,相互促进。基础论为整体论和条件论明确了发展方向和基本价值指向;整体论为基础论和条件论规划了运行的总体布局,为基础论和条件论的实现明确蓝图;合力论为基础论和整体论的落实指明力量来源,成为基础论和整体论得以实现的动力保证。

二、社会主义新农村建设的基本原则

社会主义新农村建设有着非常鲜明的时代特征,是在我国已经进入新世纪新阶段的背景下提出来的,必须遵循相应的基本原则。发展农村生产力、促进农民增收、加强民主法制建设和精神文明建设、推进和谐社会建设、全面深化农村改革等都是其基本要求。2006年2月14日,胡锦涛在建设社会主义新农村专题研讨班开班式上的讲话中指出:"建设社会主义新农村,要以邓小平理论和'三个代表'重要思想为指导,牢固树立和全面落实科学发展观,坚持把解决好'三农'问题作为全党工作的重中之重,统筹城乡经济社会发展,实行工业反哺农业、城市支持农村和'多予少取放活'的方针,坚持以经济建设为中心,协调推进农村社会主义经济建设、政治建设、文化建设、社会建设和党的建设,推动农村走上生产发展、生态良好、生活富

裕的文明发展道路。"①这一论述指明了建设社会主义新农村的基本原则。

（一）以科学发展观为指导原则

党的十六大以后,党中央在总结历史发展经验的基础上,提出了以人为本、全面协调可持续的科学发展观,进一步深化了对发展目标、发展内涵、发展战略、发展动力的理解和把握,为社会主义新农村建设提供科学指导。建设社会主义新农村,就是要在邓小平理论和"三个代表"重要思想指引下,以科学发展观为统领,坚持"五个统筹",特别是统筹城乡发展,促进农村全面、协调、可持续发展,走出一条又好又快发展的新道路。

（二）以发展农村经济为中心原则

当前的社会主义新农村建设要进一步解放和发展农村生产力,从根本上改变广大农村的落后面貌,用现代发展理念指导农业、用现代物质条件装备农业、用现代科学技术改造农业、用现代经营形式发展农业,作为建设社会主义新农村的核心内容。党的十七大报告指出:"要加强农业基础地位,走中国特色农业现代化道路,建立以工促农、以城带乡长效机制,形成城乡经济社会发展一体化新格局。"②建设社会主义新农村的着眼点是发展现代农业,提高农业的综合生产能力,加强农村基础设施建设和农村各项社会事业的发展,改善农民的生产和生活条件。特别是要把促进粮食稳定发展、农民持续增收作为重要任务。

（三）尊重农民的主体性原则

坚持以人为本,不断创新农村体制机制,提升农村主体素质。注重农村建设主体素质的新提高,培养与全面小康要求相适应的具有较高素质的现代农民。建设社会主义新农村,人力资源是第一资源,无论是农村建设,还是农业的现代化,都离不开新一代有较高综合素质的新型农民。为此,通过免除广大农村学生的学杂费,普及义务教育,提高农民的文化素质;通过大力发展形式多样的职业技术教育,国家给予财政补贴对农民进行技术培训;

---

① 《尊重农民意愿 维护农民利益 增进农民福祉 扎扎实实规划和推进社会主义新农村建设》,《人民日报》2006 年 2 月 15 日,第 1 版。

② 《十七大以来重要文献选编》(上),中央文献出版社 2009 年版,第 18 页。

通过农村先进文化建设,大力弘扬健康向上、积极进取的时代主旋律,为新农村建设提供精神动力和智力支持。

(四)科学规划有序推进原则

在推进新农村建设工作中,有计划有步骤有重点地逐步推进。注重实效,不搞形式主义;要量力而行,不盲目攀比;要民主商议,不强迫命令;实行因地制宜、分类指导,突出特色,不强求一律;要引导扶持,不包办代替。要正确处理好经济发展与环境保护之间的矛盾,保持生态平衡,让青山永驻,清水常流。

(五)坚持党的领导原则

关键要激活农村基层组织,发挥基层党组织的战斗堡垒作用。我国的农业和农村经济已进入一个新的发展阶段,农村基层党组织要尽快适应这个变化,充分发挥领导核心作用。在现代政治条件下,党的活力和战斗力来自党员的作用,而党员作用的发挥取决于党的基层组织的作用。结合新时期在广大党员中开展的先进性教育活动,对广大农村党员进行广泛的政治动员,增强农村党员的政治意识、历史责任感、使命感,提升基层党组织的战斗力、凝聚力、创造力,为新农村建设提供有力的组织保障。

三、社会主义新农村建设论的科学内涵和基本要求

社会主义新农村建设在新的时代背景下是具有新内涵、新特征、新风貌的农村建设,与传统农村和计划经济时代农村相比具有崭新的实质内容,是"在社会主义制度下反映一定时期农村社会经济发展为基础,以社会全面进步为标志的社会状态。"[①]。新农村建设包括发展农村生产、深化农村改革、加强基础设施建设、发展农村公共事业、培养新型农民等,实质是将传统农村转变为现代商品经济的、专业化分工发达的、以拥有现代观念的新型农民为主体的现代农村,实现社会主义农业现代化,实现农村生产力发展的社会化、市场化,农业的新型工业化、产业化,以及广大农村的城镇化。

---

① 陈卫国、司利民:《正确理解社会主义新农村建设的新内涵》,《科学时代》2006 年第 12 期。

（一）生产发展是加强新农村建设的物质基础

2005年12月31日《中共中央国务院关于推进社会主义新农村建设的若干意见》中明确提出："必须坚持以发展农村经济为中心，进一步解放和发展农村生产力，促进粮食稳定发展、农民持续增收。"①促进农村生产发展最根本的是要推进农业和农村经济结构的调整，转变农业增长方式，不断提高农业产业化、现代化和市场化水平，努力推动传统农业向现代农业的转型。要求加大力度全面深化农村改革，增强农村发展活力：加强农业综合生产能力建设，重点是提高农业科技创新和应用能力、提高农业物质装备能力和农业服务能力、提高农民的自我发展能力；进一步加大财政支农力度。工业化初期的基本特点是农业支持工业，农村支持城市。现在我国工业发展已经到中期阶段，基本特点是要实行工业反哺农业、城市支持农村的方针和政策；大力推进农业科技化、现代化，大力发展农村合作经济、农村社区集体经济、现代都市农业等。探索发展多种形式的土地规模经营，实现从传统耕作向现代农业的突破，探索改革致富之路。

（二）生活宽裕是新农村建设的核心目标

生活宽裕就要使农民群众过上宽裕的日子，促进广大农民生活宽裕，最根本的是要千方百计增加农民收入，采取各种综合措施，广泛开辟农民增收渠道，继续完善现有农业补贴政策，保持农产品价格的合理水平。实行国家农业资金直接惠农的投资机制，国家农业资金的投入支持和农民息息相关的、直接用于改善农村生活条件的项目，让农民摸得着、看得见，直接受惠。努力发展农村各项事业，包括建立农村最低生活保障制度、农村新型合作医疗制度、农村社会保障体系、发展农村教育事业、加强农村公共产品公益化建设。

（三）乡风文明就是要优化农村的文化风尚

乡风文明着眼于农村先进文化建设、发展农村教育、科技、医疗卫生体

---

① 《中共中央国务院关于推进社会主义新农村建设的若干意见》，《人民日报》2006年2月22日，第1版。

育等事业,不断提高农民群众的思想、道德、文化素质和体质,塑造新农村文化氛围,树立社会主义精神文明新风尚,努力以文化建设促进农村和谐发展。在我国经济转型的关键时期,与快速发展的经济和日益提高的物质生活水平相比,农村文化建设和发展显得较为滞后,与全面建设小康社会、构建和谐社会的目标不相适应。列宁在 1923 年 1 月《论合作社》中认为,"完全合作化这一条件本身就包含有农民(正是人数众多的农民)的文化水平的问题,就是说,没有一场文化革命,要完全合作化是不可能的。"①这就点明了文化建设在农村建设中的重要地位。促进乡风文明,高度重视农村文化建设,增加对农村文化建设的投入,把建设农村文化列入乡镇建设的总体规划,建设农村文化中心,使之成为农村群众文化工作的主阵地。用社会主义新文化占领农村阵地,提高农民的思想道德建设,大力发展农村基层文化,开展丰富多彩的乡村文化活动,努力提高农民的法制意识。要深入开展农村精神文明创建活动,提升农民文明素质。

(四)村容整洁就是要改善农民的环境生存状态

纵观农村建设中存在的主要问题,传统的掠夺式、粗放式的农业耕作方式和落后的生活方式,不当利用开发资源和不合理的村镇规划,导致农村的生态系统失去平衡,造成生态环境恶化、生活水平降低。实现村容整洁,包括整体规划、生态建设、发挥各种组织力量等内容。合理规划村镇发展规模,加强基础设施建设,从实际出发,因地制宜,稳步推进。加强农村生态建设,促进传统农业向生态农业的转变,发展循环农业建设现代农业,把循环经济理念应用于农业生产,实现生态保护与农业发展良性循环的经济模式,以科学规划引导循环农业发展。充分发挥政府的主导作用,重点解决当前较为突出的现实问题,使经济社会发展与生态平衡相结合。

(五)管理民主就要健全农村的民主自治制度

新农村建设的"管理民主"就是要巩固党领导农村民主政治建设所取得的成果,发展农村民主政治,建设农村政治文明,要求进一步推进以民主

---

① 《列宁选集》第 4 卷,人民出版社 1995 年版,第 773 页。

选举、民主决策、民主管理、民主监督为主要内容的村民自治,切实保障农民当家作主的民主权利,稳步推进农村基层组织的建设和民主法治建设。推进村级社会主义民主的制度化、规范化和程序化,保证农民群众在村级事务上当家作主。落实中央提出的加强农村民主政治建设,完善建设社会主义新农村的乡村治理机制的目标要求。提高依法治村水平,加强对权力运行的制约和监督,保证村干部把国家和农民群众赋予的权力用来为人民谋利益。充分发挥农民的主体作用,调动广大农民的积极性和创造性。尊重农民的物质利益,保障农民的民主权利,是确保新农村建设成功的关键。目前,一些县乡政治体制改革滞后,有的基层干部违法行政,独断专行,腐败严重,干群关系紧张,严重制约着新农村建设的进程。发展基层民主,尊重农民意愿,激发农村内在活力,是推进社会主义新农村的关键所在。

四、社会主义新农村建设的实现路径

推进社会主义新农村建设是一项长期、艰巨的历史任务,面临着许多复杂的情况和问题。社会主义新农村建设,必须以科学发展观为指导,全面推进农村的经济、政治、文化、社会和生态文明建设,促进社会主义新农村的生产力和生产关系、经济基础和上层建筑之间的协调发展。建设社会主义新农村要坚持从各地实际出发,"贯彻工业反哺农业、城市支持农村和多予少取放活的方针,加快建立有利于改变城乡二元结构的体制机制,推进农村综合改革,促进农业不断增效、农村加快发展、农民持续增收。"[1]增强领导和从事新农村建设能力,提升物质技术水平,选好经济发展模式、加强精神文明建设,转变基层政府职能。加强农业基础地位,走中国特色农业现代化道路,建立以工促农、以城带乡长效机制,形成城乡经济社会发展一体化的新格局。

(一)走具有中国特色的农业现代化道路,从根本上促进农业增产增收

纵观世界农业现代化道路的发展历史,发达国家在实现农业现代化过

---

[1] 《中共中央关于构建社会主义和谐社会若干重大问题的决定》,人民出版社2006年版,第8—9页。

程中,都非常注重立足本国国情和发展阶段,积极探索各具特色的发展道路。实现农业现代化没有一成不变的固定模式,从实际出发才能取得成功。实现传统农业向现代农业的转型,提升我国农业的核心竞争力,走科技、高效、特色、生态的新型农业发展之路。随着我国加入 WTO,我国农业将面临着严峻的挑战,实现传统农业向现代农业的转型,提升我国农业的核心竞争力,不仅关系到我国农业的出路和数亿农民的切身利益,也是建设社会主义新农村的必然要求。走具有中国特色的农业现代化道路,既要遵循世界农业现代化的一般规律,又要从我国现实国情出发;既要扬长避短、因地制宜,又要着力解决现代农业发展中存在的突出问题。党的十七届三中全会在阐述推进农村改革发展时提出新形势下推进农村改革发展,要"把走中国特色农业现代化道路作为基本方向"。[①] 这就要求在进一步推进农村改革发展过程中,高度重视发展现代农业,紧紧立足于我国的基本国情和阶段性发展特征,加强农业基础设施建设,"加快转变农业发展方式,推进农业科技进步和创新,加强农业物质技术装备"。[②] 提升农业综合生产能力,开发和优化农村人力资源,走出一条具有我国特色的农业现代化成功之路。

加快农业现代化建设,就要优化大农业产业业态,实现农业增产、农民增收、农村增色。一是加快农业产业结构调整的步伐,改变传统的、单一的种植业结构模式,大力扶持发展支柱产业,积极培育市场前景广阔的新兴产业,积极探索多种经营模式,延伸农业产业链,通过立体开发不断提高农产品附加值。协调发展一、二、三产业,充分依据地区优势,走特色经济发展之路,实行专业化经营,推动"工业带动型"、"劳务带动型"、"旅游休闲带动型"、"商贸物流带动型"、"特色种植养殖业带动型"等特色经济。二是整合遍布全国的农林科研机构,调动数十万农业科技人员的积极性、主动性、创造性,加大科研力度,提高科研水平,加快农业科技成果的转化能力,提高广大农村经济社会发展的科技含量。三是要以全球化视野发展农业,加入世

---

① 《十七大以来重要文献选编》(上),中央文献出版社 2009 年版,第 671 页。
② 《十七大以来重要文献选编》(上),中央文献出版社 2009 年版,第 679 页。

贸组织后我国农业全面向世界开放，立足于提高我国农产品的国际竞争力，使有比较优势的部分劳动密集型产品走出国门。按照可持续发展的要求，发展资源节约型和环境友好型农业，不断优化农村业态。农业现代化的过程实质就是改造传统农业、转变农业增长方式、不断解放和发展农村生产力的过程。

（二）建立健全新的农村发展保障机制，保证农村可持续发展

社会主义新农村建设是一项长期而复杂的战略任务，为保障新农村建设的健康良性运作，建立财政转移支付和分配机制、资金监管机制、参与激励机制十分必要。首先，建立中央和地方财政转移及分配的新机制。改革公共财政体系，扩大农村公共支出，增强城乡统筹的能力。我国地域广阔，广大乡村各种条件千差万别，发展很不平衡。在中央财政转移支付前，先进行充分的调研，并在与地方沟通协调的基础上，统筹安排，科学制定分配比例，建立起长效的资金转移支付机制。"各级政府要把基础设施建设和社会事业发展的重点转向农村，国家财政新增教育、卫生、文化等事业经费和固定资产投资增量主要用于农村。"①同时，各地各部门之间也要顾全大局，积极配合，通力协作，为保证惠农资金畅通、快捷、有效地流入到新农村建设急需的领域创造宽松的政策制度环境。其次，建立农村扶贫帮困机制，"加大扶贫力度，完善扶贫机制，加快改善贫困农民生产生活条件。"②在基础条件薄弱的农村地区，要从政策、资金、人才、科技、信息等方面提供足够的帮助，在帮扶过程中引导农民加强独立生产经营、自主管理的能力。再次，建立健全新农村建设资金监管机制，严格专款专用的财经制度，防止中央财政在转移支付的过程中被非法挤占、挪用甚至贪污。随着中央财政向农村转移支付力度的不断加大，流向农村的资金也逐年增长，这给了一些财政困难的地方政府以可乘之机，所以必须要加强监管和审计。第四，建立新农村建设的

---

① 《中共中央关于构建社会主义和谐社会若干重大问题的决定》，人民出版社 2006 年版，第 9 页。

② 《中共中央关于构建社会主义和谐社会若干重大问题的决定》，人民出版社 2006 年版，第 9 页。

参与激励机制,形成全社会力量参与,特别是企业家参与新农村建设的制度激励。社会主义新农村建设虽然是由国家主导、政府全力推动的事业,但由于这项伟大工程的长期性、艰巨性,以当前国家不可能完全独立承担建设所需要的人力、物力和财力,在市场经济条件下通过有效的激励促进机制形成全社会力量共同参与的局面。

(三)大力发展农村先进文化建设和教育事业,促进农村乡风文明

胡锦涛在党的十七大报告中指出:"当今时代,文化越来越成为民族凝聚力和创造力的重要源泉、越来越成为综合国力竞争的主要因素,丰富精神文化生活越来越成为我国人民的热切愿望。"[①]进一步加强社会主义新农村文化建设,对于巩固党的执政基础,推动先进文化占领农村群众思想主阵地,促进农村经济发展、社会进步和农民群众文化素质的提高,将产生巨大的推进作用。必须根据社会主义精神文明建设的特点和规律,适应社会主义市场经济的要求,进一步革除制约文化发展的体制性障碍。要坚持把社会效益放在首位,实现社会效益和经济效益的统一,把文化发展的着力点放在满足人民群众精神文化需求和促进人的全面发展上。积极推进农村先进文化建设,一是要切实把社会主义核心价值体系融入农村、农民教育和农村精神文明建设的全过程,将中国特色社会主义的最新成果与农村农民和农业有机结合,加强渗透和宣传的方法技巧,转化为广大农民群众的自觉追求和精神力量;二是要注重规划建设,着力完善社会主义新农村文化服务网络功能健全、覆盖广泛的新农村文化服务网络,突破农村文化建设的制约瓶颈。相对于目前发展较为滞后的农村文化建设来说,则需要大量资金作为发展的支撑和保障;三是要创新文化载体。源源不断地为农村群众提供具有一定品位和水平的文化资源、文化活动,使农村公共文化具有其存在和发展的原动力和生命力,引导农村群众进一步提高科学素质,营造文明向上的乡风。坚持贴近实际、贴近生活、贴近群众的"三贴近"原则,进一步创新活动载体,丰富和活跃农村群众的精神文化生活,充分调动农民群众参与的积

---

① 《十七大以来重要文献选编》(上),中央文献出版社 2009 年版,第 26 页。

极性、主动性和创造性,以文明乡风来促进农村和谐。

建设农村先进文化要把大力办好农村教育事业作为基础。大力办好农村教育事业关系到各级各类人才的培养,关系到整个教育事业的持续健康协调发展,关系到全民族素质的提高和建设人才强国的全局,在构建中国特色社会主义教育体系中具有十分重要的地位。要以科学发展观统领教育事业,按照统筹城乡发展的要求,始终坚持把农村教育摆在重中之重的战略地位,促进农村教育优先发展、科学发展,努力办好人民满意的农村教育。当前我国农村教育事业发展水平与农村经济社会发展的强烈需求,与广大农民群众的殷切期望还有很大差距,存在着许多亟待解决的困难和问题,农村教育仍然是我国教育事业最薄弱的环节。要以提高质量为核心,巩固农村义务教育普及成果,以深化改革为动力,大力加强农村教师队伍建设,以中等职业教育为重点加快普及农村高中阶段教育;以服务"三农"为方向,加大高等学校的人才支持和知识贡献,强化政府责任,形成大力办好农村教育事业的合力。

(四)加强农村生态建设,美化改善农村生活环境和村容村貌

遍布于中国乡土大地上的成千上万个大大小小的村落,是社会主义新农村建设的主要对象和重要载体,优美的生态环境是农村发展的一大优势。通过科学规划、合理布局、分步实施,建设功能配套、生态良好、便于农民安居乐业的农民新家园。以科学发展观为指导,保护农村生态环境,建设农村生态文明。摒弃传统工业化那种"先污染后治理"的发展模式,实行有计划的退耕还林还草,整治水土流失、江河污染等生态问题,"既要金山银山,也要绿水青山","既要小康,又要健康"。各地要结合本地的实际情况,制定科学的中长期发展规划,分步实施,稳步推进。针对广大农村村落普遍人口居住分散,关联度不强,社会分工不发达等现状,遵循自愿互利的原则,通过平等协商实行适度的村镇合并,形成"小村变大,旧村变新,弱村变强"的双赢甚至多赢局面。节约建设资金,整合区域内资源,实现先进村带后进村,先富帮后富最终达到共同富裕的目标。

(五)推进农村民主政治建设,为新农村建设提供坚强的政治保障

农村基层的管理、服务、协调能力是农村改革的重要内容之一。增强基层组织活力,发展基层民主,提升基层权威,发挥乡村党员干部、企业家、外出务工青年带头创业致富、带领群众致富、最终实现共同富裕的示范引领作用。健全农村基层自治组织,通过建立健全农民民主选举、民主管理、民主监督的制度,真正让农民行使民主权利,保障新农村建设各项政策的贯彻落实。发挥乡村人才的示范带头作用,以先富带动后富,最终实现共同致富。广大乡村尤其是东部地区的农村并不缺乏有头脑、懂技术、会经营、能力强的乡土人才,如复员退伍军人、私营企业主、外出务工青年等宝贵的人才资源。基层政府在资金、政策、政治待遇等方面给予适当引导和扶持,将他们紧密团结在党组织周围,为推动新农村建设注入强大的动力。通过教育提高农民的民主素质。开展文化教育提高他们对民主的理解能力和接受能力,开展民主参与的权利意识教育使农民树立民主参与、当家作主的权利意识,开展自由、平等的民主观念教育使农民树立较强的民主责任感,开展民主知识和民主技能教育,使农民懂得民主活动的规则、程序和技能,有效地行使自己的民主权利。

(六)解决好农民群众最关心、最现实的利益问题,促进和谐农村建设

建设社会主义和谐新农村,就要关心农村困难群众的生产和生活,发展农村卫生事业,加强农村社会建设和管理。"在经济发展的基础上,更加注重社会建设,着力保障和改善民生,推进社会体制改革,扩大公共服务,完善社会管理,促进社会公平正义。"[1]坚持把改善人民生活作为正确处理改革发展稳定关系的结合点。建立各种相关配套机制,给予农民多样宽松的利益表达机会,"适应我国社会结构和利益格局的发展变化,形成科学有效的利益协调机制、诉求表达机制、矛盾调处机制、权益保障机制。"[2]同时,处理好政府主导、社会参与和农民主体地位之间的关系。不断进行机制创新,通

---

① 《十七大以来重要文献选编》(上),中央文献出版社2009年版,第29页。

② 《中共中央关于构建社会主义和谐社会若干重大问题的决定》,人民出版社2006年版,第27页。

过制度设计和安排,激发农民参与的积极性、主动性和创造性,发挥其主体作用。整合社会资源,努力形成新的工作合力,建立健全工作推进机制,齐抓共管,推进和谐新农村建设。

(七)注重基本制度建设,为新农村建设提供制度保障

农村改革30年来,我国实行以家庭承包经营为核心的农村经营体制改革,以农村税费改革为核心的国民收入分配关系改革,以促进农村上层建筑变革为核心的农村综合改革,这"三大改革"极大地解放和发展了农村生产力。当前,我国农村改革进入综合改革的新时期,各种制约农村经济社会发展的体制性矛盾更加突出,围绕当前农村改革发展中的重大问题,以及农村体制改革的重要领域和关键环节,重点部署制度建设,稳定和完善农村基本经营制度,健全严格规范的农村土地管理制度,完善农业支持保护制度,建立现代农村金融制度,建立促进城乡经济社会发展一体化制度,健全农村民主管理制度。尽快建立促进城乡经济社会发展一体化制度,在城乡建设规划、产业布局、基础设施建设、公共服务、劳动就业一体化等方面取得突破,促进公共资源在城乡之间均衡配置、生产要素在城乡之间自由流动,促进城乡经济社会发展融合、良性互动。江苏苏南地区早期的工业化、城市化的成功在于不断的制度创新,如今制度创新又推动着苏南小康社会建设的进程,如通过户籍制度与就业制度创新,形成城乡统筹的劳动力市场,促使劳动力要素在城乡、产业之间的自由流动与合理配置;通过土地制度创新,实现土地资源的有效利用;通过农村社会保障制度的创新,解决农民跨城乡、产业转移的后顾之忧,解决工业化、城市化过程中发生的种种矛盾。

(八)加速培育新型农民,为新农村建设提供源源不断的人力资源

新农村建设需要提升农村建设主体的能力和素质。新型农民是新农村建设的智力支持和人才保障,着重培养新型农民提高农民整体素质是新农村建设的重要目标。党的十七大报告要求"培育有文化、懂技术、会经营的新型农民,发挥亿万农民建设新农村的主体作用。"[①]这突出了农民在建设

---

① 《十七大以来重要文献选编》(上),中央文献出版社2009年版,第18页。

社会主义新农村中的重要地位。但是我国农民整体素质偏低,体现在农民经营能力落后、思想道德水平偏低、法律意识淡薄、精神文化生活贫乏等方面。培养新型农民,必须加快发展农村教育事业。抓住全国农村普遍实行免费义务教育的机遇,普遍提高农村教育水平。要加强农村劳动力技能培训,通过加强组织领导,创新培训机制,提高培训效率。还要通过加强农村职业技术教育和科技推广服务工作,努力提高广大农民综合素质,服务新农村建设;通过教育培训提升农民全面素质。面向城乡劳动力市场需求,扩大农村劳动力转移培训阳光工程实施和规模,发展多种形式的农村职业教育和成人教育,使农民素质总体上发生根本改观,使农民树立积极向上的精神状态和科学文明的生活方式。培养新型农民还必须从基础教育抓起,培养农民的创业精神,积极推进农民的现代化进程,加强农村文化建设,并建立长效机制。

第三节 社会主义新农村建设论的当代价值

党的十六大以来,以胡锦涛为总书记的党中央不断进行理论创新,并在实践基础上形成社会主义新农村建设论,科学地解答了新时期我国社会主义现代化建设事业中关于农村如何建设和发展的重大命题,为我国农村实现全面、协调、可持续的科学发展指明了正确的方向和路径,是指导当代中国社会主义农村建设和现代化建设的重大战略思想。这一理论的提出是从我国基本国情,从保持全国经济、社会稳定发展的全局性要求出发的,也是从保持和加强我国在国际竞争中独立自主地位的战略性要求考虑的,关系到党和国家工作的全局。在我国进入新发展阶段的情况下,对于建设社会主义新农村、切实解决好"三农"问题,具有重大的理论价值和现实意义。

一、马克思主义农村理论的新成果

"物质生活的生产方式制约着整个社会生活、政治生活和精神生活的过程。不是人们的意识决定人们的存在,相反,是人们的社会存在决定人们的意识。"①党的十六大以来,以胡锦涛为总书记的党中央,解放思想,求真务实,立足于中国经济社会发展状况,以创新精神将新农村建设思想置于社会主义现代化建设、和谐社会的构建以及经济社会和人的全面发展之中,提出建设社会主义新农村的重大战略思想和重大历史任务,在解决"三农"问题和处理工农关系、城乡关系方面形成了一系列新思想、新观点,这是对历史和实践经验的科学总结,是对马克思主义有关农业基础论、农业现代化思想、城乡融合理念等农村发展理论的继承和创新。

当前我国正在进行的社会主义新农村建设,是对马克思主义城乡融合理论的丰富和发展。运用这一理论分析当前我国城乡发展现状及问题,有助于改变我国城乡对立,促进城乡协调发展。统筹城乡发展,建设社会主义新农村,从中国实际出发,是站在经济社会发展全局的高度,对农村、农业存在的问题进行全面深入分析后得出的结论,是新时期新阶段实现我国农业现代化的新战略。把城乡经济和社会发展作为一个有机整体进行统一规划、通盘考虑,把城市和农村、工业和农业以及其他产业存在的问题、相互因果关系综合起来统筹解决,逐步改变城乡二元结构,建立起地位平等、开放互通、互补互助、共同进步的城乡经济社会发展的新格局,这是中国经济社会全面、协调、可持续发展的内在要求,也是实现中国农业现代化的必由之路。

社会主义新农村建设论是对马克思主义农业现代化、工业化和农村城镇化理论的发展。世界上不存在固定的农业现代化发展道路和模式,一个国家的农业现代化只有从本国的实际出发,从本国的自然资源和经济社会条件出发。党的十六大以来,以胡锦涛为总书记的党中央在实践中进行探索,并进行理论创新,形成一系列有中国特色的农业现代化理论创新成果。从各地特点出发因地制宜地推进现代农业建设,按照科学发展观的要求发展资源节约型和环境友好型农业,以宽广的全球化视野拓展我国现代农业的空间。对于农业工业化,马克思主义农村理论认为,农业现代化的发展会

---

① 《马克思恩格斯选集》第2卷,人民出版社1995年版,第32页。

引起农业企业化、资本化的发展,从而导致一场农业革命,而农业革命必然带来农业工业化。而今天中国的新农村建设,农业不仅要走工业化道路,而且要走新型工业化道路。对于农村城镇化,马克思主义农村理论认为,应该鼓励农村走自由组合和强强联合之路,促使农村和农村人口城镇化,农村生产工业化。我们党正确处理建设社会主义新农村和推进城镇化的关系,全面认识城镇化深入发展的新形势新任务,走中国特色城镇化道路,统筹城乡发展,走城乡一体化的道路,推进社会主义新农村建设,鼓励和支持农民依靠自己的力量建设小城镇,不仅加速了中国农村的城市化进程,而且在实践中创造了一种新的城市建设的运行机制。因此,社会主义新农村建设论丰富和发展了马克思主义农村发展理论,成为当代中国社会主义新农村建设的重要理论指导。

二、社会主义现代化建设理论的新突破

推进社会主义新农村建设,是全面建设小康社会进程中经济、政治、文化、社会和生态文明建设"五位一体"战略布局在农村发展中的目标要求。建设社会主义新农村,是我们党对我国经济社会发展规律、发展阶段和发展任务的科学把握,是对社会主义农村建设理论的深化和发展,深刻反映了时代要求和广大农民群众的根本利益。

社会主义新农村建设论突出协调社会利益关系,将建设社会主义新农村视为构建社会主义和谐社会的重要基础。党中央明确提出:"构建社会主义和谐社会,必须促进农村经济社会全面进步。"[1]"在我们这样一个农民占多数人口的国家,农民是否安居乐业,对于社会和谐具有举足轻重的作用。广大农民日子好过了、素质提高了,广大农村形成安定祥和的局面了,和谐社会建设的基础就会更加牢固。要坚持把解决好'三农'问题作为全党工作的重中之重。"[2]社会和谐离不开广阔农村的社会和谐,基本前提在于各

---

① 《十六大以来重要文献选编》(中),中央文献出版社 2006 年版,第 708 页。
② 《十六大以来重要文献选编》(下),中央文献出版社 2006 年版,第 140 页。

阶层、各群体的利益在变化中逐步协调,收入在稳定中逐步提高,生活在发展中逐步改善。

社会主义新农村建设论注重通过农村体制机制改革,增强农村发展实力。自觉地调整国民收入分配格局,更加积极地支持农业和农村的发展。特别在我国经济社会结构快速调整的时期,正确把握发展战略和政策,把工农关系和城乡关系处理好,尽快扭转农业基础薄弱、农民收入水平低、农村发展滞后的问题,保持经济快速发展和社会长期稳定。从根本上增强农村实现和谐的物质基础,引进人才、科技、资金等有利因素给农村的发展赋予新的力量,破除旧的城乡二元体制建立新的城乡管理体制,培养新型农民、提高农民的素质为构建和谐新农村贡献力量。

社会主义新农村建设论着重构建新型的和谐城乡关系,实现城乡之间的良性互动。统筹城乡经济社会发展,调整国民经济收入分配格局,逐步缩小城乡差距,让占中国人口大多数的农民群体公平分享改革开放的成果;改革传统的城乡二元结构体制,清除影响城乡关系健康发展的体制性障碍,在经济、政治、文化权益上保障农民的权益;改革户籍制度,为农村劳动力在城乡之间的有序流动和生存发展创造公平、宽松的政策环境。使社会主义新农村建设与工业化、城镇化同步推进,走具有中国特色的工业与农业协调发展、城市与农村共同繁荣的现代化道路。

三、破解当代中国"三农"问题的新思路

我国农村正在发生重大而深刻的变化,农村改革发展到了新的关键阶段。推进社会主义新农村建设,加快形成城乡经济社会发展一体化新格局,促进工业化、城市化以及农业现代化,是解决"三农"问题的根本战略方针,是推动城乡生产要素优化组合、促进城乡协调发展的根本举措。因此,社会主义新农村建设论是破解当代中国"三农"问题的科学指南。

以社会主义新农村建设论为指导,加快农村工业化、城市化的发展,是解决"三农"问题根本前提。在工业反哺农业的基础上,通过产业化、市场化和组织化提升农业的现代化水平。在我国进入工农关系发展新时期的情

况下,农业的发展除了依靠工业对农业的反哺之外,还要通过农业自身的产业化、市场化和组织化等措施提升农业的现代化水平,通过农业产业化实现农业的集约化、规模化经营,提高农业要素的生产率,通过农业的市场化进程带动农业产业化经营,提高农业要素的配置效率。立足我国人口众多、劳动力丰富、工资成本相对较小的国情,发挥比较优势,发展劳动密集型产业和劳动资本双密集制造产业,走充分就业、充分利用劳动力资源的工业化道路。同时以工业化推动城市化进程,为农民创造更多的就业机会与增收渠道。

社会主义新农村建设是提升农村现代化、实现城乡一体化的重要途径。目前我国"农业基础薄弱、农村发展滞后的局面尚未改变,缩小城乡、区域发展差距和促进经济社会协调发展任务艰巨。"[1]农业是国民经济的基础但又是国民经济的薄弱环节,长期形成的城乡二元结构阻碍了农村、农业的发展。因此,通过社会主义新农村建设,在加速城市化进程的同时,通过城乡统一规划,加大政府对农村的公共投入,使国家用于农业的支出占财政支出的比重不断上升,提升农村自身的现代化水平,促进工农业全面发展、城乡协调发展,能够缩小城乡差距与城乡对立,进一步推动城乡经济、社会一体化的进程。

以社会主义新农村建设论为指导,坚持工业反哺农业是工业化中后期推动农业转型的重要力量。随着工业化进程的加快与产业结构的转变,农业在国民经济份额中的比重下降,但是农业在整个国民经济中的基础地位并没有动摇。在工业化进程中,农业自身面临着从传统农业向现代农业转型的过程。我国已进入工业化中期阶段,农业仍是弱质产业,工业反哺农业已经成为现代农业发展的重要举措,也成为农业现代化的重要标志。

四、构建新型城乡关系的新方略

新世纪新阶段我国的现代化在取得巨大成就的同时,也表现出相当严

---

① 《十七大以来重要文献选编》(上),中央文献出版社 2009 年版,第 10—11 页。

重的发展失衡状态,城乡发展失衡尤为突出,农村长期被边缘化。建设社会主义新农村是矫正中国现代化发展严重不平衡状态的重大战略举措。"全面建设小康社会,最艰巨最繁重的任务在农村。加速推进现代化,必须妥善处理工农城乡关系。构建社会主义和谐社会,必须促进农村经济社会全面进步。"①党的十七大从中国特色社会主义事业总体布局出发,对建设社会主义新农村、走中国特色农业现代化道路、形成城乡经济社会发展一体化新格局提出明确要求,为实现全面建设小康社会奋斗目标奠定坚实基础。

社会主义新农村建设是缩小城乡差距,实现农村全面发展和全面建设小康社会战略的关键之举。从农村目前状况看,农民收入水平低、增长慢,基础设施落后,动力机制缺乏,社会事业发展滞后,是制约全面建设小康社会目标实现的主要因素。必须坚持城乡统筹,"形成城乡经济社会发展一体化新格局的要求,努力实现城乡共同繁荣。"②建设社会主义新农村是经济社会协调发展的要求,其成功与否直接关系我国全面建设小康社会的成败。建设社会主义新农村是全面建设小康社会的重点任务,"实现全面建设小康社会的宏伟目标,最繁重、最艰巨的任务在农村。我们说现在达到的小康还是低水平的、不全面的、发展很不平衡的小康,差距也主要在农村。"③我们正在建设的小康社会,是惠及十几亿人口的更高水平的小康社会。我国是农村人口占多数的国家,没有农村的全面小康,也就没有全国的全面小康。改革开放以来,我国城市面貌发生了巨大变化,但大部分地区农村面貌变化相对较小,农村居民还有相当一部分生活处于较为困难状态。这种状况如果不能有效扭转,全面建设小康社会就不可能最终实现。

建设社会主义新农村是改变城乡二元体制,保证我国社会主义现代化建设顺利推进的必然要求。国际经验表明,工农城乡协调发展是现代化建设成功的重要前提,一些国家较好地处理工农城乡关系,经济社会得到迅速发展,较快地迈进现代化国家行列。但也有一些国家没有处理好工农城乡

---

① 《十六大以来重要文献选编》(中),中央文献出版社 2006 年版,第 140 页。
② 《十七大以来重要文献选编》(上),中央文献出版社 2009 年版,第 78 页。
③ 《十六大以来重要文献选编》(上),中央文献出版社 2005 年版,第 113 页。

关系,农村长期落后,致使整个国家经济停滞甚至倒退,现代化进程严重受阻。我国传统的城乡分治的二元体制,无论在资金、政策、技术、人才以及公共产品的供给等方面均实行"一国两策"的政策。新中国建立以来,为发展重工业和推进城市化,国家实行"以农补工"战略,从农民手中抽走巨额资金,农民以自身的牺牲支撑起国家工业化的发展、城市的繁荣和市民生活水平的提高。西方学者曾指出:"在不发达国家,农民构成了人口最基本部分,因此农民是变迁机构的首要目标。只有影响了广大的农民,发展规划才能实现。一个国家要实现现代化,它们多数人必须改变生活方式。"[①]目前巨大的城乡差距加剧城乡之间的矛盾和对抗心理,引起社会结构失衡,危及社会稳定,严重制约着城乡经济社会的健康有序发展。从经济、社会稳定发展的全局性要求出发,必须强调"市场经济越发展,工业化程度越高,越需要加强对农业的保护和扶持",[②]以促进社会主义现代化建设的协调、均衡发展。

五、顺应全球化发展趋势的新战略

社会主义新农村建设的提出,是我们党在全面分析当前国内和国际的形势、把握我国目前经济社会发展所处的环境的基础上做出的战略选择。当前,和平与发展仍是国际形势的主题,经济全球化趋势方兴未艾,但同时也存在许多不稳定因素。我国的经济转型阶段处于矛盾多发的时期,必须在战略上进行调整,为经济现代化提供和谐的社会环境。同时,经济全球化的进程中机遇与挑战并存,已进入工业化中期阶段的中国,农业在整个国民经济中仍然是弱势产业,面临着不公平的农产品国际贸易环境,农村地区、农业产业、农民群体由于相对处于弱势,容易受到经济全球化消极因素的冲击和影响,对农民收入和农村经济的发展形成很大压力。农村要充分利用国际国内两个市场、两种资源,促进农业增效、农民增收,必须参与全球化战

---

① [美]埃弗里·M.罗吉斯等:《乡村社会变迁》,浙江人民出版社1988年版,第320—321页。
② 《江泽民论有中国特色社会主义(专题摘编)》,中央文献出版社2002年版,第129页。

略,不断增强农业经济、农民群体的竞争能力,消解国内外形势的发展对农村、农业和农民所构成的不良冲击和制约,通过大力发展社会主义新农村,建立稳定和谐的社会秩序。

社会主义新农村建设要顺应全球化潮流,就必须全力转变农村传统生产组织形式,集中力量扩大农业组织规模,走产业化经营道路,增强国际竞争力;加强农村信息化建设,构建比较完善的农村综合信息服务体系;必须加强农业方面的立法执法工作,调整和更新农业政策法律体系,建立健全一套比较完善的市场法律体系,规范政府在农业产业化、市场化、国际化过程中的行为,规范各类市场主体的权利和义务,保证市场机制的有序运行,切实保护农民的权益;必须改进农村社会管理模式,调动一切积极因素激发基层群体的能动作用,为农民提供各种参与国际竞争和在国际经济交流合作中获得发展的社会化服务。

六、巩固党在农村执政基础的新理念

建设社会主义新农村是我们党执政为民和代表最广大人民群众根本利益的集中体现,具有全局性的战略意义。毛泽东说过,领导的阶级和政党,要实现自己对于被领导的阶级、阶层、政党和人民团体的领导,重要的条件是"对被领导者给予物质福利,至少不损害其利益,同时对被领导者给予政治教育。"[①]中国共产党执政为民,要代表广大农村人口的利益,切实为农民服务。但目前城乡之间的差距呈拉大趋势,这种情况长期存在,与我们党的宗旨是代表最广大人民群众根本利益的要求不相适应,不利于工农联盟的巩固。建设社会主义新农村建设,对于维护党的合法性基础十分重要。城市乡村共同构建互补互利、合作共赢、公正和谐、开放协调的新型城乡关系,在城乡能量合理交换的过程中重塑工农联盟的利益基础,丰富新时期工农联盟的新内涵,不断实现工农共赢、城乡互补、共同发展、共同富裕,这是加强党执政的群众基础、巩固党的执政地位的必然要求。

---

① 《毛泽东选集》第4卷,人民出版社1991年版,第1273页。

建设社会主义新农村是一个涵盖经济、政治、文化、社会、生态文明建设等方面的系统工程,实现农村经济社会全面、协调、可持续发展,关键在于各级农村领导干部。这就要求农村基层广大党员特别是领导干部必须具有较高的驾驭社会主义市场经济、发展社会主义民主政治、建设先进文化、协调和处理社会矛盾和社会关系的能力。党的十六届四中全会决定把提高党的执政能力提到更多突出的地位,而目前农村基层干部现有的能力和素质还不能适应快速推动新农村建设全面进步的需要,迫切要求通过及时有效的教育、培训提高其发展新农村建设的实际能力,更好地以科学发展观为指导,推动农村经济、政治、文化、社会以及生态文明建设"五位一体"协调发展,构建社会主义和谐新农村,为全面实现建设小康社会的目标打下扎实的基础。农村基层党组织应增强新形势下对党的阶级基础和群众基础的新认识,特别要根据农村劳动力在产业间转移和地区间流动的新情况,积极吸收农村中各类符合党员条件的优秀分子入党,进一步优化农村党员队伍结构,为推进农村基层民主政治建设奠定组织基础,为基层党组织建设提供源源不断的动力。

社会主义新农村建设论围绕当代中国的发展任务,创造性地解答了"什么是社会主义新农村、为什么要建设社会主义新农村、怎样建设社会主义新农村"的重大时代命题,是马克思主义中国化理论创新的最新理论成果。这一理论成果丰富和发展了马克思主义关于社会主义建设理论,构成了中国特色社会主义科学发展理论体系的重要组成部分,对全面实现小康社会和推进我国社会主义现代化建设事业起着重要的理论指导作用。

第八章 推动建设和谐世界论

推动建设和谐世界是发展中国特色社会主义的全球视野。推动建设和谐世界论是中国特色社会主义科学发展论理论体系不可分割的组成部分。这一理论创造性地解答了"什么是和谐世界、为什么要推动建设和谐世界、如何推动建设和谐世界"这一当代中国面临的极具挑战性的时代课题。推动建设和谐世界论是对传统国际关系理论的重大突破,有利于为发展中国特色社会主义创造良好的国际环境。

第一节 推动建设和谐世界论的形成与发展

中国共产党始终奉行独立自主的和平外交政策,一贯重视外部环境建设,高举和平、发展、合作的旗帜,坚持走和平发展道路。党的十六大以来,以胡锦涛为总书记的党中央准确把握时代特征,从改革开放和现代化建设事业总体布局出发,审视和思考当今中国发展与世界发展问题,开创性地提出了建设和谐世界的重大国际战略,创立了推动建设和谐世界论。这一理论丰富和发展了马克思主义的外交理论,对维护世界和平、促进世界各国共同发展作出了体现中国智慧的独特贡献,拓宽了发展中国特色社会主义的全球视野,是新时期指导我国对外工作和处理国际关系的重大战略方针。

一、推动建设和谐世界论的形成和发展条件

推动建设和谐世界论是中国特色社会主义理论体系的重要组成部分。它的形成和发展有其广泛的思想资源、理论渊源和深刻的时代背景,经历了

从积极酝酿、逐步成熟、系统总结到进一步完善的发展过程。

（一）推动建设和谐世界论形成和发展的理论渊源

推动建设和谐世界论的形成进一步丰富了中国特色社会主义外交的理论与实践。马克思、恩格斯对未来新社会和平的国际原则的构想，列宁、斯大林倡导的不同制度国家间和平共处的设想和实践，以毛泽东、邓小平、江泽民为代表的中国共产党人在不同历史时期对中国和平外交理论发展作出的积极贡献，为建设和谐世界论形成和发展提供了重要的理论渊源。

1. 马克思、恩格斯的社会和谐构想

马克思主义是一种科学的理论体系，和平与合作的思想在马克思主义理论占有着重要的地位。马克思、恩格斯在《法兰西内战》、《1884 年经济学－哲学手稿》、《德意志意识形态》和《共产党宣言》等主要著作中，都一再提出社会和谐的构想。马克思曾提出"同那个经济贫困和政治昏聩的旧社会相对立，正在诞生一个新社会，而这个新社会的国际原则将是和平。"①他们明确提出，要使世界各国和睦相处的根本途径是消灭私有制，消灭剥削，消灭资本主义，实现共产主义，从而实现社会和谐和个人自由而全面发展。马克思、恩格斯认为，虽然"资产阶级，由于开拓了世界市场，使一切国家的生产和消费都成为世界性的了。……它使未开化和半开化的国家从属于文明的国家"。② 但是，世界历史的发展最终不属于资产阶级，而是属于无产阶级的社会主义和共产主义的力量。因为"资产阶级用来推翻封建制度的武器，现在却对准资产阶级自己了。但是，资产阶级不仅锻造了置自身于死地的武器；它还产生了将要运用这种武器的人——现代的工人，即无产者。"③1848 年，马克思、恩格斯在《共产党宣言》中对空想社会主义者的有关对未来社会的美好设想给予了充分肯定，并在此基础上，他们设想了"自由人联合体"的未来社会模式，提出了无产阶级获得解放的首要条件之一，是"联

---

① 《马克思恩格斯选集》第 3 卷，人民出版社 1995 年版，第 19 页。
② 《马克思恩格斯选集》第 1 卷，人民出版社 1995 年版，第 276—277 页。
③ 《马克思恩格斯选集》第 1 卷，人民出版社 1995 年版，第 278 页。

合的行动,至少是各文明国家的联合的行动。"①因此,需要"全世界无产者,联合起来!"②马克思、恩格斯在《共产党宣言》中设计了一种没有种族和国家差别,每个人都能"自由而全面发展"的共产主义社会。他们设想在那个美好的未来社会里,不再有贫富分化、阶级差别和利益冲突,人人享有平等的机会和权利,人们各尽所能,按需分配,人与人之间、人与自然之间都能和谐相处,向人们展示了和谐社会的最高境界。马克思、恩格斯提出:"代替那存在着阶级和阶级对立的资产阶级旧社会的,将是这样一个联合体,在那里,每个人的自由发展是一切人的自由发展的条件。"③马克思、恩格斯关于构建"自由人联合体"或"人的自由而全面发展的社会"理论,无疑代表了人类对未来和谐社会的向往。

2.列宁的和平共处思想

列宁是和平共处外交思想的创始人。俄国十月革命胜利以后,苏维埃政权面临着险恶的国际环境。列宁根据帝国主义发展不平衡的规律,判断社会主义国家和资本主义国家必然在很长时间里共存。由此,他从经济、政治和建设社会主义社会等方面对不同社会制度国家间关系问题、国家间和平共处的原则方法和意义做出了系统的阐述。经济上,社会主义国家应对外开放,和资本主义国家在互利互惠的基础上进行贸易往来,以促进各国生产力和科学文化的发展,不断提高世界人民的生活水平;政治上,社会主义国家和资本主义国家之间必须互不侵犯、互不干涉内政。列宁指出:"只有社会主义才可能广泛推行和真正支配根据科学原则进行的产品的社会生产和分配,以便使所有劳动者过最美好的、最幸福的生活。"④列宁在《关于国际政策问题的决议草案》中写道:"俄罗斯社会主义联邦苏维埃共和国希望同各国人民和平相处,把自己的全部力量用来进行国内建设。"⑤1920 年 11

---

① 《马克思恩格斯选集》第 1 卷,人民出版社 1995 年版,第 291 页。
② 《马克思恩格斯选集》第 1 卷,人民出版社 1995 年版,第 307 页。
③ 《马克思恩格斯选集》第 1 卷,人民出版社 1995 年版,第 294 页。
④ 《列宁选集》第 3 卷,人民出版社 1995 年版,第 546 页。
⑤ 《列宁全集》第 37 卷,人民出版社 1986 年版,第 354 页。

月,列宁在分析"租让制"的作用时指出,在革命还没有到来之前,资产阶级的资本对我们是有利的。当我们国家在经济上还极其薄弱的时候,必须要利用资产阶级的资本来加速经济的发展。1921年列宁在《关于共和国的对内和对外政策》中谈到:"今后我们将用一切力量来维护和平,我们将不惜作出巨大的让步和牺牲来保住和平。"①1921年俄共(布)第十次代表大会上通过的《处在资本主义包围下的苏维埃共和国》决议,指出苏维埃作为一个独立国家在互相承担政治和贸易义务的基础上同资本主义国家进行交往。1921年列宁又强调:"为了吸收外国资本参加俄国的经济工作,苏维埃政权给它们提供足够的利润以满足它们的需要。苏维埃政府走这条道路,就是力求与所有大国签署经济协定,而要做到这一点,归根结底必须在俄国和其他国家之间缔结正式和约。"②列宁的和平共处的外交思想在斯大林那里得到进一步丰富和实践,他在列宁论析的基础上提出了不同的社会制度之间是可以和平共处的论断,认为和平合作不需要各国人民具有同样的制度,"如果有合作的愿望,那么,尽管经济制度不同,合作是完全可能的"。③斯大林还把"尊重双方的主权平等和互不干涉内政的原则"引入和平共处理论中,并进行了广泛的外交实践。

3. 毛泽东的外交思想

毛泽东是和平共处五项原则的主要提出者。新中国成立后,以毛泽东为核心的党中央领导集体在中国外交史上取得的突出成就,是开创了独立自主的和平外交政策。毛泽东强调说,中国和其他国家的外交关系必须建立在平等、互利、互相尊重主权和领土完整的基础上。他和周恩来第一次对和平共处的主要框架进行了系统的规范的阐述,确立了和平共处五项原则:在处理国家关系之间关系中,坚持相互尊重主权和领土完整、互不侵犯、互不干涉内政、平等互利、和平共处的原则。"五项原则是一个长期方针。这

① 《列宁全集》第42卷,人民出版社1987年版,第326页。
② 《列宁全集》第42卷,人民出版社1987年版,第212页。
③ 《斯大林文集》(1934~1952),人民出版社1985年版,第523页。

五项原则是适合我国情况的,我们需要长期的和平环境。"①并使之成为举世公认的处理国与国之间关系的基本准则。后来在"和平共处五项原则"的基础上还提出过促进世界和平与合作的"十项原则"。毛泽东在处理社会制度相同的国家关系准则上也有新的创造。20世纪50年代后期,苏联在处理与东欧社会主义国家关系上长期奉行大国沙文主义和大民族主义,以毛泽东为核心的中共中央领导集体对其否认各国的独立、主权与平等,任意干涉他国内部事务的做法提出了严肃的批评。毛泽东曾严肃指出,苏联的这种大国沙文主义和大民族主义的错误,使社会主义国家间的关系处于一种不正常的状态。苏联政府于1956年10月发表《关于发展和进一步加强苏联同其他社会主义国家的友谊和合作的基础的宣言》,承认苏联过去在处理社会主义国家关系方面犯有"错误"和"侵害",表达了与其他社会主义国家改善关系的愿望,认识到社会主义国家之间的关系"只能够建立在完全平等、尊重领土完整、国家独立和主权、互不干涉内政的原则上"。②针对当时苏联政府的这一表态,中国政府当即发表声明予以赞同,并特别强调指出,社会主义国家都是独立的主权国家,同时又是以社会主义的共同理想和无产阶级的国际主义精神团结在一起的。因此,社会主义国家的相互关系就更应该建立在五项原则的基础上。和平共处五项原则是中国共产党集体智慧的结晶。在长期的国际关系实践中,我国始终不渝地按照和平共处五项原则与世界国家发展外交关系,为推进世界和平与促进共同发展奠定了基础。

4. 邓小平的外交思想

邓小平对推动建设和谐世界论的思想贡献集中体现在对国际形势的新判断和时代主题的凝练上。邓小平根据当时国际形势的变化特点和对时代特征的冷静观察,提出了和平与发展是时代主题的科学论断,奠定了以和平与发展为核心的中国特色社会主义外交理论的基础。党的十一届三中全会

---

① 《毛泽东外交文选》,中央文献出版社、知识出版社1994年版,第186—187页。
② 《中华人民共和国对外关系文件集》第4集,世界知识出版社1958年版,第150—151页。

以后,邓小平观察到世界和平与战争力量对比发生了根本转折后,判断"在较长时间内不发生大规模的世界战争是有可能的,维护世界和平是有希望的。"①同时,他认为发展是解决一切内政外交问题,特别是维护世界和平的基础和根本。邓小平进一步对全球战略问题进行了新的概括,对我国的外交政策进行战略性调整,为中国的改革开放特别是中国未来外交的发展方向进行了科学定位。邓小平指出:"现在世界上真正大的问题,带全球性的战略问题,一个是和平问题,一个是经济问题或者说是发展问题。"②他强调在两大全球性战略问题之中,发展是核心问题。发展当然需要和平的环境,但持久的和平需要发展来保证。另一方面,邓小平更加重视和平共处五项原则的重要指导意义。他认为:"不同社会制度国家完全可以和平共处,发展友谊,找到共同的利益。"③而处理国与国之间的关系,发展和平共处五项原则是最好的方式,强调应以和平共处五项原则作为指导国际关系的准则,在坚持和平共处五项原则的基础上,建立公正、平等、合理的国际政治经济新秩序。在此基础上,邓小平又提出了反对霸权主义和强权政治,倡导维护世界和平,谋求发展,加强同第三世界国家之间相互团结与合作,建立国际政治经济新秩序的等一系列具有重大影响力的思想。和平与发展是当今时代主题的论断和建立国际政治经济新秩序等一系列思想,成为新时期中国对外关系的指导思想,得到世界各国人民的普遍认同。

5. 江泽民的外交思想

江泽民坚持毛泽东、邓小平的外交思想,贯彻执行独立自主的和平外交政策,在外交领域提出了一系列新的观点和主张。首先,江泽民提出了新的国家安全观。在联合国千年首脑会议上,江泽民提出:"应彻底摒弃冷战思维,建立以互信、互利、平等、合作为核心的新安全观。"④他还进一步阐述,互信是指互不猜疑,互不敌视,各国应经常就各自安全防务展开对话;互利

① 《邓小平文选》第3卷,人民出版社1993年版,第127页。
② 《邓小平文选》第3卷,人民出版社1993年版,第96页。
③ 《邓小平年谱》(下卷),中央文献出版社2004年版,第442页。
④ 《十五大以来重要文献选编》(中),人民出版社2001年版,第1353页。

是指互相尊重对方的安全利益,实现共同安全;平等是指国家无论大小强弱贫富都应相互尊重、平等对待,不干涉别国内政,推动国际关系民主化;合作是指以和平谈判的方式解决争端,并就共同关心的安全问题进行广泛深入的合作。"新安全观的实质是超越单方面安全范畴,以互利合作寻求共同安全。"①其次,江泽民阐述了世界多样性思想。他说,世界是丰富多彩的,每个国家、每个民族都有自己的历史文化传统,都有自己的长处和优势,我们应该维护不同民族、不同宗教、不同文化的多样性,提倡国际关系民主化和发展模式多样化。各种文化的并存和互补,是促进世界发展和进步的重要条件。历史文化和经济社会制度的差异,不应当成为相互疏远和对抗的理由,而应成为相互合作,共同发展的动力。江泽民提出"世界上的各种文明、不同的社会制度和发展道路应互相交流和互相借鉴,在竞争比较中取长补短,在求同存异中共同发展。"②这些思想观点为社会制度、意识形态、历史文化传统不同的国家发展新型全面合作关系,促进共同发展、共同繁荣,奠定了理论基础。再次,江泽民提出维护国家主权应采取灵活务实策略的思想。江泽民强调,主权是国家最重要的特征,任何国家的政府都必须尊重他国的独立和领土完整,互不侵犯;独立自主是我国人民经过长期艰苦卓绝的奋斗而赢得的基本权利,我们同别国发展关系从不以牺牲自己的主权为代价。在维护国家主权,捍卫国家、民族根本利益的原则问题上,江泽民和毛泽东、邓小平一样旗帜鲜明强调在涉及民族利益和国家主权的问题上我们决不屈服任何外来压力。在联合国成立50周年特别会议上,江泽民明确提出了我们要造成自主选择、求同存异的国际和谐局面的战略主张。正是在这些思想的指导下,党的十三届四中全会以来,我国的国际关系和外交格局开创了一个崭新的局面,中国在国际上树立起负责任的发展中大国形象,走上了和平崛起的道路。

(二)推动建设和谐世界论形成和发展的思想资源

推动建设和谐世界论的提出有其深刻的历史基础和现实必然性。除了

---

① 《"三个代表"重要思想外交理论学习纲要》,世界知识出版社2004年版,第78页。
② 《江泽民文选》第3卷,人民出版社2006年版,第523页。

马克思主义经典作家的理论和党内丰富的外交思想,我国本土传统文化和其他世界优秀文明成果也是其形成和发展的丰富的思想资源。

1. 本土思想资源

和谐理念一直是中华文化的精髓,已深深融入到民族的血脉中。和气、和睦、和平、和谐,中国无处不"和"。中华文明历来追求"天人合一,万物相融,众生和睦"的"太和"境界。中国历史文化传统中的"以天下观天下"、"四海一家"、"天下大同"等思想,以及"包容"、"宽容"、"和为贵"等优秀道德准则和"世外桃源"、"大同世界"等对美好世界的向往都体现着中华民族对和睦与和平的执著追求。2000 多年前,孔子就把"和"视为为人处事之道,认为"礼之用,和为贵"。"君子和而不同,小人同而不和"与"己所不欲,勿施于人"等包含着和谐理念的命题,深刻阐述了"和"的核心思想以及善待自己与他人的道理。孟子说,"天时不如地利,地利不如人和。"其主要思想是说成就任何事情,最重要的是人与人之间的和睦与合作。另一大思想流派道家也倡导,不仅人与人要和谐相处,而且人与自然界也要友好相处。这些思想高度概括了人与人、人与社会、人与自然的关系本质。它们提倡在以"和为贵"、"求同"、"和睦"、"和顺"的同时,既承认事物的差异性,又强调差异性事物的辩证结合。秦汉以后,"和合"文化广泛渗透于各个时代各家各派的思想之中,成为中国思想文化中被普遍接受和认同的人文精神。在漫长的中国社会发展过程中,"和合"思想和"和谐"理念不仅是一种伦理要求和价值追求,而且发展成为一种世界观和宇宙图景,强调和谐是在动态中实现的,富有深刻的哲学思想。"和合"文化倡导和睦相处、和衷共济、共生共长,认为"和合"的基础是尊重差异,求同存异,包容开放,"和合"的理想应该是美美与共,天下大同,而要得到"和合"的路径,是以对话求理解,以共识求团结,以包容求和谐。

"和合"文化曾对中国历代王朝的外交思想产生了重要影响。中国绝大多数王朝在建立起来之后,都注意止戈息武,"求其宁息",强调"协和万邦",期盼"万国咸宁",追求实现"天下太平"。在鼎盛时期的唐代"贞观之治"和国泰民安的清代"康乾盛世",中央政府都奉行睦邻友好政策,不向外侵略扩张,不谋求霸权。历史上的"丝绸之路"沟通了中西,促进了东西方经济文化的广泛交流,被公认为对外友好往来之路。郑和曾经七下"西洋",从东南亚到东非,远涉几十个国家和地区,一路带去的都是与各国的互利贸易和与各国人民的邦交友谊,增强了中国人民与亚非人民的友好关系。"和合"也强调不同文化之间的相互交往、吸收、融合,推进了世界文明的发展。"和合"文化与和谐世界论具有内在统一性。推动建设和谐世界论,正是深入挖掘中国传统文化深厚底蕴的必然结果,弘扬了中国传统文化的现代价值。和谐世界理论因而具有了其他国际政治理论所不具备的丰厚的、令人信服的历史文化积淀。在新的国际背景下,我们党深刻领悟到了"和为贵"的当代价值,决心走和平发展道路,与各国人民和谐相处,共同发展繁荣。为此,2005 年 4 月,胡锦涛在雅加达举行的亚非峰会上,倡导亚非国家"推动不同文明友好相处,平等对话,发展繁荣,共同构建一个和谐世界。"①2005 年 12 月,温家宝在法国巴黎综合理工大学发表演讲,连用"以和为贵"、"和而不同"、"和实生物"三个词语来阐述中国文化"和"的精髓,向世界表明,不断发展的中国,将继承和发扬优秀传统文化的共生、共存、共赢的"和合"思想。这是中国人民把崇尚"和为贵"的价值追求上升到国际层面,以全球视野指明了国际社会的发展目标。

2. 国际思想资源

与中国历史文化一样,世界其他文明中也有"理想国"、"全世界和谐"、"均衡发展"、"协和社会"等美好构想。古希腊哲学家毕达哥拉斯提出过"整个天是一个和谐"的思想;另一位思想家亚里士多德也有着类似"中庸"之道的哲学主张,而赫拉克利特在肯定和谐价值的基础上,提出了"对立和谐观"。文艺复兴以后,笛卡尔、黑格尔等人都把和谐视为重要哲学范畴,其中莱布尼茨就认为"宇宙是一个由数学和逻辑原则所统帅的和谐的整体"。柏拉图的"理想国"也描绘了未来世界的美丽图景。资产阶级革命爆发前后,一些空想社会主义者曾对人类社会的未来做出了美好的构想。莫

---

① 《十六大以来重要文献选编》(中),中央文献出版社 2006 年版,第 851 页。

尔把和谐社会描绘成"乌托邦",康帕内拉把理想世界称为"太阳城"。法国人傅立业在《全世界和谐》一书中指出,文明制度经过保障制度与协作制度的过渡后,必将达到一种理想制度。英国人欧文在美国和英国进行了建立和谐社会的实验,他把美国的实验公社直接命名为"新和谐"。德国人魏特林也提出了理想制度的构想,认为理想的制度应该是和谐、自由和共有、共享的制度。哲学家康德在《永久和平论》一书中认为,战争是文明的灾难。因此,要"寻求一种平衡的法律,建立起一种联合起来的、强调平衡的力量,建立起一种国家公共安全的世界公民状态。"①他论证了人类永久和平是一个可以实现的过程,人类社会的最终目的是建立永久和平。而为了实现永久和平,"必须有一种特殊方式的联盟,我们可以称之为和平联盟;……这一联盟……要维护与保障一个国家自己本身的以及同时还有其他加盟国家的自由……"②各民族的分歧可以通过文明的方式而不是战争的方式得以解决,国与国之间的和平相处是可以实现的。在"永久和平论"的基础上,哈贝马斯进一步修正了康德的世界公民权利、和平等概念,并对国家主权与人权的关系做了重新的界定,还提出了改革联合国大会、安理会,加强国际法院的约束力和范围等一系列设想。罗尔斯和多伊尔也分别提出了"万民法"和"民主和平论"。

推动建设和谐世界论还充分吸收了全球治理思想。1945年制定的《联合国宪章》是二战后规划和平体制的一项重大成就,它确立了维护世界和平与安全的基本原则,反映了各国民众的和平愿望和各国共同利益普遍诉求,承载了国际社会共同促进人类社会发展的美好理想,为人类维护国际正义和和平作出了远景规划。《联合国宪章》序言中写道:"我联合国人民兹决心,欲免后世再遭今代人类两度身历不勘言之战祸,重申基本人权,人格尊严与价值,以及男女与大小各国平等权利之信念,并为达此目的,力行容恕,彼此以善邻之道,和睦相处。"③冷战结束以来,随着国际政治格局多极化和

①　[德]康德:《康德书信百封》,李秋零译,上海人民出版社1992年版,第264—265页。
②　[德]康德:《历史理性批判文集》,何兆武译,商务印书馆1990年版,第112—113页。
③　《联合国宪章及国际法院规约》,中国人民出版社1953年版,第1页。

经济全球化的迅猛发展，人类面临的如核扩散、恐怖主义、自然灾害等全球性问题日益增多。许多国家、地区和国际社会各种力量主动联合起来，他们相互协调，共同应对和解决这些问题，呵护共同的家园，全球治理作为一种全新的国际管理理论应运而生。全球治理理论的目标主要包括人的安全生活、公平待遇、通过和平手段解决争端、平等分享全球共同利益的权利等。在国际层面上，包括促进国际民主平等、追求可持续发展、保护人类共同资源、共同应对和协同解决威胁全人类的问题等，它还倡导新型国际行为主体间的关系。全球治理以人类共同利益为最高原则，确立了全球合作意识。

（三）推动建设和谐世界论形成和发展的时代背景

推动建设和谐世界论的形成具有广阔的时代背景。进入新时期新阶段，国内国际局势都发生着深刻的变化，中国的综合国力进一步增强，中国的发展引起世界更多关注。中国共产党人坚持走和平发展道路，在全面分析国内国际形势基础上逐步形成了推动建设和谐世界理论。

1. 国内形势特点

改革开放取得的成就和国内建设和谐社会的实践为发展中国特色社会主义提供了良好的条件，同时，也为推动建设和谐世界理论的提出奠定了坚实的基础。改革开放以来，特别是党的十六大以来，我国社会发生了深刻变化，现代化建设取得了辉煌成就。首先，社会主义市场经济体制得到了进一步巩固和完善，分配制度等更加合理，保障制度更加健全，民生得到根本保障。其次，民主法制更加完善，人民的民主权利和其他权利与义务能更好地享有，各种利益诉求更加顺畅。第三，和谐文化建设取得了前所未有的成果，社会成员的科学文化素质和思想道德修养普遍提升，精神生活更加殷实，社会心理更加平和。以胡锦涛为总书记的党中央团结和带领全国各族人民，高举中国特色社会主义的伟大旗帜，走中国特色社会主义科学发展之路，经过不懈的努力，把全面建设小康社会推向了新的阶段，社会主义和谐社会建设方兴未艾。现在我国各项社会事业加快发展，人民生活进一步改善，国民经济继续保持平稳较快增长，经济实力大幅度上升，经济总量位居世界前列。以 2008 年为例，我国国内生产总值达到 30.07 万亿元，比上年增长 9.0%，跃升到世界第三位；财政收入 6.13 万亿元，增长 19.5%；粮食连续五年增产，总产量达 10570 亿斤，创历史最高水平；外汇储备超过 1.95 万亿美元，居世界第一，进出口总额达到 2.56 万亿美元，增长 17.8%，从世界第六位上升到第三位。① 这些成就，标志着党的十六大以来，我们坚持中国特色社会主义理论体系的指导，经济、政治、文化、社会和生态文明建设以及对外交往都取得了前所未有的成就，我国在中国特色社会主义道路上迈出新的坚实步伐，实现了中国特色社会主义又好又快发展。胡锦涛指出："中国的发展使中国人民稳定地走上了富裕安康的广阔道路，而且为世界经济发展和人类文明进步作出了重大贡献。"②我国的发展使我国作为一个发展中大国在国际上的形象和影响越来越大，国际经济地位和政治地位都显著提高，与世界的联系也更加紧密。中国特色社会主义的科学发展，必然要求我们党和国家要有全球视野，要"站在国际大局与国内大局相互联系的高度来审视中国和世界发展问题，思考和制定中国发展战略。"③这就是说，我国在坚持科学发展、建设和谐社会的同时，必须坚持走和平发展的道路，必须妥善解决我国发展与世界发展的关系，从而能更好地抓住发展机遇，利用和平的国际环境来发展自己。近年来，一些西方大国对我国的发展产生了某种猜疑，不能客观公正地看待中国的发展，"中国威胁论"时隐时显。随着我国综合国力的增长，对外交往程度加大，我国与发达国家和发展中国家之间的利益联系和利益冲突也会增多。要为国内营造一个良好的发展环境，就需要坚持走和平发展的道路。推进构建和谐世界论的形成，有利于中国特色社会主义的科学发展、和平发展、开放发展、和谐发展。

　　2. 国际形势特点

　　当今世界正处在大变革大调整之中。和平与发展仍然是时代主题，求和平、谋发展、促合作已经成为不可阻挡的时代潮流。世界多极化不可逆转，经济全球化深入发展，科技革命加速推进，全球和区域合作方兴未艾，国

---

① 参见国家统计局门户网，http://www.stats.gov.cn/tjsj/ndsj/2009/indexch.htm。
② 《十七大以来重要文献选编》（上），中央文献出版社 2009 年版，第 7 页。
③ 《十七大以来重要文献选编》（上），中央文献出版社 2009 年版，第 804 页。

与国相互依存日益紧密,国际力量对比朝着有利于维护世界和平方向发展,国际形势总体稳定。同时,世界仍然很不安宁。霸权主义和强权政治依然存在,局部冲突和热点问题此起彼伏,全球经济失衡加剧,南北差距拉大,传统安全威胁和非传统安全威胁相互交织,世界和平与发展面临诸多难题和挑战。① 当前国际力量对比朝着有利于维护世界和平的方向发展。但世界并不那么太平,和谐之中有着不够和谐与安全的因素,主要突出地表现在以下几个方面:

一是贫富差距的日益扩大,使世界进入矛盾高发期。经济全球化在推动全球经济一体化发展的同时,也产生了许多负面的影响,突出问题是加大了收入分配差距,导致贫富差距日益拉大,加剧了不公正、不平等和贫穷正在制造全球的两极分化,从而使世界矛盾与分裂日益扩大。全球化与现代性一起,构成了一股强大的离心力将传统社会与现代社会就此断裂开,加剧了数以百万计的人们的绝望和仇恨。"迄今为止的经济全球化仅仅是资本运动的全球化,而非经济福音的全球化。西方资本的大规模跨国运动将世界的生产和交换连为一体,但从世界性的生产和交换活动中产生的经济利益,却没有在全球呈现正态分布。资本流向世界,利润流向西方。西方是经济全球化的最大赢家,第三世界却在可悲地扮演输家的角色。"②

二是各国发展的不均衡性。一些西方发达国家凭借他们在知识、技术、管理等方面的优势,赚取了发展中国家的大量财富。他们为了保持经济上的垄断地位,实行科技封锁,推行科技霸权,阻碍技术流入发展中国家,以便于它们长期攫取超额垄断利润。发展中国家因为技术与水平等因素,还经常遭到发达国家反倾销的制裁。由于这种不合理的国家经济秩序长期存在,各国发展不均衡的现象越来越明显。

三是新霸权主义和强权政治。当今世界是多元共存的丰富多彩的世界。不同文明背景、不同发展水平、不同社会制度的国家,共生、共赢、共存。

---

① 《十七大以来重要文献选编》(上),中央文献出版社 2009 年版,第 35—36 页。
② 房宁:《全球化阴影下的中国之路》,中国社会科学出版社 1999 年版,第 269 页。

文明的多样性是人类社会的基本特征,也是人类进步的内在动力。不同的文明模式都有各具特色,国际社会本应尊重世界文明多样性。然而,以美国为首的一些西方大国却凭借其在经济军事等方面的实力,唯我独尊,强行向他国兜售自己的价值观和霸权文化,极力推行霸权主义、强权政治,肆意侵犯别国主权和人权,将自己的制度模式强加于人。近年来,他们要么是打着民主和人权的幌子到处发动侵略战争,要么奉行单边主义,要么以"反恐"为名,处处先发制人,无故打击别国。西方新霸权主义和强权政治是造成国际社会动荡不安、威胁世界和平与发展的主要根源。

四是国际恐怖势力、宗教极端势力和民族分裂势力危害上升。当今这"三股势力"严重威胁着世界的安宁。国际恐怖主义活动继续猖獗,恐怖袭击事件依然不断,他们伤及的多是无辜平民。全球化注定充满着矛盾和冲突。在解决这些矛盾和问题时,极端主义者往往选择对抗,采取暴力等极端手段。一些民族分裂主义者便打着为本民族谋利益的旗号,趁机从事民族分裂活动。国际恐怖主义、宗教极端主义和民族分裂主义成为当今世界最突出的非传统安全问题。

正因为世界和平与发展面临诸多难题和挑战,需要我们站在时代的高度,积极推动和谐世界的建设。

二、推动建设和谐世界论的形成和发展过程

推动建设和谐世界论的形成和发展不是一蹴而就的,它经历了一个从充分酝酿、逐步成熟到系统总结和完善的过程。推动建设和谐世界论是马克思主义中国化的创新理论。这一理论,在中国和平发展的历史进程中必将不断获得丰富和发展。

(一)推动建设和谐世界论的提出

推动建设和谐世界论,首先源于我国国内建设和谐社会的实践。2005年2月19日,胡锦涛在中央党校省部级主要领导干部提高构建社会主义和谐社会能力专题研讨班上发表讲话,系统地阐述了构建社会主义和谐社会的战略思想。构建社会主义和谐社会"是我们党从全面建设小康社会、开创

中国特色社会主义事业新局面的全局出发提出的一项重大任务,适应了我国改革发展进入关键时期的客观要求。"①解决了我国在面临复杂多变的国际形势下,如何抓住和用好发展机遇期、全面实践科学发展观与应对外部挑战的现实难题。我国是世界上最大的发展中国家,我国建设和谐社会,本身就是推动建设和谐世界的重要组成部分和重要推动力量。随着改革开放向纵深发展,中国与世界的互动日益密切,中国国内的科学发展与和谐社会建设迫切需要有一个良好的外部环境,这些因素要求我国必须准确认识和判断国内国际两个大局、把握好内政与外交的紧密联系。2005 年 4 月 22 日,纪念万隆会议召开 50 周年活动在印尼举行。在雅加达的亚非峰会上,胡锦涛发表了《与时俱进,继往开来,构筑亚非新型战略伙伴关系》的演讲,他呼吁亚非国家"要倡导开放包容精神,尊重文明、宗教、价值观的多样性,尊重各国选择社会制度和发展模式的自主权,推动不同文明友好相处、平等对话、发展繁荣,共同构建一个和谐世界。"②这是和谐世界思想第一次出现在国际舞台上,也是中国第一次公开阐述自己的世界理想。和谐世界思想从雅加达开始传向全世界。亚非会议之后,中国领导人在不同场合多次论及和谐世界思想,有力地推动了和谐世界思想的不断丰富和发展。2005 年 7 月,胡锦涛出访莫斯科。两国政府签署了《中俄关于 21 世纪国际秩序的联合声明》,提出中俄两国决心与其他有关国家共同不懈努力,建设发展与和谐的世界。和谐世界思想第一次被确认为国与国之间的共识,标志着这一创造性思想正式步入国际舞台。

(二)推动建设和谐世界论的系统阐述

2005 年 9 月 15 日,联合国召开成立 60 周年首脑会议。胡锦涛主席在会上发表了题为《努力建设持久和平、共同繁荣的和谐世界》的重要演讲,全面阐述了和谐世界思想的深刻内涵、基本主张及推动建设和谐世界的战略倡议。胡锦涛指出:"文明多样性是人类社会的基本特征,也是人类文明

---

① 《十六大以来重要文献选编》(中),中央文献出版社 2006 年版,第 696 页。
② 《十六大以来重要文献选编》(中),中央文献出版社 2006 年版,第 850—851 页。

进步的重要动力。"①"我们应当尊重各国自主选择社会制度和发展道路的权利,相互借鉴而不是刻意排斥,取长补短而不是定于一尊;应该加强不同文明的对话和交流,在竞争中取长补短,在求同存异中共同发展,努力消除相互的疑虑和隔阂,使人类更加和睦,让世界更加丰富多彩;应当以平等开放的精神,维护文明的多样性,促进国际关系民主化、协力构建各种文明兼容并蓄的和谐世界。"②这个演讲向世界传递了中国渴望和平发展,坚持包容精神与其他各国共建和平、繁荣、和谐世界的美好愿景。演讲以全球的视野指明了中国的发展战略和国际社会的发展目标。

2005 年 12 月 6 日,温家宝总理在法国访问期间,在巴黎综合理工大学发表了《尊重不同文明,共建和谐世界》的演讲,指出只有尊重文化的多样性,才能使人类文明得以发展。他连用"以和为贵"、"和而不同"、"和实生物"来阐述中国"和"的深刻内涵。他强调说:"如何才能使不同文明共存和发展,归根结底在于'和'。就是国与国之间的和平,人与人之间的和睦,人与自然之间的和谐",③只有这样,人类文明才能持续发展。

2005 年 12 月 22 日,我国政府发表《中国的和平发展道路》白皮书,指出建设一个持久和平、共同繁荣的和谐世界是中国走和平发展道路的崇高目标。白皮书明确提出了和谐世界的基本要求,是要建设一个民主、和睦、公正、包容的世界。它还提出了建设和谐世界的四项基本主张:坚持民主平等,实现协调合作;坚持和睦互信,实现共同安全;坚持公正互利,实现共同发展;坚持包容开放,实现文明对话。《中国的和平发展道路》抒发了和谐中国走向世界,与世界各国人民携手共同建设、共同呵护人类家园的崇高理想和信心。

2005 年 12 月 31 日,胡锦涛在北京发表 2006 年新年贺词,再次向世界传达了中国推动建设和谐世界的崇高理想。在《携手建设持久和平、共同繁荣的和谐世界》的新年贺词中,胡锦涛指出,中国的发展是和平的发展、开

---

① 《十六大以来重要文献选编》(中),中央文献出版社 2006 年版,第 997 页。
② 《十六大以来重要文献选编》(中),中央文献出版社 2006 年版,第 997 页。
③ 温家宝:《在巴黎理工大学的演讲》,《人民日报》2005 年 12 月 7 日。

放的发展、合作的发展、和谐的发展。中国人民爱好和平,向往美好生活,真诚愿意做维护世界和平、推动全球经济平衡有序发展的坚定力量。中国人民殷切希望同世界各国人民一道,加强团结,密切合作,携手建设一个持久和平、共同繁荣的和谐世界。最后他郑重呼吁:"面对机遇与挑战并存的国际形势,中国人民真诚希望同世界各国人民互利合作、和谐共处、共同奏响和平、发展、合作的时代主旋律。"①

2006 年 4 月 22 日,胡锦涛在美国耶鲁大学演讲时又指出:"一个音符无法表达出优美的旋律,一种颜色难以描绘出多彩的画卷。我们应该积极维护世界多样性,推动不同文明的对话和交融,相互借鉴而不是相互排斥,使人类更加和睦幸福,让世界更加丰富多彩。"②在这个丰富多彩的世界里,"中国高举和平、发展、合作的旗帜,奉行独立自主的和平外交政策,坚定不移地走和平发展道路,既通过维护世界和平来发展自己,又通过自身的发展促进世界和平。中国坚持实施互利共赢的对外开放战略,真诚愿意同各国广泛开展合作,真诚愿意兼收并蓄,博采各种文明之长,以合作谋和平、以合作促发展,推动建设一个持久和平、共同繁荣的和谐世界。"③

2006 年 4 月 23 日,胡锦涛在沙特阿拉伯王国协商会议上发表题为《促进中东和平,建设和谐世界》的演讲,系统阐述了建设和谐世界的基本原则:必须致力于实现各国和谐共处;必须致力于实现全球经济和谐发展;必须致力于实现不同文明和谐进步。他强调说:"中国将始终高举和平、发展、合作的旗帜,始终不渝地奉行独立自主的和平外交政策,坚持走和平发展道路,实行互利共赢的对外开放战略,按照和平共处五项原则和其他公认的国际关系准则同世界各国发展友好互利合作,继续在国际舞台上积极发挥建设性作用,同世界各国人民一道努力推进人类和平与发展的崇高事业。"④

---

① 胡锦涛:《携手建设持久和平、共同繁荣的和谐世界》,《人民日报》2006 年 1 月 1 日。
② 《十六大以来重要文献选编》(下),中央文献出版社 2008 年版,第 431 页。
③ 《十六大以来重要文献选编》(下),中央文献出版社 2008 年版,第 430 页。
④ 胡锦涛:《促进中东和平 建设和谐世界》,《人民日报》2006 年 4 月 24 日。

2006年6月15日,胡锦涛在上海合作组织成员国理事会第六次会议上。提出建设"和谐地区"思想,为和谐世界注入区域发展模式。

2006年6月17日,胡锦涛出席"亚洲相互协作与信任措施会议"成员国领导人第二次会议,发表了题为《携手建设持久和平、共同繁荣的和谐亚洲》的致词,指出中国坚定不移地走和平发展道路,同所有亚洲国家携手建设一个持久和平、共同繁荣的和谐亚洲。和谐世界在地区事务中展现出独特魅力。

2006年7月16日,胡锦涛在与发展中国家领导人集体会晤时,表达了中国对于建设和谐世界的倡导。胡锦涛指出:"努力建设一个持久和平、共同繁荣的和谐世界,符合各国人民的共同福祉。"[①]为了实现这一理想,我们应该倡导"互尊互鉴"和"开放包容精神"。

(三)推动建设和谐世界论的进一步发展

2006年8月21日中央召开外事工作会议。会议把推动建设和谐世界作为新世纪新阶段我国外交工作的重要目标,并就这一目标提出总体要求。胡锦涛发表重要讲话,提出了四个"致力于",即致力于同各国相互尊重、扩大共识、和谐相处,尊重各国人民自主选择社会制度和发展道路的权利,坚持各国平等参与国际事务,促进国际关系民主化;致力于同各国深化合作、共同发展、互利共赢,推动共享经济全球化和科技进步的成果,促进世界普遍繁荣;致力于促进不同文明加强交流、增进了解、相互促进,倡导世界多样性,推动人类文明发展进步;致力于同各国加深互信、加强对话、增强合作,共同应对人类面临的各种全球性问题,促进和平解决国际争端,维护世界和地区安全稳定。[②]

2006年10月11日,党的十六届六中全会通过《中共中央关于构建社会主义和谐社会若干重大问题的决议》。这个《决议》体现了国内建设和谐社会与国际上推动建设和谐世界之间的有机统一,反映了我们党和国家内

---

① 胡锦涛:《在发展中国家领导人集体会晤时的讲话》,《人民日报》2007年7月17日。
② 胡锦涛:《在中央外事工作会议上的讲话》,《人民日报》2006年8月24日。

政与外交的新理念。

2006年11月4日，中非合作论坛峰会在北京胜利召开。会议高举友谊、和平、合作、发展的旗帜，是推动建设和谐世界的一次成功实践，进一步丰富了和谐世界内涵。

2006年11月18日，胡锦涛在亚太经合组织第十四次领导人非正式会议上发表了《推动共同发展，谋求和谐共赢》的讲话，倡导共同建设"和谐亚太"思想，再一次将和谐地区与和谐世界联系在一起。

2007年3月5日，推动建设和谐世界构想的有关内容被写入《政府工作报告》，并经过全国人民代表大会通过，上升为国家意志。温家宝在政府工作报告中指出，我们愿与各国人民一道，为推动建设一个持久和平、共同繁荣的和谐世界而不懈努力，"我们提出推动建设和谐世界，符合当今世界发展潮流和各国人民的共同利益与愿望，体现了中国政府和人民致力于世界和平与进步的坚定信念。建设和谐世界，就是要在政治上平等民主，经济上互利合作，文化上交流共进，通过国与国之间的友好合作，共同应对全球性的传统和非传统安全挑战，实现世界的持久和平与共同繁荣。"①为全面建设小康社会、加快推进社会主义现代化营造良好的外部环境。

2007年10月15日，推动建设和谐世界构想被写入党的十七大报告。这意味着推动建设和谐世界论上升到新的高度。在深刻分析了当前正处于大变革大调整之中的世界形势与时代背景，全面阐述了推动建设和谐世界战略思想之后，胡锦涛指出："推动建设和谐世界思想应该遵循联合国宪章宗旨和原则，恪守国际法和公认的国际关系准则，在国际关系中弘扬民主、和睦、协作、共赢精神。推动建设和谐世界的战略框架应是政治上相互尊重、平等协商；经济上相互合作、优势互补；文化上相互借鉴、求同存异；安全上相互信任、加强合作；环保上相互帮助、协力推进，共同呵护人类赖以生存的地球家园。"②"不管国际风云如何变幻，中国政府和人民都将高举和平、

---

① 《十六大以来重要文献选编》（下），中央文献出版社2008年版，第957页。
② 《十七大以来重要文献选编》（上），中央文献出版社2009年版，第36页。

发展、合作旗帜,奉行独立自主的和平外交政策,维护国家主权、安全、发展利益,恪守维护世界和平、促进共同发展的外交政策宗旨。"①推动建设和谐世界构想被写入党的全国代表大会政治报告,是我们党的又一次开创性的理论创新。标志着推动建设和谐世界论的进一步发展成为一个内涵丰富的科学理论,成为中国特色社会主义科学发展论理论体系的重要内容。

第二节 推动建设和谐世界论的科学内涵和基本主张

推动世界的发展和人类的文明进步,是马克思主义政党的崇高使命。党的十七大报告对推动建设和谐世界论的科学内涵和基本主张进行了全面深刻的概括,并指出了推动建设和谐世界的有效路径。和平发展的崇高事业,事关各国人民的根本利益,因此需要各国人民弘扬民主、和睦、协作、共赢精神。推动建设和谐世界论蕴含着一条维护世界和平、促进共同发展、协作共赢的新道路,是一个内容丰富、结构完整的科学理论,充分体现了发展中国特色社会主义的全球视野,具有很强的时代意义和现实价值。

一、推动建设和谐世界论的科学内涵

推动建设和谐世界论内涵是不断丰富和发展的。2005 年 9 月 15 日,胡锦涛在联合国成立 60 周年首脑会议上,第一次阐释了推动建设世界的丰富内涵,即"坚持多边主义,实现共同安全;坚持互利合作和发展,实现共同繁荣;坚持包容精神,共建和谐世界。"②同年 12 月发表的《中国和平发展道路》白皮书对推动建设和谐世界的内涵又进行新的概括,指出"和谐的世界应该是民主的世界,和睦的世界,公正的世界,包容的世界。"③党的十七大报告进一步对推动建设和谐世界论的深刻内涵从政治、经济、文化、安全、生态等方面进行了精辟论述。这就是"政治上相互尊重、平等协商,共同推进

---

① 《十七大以来重要文献选编》(上),中央文献出版社 2009 年版,第 36 页。
② 《十六大以来重要文献选编》(中),中央文献出版社 2006 年版,第 995—997 页。
③ 《中国和平发展道路》,《人民日报》2005 年 12 月 23 日。

国际关系民主化;经济上相互合作、优势互补,共同推动经济全球化朝着均衡、普惠、共赢方向发展;文化上相互借鉴、求同存异,尊重世界多样性,共同促进人类文明繁荣进步;安全上相互信任、加强合作,坚持用和平方式而不是战争手段解决国际争端,共同维护世界和平稳定;环保上相互帮助、协力推进,共同呵护人类赖以生存的地球家园。"①

(一)政治上寻求建立一种平等协商机制

当今国际关系中,以权利和利益为核心的传统现实主义仍然占据主导,霸权主义和强权政治有了新的表现形式和行为特点。少数大国打着"人权"的幌子,独断专横,无视正义,破坏和平。他们肆意践踏别国主权,干涉别国内政。因此,推动构建和谐世界,首倡在政治上建立一个相互尊重、平等协商和民主、法制的世界,世界各国应在《联合国宪章》和相互尊重主权的基础上,通过平等对话与协商,促进国际关系民主化和法制化。各国应该和平共处,应以和平、协商的方式解决国际争端,而不应使用武力或以武力相威胁。在国际事务中,按照国际法的原则办事,尊重各国人民自己的选择,坚持民主平等,不将自己的意志强加于他国,不将自身的安全与发展建立在牺牲他国利益的基础之上。"和平是人类社会实现发展目标的根本前提。"②各国应该相互信任,共同维护国际和平与稳定,树立互信互利、平等协商的新安全观,从而推进国际关系民主化、法制化。

(二)经济上通过优势互补共同推动经济全球化的健康发展

经济全球化虽然给各国的经济发展带来了难得的历史机遇,但也加剧了传统社会与现代社会的断裂,导致世界范围内贫富两极对峙格局。绝大多数发达资本主义国家凭借其在经济全球化中的垄断地位,向发展中国家转嫁矛盾、风险和危机,给这些国家的经济带来严重损害,加深了穷国和富国、穷人和富人之间的鸿沟。同时,经济上的剥削与被剥削关系依然明显存在。推动建设和谐世界论主张世界各国在经济交往中应该以公平为基础,

---

① 《十七大以来重要文献选编》(上),中央文献出版社2009年版,第36页。
② 《十六大以来重要文献选编》(中),中央文献出版社2006年版,第995页。

以互利为原则,实现均衡、有序、协调发展,使各国特别是发展中国家普遍受益,而不是南北差距逐渐拉大。国际社会要共同努力,建立起公正、合理、开放、非歧视性的国际经济新秩序,尊重发展模式的多样性,加强发展经济的交流与借鉴,提高各国自我发展的能力。积极推动发达国家为实现全球普遍、协调、均衡发展承担更多责任,在消除贫困、资金援助、减免债务等重点问题上采取切实措施,帮助发展中国家特别是非洲和最不发达国家加快发展,使各国人民都享有平等追求全面发展的机会和权利,从而使 21 世纪真正成为"人人享有发展的世纪"。

(三)文化上促进多种文明的相互包容

"一个民族的文化,往往凝聚着这个民族对世界和生命的历史认知和现实感受,也往往积淀着这个民族最深层的精神追求和行为准则。"[①]不同文明之间能否和谐相处,直接影响到全球的安宁稳定与发展。然而在经济全球化的过程中,西方国家企图把自己的意识形态或政治价值观强加给发展中国家,进行文化扩张与侵略,并在人权等问题上搞双重标准。推动建设和谐世界论在文化上鼓励不同文明间的对话,主张不同文明应求同存异、相互学习、取长补短、和谐相处。各国文明的多样性是由世界各个国家、各个民族的不同国情所决定的。各国文明的多样性是人类社会的基本特征,也是人类文明进步的动力,应尊重各国的历史文化、社会制度和发展模式,承认世界多样性的现实。不能把世界上存在的一些问题和矛盾归因于哪一种文明、哪一个民族或哪一个宗教。胡锦涛深刻指出:"在人类历史上,各种文明都以自己的方式为人类文明进步作出了积极贡献。存在差异,各种文明才能相互借鉴、共同提高;强求一律,只会导致人类文明失去动力而僵化衰落。各种文明有历史长短之分,无高低优劣之别。历史文化、社会制度和发展模式的差异不应成为各国交流的障碍,更不应成为相互对抗的理由。我们应该尊重各国自主选择社会制度和发展道路的权利,相互借鉴而不是刻意排斥,取长补短而不是定于一尊,推动各国根据本国国情实现振兴与发

---

① 《十六大以来重要文献选编》(中),中央文献出版社 2006 年版,第 997 页。

展;应该加强不同文明的对话和交流,在竞争比较中取长补短,在求同存异中共同发展,努力消除相互的疑虑和隔阂,使人类更加和睦,让世界更加丰富多彩;应该以平等开放的精神,维护文明的多样性,促进国际关系民主化,协力构建各种文明兼容并蓄的和谐世界。"①推动建设和谐世界论鼓励世界上不同文化、不同文明携手合作,共同推进人类和平与发展的崇高事业。

(四)安全上主张加强合作建立集体安全机制

过去以军事战争为主要手段的旧安全观,严重妨碍了国际社会的安全,使世界各国人民遭受了动乱,饱尝了战争的痛苦,毁坏了世界的持久和平,历史与现实都反复证明了这一点。武力不能缔造和平,强权不能确保安全。在经济全球化和科技进步日新月异的新的历史时期,只有世界各国紧密团结起来,相互兼顾彼此的安全,只有各国携起手来,共同应对全球安全威胁,才能真正共同建设一个持久和平、共同繁荣的和谐世界。为了推动建设一个持久和平、稳定的和谐世界,胡锦涛提出我们必须树立一种新安全观,在"安全上相互信任、加强合作,坚持用和平的方式而不是战争手段解决国际争端,共同维护世界和平稳定",②"我们要摒弃冷战思维,树立互信、互利、平等、协作的新安全观,建立公平、有效的集体安全机制,共同防止冲突和战争,维护世界和平与安全。"③新安全观以互信为本,反对过去依靠军事手段来保证自己安全的做法,主张互利原则,要求世界各国的共同安全和普遍安全,以平等求安全,主张各国加强安全问题上的相互协作,保障共同安全和世界和平。同时,新安全观还强调了联合国在保障全球安全的国际合作中应发挥着其应有的作用,提出要积极稳妥地推进联合国改革,增强联合国应对新威胁、新挑战的能力,更好地发挥联合国及其安理会在维护世界和平与稳定中的指导、协调和保障作用。中国国家领导人倡导树立新安全观,建立集体安全机制的理念,必将会为国际社会所理解与接受,在维护世界和平方面发挥积极作用。

---

① 《十六大以来重要文献选编》(中),中央文献出版社2006年版,第997页。
② 《十七大以来重要文献选编》(上),中央文献出版社2009年版,第36页。
③ 《十六大以来重要文献选编》(中),中央文献出版社2006年版,第995页。

（五）生态上主张各国要相互帮助共同治理

由于受无限膨胀的物质欲望驱使，发达资本主义国家总是不择手段，追逐利润，并把科学技术的资本主义使用方式和消费主义的生活方式扩张到国际社会，大量消耗广大发展中国家的自然资源，打压发展中国家的生存和发展空间，由此造成的自然资源掠夺性开发、生态失衡、环境污染等严重的全球问题，已经直接或间接地威胁着发展中国家人民乃至整个人类的生存和可持续发展。发展中国家由于没有协调好人与自然的关系，也在一定程度上造成了生态破坏和环境污染。西方学者阿·托夫勒说："可以毫不夸张地说，从来没有任何一个文明，能创造出这种手段，不仅能够摧毁一个城市，而且可以毁灭整个地球。"[①]为了呵护人类赖以生存的地球家园，推动建设和谐世界论呼吁世界各国必须应对全球性问题上进行合作，要在治理环境污染、维护全球生态平衡问题方面达成全球共识。联合国及其有关组织要继续发挥积极的作用。全球性生态和环境问题的彻底解决，更需要充分发挥全人类的主观能动性和自觉性。相互帮助、协力合作，营造一个天人合一、人与自然和谐的美好世界是推动建设和谐世界论的基本要义之一。

二、推动建设和谐世界论的基本主张

推动建设和谐世界，表达了世界各国人民的共同心愿。党的十七大报告指出："我们主张，各国人民携手努力，推动建设持久和平与共同繁荣的和谐世界，应该遵循联合国宪章宗旨和原则，恪守国际法和公认的国际关系准则，在国际关系中弘扬民主、和睦、协作、共赢精神。"[②]这一论述揭示了推动建设和谐世界论的基本主张。

（一）坚持多边主义

和谐世界，首先应该是一个和平、安宁、稳定、安全的世界。只有生活在和平与安宁的社会环境里，各国人民才能实现经济社会的稳步发展。和平

---

① ［美］阿·托夫勒：《第三次浪潮》，新华出版社 1996 年版，第 128 页。
② 《十七大以来重要文献选编》（上），中央文献出版社 2009 年版，第 36 页。

是人类社会实现发展目标的根本前提,如果没有和平的国际环境,不仅各国新的建设无以进行,就是已经取得的发展成果也会因战乱而失掉。因此,世界各国人民应该友好携起手来,共同应对全球安全威胁。必须摒弃单边主义,树立互信、互利、平等、协作的新机制,共同防止冲突,避免战争,维护世界和平与稳定。我们主张和支持以和平方式,通过协商对话来解决国际争端或意见分歧,共同反对一切侵犯别国主权、干涉他国内政的行径,反对霸权主义行为。世界各国应该加强合作,坚决打击一切恐怖主义。世界各国还应该按照公正、合理的原则,实现有效裁军和军备控制,防止核扩散,积极推进国际核裁军进程,从而维护全球战略稳定。

(二)推进国际关系民主化

推动建设和谐世界必须坚持各国平等参加与国际事务,推进国际关系民主化,通过走多边主义道路来维护世界和地区安全稳定。因此,"各国应该恪守公认的国际法和国际关系的基本准则,互相尊重主权和领土完整、互不侵犯、互不干涉内政,尊重和维护各国自主选择社会制度和发展道路的权利;应该坚持多边主义,促进国际关系民主化,保障各国参与国际事务的平等权利;应该鼓励和支持以和平方式,通过对话、协商和谈判解决争端和冲突,反对任意使用武力或以武力相威胁;应该在平等的基础上,加强合作,共同应对全球性挑战。"①

(三)促进世界普遍繁荣

各国要在坚持致力于互信、互利和共赢的原则基础上,通过走互利合作的道路来谋求发展,推动共享经济全球化和科技进步成果,促进世界普遍繁荣。"各国应该重视并采取有效措施推动经济全球化朝着均衡、普惠、共赢的方向发展,努力缓解不平衡问题,消除贫困;应该积极推进区域和全球经济合作,共同解决全球经济发展中出现的问题,维护经济安全;应该以相互开放取代彼此封闭,努力建立开放、公平、规范的多边贸易体制,实现优势互

---

① 胡锦涛:《促进中东和平 建设和谐世界》,《人民日报》2006 年 4 月 24 日。

补、互利共赢,使所有国家都从中受益。"①中国是发展中大国,理应将尽自己所能,为推动各国共同发展作出应有的努力。

(四)推动不同文明共同发展

"文明多样性是人类社会的基本特征,也是人类文明进步的重要动力。"②加强不同文明的对话与交流,弘扬包容开放的精神,是推动各国人民和睦相处,推动人类文明发展进步的重要路径。因此,各国应该维护世界多样性和发展模式多样化,坚持平等对话和交流。倡导开放和兼容并蓄的文明观,使不同文明在竞争比较中取长补短,在求同存异中共同发展;应该承认各国文化传统、社会制度、价值观念和发展道路的差异,不能以此为借口对别国内政说三道四,更不能把世界上存在的一些问题和矛盾归因于哪一种文明、哪一个民族或哪一种宗教;应该努力使世界上所有文明、所有民族携手合作,共同推进人类和平与发展的崇高事业,协力构建各种文明兼容并蓄的和谐世界。

(五)积极稳妥地推进联合国改革

通过联合国改革,充分发挥现存的较为公正、合理的国际规则和制度的作用,并不断完善那些尚不公正、不合理的国际规则和制度,建立公正合理的国际政治经济新秩序,这是发挥联合国在保障全球安全方面重要作用,从而推动建设和谐世界的重要途径。"联合国宪章确立的各项宗旨和原则,符合和平、发展、合作的历史潮流,符合国际关系健康发展的本质要求,符合世界各国人民的根本利益。我们应该通过合理、必要的改革,维护联合国权威,提高联合国效率,更好地发挥联合国作用,增强联合国应对新威胁新挑战的能力。改革应该重点推动联合国加大在发展领域的投入,致力于维护联合国宪章的宗旨和原则,增进广大会员国团结。要通过改革安理会,让更多国家特别是中小国家有更多机会参与安理会决策。改革涉及各国利益,应该充分协商,在达成广泛共识的基础上作出决定。"③

---

① 胡锦涛:《促进中东和平 建设和谐世界》,《人民日报》2006 年 4 月 24 日。
② 《十六大以来重要文献选编》(中),中央文献出版社 2006 年版,第 997 页。
③ 《十六大以来重要文献选编》(中),中央文献出版社 2006 年版,第 998 页。

三、推动建设和谐世界论的实现路径

推动建设和谐世界论的内容涵盖政治、经济、文化、安全、生态等方面，其目标的实现具有现实性。"在人类漫长的发展史上，各国人民的命运从未像今天这样紧密相连、休戚与共。共同的目标把我们联结在一起，共同的挑战需要我们团结在一起。让我们携手合作，共同为建设一个持久和平、共同繁荣的和谐世界而努力。"①中国作为推动建设和谐世界的倡导者，首先应该立足自身，发挥积极作用。推动建设和谐世界还需要世界各国人民的共同努力。

（一）坚持以自身的发展来推动世界的和平发展

立足自身，集中力量把我们自己的事情办好，通过我国经济社会的和谐发展来推动世界的和平发展。推动建设和谐世界论从理论变为现实，是一个长期的历史过程，需要内外兼顾，互相促进。我们必须把发展放在第一位，把国内建设好，发展好，巩固推动建设和谐世界的坚实基础，在此基础上，找准世界各国利益的结合点。推动建设和谐世界是我们的崇高理念，首先是为了维护我国国家核心利益和长远利益，为发展中国特色社会主义营造良好的外部环境与条件。发展是硬道理，"中国发展得越强大，世界和平越靠得住。"②因此，要想推动建设和谐世界，首先必须立足于干好自己的事，走好自己的路，完善内部治理，解决好内部矛盾，把自己的国家建设好。"中国在世界体系中的崛起可能从根本上不同于过去西方工业资本主义的崛起。"③只有我国自身"和平崛起"了，使自己的综合国力得到极大提升，才能为世界的和平与发展作出应有的贡献。否则，推动建设和谐世界论就缺乏说服力和号召力。我国在国内建设和谐社会是推动建设和谐世界的前提和基础。推动建设和谐世界必须把国内和谐发展与和谐世界有机地统一起来，在相互联系中把握发展方向、发展机遇，创造发展条件，从而为发展中国

---

① 《十六大以来重要文献选编》（中），中央文献出版社 2006 年版，第 998 页。
② 《邓小平文选》第 3 卷，人民出版社 1993 年版，104 页。
③ ［美］阿里吉：《亚当·斯密在北京》，《参考消息》2009 年 6 月 4 日。

特色社会主义创造良好外部环境。

(二)坚持走和平发展道路

始终不渝地走和平发展道路,是我国人民根据时代发展潮流和自身根本利益作出的战略抉择。我国始终是维护世界和平的坚定力量。我国的发展不搞霸权,不搞扩张,与世界各国互利、开放、合作、共赢。我们必须以自己的发展促进地区和世界共同发展,坚持把国家的核心利益、人民的根本利益同各国人民的共同利益结合起来,秉持公道,伸张正义,平等相待,不干涉别国内部事务,不把自己的意志强加于人。为了推动共同发展,我们必须继续按照通行的国际经贸规则,扩大市场准入,依法保护合作者权益;全力帮助发展中国家增强自主发展能力、改善民生,缩小南北差距;支持完善国际贸易和金融体制,推进贸易和投资自由化便利化,通过磋商协作妥善处理经贸摩擦。① 在全球性问题日益突出的当今,主张通过交流对话和互利合作,实现各国共同谋求发展、共同分享世界和平。为此,我们要在政治上,致力于同世界各国相互尊重、和谐共处;在经济上,致力于深化合作、互利共赢。在文化上,要致力于加强交流,提倡互相学习,鼓励文明对话。在安全上,致力于坚持多边主义和共同安全。在环保上,相互帮助、协力推进,共同呵护人类赖以生存的地球家园。

(三)坚持奉行独立自主的和平外交政策和互利共赢的开放战略

近年来,我国在坚持和平共处五项原则的基础上,全方位开展"软实力外交",广泛参与全球和地区事务。我国已参加130多个政府间国际组织和国际机构,加入了300多个国际多边条约,与27个国家和地区签订或商签了双多边自由贸易协议,参与了周边绝大多数区域,次区域和跨区域经济合作;参与反恐、防扩散、维和、人权、法律、知识产权和环境保护等许多领域的国际合作,促进了国际和平与安全,带动了周边安全合作机制的建构;维护发展中国家的利益,向110多个国家和地区组织提供了2000多个援助项

---

① 《十七大以来重要文献选编》(上),中央文献出版社2009年版,第37页。

目,为 40 个不发达国家减免了 200 多亿元人民币债务。① 中国与外部世界的关系更加密切和复杂。我国将继续扩大开放,提高对外开放水平,完善开放格局。为此,我们要积极稳定和发展与大国的关系,建立有效的大国协商互动机制;发展周边睦邻友好关系,构建和谐周边;加强与广大发展中国家的联系与交往,积极支持、帮助发展中国家加快发展,不断巩固和发展与发展中国家的对外经济的互利关系,夯实建设和谐世界的基础。

(四)推动建设和谐世界需要世界各国携手努力

在现实的国际关系中,推动建设和谐世界,是一个各种力量相互竞争与合作的漫长历史过程。世界各国都应在国家政治关系中去意识形态化,互相尊重主权和领土完整、互不侵犯、互不干涉内政、平等互利、和平共处。每个国家应充分尊重他国根据本国国情选择发展道路的权利、平等参与国际事务的权利和平等发展的权利。在遇有国际争端和冲突的时候,应当通过对话协商,以和平方式解决。新世纪新阶段,国际社会在分享发展机遇的同时,也面临着诸多的挑战:贫富差距、全球环境恶化、自然灾害、传染性疾病伤害、国际恐怖主义、大规模杀伤性武器扩散、网络犯罪、跨国犯罪、毒品蔓延等。世界各国应在以上领域加强合作。推动建设和谐世界是世界各国人民的共同心愿共同追求。推进人类和平发展的崇高事业,事关各国人民的根本利益。世界各国人民只有携手努力,推动建设和谐世界的美好愿景才能成为现实。

第三节 推动建设和谐世界论的当代价值

党的十六大以来,以胡锦涛为总书记的党的中央从发展中国特色社会主义总体战略和布局出发,在深刻认识国内国际两个大局,科学把握当今中国发展与世界发展的相互关系的基础上,开创性地提出了推动建设和谐世

---

① 综合中华人民共和国外交部网站:http://www.gov.cn/banshi/qy/rlzy/2005 – 09/02/content _28962.htm。

界论。推动建设和谐世界论体现了发展中国特色社会主义的全球视野,是我们党对我国外交思想的重大发展创新,是马克思主义国际关系理论的新发展,反映了我们党对人类社会发展规律的新认识,有助于营造发展中国特色社会主义的外部环境,具有重要的理论价值和实践意义。

一、推动建设和谐世界论是马克思主义国际关系理论的新成果

两次世界大战给人类带来了巨大的灾难。第二次世界大战后,国际政治格局又形成了雅尔塔体系,产生了国际关系中对峙的两极格局。上世纪80年代末90年代初,发生了东欧剧变和苏联解体,标志着世界旧的两极格局被打破,国际关系出现了历史性转折。当今世界正处于深刻而复杂的变动和调整期,世界格局向多极化过渡,国际舞台上各种力量日益增长,一些发展中大国的实力明显增强,特别是"一个文明共同体顶端"的中国综合国力显著提高,在全球尤其是周边地区发挥着重要影响。总之,世界多极化不可逆转,经济全球化深入发展,科技革命加速推进,全球和区域合作方兴未艾,国与国相互依存日益紧密,国际力量对比朝着相对均衡的方向发展。但世界仍然很不安宁,霸权主义和强权政治依然存在,局部冲突和热点问题此起彼伏,全球经济失衡加剧,南北差距拉大,传统安全威胁和非传统安全威胁相互交织,国际思想文化领域的斗争和围绕国际秩序的斗争依然深刻复杂。人类社会的发展进步,既有千载难逢的发展机遇,又面临着诸多难题。推动建设和谐世界论就是在科学、准确、全面的把握这样的国际关系背景下形成的,它正是对新时期国际关系中诸多问题的深刻回答。

推动建设和谐世界论丰富和发展了时代主题,提出了和平、发展、合作的新理念。胡锦涛指出,当今世界正处在大变革大调整之中,和平与发展仍然是时代的主题,但"要和平、促发展、谋合作是时代的主旋律,已经成为不可阻挡的时代潮流。"[①]这一科学论断在传统的"和平与发展"主题的基础上,增加了"合作"的主张,使和谐世界的内涵更加丰富;突出和平与发展是

---

① 《十七大以来重要文献选编》(上),中央文献出版社2009年版,第35页。

建设和谐世界的两大支柱,抓住了当今世界所有问题的根本,指明了世界人民所要解决的最主要问题,为世人提供了观察和解决世界各种问题的基本着眼点和立足点;强调了世界各国在经济和其他方面的相互合作、相互补充、协作共赢,拓展了对国际间合作的认识和实践领域。现在,国际社会多领域、多层次、多渠道的合作,已成为越来越多国家的现实选择,使国际合作具有了更为丰富的涵义和更加深远的意义。

推动建设和谐世界论深化了对国际关系中多样性文明的认识。文明多样性是人类社会的客观现实,是当今世界的基本特征,也是人类进步的重要动力。胡锦涛指出:"在人类文明交流的过程中,不仅需要克服自然的屏障和隔阂,而且需要超越思想的障碍和束缚,更需要克服形形色色的偏见和误解。意识形态、社会制度、发展模式的差异不应成为人类文明交流的障碍,更不能成为相互对抗的理由。应该积极维护世界多样性,推动不同文明的对话和交融,相互借鉴而不是相互排斥。"①在经济全球化时代,不同民族和地域的文明特征与差异依然存在,甚至有些文明之间产生了矛盾和冲突。这些文明尽管经历不同、价值观有区别,但都有其同等的价值和尊严。人类文明唯有相互包容、相互借鉴、求同存异、取长补短,才能不断迸发创新智慧的火花,永远保持繁荣灿烂的景象。因此,在推动建设和谐世界论的引领下,不同文化相互补充、不同文明相互借鉴,必将引领世界文明发展的新潮流。

推动建设和谐世界有助于国际关系中矛盾的化解。推动建设和谐世界论主张国际关系民主化,倡导弘扬平等、开放、包容、互鉴、协作、共赢的精神,立足于各国人民的根本利益。这就为化解国家间的矛盾,推动国际秩序朝着更加公正合理的方向发展打下了坚实的基础。当今国家社会的各种矛盾不亚于冷战以前存在的矛盾,其表现形式日益多元。另外,民族矛盾、宗教信仰、价值观、文化碰撞等与国家间的矛盾交织在一起,纷繁复杂。而在全球化和现代性语境下,由政治、经济、文化、安全、环保、军事、领土、资源利

---

① 《十六大以来重要文献选编》(下),中央文献出版社 2008 年版,第 431—432 页。

用等问题,所引起的新国际关系矛盾和争议不断涌现。层出不穷的新矛盾、新问题使得国与国之间迫切需要找到一条有效化解矛盾的新途径。正是在国际社会努力寻求一种处理和应对国际关系新的原则和方法的时候,推动建设和谐世界论应运而生。推动建设和谐世界论自觉运用了马克思主义的矛盾观点和矛盾分析方法来分析和观察当今世界,从马克思主义唯物史观出发,抓住当今时代的根本问题,提出了有效应对各种国际关系新矛盾、新挑战的基本途径。推动建设和谐世界论在观察和分析国与国之间的关系时,首先正视矛盾的客观存在,立足并尊重世界的差异性和多样性,在承认矛盾的斗争性的同时,更多注重矛盾的同一性,注重矛盾的非对抗性,注重矛盾的可调和性,以关注和关心各国人民的根本利益和国际社会的共同利益为出发点和落脚点,从而为解决国际关系矛盾和化解国际关系中的冲突指明了方向。推动建设和谐世界论比西方的所谓的"民主"、"人权"的论调与其他任何一种国际关系理论更具有创造力和感召力,它超越了国家、民族、文化、文明、宗教信仰、地域等因素,呼唤人类携手共建一个持久和平、共同繁荣的和谐世界,表达了世界各国人民的共同心愿。因此,推动建设和谐世界论是迄今为止人类历史上最科学、最完整、最先进的国际关系理论。

二、推动建设和谐世界论是对人类社会和谐发展规律的新认识

推动建设和谐世界论作为中国特色社会主义理论体系的重要内容之一,开拓了马克思主义中国化的新境界,表明我们党对人类社会和谐发展规律认识的进一步深化。建设一个和谐公正、稳定繁荣的美好世界一直是人类普遍的愿望和追求。推动建设和谐世界论的提出,是对人类追求美好社会理想的新贡献。

马克思、恩格斯在继承前人思想成果的基础上,创立了科学社会主义理论,认为社会主义社会必然向它的高级阶段共产主义社会发展。马克思、恩格斯科学设想共产主义社会是人类的未来最理想的社会,那是一个以"自由人联合体"为特征的社会,是使人以一种全面的方式、作为一个完整的人占有自己的全面的本质的社会。在那里,每个人得到自由而全面发展。按照马克思、恩格斯的设想，未来的共产主义社会是人与人之间、人与自然之间高度和谐的美好社会。从人类社会发展的长远目标看，建设和谐世界同实现共产主义的目标是完全一致的，而且它是实现共产主义远大目标的一个具体步骤和重要条件，是不可逾越的重要阶段。从某种意义上讲，建设和谐社会与和谐世界目标指向就是共产主义。我国国内构建社会主义和谐社会，是根据新世纪新阶段我国经济社会发展的新要求和我国社会出现的新趋势新特点，对马克思主义关于社会主义建设理论的勇于实践。它的理想目标是：民主法治、公平正义、诚信友爱、充满活力、安定有序、人与自然和谐相处。推动建设和谐世界论所倡导的国际关系民主化以及公平、正义、互信、包容等价值目标与构建和谐社会一脉相承。

另外，在突出发展的核心地位这一点上，推动建设和谐世界论关于发展问题的阐述与我国国内全面贯彻落实科学发展观也具有高度契合性。科学发展观是以人为本、全面协调可持续的发展观。它继承了马克思主义关于社会主义社会发展的理论成果，又把发展提高到了新的高度，集中体现了马克思主义关于发展的世界观和方法论。实现经济社会全面协调可持续发展是人类社会发展的必然趋势，是当今世界的根本要求。建设和谐世界的科学内涵和基本要求之一，就是以各国人民的根本利益和人类共同利益为本，推动世界经济朝着均衡、稳定和可持续方向发展，减少发展中国家在经济全球化过程中的风险，缩小南北差距，共享经济全球化成果，以实现共同繁荣，促进共同发展。从价值目标与政治逻辑看，推动建设和谐世界论是构建和谐社会思想在国际层面的延伸和拓展，两者是马克思主义关于人类社会发展的一个问题的两个方面，充分体现了我们党的马克思主义宽广眼界和造福全人类的高远境界。因此说，建设和谐世界正是在把马克思主义关于未来社会的科学论述逐步变成现实。推动建设和谐世界论深化了对人类社会发展规律的认识。

三、推动建设和谐世界论是我国外交思想和国际关系理论的新发展

推动建设和谐世界论是对新时期我国外交政策目标的新概括。它既继承了我国独立自主的和平外交政策的思想传统，又结合时代特征、国际形势和我国国际地位的影响和变化，进行了重大理论创新。

推动建设和谐世界论是对独立自主和平外交政策的发展。新中国从成立之日起始终坚持独立自主的和平外交政策。我国外交政策的根本基础是和平共处五项原则。和平共处五项原则的基本内容是：互相尊重领土主权①、互不侵犯、互不干涉内政、平等互利、和平共处。它是新中国成立初期，我国与周边国家友好往来的关系原则。后来又被写入万隆会议公报，成为我国处理同一切国家关系的基本准则和独立自主和平外交政策的基础。在我国长期的外交实践中，和平共处五项原则的内涵不断得到丰富，在坚持和平共处五项原则的基础上，我国同世界各国建立和发展外交关系。党的十一届三中全会以后，我们党根据时代主题的转换和国际形势的新特点，对和平共处五项原则进行了丰富，提出了坚持把国家主权和国家利益放在首位、反对霸权主义和强权政治、协商对话、不结盟、建立国际政治经济新秩序等外交政策。后来，我国又相继提出了新安全观、新文明观、新发展观及"与邻为善，以邻为伴"的周边外交方针，在追求自身发展和强大的同时，努力实现与世界其他国家和平共处、共享繁荣。至此，我国独立自主的和平外交政策更加成熟，其宗旨更为明确，"不管国际风云如何变幻，我们始终不渝地奉行独立自主的和平外交政策。中国外交政策的宗旨，是维护世界和平，促进共同发展。"②

在新世纪新阶段，以胡锦涛为总书记的党中央领导集体，在洞察了当今世界政治格局及总体国际形势新变化之后，以大无畏的理论勇气，创造性提

---

① 该表述后在亚非会议上改为"互相尊重主权和领土完整"。
② 《江泽民文选》第3卷，人民出版社2006年版，第566页。

出了推动世界和谐世界论。2005 年 9 月 15 日,胡锦涛在联合国成立 60 周年首脑会议上发表了题为《努力建设持久和平、共同繁荣的和谐世界》的重要演讲,开宗明义地表达了坚持包容精神,共同建设和谐世界的思想,这是对推动建设和谐世界论的最新诠释。时隔两年,胡锦涛在党的十七大报告中从政治、经济、文化、安全、生态、可持续发展等重大国际问题出发,对推动建设和谐世界论的科学内涵、基本要求和目标进行了精辟阐述,再次强调中国将始终不渝走和平发展道路,始终不渝奉行互利共赢的开放战略,坚持在和平共处五项原则的基础上同所有国家发展友好合作。为此,胡锦涛指出:"我们将继续同发达国家加强战略对话,增进互信,深化合作,妥善处理分歧,推动相互关系长期稳定健康发展。我们将继续贯彻与邻为善、以邻为伴的周边外交方针,加强同周边国家的睦邻友好和务实合作,积极开展区域合作,共同营造和平稳定、平等互信、合作共赢的地区环境。我们将继续加强同广大发展中国家的团结合作,深化传统友谊,扩大务实合作,提供力所能及的援助,维护发展中国家的正当要求和共同利益。我们将继续积极参与多边事务,承担相应国际义务,发挥建设性作用,推动国际秩序朝着更加公正合理的方向发展。"①推动建设和谐世界论高屋建瓴,立意深远。它注重国家间的平等对话、协调与合作;强调国家间的共存、共赢、共进;坚持多边主义、包容精神与多样文明互相借鉴;倡导推进联合国改革,这些集中体现了和平共处五项原则的意愿。推动建设和谐世界论实际上高度概括地回答了在新的历史条件下,如何以和平共处五项原则为基础建立和平稳定、公正合理的国际政治经济新秩序,这是对和平共处五项原则的创造性运用和发展。以建立持久和平、共同繁荣的世界为目标的推动建设和谐世界论是对我国外交思想的继承、发展和创新。我国外交正从"韬光养晦、有所作为"向"大有作为"转变。

---

① 《十七大以来重要文献选编》(上),中央文献出版社 2009 年版,第 37 页。

四、推动建设和谐世界论是营造良好外部环境的新方略

中国特色社会主义改革开放和经济建设以及构建和谐社会的重大战略，都是在特定的历史环境中进行的。"现在的世界是开放的世界"，当下经济全球化和世界科技革命的深入发展，必然导致世界各国利益相互交织，各国的发展同世界的发展更加密切，我国的前途与命运日益与世界的联系也越来越紧密，"中国的发展离不开世界"。在团结和睦的国内环境为发展中国特色社会主义提供了坚强保障的同时，发展中国特色社会主义也客观地要求一个良好的外部环境。

良好的外部环境有利于我国的建设和发展。外部环境对一个国家的发展有着举足轻重的影响，对外部环境进行判断是各国决策的一个重要依据。当下，我国正在全面贯彻落实科学发展观，以科学发展观为统领，大力建设社会主义和谐社会，加强社会主义核心价值体系建设，建设创新型国家，开展社会主义新农村建设和全面加强党的建设，为夺取全面建设小康社会的新胜利而奋斗。这些都客观地需要一个和平稳定的良好外部环境，而良好的外部环境又是发展中国特色社会主义的重要前提和保障，有利于我国聚精会神搞建设，一心一意谋发展，集中精力把自己的事情办好。同时，我国的发展又是科学的发展，和平的发展，开放的发展，合作的发展，和谐的发展。因此，我国在国内构建社会主义和谐社会的同时，积极倡导推动建设和谐世界，并以大国的风范率先实践，其目的就是要积极主动地营造一个能实现和平发展与实现经济可持续发展的外部环境，从而在团结和睦的内部环境和和平稳定的外部环境的辩证统一中，推动我国的经济社会又好又快、更好更快地发展。

良好的外部环境有利于我国在各领域扩大交流。党的十一届三中全会后，我国实行了对外开放战略。20世纪90年代，我国对外开放进入了一个新的发展阶段，形成了全方位、多层次、宽领域的对外开放格局。实施改革开放战略，发展对外经济关系，使我国连续保持了30多年平稳的经济增长，中国特色社会主义社会事业取得了举世瞩目的新成就，人民生活不断改善，

综合国力不断增强,对外交流日益频繁。越来越多的中国人走出国门,越来越多的外国人走进中国;越来越多的中国商品走进世界,越来越多的外国商品走进中国。越来越多的外国投资进入中国,越来越多的中国投资走向世界。贸易、科技、管理、信息、文化、教育、金融、旅游、知识产权、劳动力等国际交流与合作方兴未艾。随着经济全球化的深入,加强国际交流合作的重要性更加突出。我国历来主张在平等互利的基础上与世界各国开展不同层次、不同领域的交往、交流,促进互利共赢。如今,发展的中国正面向世界、面向未来,主动融入世界普遍交往的潮流。推动建设和谐世界必然会促进我国周边环境和国际环境的改善,有利于我国发展新型的对外经济联系和对外贸易;有利于我国充分利用外资,引进新技术、新设备,引进管理和人才;有利于我国与国际社会开展文化教育、卫生防疫、生态能源、应对自然灾害等其他领域的交流与合作;有利于在交流与合作中让世界更多更好地了解中国。

　　良好的外部环境有利于我国国内矛盾的化解。经过 30 多年的改革开放,中国特色社会主义物质文明、政治文明、精神文明、社会文明和生态文明建设都得到了进一步加强。特别是党的十六大以来,以胡锦涛为总书记的党的中央领导集体团结和带领全国各族人民,高举中国特色社会主义伟大旗帜,走科学发展之路,把社会主义和谐社会建设、全面建设小康社会推向了新的阶段。然而,当前和今后相当长一段时间内,我国经济社会发展仍然面临的各种问题,面对的各种风险和挑战可能更加严峻,也可能有许多深层次矛盾凸现。当前,我国人均 GDP 已经突破 3500 美元大关,到 2020 年,我国人均国内生产总值将比 2000 年翻两番,社会主义市场经济体制更加完善。自主创新能力显著提高,科技进步对经济增长的贡献率大幅上升,进入创新型国家行列。居民消费率稳步提高,形成消费、投资、出口协调拉动的增长格局。城乡、区域协调互动发展机制和主体功能区布局基本形成。社会主义新农村建设取得重大进展。城镇人口比重明显增加。① 我国改革发

---

　　① 《十七大以来重要文献选编》(上),中央文献出版社 2009 年版,第 15 页。

展和现代化建设正处在一个关键时期。许多国家的发展经历表明,在人均国内生产总值处于 1000 美元至 3000 美元阶段,是整个现代化进程中一个非常关键的阶段。这个阶段往往是社会矛盾较为突出,热点难点问题及群体性的实际问题增多,经济容易失调,社会容易失序,伦理道德容易失范的关键时期。在这个阶段,既有因为举措得当,促进经济快速发展和社会平稳进步的成功经验,也有因为应对失误,导致经济徘徊不前和社会长期动荡的失败教训。"随着我国工业化、城镇化和经济结构调整加速,随着我国社会组织形式、就业结构、社会结构的变革加快,我们正面临着并将长期面对一些亟待解决的突出矛盾和问题,我国经济社会发展也出现了一些必须认真把握的新趋势新特点。"①在这个发展关键时刻,促进构建和谐世界论为我们提供了科学的世界观和方法论指导,在和谐的语境中,赋予我们观察、思考和处理问题的全球视野与宽广胸怀,无疑有利于国内矛盾的化解。

---

① 《十六大以来重要文献选编》(中),中央文献出版社 2006 年版,第 697 页。

结　语

　　中国特色社会主义科学发展论理论体系由"一观七论"构成,即科学发展观、马克思主义执政党建设论、构建社会主义和谐社会论、发展中国特色社会主义总体布局论、社会主义核心价值体系论、创新型国家建设论、社会主义新农村建设论以及推动建设和谐世界论。这一理论体系回应了当代中国发展的一系列重大理论和实践问题,它与马克思列宁主义、毛泽东思想、邓小平理论、"三个代表"重要思想是一脉相承又与时俱进的科学理论体系,是马克思主义中国化的最新理论成果。它极大地丰富和发展了中国特色社会主义理论体系,是发展中国特色社会主义的指导思想,具有重大的理论价值和实践意义。

一、中国特色社会主义科学发展论的理论价值

　　"一观七论"中国特色社会主义科学发展论的理论创新,既是构成中国特色社会主义理论体系的重要组成部分,又是中国特色社会主义理论体系中的最鲜活部分。这一理论体系极大地丰富和发展了马克思列宁主义、毛泽东思想,是发展中国特色社会主义的重要理论指导,它进一步科学回答了发展中国特色社会主义的指导思想、本质要求、精神支柱、战略任务、政治保证、重要任务、总体布局、外部环境等一系列事关当代中国发展的重大命题,既是对我国改革开放和现代化建设的最新经验的科学总结,也是在新的国内外形势下,更好地推进我国经济社会发展,确保国家安全所进行的理论创新。

（一）丰富和发展了马克思主义关于社会主义建设和发展的理论

党的十六大以来形成的中国特色社会主义科学发展论理论体系，是我们党对我国长期以来经济建设中的经验教训的深刻总结，丰富和发展了马克思主义关于社会主义建设和发展的理论，标志着我们党对社会主义现代化建设规律的认识更加深入，具有总揽全局的统领性，不仅有重大的政治意义，而且有深刻的理论意义。

马克思主义的诞生使社会主义从空想变为科学，苏俄以及中国革命的胜利又使社会主义从理论变成现实。但正如列宁所指出的："我们的革命是开始容易，继续比较困难，而西欧的革命是开始困难，继续比较容易。"[①]由于现实的社会主义根本不同于马克思所预料的建立在高度发达的资本主义之上的社会主义，如何在落后国家建设社会主义面临许多理论和现实的难题。中国共产党将马克思列宁主义同中国的具体实践相结合，终于找到一条适合中国国情的社会主义建设道路。邓小平在 1987 年时就指出，到下一个世纪中叶中国基本上实现了社会主义现代化，"这不但给占世界总人口四分之三的第三世界走出了一条路，更重要的是向人类表明，社会主义是必由之路，社会主义优于资本主义。"[②]中国特色社会主义理论体系的重大意义就在于，它首次比较系统地回答了像中国这样经济文化较为落后的国家在建立社会主义制度以后，怎样建设、巩固和发展社会主义的一系列重大问题。

马克思主义认为，人的本质是一切社会关系的总和，未来社会的发展应以每个人的自由发展为条件。这是马克思主义关于人的发展理论的基本观点。党的十六大以来，以胡锦涛为总书记的党中央提出要树立和落实科学发展观，实现了从以社会为本的发展观到以人为本的发展观的转变。坚持人民利益高于一切的以人为本的科学发展观，提出构建社会主义和谐社会理论，既体现了马克思主义的基本观点，又进一步明确了人的发展和社会发

---

① 《列宁全集》第 34 卷，人民出版社 1985 年版，第 343 页。
② 《邓小平文选》第 3 卷，人民出版社 1993 年版，第 225 页。

展的关系、每个人的发展和一切人的发展的关系、人民群众的根本利益和各方面群众的具体利益的关系,是对马克思主义的关于人的发展理论的重要创新。人的发展是社会发展的终极目的,人的发展状况决定着社会发展状况。发展是社会主义的根本任务,也是建设中国特色社会主义的主题。以实现人的全面发展为目标,把最广大人民的根本利益作为党和国家一切工作的出发点和落脚点,从实现好、维护好、发展好最广大人民的根本利益出发谋发展、促发展,真正做到发展为了人民、发展依靠人民、发展成果由人民共享。坚持以人为本的科学发展观,不仅坚持和拓展了发展是硬道理和发展是党执政兴国的第一要务的思想,而且将中国特色社会主义的正确发展方向、全面建设小康社会的和谐发展道路和中国共产党执政的科学发展理念贯通起来,实现了马克思主义发展理论的新飞跃。

(二)实现了马克思主义中国化进程中的又一次理论飞跃

马克思主义是严谨科学的理论,也是发展的理论,它必定随着时代、实践和科学的发展而不断发展。恩格斯说:"我们的理论是发展着的理论,而不是必须背得烂熟并机械地加以重复的教条。"①马克思主义中国化的历程就是随着时代和形势任务的发展变化,根据中国的实际坚持和发展马克思主义的创新历程。它通过理论创新,实现了理论飞跃,形成了毛泽东思想、邓小平理论、"三个代表"重要思想、科学发展观等一系列重大理论成果,为中国革命以及社会主义建设和党的建设提供了科学的理论指导。

马克思主义在中国必须与中国的具体实际紧密结合,才能充分显示出巨大的生命力。毛泽东在领导中国人民革命的长期斗争实践中深刻地认识到,教条主义是"拿了律己,则害了自己;拿了教人,则害了别人;拿了指导革命,则害了革命。"②在民主革命时期,在反对党内教条主义的斗争中,毛泽东创造性地提出了把马克思主义普遍真理同中国革命的具体实践相结合的原则,形成了用以指导中国革命的毛泽东思想,实现了马克思主义中国化

---

① 《马克思恩格斯选集》第4卷,人民出版社1995年版,第681页。
② 《毛泽东选集》第3卷,人民出版社1991年版,第800页。

的第一次理论飞跃。邓小平理论是马克思主义基本原理同当代中国具体实际和时代特征相结合的又一重要理论创新成果,全面系统地阐明了"什么是社会主义、怎样建设社会主义"这一当代重大的理论命题,实现了马克思主义中国化的第二次理论飞跃。党的十五大报告指出:"在当代中国,只有把马克思主义同当代中国实践和时代特征结合起来的邓小平理论,而没有别的理论能够解决社会主义的前途和命运问题。邓小平理论是当代中国的马克思主义,是马克思主义在中国发展的新阶段。"①在新的形势、新的历史条件下,在充满机遇和挑战的21世纪,要把我们党建设成为一个什么样的党、怎样建设党,是时代对我们党提出的重大而迫切的历史课题。面对这一重大历史课题,以江泽民为核心的党中央领导集体注重和坚持理论创新,立足党建、带动全面,创立"三个代表"重要思想,昭示着马克思主义中国化实现了第三次理论飞跃。

党的十六大以来,以胡锦涛为总书记的党中央领导集体,坚持理论创新,在实践中形成中国特色社会主义科学发展论理论体系。这些创新理论成果紧紧围绕建设中国特色社会主义这一主题,紧密结合新世纪新阶段国际国内形势的发展变化,认真研究和回答我国社会主义经济、政治、文化、社会建设和党的建设面临的一系列重大课题,在进一步回答"什么是社会主义、如何建设社会主义"以及"建设什么样的党、怎样建设党"这两大问题的基础上,创造性地回答了"什么是发展、为什么发展、怎样发展"这一关系中国共产党人执政兴国的神圣使命、中国特色社会主义的本质特征和社会主义现代化建设的战略全局的重大问题,进一步丰富和发展了中国特色社会主义理论,为改革开放和社会主义现代化事业提供了新的理论指导,开辟了马克思主义关于发展理论的新境界,谱写了马克思主义中国化的新篇章,是马克思主义中国化进程中的又一次重大理论飞跃。

---

① 《十五大以来重要文献选编》(上),人民出版社2000年版,第10页。

（三）进一步充实和完善了中国特色社会主义理论体系

邓小平理论、"三个代表"重要思想、以科学发展观为核心的中国特色社会主义科学发展论的创新理论体系，共同构成了既一脉相承、又与时俱进的中国特色社会主义理论体系，回答了建设和发展中国特色社会主义的基本理论问题，把中国特色社会主义理论体系提升到科学发展的新境界。

推进中国特色社会主义科学发展，既要坚持科学社会主义的基本原则，又要从中国的具体实践和时代特征出发，体现鲜明的中国特色。改革开放以来，以邓小平为代表的中国共产党人，以社会主义本质论和党在社会主义初级阶段的基本路线，科学地回答了"什么是社会主义、怎样建设社会主义"的问题。世纪之交，以江泽民为核心的党中央领导集体，在新的实践基础上不断探索，创立"三个代表"重要思想，创造性地回答了"建设什么样的党、怎样建设党"的问题。在新世纪新阶段，怎样实现中国更好更快发展的重大课题摆在了全党全国人民面前。以胡锦涛为总书记的党中央从当今时代发展的新趋势和中国当前发展阶段的具体实际出发，适应全面建设小康社会的需要，在继承党内关于发展的重要思想的基础上，对我们党长期以来关于发展问题的理论思考和实践经验进行了全面总结和系统概括，提出了以科学发展观为核心的一系列重大战略思想，形成了完整的中国特色社会主义科学发展论理论体系。这一理论体系总结了30多年来我国改革开放和现代化建设的成功经验，揭示了经济社会发展的客观规律，反映了我们党对发展问题的新认识，明确回答了"什么是发展、为什么发展、怎样发展"的重大问题，深化了党对中国特色社会主义发展规律的认识，是我们党执政理念的进一步丰富和发展，是全面建设小康社会、加快推进社会主义现代化的指针。为我们党高举中国特色社会主义伟大旗帜，走中国特色社会主义道路提供了科学的理论依据。这一理论体系系统地揭示了中国特色社会主义理论发展和实践发展的统一，中国特色社会主义经济、政治、文化、社会和生态文明建设的有机统一，党领导的伟大事业和党的建设新的伟大工程的统一，当代中国发展进步和当代世界发展变化的紧密联系以及诸多方面的统一,是关于共产党执政规律、社会主义建设规律、人类社会发展规律的认识的深化,开辟了马克思主义的新境界,标志着我们党对中国特色社会主义理论的认识更加深刻、更加全面、更加科学,达到了一个新的历史高度。

二、中国特色社会主义科学发展论的实践意义

马克思主义是理论与实践相统一的科学理论,离开实践的理论和离开理论的实践都不可能正确地认识和改造世界。马克思曾指出:"批判的武器当然不能代替武器的批判,物质力量只能用物质力量来摧毁;但是理论一经掌握群众,也会变成物质力量。"①党的十六大以来的理论创新,一方面科学解答了发展中国特色社会主义伟大实践中的新问题,是已经为实践所证明的科学理论;另一方面又以其理论的超前性,影响着中国特色社会主义的进程,有着重大的实践意义。

(一)中国特色社会主义科学发展论是造福人民的新理论

人们的实践活动,需要正确的理论指导。党的十六大以来,以胡锦涛为总书记的党中央顺应全面建设小康社会伟大实践的要求,从党和国家事业发展的全局出发,提出了以人为本的科学发展观,进而形成了中国特色社会主义科学发展论理论体系,解决了当代中国面临的一系列重大问题。人民性是中国特色社会主义科学发展论理论体系的鲜明特征,集中体现了中国特色社会主义的价值目标。胡锦涛指出:"经验表明,一个国家坚持什么样的发展观,对这个国家的发展会产生重大影响,不同的发展观往往会导致不同的发展结果。"②党的十六大以来的理论创新开辟了中国特色社会主义理论体系人民性的新境界,也使以科学发展观为核心的中国特色社会主义科学发展论真正成为造福人民的新理论。

贫穷不是社会主义,加快发展、实现人民的共同富裕,是社会主义的本质追求,也是社会主义优越性的真正体现。科学发展观创造性地回答了"为

---

① 《马克思恩格斯选集》第 1 卷,人民出版社 1995 年版,第 9 页。
② 《十六大以来重要文献选编》(上),中央文献出版社 2005 年版,第 849 页。

谁发展、依靠谁发展"的问题,揭示了社会主义建设的根本目的。科学发展观在中国特色社会主义科学发展论中居于核心地位,而科学发展观的核心就是以人为本,强调要把解决民生问题放在首位,切实解决广大人民群众最关心、最直接、最现实的利益问题。这一价值取向的基本要求就是,牢固树立人民为本的理念,切实保障人民群众的各项权利,走共同富裕道路,促进人的全面发展,做到发展为了人民,将发展目的落实到社会主义的本质上来。胡锦涛指出:"全心全意为人民服务是我们党的根本宗旨,党的一切奋斗和工作都是为了造福人民,要始终把实现好、维护好、发展好最广大人民的根本利益作为党和国家一切工作的出发点和落脚点,尊重人民主体地位,发挥人民首创精神,保障人民各项权利,走共同富裕道路,促进人的全面发展,做到发展为了人民、发展依靠人民、发展成果由人民共享。"①中国特色社会主义科学发展论将以人为本作为价值核心,充分体现了马克思主义的历史观。

中国共产党是发展中国特色社会主义事业的坚强领导核心,我们党的全部任务和责任,就是为人民谋利益,团结和带领人民群众实现自己的根本利益。进入社会主义现代化建设新时期以来,我们党在领导改革开放的历史进程中积累了许多宝贵经验,其中一条基本经验就是高度重视理论创新和理论武装。中国特色社会主义科学发展论将执政为民作为治党治国的根本理念,成为武装全党的马克思主义中国化最新理论,使党能够在复杂的国际国内环境中始终保持先进性,是我们党最可宝贵的政治和精神财富,是团结全国各族人民共同奋斗的思想基础,是发展中国特色社会主义必须长期坚持的重要指导思想。

中国特色社会主义是人民的选择,发展中国特色社会主义,也必须充分发挥人民群众的积极性、主动性和创造性。马克思曾经指出:"理论在一个国家的实现程度,总是决定于理论满足这个国家的需要的程度。"②而人民

---

① 《十七大以来重要文献选编》(上),中央文献出版社2009年版,第12页。
② 《马克思恩格斯选集》第1卷,人民出版社1995年版,第11页。

群众参与历史活动的根本动因在于实现自己的利益。一个理论能否凝聚民心,能否动员广大人民群众参与,根本问题在于它是否能够正确反映、实现、发展人民群众的根本利益。中国特色社会主义科学发展论的实质就是通过解放和发展生产力,逐步创造条件使广大人民群众走上共同富裕的道路,使经济社会的发展与文明进步的成果为广大人民群众所享有。因此,它能最大限度地满足当代中国强国富民的历史需求,调动广大人民为实现自身利益而奋斗的参与热情。中国特色社会主义科学发展论尊重人民的主体地位和首创精神,正确反映中国历史发展规律,正确反映中国各族人民共同利益和意志,是动员和组织人民群众投身中国特色社会主义伟大事业的鲜明旗帜,必将实现其造福人民的价值追求。

(二)中国特色社会主义科学发展论是党执政兴国的新理论

巩固执政地位是各国执政党普遍关注的重大时代政治课题。国际国内社会环境的不断发展变化必然向执政党提出政治变革的要求,政党执政地位、执政资格的基础与获得方式也就随之不断发展变化和转换。进入新世纪新阶段后,我们党同样面临巩固长期执政地位的重大时代课题。中国共产党是全中国人民的领导核心,其执政地位是全中国人民的历史选择。而要巩固党的长期执政地位,则要求党忠实践行全心全意为人民服务的宗旨,不断加强自身建设,努力提高执政能力,切实掌握执政规律。党的十六大以来,我们党提出并实践了加强党的执政能力建设和先进性建设的新课题,从理论和实践上对此做出了回答。

我们党要在中国这样一个有 13 亿人口的发展中大国执好政、掌好权,必须切实解决好党的自身建设和发展的问题。60 年的执政历史为我们党积累了丰富的执政经验,但面对新世纪出现的新的更为复杂的国际国内形势,面对我们党所处地位和环境以及所肩负任务发生的重大变化,必须不断加强党的执政能力建设,提高党的执政水平。党的十六大以来,以胡锦涛为总书记的党中央把发展的成效作为衡量党的执政能力的重要尺度,把坚持党的先进性落实到发展先进生产力、发展先进文化、实现最广大人民的根本利益上来,赋予党的执政理念以鲜明的时代内涵,从而使党能更好地肩负起团结和带领人民实现中华民族伟大复兴的历史重任。在我国经济体制、经济运行方式、社会组织形式以及群众生产生活方式等都发生了深刻变化的背景下,提高执政能力,是贯穿执政党建设始终的重大问题。这是我们党吸取国外政党垮台的历史教训,根据我们党执政条件和社会环境的深刻变化,着眼于中国特色社会主义事业的长远发展,对马克思主义建党学说的新发展。

政党执政是有规律可循的,始终坚持执政为民,则执政长久。对于共产党人来说,巩固执政地位与代表人民利益是相辅相成的,离开了巩固执政地位,代表人民利益就会成为一句空话。离开了代表人民根本利益,巩固执政地位就如同缘木求鱼,不仅没有可能,而且也会因为背弃了党的根本宗旨而变得毫无意义。我们党的执政地位的取得是历史和人民选择的结果,这也是我们党执政合法性的根本所在。在执政合法性资源上,我们不把党执政地位的获得作为今天党永久执政的根本依据。始终代表人民的根本利益,这才是我们党今天保持执政合法性的根本理由和巩固长期执政地位的重要基础。执政党的最大危险是脱离群众,党执政后掌握了政权,有了更好地为人民群众谋利益的条件,但也增加了脱离人民群众的危险。要赢得人民的拥护,防止脱离人民群众,就必须坚持立党为公,执政为民,始终保持党同人民群众的血肉联系。坚持执政为民,这是保持党的执政地位的根本途径。党的十六大以来,以胡锦涛为总书记的党中央坚持执政为民,把执政党的利益和国家利益、人民利益融为一体,把巩固执政地位与代表人民根本利益统一起来,使执政的任何决策、任何方针、政策和措施都是从广大人民的利益出发,充分赢得人民的支持和拥护,为党长期执政为民打下坚实的执政基础,也为党找到了巩固长期执政地位的执政规律。

（三）中国特色社会主义科学发展论是有助于推动建设和谐世界的新理论

发展中国特色社会主义,是在当今特定的国际环境中进行的,不仅需要营造和谐的国内环境,也需要争取良好的国际环境。邓小平早就指出:"中国要实现自己的发展目标,必不可少的条件是安定的国内环境和和平的国际环境。"①只有善于从国际国内形势的相互联系中把握发展方向，才能牢牢掌握发展的主动权。党的十六大以来，以胡锦涛为总书记的党中央高瞻远瞩，统筹国内国际两个大局，准确把握中国发展面临的复杂环境，深刻认识"在机遇和挑战并存的重要历史时期，只有世界所有国家紧密团结起来，共同把握机遇、应对挑战，才能为人类社会创造光明的未来，才能真正建设一个持久和平、共同繁荣的和谐世界。"②并进而鲜明地提出推动构建和谐世界的倡议。这是适应新形势、新环境的重大战略构想，是建国六十年来我国外交目标的重大调整，是对毛泽东、邓小平外交思想的重大发展。

随着中国的快速发展，中国同世界的关系更加紧密。胡锦涛指出："中国发展离不开世界，世界繁荣稳定也离不开中国。"③和平与发展是当今时代的两大主题，世界和平不仅符合中国人民的利益，也是世界人民的利益所在。作为一个发展中大国，中国对于维护世界和平也负有重大的责任。邓小平曾说过："中国现在是维护世界和平和稳定的力量，不是破坏力量。中国发展得越强大，世界和平就越靠得住。"④2005 年 4 月 22 日在印度尼西亚首都雅加达开幕的亚非峰会上，胡锦涛提出"要推动不同文明友好相处、平等对话、发展繁荣，共同构建一个和谐世界"。⑤ 在党的十七大上，胡锦涛庄严宣布："当代中国同世界的关系发生了历史性变化，中国的前途命运日益紧密地同世界的前途命运联系在一起。不管国际风云如何变幻，中国政府和人民都将高举和平、发展、合作旗帜，奉行独立自主的和平外交政策，维护国家主权、安全、发展利益，恪守维护世界和平、促进共同发展的外交政策宗旨。"⑥胡锦涛构建和谐世界的倡议，无疑为中国找到一条自身和谐发展与促进世界和谐发展相统一的发展模式。

坚持走和平发展道路、建设和谐世界是对我国一直倡导的和平共处五

---

① 《邓小平文选》第 3 卷，人民出版社 1993 年版，第 360 页。
② 《十六大以来重要文献选编》(中)，中央文献出版社 2006 年版，第 995 页。
③ 《十七大以来重要文献选编》(上)，中央文献出版社 2009 年版，第 37 页。
④ 《邓小平文选》第 3 卷，人民出版社 1993 年版，第 104 页。
⑤ 《十六大以来重要文献选编》(中)，中央文献出版社 2006 年版，第 851 页。
⑥ 《十七大以来重要文献选编》(上)，中央文献出版社 2009 年版，第 36 页。

项原则的继承和发展。以胡锦涛为总书记的党中央继承发展了党的关于构建平等和谐的国际关系的思想,立足社会主义现代化建设总体布局,从构建社会主义和谐社会所需要的良好国际环境和不断推进人类的和平与发展事业出发,提出推动建设和谐世界的新构想。温家宝说:"和平发展道路的精髓是什么? 就是争取和平的国际环境来发展自己,又以自己的发展促进世界的和平。"①中国对内坚持和谐发展,对外坚持和平发展,这必然会有力地促进建设一个持久和平、共同繁荣的和谐世界,为发展中国特色社会主义营造一个和平的国际环境。改革开放以来,中国的和平发展取得了巨大成就,也以自身实际行动为世界和平与发展做出了贡献。中国选择和平发展道路,是基于现实的必然选择,体现了追求自身和谐发展与世界和谐发展的统一。

---

① 《十六大以来重要文献选编》(下),中央文献出版社 2008 年版,第 909 页。

后　记

　　党的十六大以来,以胡锦涛为总书记的党中央领导集体团结和带领全国各族人民高举中国特色社会主义伟大旗帜,紧紧围绕建设和发展中国特色社会主义这个主题,积极推进马克思主义中国化的理论创新与实践,创造性地形成了中国特色社会主义科学发展论理论体系。这一理论体系是中国特色社会主义理论体系的重要组成部分,是马克思主义中国化理论创新成果中最鲜活的内容,极大地丰富和发展了马克思主义,进一步拓展了中国特色社会主义理论体系,深化了对共产党执政规律、社会主义建设规律和人类社会发展规律的认识,为我们坚定不移地走中国特色社会主义道路提供了科学的理论指导。国家社会科学基金一般项目“党的十六大以来马克思主义理论创新体系研究——从社会主义发展理论的观点看”(项目批准号:07BKS010)和教育部人文社会科学研究专项任务项目(马克思主义中国化时代化大众化):《十六大以来党的理论创新研究》(项目编号:10JD710072),正是对这一创新理论体系的深度研究和科学归纳。本著作是该国家社会科学基金项目的最终研究成果和教育部专项任务项目的相关成果,是项目研究团队共同努力和集体智慧的结晶。同时,也是江苏技术师范学院与苏州大学跨校合作的重要理论研究成果。本研究团队的构成为:江苏技术师范学院夏东民教授(博士生导师)、谭明编审、金朝晖博士、董遂强博士、赵朋光硕士;苏州大学田芝健教授(博士生导师)、陆树程教授(博士生导师)、郭秋琴副教授、杨建春博士生、慕玉帅博士生、蔡玮博士生、张琳博士生、方文博士生、李瑾博士生、倪敏玲硕士。

　　本项目2007年6月立项后,我作为项目主持人于2007年10月和12

月两次召集项目的主要成员田芝健教授、陆树程教授及本项目秘书杨建春博士生召开会议,对项目的研究重点和进程进行设计与安排。经过研讨,进一步完善了本课题的研究思想和体系,提出党的十六大以来的一系列马克思主义中国化理论创新已构成中国特色社会主义科学发展论完整理论体系,是中国特色社会主义理论体系的重要组成部分,从而将原先设定的最终研究成果——专著题目进一步深化为《中国特色社会主义科学发展论:党的十六大以来马克思主义理论创新体系研究》。这一理论体系是由科学发展观、马克思主义执政党建设论、社会主义和谐社会建设论、"五位一体"总体布局论、社会主义核心价值体系论、创新型国家建设论、社会主义新农村建设论、推动建设和谐世界论"一观七论"组成,其中科学发展观发挥着统领和引领功能,而"七论"是中国特色社会主义科学发展论的重要理论支撑。这一深化的研究成果既紧扣了项目名称和要求,又赋予了项目更加鲜活、更加完善的内涵。两次小型研讨会还深入讨论并拟就了本项目最终研究成果的撰写大纲。

2008年2月至2009年1月,项目组成员进行了认真撰写和多次集体研究与统稿工作。2009年7月,我与田芝健、陆树程、杨健春在江苏技术师范学院进行了最后集体统稿。随后,我对全部书稿进行终审并定稿,本项目研究的最终成果《中国特色社会主义科学发展论:党的十六大以来马克思主义理论创新体系研究》至此顺利完成。本著作的"导论"由夏东民、田芝健撰写;第一章"科学发展观"由綦玉帅、夏东民撰写;第二章"马克思主义执政党建设论"由杨建春、郭秋琴、蔡玮、张琳、田芝健撰写;第三章"构建社会主义和谐社会论"由赵朋光、杨建春撰写;第四章"'五位一体'总体布局论"由金朝晖、董遂强、夏东民撰写;第五章"社会主义核心价值体系论"由方文、陆树程撰写;第六章"创新型国家建设论"由李瑾、倪敏玲、陆树程撰写;第七章"社会主义新农村建设论"由杨建春、田芝健撰写;第八章"推动建设和谐世界论"由方文、陆树程撰写;"结语"由金朝晖、谭明、夏东民撰写。

本项目研究还取得了一系列的中期成果。项目组成员围绕课题分别发表了《马克思主义中国化理论创新规律探析》(《马克思主义研究》2009年第2期)、《科学发展观视域中的社会主义和谐社会》(《马克思主义研究》2008年第1期)、《论"五位一体"发展中国特色社会主义总体布局的形成》(《毛泽东邓小平理论研究》2009年第4期)、《论社会主义核心价值体系的当代价值》(《南京林业大学学报》2007年第3期)等相关学术论文20余篇,其中有的论文还被《新华文摘》、《中国社会科学文摘》论点摘编,或《人大复印资料》全文转载。本项目研究期间,我的相关专著《马克思主义中国化理论创新规律与历程研究》也由吉林人民出版社出版。

值得一提的是,本研究成果于2010年2月顺利通过国家哲学社会科学规划办公室组织的审核,并获得"良好"项目鉴定等级。

本著作的撰写得到了江苏省和常州市社科联、江苏技术师范学院、苏州大学以及人民出版社的大力支持,上海市毛泽东思想研究会原副会长孙道同教授也给予了指导与帮助。特别要提出的是,中国社会科学院学部委员、原中共中央宣传部理论局局长靳辉明教授拨冗为本书作序,使我们深感荣幸,极为感动、备受鼓舞,在此一并鸣谢!另,由于视角、视野的限制,本著作中如有不当不妥之处,敬请专家、学者指正!

夏东民
2010年7月于龙城追梦阁